JN197029

グローバル社会における高度教養教育を求めて

羽田　貴史　編

東北大学出版会

Inquiry High Quality Liberal Education in the Global Society

Takashi HATA

Tohoku University Press, Sendai
ISBN978-4-86163-307-2

はじめに
—グローバル社会と高度教養教育

羽田　貴史（東北大学）

　本書は，科学研究費による「グローバル社会におけるコンピテンシーを育成する高度教養教育カリキュラムの開発研究」（基盤研究 A，MEXT 科研費 JP26245074，2014-17年度）の研究成果を取りまとめたものである。"現代社会が抱える複雑な諸問題を解決する人間育成は国境を越えた重要な課題であり，大学教育には高い専門性と教養を備えた学生を育てることを求められている"，この短いフレーズに異を唱える人は，大学人であると否とを問わず，ほとんどいないであろう。しかし，具体的な教育内容や方法になると論者によって千差万別である。例えば，いわゆるコンピテンシー（能力）として教養を論じると，専門を通じてもコンピテンシーの育成は可能であり，独自な分野としての教養教育は解体してしまう。教養部解体後，教養教育そのものを語る力は大学人には衰退してしまったともいえる。筆者の属する東北大学高度教養教育・学生支援機構は，教養部解体後20年近くを経て，教養教育の再構築のために設置されたものであり，この共同研究は，機構を支え，ひいては日本全体の教養教育の今後を方向づける成果を生み出すべく，機構に属する研究者13名（歴史学，数学，体育学，教育学，教育社会学，高等教育論，比較教育学），学外の高等教育研究者6名（比較教育学，教育社会学，高等教育政策，高等教育論）の計19名によって進められた。

　新たな教養教育の姿を描くためには，現在の大学教育パラダイム，すなわち，①教養と専門の二項対立観，②教授者及び知識中心主義の教育観，③教養／専門科目の前期・後期課程配置の大学カリキュラム，④狭い研究訓練を中心とする大学院教育，を構造的に変革する必要がある。これらの大学教育パラダイムを転換し，大学院を含む高年次に教養教育

を展開すること，及び専門教育の基礎教育的役割を脱却し，教養ある専門人を育てる教養教育を，高度教養教育と呼ぶ。そのため，研究グループは，理論的研究とともに，国内外の大学調査にかなり力を注ぎ，現代社会で生成されている教養教育の様々な形を収集し，そこから今後の教養教育を構想することに努めた。また，高等教育研究を生業とする者だけでなく，歴史学や数学など多様な学問分野の研究者が参画しているのが，このグループの特徴であり，その視点からの研究も進め，4年間の成果を世に問うものとして本書を編集した。

　第1部は，3本の論文から構成され，教養教育を取り巻く国内外の動態を明らかにし，教養の中核として従来捉えられてきた人文学ではなく，科学・数学・工学教育が浮上していることを論じている。第2部は，教養教育を専門分野に即し，またその基盤となる専門分野の動態を検討する7本の論文で構成している。キャリア教育は概念自体が未確立であるが，生き方に関わる点で，今後，教養教育の大きな柱になるだろう。第3部は，諸外国の動向について，6本の論文を収録した。日本に大きな影響を与えて来たアメリカはもちろん，大学教育が主に専門教育として構成されるイギリス，オーストラリアの事例や中国のケースは極めて興味深く，これらの論文だけで一書をなす価値がある。第4部は，正課教育の枠組みだけで教養教育をとらえるのではなく，知識の身体化のプロセスで自らの教養を問う活動を対象にする3本の論文を収録した。イギリスのチューター制度や戦前日本の旧制高校の全寮制は，定型化された教授＝学習活動を超えた教育力を持っており，教育活動すべてを授業に還元するのではない視点を提供する意義がある。第5部は，学習成果に関する2本の論文を収録した。学習成果測定は，近時の高等教育の大きなイシューであるが，教養教育の成果が測定になじむものかどうか，基本的な問題がある。前期課程に位置づく教育は，卒業時には他の教育活動の効果と区分が難しく，専門教育の基礎教育として設定される場合には，従属的な意味しか持たない。今後も引き継ぐ課題である。

　残念ながら，取り組んできたすべてを本書の出版に間に合わせること

はできなかった。特に，大学院や学部後期で，従来の3分野均等履修とは異なるカリキュラムが研究大学を中心に生まれているのに，論文の形でまとめることができなかった。今後，メンバーが，その成果を様々な形で発表し，教養教育の深化に寄与することを期待して頂きたい。

目　次

第Ⅰ部

教養教育論の現在

第1章　大学における教養教育の過去・現在・未来[1]

羽田　貴史（東北大学）

1. 教養教育論の歴史的性格

1-1. 教養教育の論争性

　大学における教養教育[2]は，古くて新しく，なおかつ論争的である。社会に埋め込まれた制度としての大学教育は，社会の変化に対応して果たす役割・機能（外部環境）と，知の変容に対して果たす役割・機能（内部環境）とを持つ。外部環境と内部環境とはしばしば対立的であり，現実の変化は複雑な合力の結果として進行する。専門教育は人間の価値観や外部環境とは相対的に独立した知の体系に依存するため，その変化は漸進的であり，論議の種になることは少ない。

　しかし，教養教育は，前提となる教養概念が望ましい社会と人間像に基づくために─従って価値観を含む─変化しやすく論争的になる宿命を帯びている。教養は時代と状況によって実用知でもあった。古代ローマにおいては官僚のスキルでもあった（井上　2007; 13-36）。教養の内容は時代によって変わりうる。変わりうるだけでなく，フランス革命期の百科全書派が示すように，社会の変革期には，新しい時代を切り開く知識体系と価値観・思想が生まれる。ハクスリーが，古典学中心のジェントルマンの教養にこだわり，旧態依然たるオクスフォード大学を批判し，科学教育の推進を訴えたように（Huxley　1893=1966），社会の安定期と変革期には，求められる教養は異なる。これも教養概念が論争になる一因である。

　教養教育の論争性は教養の多義性に基づくが，本来，教養とは，人間個々人が選び・望むものであり，外部環境がいかに変わろうと，本質的には個人のものである。それが教育の場面においては，同一の理念で画

一・規範化される。とりわけ，大学教育における教養教育は，青年期の教育として自己形成の役割を持つ。ヨーロッパ社会は，ルネッサンスを経て古代ギリシアの人間像を教養像として普及させ，全人的な人間教育を中等教育・大学教育理念の深部に装備した。しかし，後述するように日本の大学は，人間の育成ではなく，国家建設のための官僚・テクノクラート・学者の育成を理念に創設された。大学教育においては，内面的価値の形成は，国家的に定立された価値体系に沿った教化として立ち現われ，残りは個々人の私的な領域として密かに営まれた。今日でも，教養教育を人間形成の観点から議論する視点は，弱い。

1-2.　日本の大学の教養教育論議

　日本の制度化された教養教育は，占領下の教育改革において新制大学の理念を支えるものとして導入・普及された。以後，論争は絶えない。輸入元のアメリカでも，一般教育そのものが，リベラル教育を批判して20世紀に立ち現われてきた。教養教育は，たえず論争のもとにあり，それを通じて自己を再定義することで存続してきたと言える。

　日本の場合，教養教育をめぐる論争は，教育としての妥当性ではなく，制度や組織の形態から派生し，暗黙の命題を実現するために生起することが多い。一見，論争が行われているようでも，結論は決まっており，それぞれの役割を演じているに過ぎない場合もある。その結果，教養教育論は，真の意図を覆い隠す虚偽意識（狭い意味のイデオロギー）に過ぎなくなる。この種の議論の欠陥は，隠された目的と真の目的を覆い隠すための論理とが区別されず，教育論争の持つ生命力が失われることである。

　本来，組織は，業務の特質に応じて編成され，資源の投入と運営のメカニズムが設定されるものである。教養教育であれば，目的とする人間像と教養像を実現するためにカリキュラムを編成し，実行することができる教員組織を編成し，ふさわしい教員を採用・配置する。学部・学科などの設置はこうした手順とロジックを取り，組織論はカリキュラム論

から演繹されるものである。

　しかし，教養教育は，こうした論理ではなく，専門教育を優先した組織原理のもとで消去法的に決定された組織形態が先にあり，カリキュラム論は，組織論の従属変数として結果する傾向を持つ。その事例が，大学設置基準の大綱化と国立大学教養部解体である。今日の教養教育は，1991年の大綱化による科目区分の廃止を制度的基盤としているが，これ自体は，教養教育実施組織の形態を一義的に規定するものではなかった。しかし，現実には，東京医科歯科大学を除いて，教養部はすべて再編され，教員は新たな学部設置若しくは研究科の資源となり，全学出動方式と小さなセンター組織による教養教育運営体制が残された。当初から，一般教育形骸化の懸念が旧一般教育学会から指摘され（関　1991），10年後には，「〔教養部などの組織改組は〕大切だという教養教育について武装解除し，城を（専門教育に）明け渡すに等しい選択であったことがわかる」（天野　2001：6）と指摘されていた。懸念がありながら，教養部は解体され，環境・国際等を冠する新型学部や大学院重点化を進める組織改革の資源となった（羽田　2001）。

2. 教養教育を規定する諸要因

　教養教育論の基盤の弱さは，制度・政策要因，教員のメンタリティ要因，日本社会の文化的要因などが様々な要素に起因するが，究極的には，欧米起源の大学を日本に移入した初期条件にまで遡る。結果として経路依存性として一括され，宿命論にまで陥りかねないが，教養教育への制約要因を知ることは，教養教育の構築の前提である。

2-1. 学部制度による規定力

　第1の規定要因は，大学の基本組織とされてきた学部が，学問体系を組織原理とすることにある。学部は，帝国大学創設時の分科大学を，臨時教育会議の議論を経て，大学令（1918年）で学部としたものである。分科大学は，「専門学科に対応する教育組織」（寺崎　1992：36）であり，学

部制度もこれを引き継ぎ，学部の種類を「法学，医学，工学，文学，理学，農学，経済学及商学ノ各部トス」（第2条）と定めた。学問の制度化として学部は位置づけられたのであり，1947年の大学基準（大学基準協会）も，これを引き継ぎ，戦後改革でも再生された。学部が学問体系を組織化したものである限り，教養教育を目的とする学部組織は原理的にありえないことになる。学部は研究・教育と管理運営を一体的に行使する組織であり，学部組織にならない教養教育実施組織は，従属的な地位におかれ続けてきた[3]。

2-2. 学校階梯上の規定力

　教養教育の学校階梯上の位置づけの問題も大きな規定力を持っている。教養教育は，戦後導入された一般教育という制度上のカテゴリーに包括された。一般教育は教養教育の別名に見えながら，多様な機能を持っている。大別して，①専門分野を超えた幅広い知識[4]，②市民性の育成，③専門教育の基礎[5]の3つの目的がある。日本の制度では，これらの機能を学士課程教育に配分するから，専門教育と葛藤が生じる。戦前システムは，「男子ノ高等普通教育ヲ完成スル」（1918年，高等学校令第1条）旧制高等学校の修了者が，ほとんどの旧制大学に無試験で入学できるヨーロッパ・モデルを採用していた。大学教育とは専門教育にほかならない。戦後改革で，特権的な旧制高校は廃止され，希望者全員が進学するアメリカ・モデルの大衆的な新制高校に改革された。旧制高校の有していた機能は大学教育に移行し，一般教育に付与された。アメリカ・モデルは，専門教育を大学院で行い，学士課程教育は専門教育の準備教育を含むリベラルアーツを主とする機能を持っている。学部＝専門教育組織というヨーロッパ・モデルを変えないまま，教養教育機能を学士課程教育に移行すれば，学士課程教育において一般教育と専門教育との葛藤を引き起こさざるを得ない。

2-3. 大学の歴史的起源

　基盤となる大学教育の役割・機能そのものも規定要因として大きい。日本の大学は，明治国家建設の一環として，19世紀後半の欧米諸国の高等教育機関がモデルに導入され，それらの混合物である帝国大学の創設に始まる（中山　1978）。19世紀後半は，欧米における国民国家の完成期であり，このプロセスで，大学は官僚の育成を初めとし，国民国家の重要な装置として再定義された（Anderson　2004 = 2012）。帝国大学は，再定義された大学像を，明治日本の現実に対応して選択・移植されたものだが，そこには，12世紀ルネッサンスを経てヨーロッパの大学が共有し，北米大陸で再移植されたカレッジの原動力，人間知性のたえざる発展への信仰と教養人の育成は盛り込まれなかった。それは偶然ではない。「学制」頒布前年の文部卿大木喬任が，欧米諸国から学ぶべきは実学のみであると述べたように，明治国家の建設者が制度設計において意図したものであった（寺崎　1978；4-5）。換言すれば，日本の大学教育には，教養教育が定着しがたい構造がある。すなわち，専門への飽くなき信仰，実用性重視の価値基準などなど。筒井（1995）による戦前の教養主義の分析は，それが，大衆文化の中核である修養主義を土台に，新渡戸稲造らの影響力によって人格至上主義として旧制高校の生徒文化において形成されたことを指摘しており，学歴エリートとしての自己形成に結びついてはいたが，制度的基盤は脆弱であった。

2-4. 教養教育を受容する基盤の多元性

　教養教育を大学教育に位置付けたのは，GHQ による扶植という外在的要因だけでなく，受容する日本側の状況もあった。しかし，この受容の思考枠組みも，日本の大学における教養教育論を性格づけた。

　専門に傾斜した入学教育の視野の狭さは，日本の大学人自身に自覚されており，東京工業大学では，学長和田小六のリーダーシップによる教育改革として具体化していった（岡田　2005）。また，敗戦は，功利主義教育の反省と，教養への志向をもたらした。教養の中核には，科学と科

学的精神が位置付けられ，文部省が戦後段階の教育政策として示した
「新日本建設ノ教育方針」（1945年9月15日）にも反映していく。

　これは，大学教育の方針ではないが，大学基準協会『大学に於ける一
般教育——一般教育研究委員会報告—』（1951年9月）は，専門教育偏重の
欠陥とともに，民主主義社会の担い手の育成としての大学教育の役割を
美しく定式化している。「学生は広い分野の知識を自分自身に総合して，
物事をあらゆる観点から科学的，合理的に試行して正しい認識判断を為
す訓練」（大学基準協会　1951；11）が求められているとする。ここに提
示されているのは，教養育成のための科学教育という視点である。

　別な摂取パターンもある。麻生磯次ら『学問と教養—何をいかに読む
べきか—』（勁草書房，1953年）は，日本の範型とされてきた東京大学の
教員集団が，どのように一般教育を受容したかを示す。同書は「学問と
教養」の章で矢内原忠雄が教養論を展開する[6]。矢内原は，学問の前提と
して，全体的関連における総合的知識，真理探究，善を実現する手段の3
つを上げ，教養の役割として，専門分化する学問の総合化，人間性の陶
冶があるという。これらの視点は現代においても通じるものがあるとは
いえ，「一般教養としての教育」は，「教養が学問に役立つ第一の事」（麻
生ほか　1953；7）として定義され，学問のための教養に他ならない。こ
の定義がさほど問題にならなかったのは，「教養のための学問」と「学問
のための教養」とは相互可変的であり，学問が教養を育てるとすれば，学
問のための教養も対立概念ではなかったからである。

　しかし，科学はたえざる細分化を進行させる。学問即教養という予定
調和論においては，専門教育も教養を育てるものになり，独自な概念と
しての教養教育は解体してしまう。教養の一つとして「論理的思考力」
を定義し，数学が論理的思考を育てるといった主張の類である。その典
型例は，30数年後に登場する教養教育＝非専門という定義である（国立
大学協会教養課程委員会『教養課程の改革』1988年）。この定義によれば，
すべての専門教育は教養教育になりうるから，教養教育の固有性は消失
し，教養教育担当組織も不要になる。

　要するに大学基準協会のような受容もあれば，麻生らのような受容もあった。幅広い知識，市民性の育成，専門教育の基礎の混合物という微妙なバランスの上に成り立ってきた教養教育は，それを担って来た組織の解体という要因だけでなく，高等教育をめぐる外部環境の変容によって，再定義を求められている。

3. 現代社会と教養教育の再構築の課題―経済システムへの包摂と"教養教育"の再定義

　上に述べたのは日本の教養教育の規定要因であったが，国が違えば要因も違う。吉田（2013：36-40）は，コナント報告（The Committee on the Objectives of a General Education in a Free Society 1945）が定式化した一般教育理念に対し，1980年代に多文化主義運動によって，その西欧中心主義に対する批判が高まり，一般教育内容が変わっていったことを指摘している[7]。

　しかし，カーナンがいかにポスト・モダニズムを保守的立場から論難しようと，アカデミック内部の論争であり，まじめで建設的なものだ。東京大学教養学部教員集団になる『学問と教養』は，1958年に改訂され，1977年まで16刷を重ねて20年にわたり出版されていた。実際にこの本が読まれていたとは考えにくいが，同書に紹介されていた文献類が，70年代後半においても教養足り得ると考えられていたとすれば，日本において教養教育の内容論争が不在であったことを象徴するものだろう[8]。現に，60年を超える戦後日本の一般教育をめぐる歴史で，組織改革その他の外的要因に基づく論議はあっても，教養や教養教育の在り方から派生した論争は広がらなかった。日本の学術界を代表する日本学術会議が，教養教育の質保証のために参照基準を公表しても（日本学術会議2010），大学の側がこれを受け止め，改革を試みたケースは聞かない。対照的に，高等教育行政が，GPA，ナンバリング，学事暦，授業外の学習時間を増加させるという政策を資源配分と共に進めると，大学は敏感に反応する。理念論争の不在と現実主義，大学・学術界が共有するコミュニ

ティの不在も，日本の大学の歴史的起源からもたらされた産物であると
いえよう。

　一般教育をめぐる現在の最大の苦難は，吉田（2013）は述べなかったが，
アメリカ高等教育にも顕在化している環境変化にある。Levin & Cureton
（1998 = 2000）が，90年代に学生の進学理由は圧倒的に職業に傾斜した
と述べ，Deresiewicz（2014 = 2016）が，学生の知的欲求の衰退を憂い，
高等教育が労働市場と直結し，アイビーリーグなどの選抜的大学が，学
生に経済的成功をもたらすシステムとなり，人生を直視し，価値観を形
成する役割を消失させたことを嘆く。「リベラルアーツ教育の必要性を
訴えたように，君が大学でほんとうに構築したいと願うべきは，内観す
る癖だ。それは君の変われる能力を意味するのである」（Deresiewicz
2014 = 2016; 115-116）。

　大学教育に対する実学的要請と，経済のサブシステムとして高等教育
をより深部へ包摂する圧力・吸引力は，アメリカの教養教育を変えてき
た。リベラルアーツカレッジの減少や職業教育への転向が進行し，「伝
統的な教養教育」対「実践的・職業的能力育成の教育」の構図が強まった。
高等教育に対する経済的期待は，それ自体，教養教育への脅威である。

　しかし，リベラルアーツカレッジこそ批判的思考，コミュニケーショ
ンなど変動する経済に対応し，新たな価値を生み出すものとして，それ
への適合を目指す主張もある。リベラルアーツ教育ではなく，「リベラ
ルな学習（Liberal arts learning）」の推進である（Blumenstyk 2015; 142-
144）。アメリカ大学協会（AAC&U, Association of American Colleges &
Universities）は，21世紀社会に必要な実践的スキルを身に着け，民主主義
の活力と経済の発展を学生個人と社会にもたらすリベラル教育として，
LEAP（Liberal Education & America's Promise）を推し進めている（https://
www.aacu.org/leap, 2016.2.29アクセス）。ここでの構図は，「伝統的な教
養教育」を超えて「実践的・職業的能力育成の教育」を含むリベラル教育
の再構築である。

　他の試みもある。高等教育進学者の増加は学習者の質に取って負の効

果をもたらす。学術や専門的知識の高度化は，学士課程教育の質の向上を要求し，一方で進行する細分化は，学習者の多様性と葛藤する。このもとでの解決方策は，専門教育を大学院にシフトし，学士課程教育を狭い専門から解放する「リベラル化」であり，ヨーロッパ・モデルからアメリカ・モデルへの転換である。この事例は，2008年からメルボルン大学は，学士課程教育を6領域に分け，広域科目（Breadth Subject）を導入し，専門職課程を大学院に移行させた，いわゆる「メルボルン・モデル」である（杉本・今野・立石　2013）。

4. 日本における教養教育再定義の動向

4-1. 大学教育の役割期待と人間像―グローバル人材育成

　日本の大学教育に対する実学的要請は，官邸主導の高等教育政策によるイノベーション人材とグローバル人材の育成に現れている。従来の留学生政策は高度人材としての留学生の受け入れにあったが，2010年ごろから産官学を連携したグローバル人材育成の強化の主張に変化した（藤山 2012：134）。産学人材育成パートナーシップグローバル人材育成委員会[9]『報告書　産官学でグローバル人材の育成を』（2010年4月）は，その嚆矢である。報告書は，「日本企業が特に成長著しいアジアの新興国に進出して市場を獲得するなど，アジアの成長を内需として取り込んでいけるかどうかが，これからの日本の運命を左右するポイントになる」のに，「最近の若者は，『内向き志向』」であり，「グローバルに活躍できる人材の獲得は企業にとって急務である」という。報告書は，社会人基礎力，外国語でのコミュニケーション能力，異文化理解・活用力を人材の備えるべき能力として規定した。6月には，経済同友会が理科離れに対する危機感から「『理科系人材問題解決への新たな挑戦』―論理的思考力のある人材の拡充に向けた初等教育からの意識改革―」を公表し，12月には，日本経済団体連合が，「サンライズレポート」を公表し，世界経済での日本の沈滞化に対応し，イノベーションを提言した。同レポートは，「教育・人材開発プロジェクト」で，「科学技術立国日本の将来を担う『理科好き』

の子供たちが育つ環境を提供」,「企業活動のグローバル化を担い,国際的に活躍できる人材を育成するため,国際化拠点整備大学と経済界との連携・協力強化などを提案した。

　また,明石康国際文化会館理事長,松浦晃一郎前ユネスコ事務局長など国際機関での経験豊かな識者による「有志懇談会によるグローバル人材育成に関する提言」(2010年12月),経済同友会「2020年の日本創生―若者が輝き,世界が期待する国へ―」(2011年1月11日),文部科学省が事務局を務める産学連携によるグローバル人材育成推進会議[10]「産学官によるグローバル人材の育成のための戦略」(4月28日),経済同友会「『科学技術立国を担う人材育成の取り組みと施策』―経営者アンケート調査を踏まえて―報告書」(6月2日),日本経済団体連合会「グローバル人材の育成に向けた提言」(6月14日),文部科学省及び経済産業省の共同提案による産学協働人財育成円卓会議「アクションプラン～日本復興・復活のために～」(2012年5月7日),産業競争力懇談会「イノベーションによる再生と成長のために」(5月14日),経済同友会「日本再生のために真のイノベーション力強化を」(5月22日),菅内閣の下で官邸に設けられたグローバル人材育成推進会議「グローバル人材育成戦略(グローバル人材育成推進会議 審議まとめ)」(6月4日)など経済団体,省庁横断組織など多様なアクターからイノベーションとグローバル人材育成に関する意見が公表された。

　これらは,野田政権下の「日本再生戦略」(7月31日閣議決定)に盛り込まれ,政権交代による安倍政権(12月26日発足)にも引き継がれ,教育再生実行会議「これからの大学教育等の在り方について(第三次提言)」(2013年5月28日),「教育基本振興計画」(6月14日,閣議決定)や産業競争力会議での議論に反映し,「日本再興戦略 Japan is Back」(6月14日,閣議決定)で基本政策の一部になった。

4-2. 人材育成論の持つ問題

　これらの人材育成論に共通するのは，高等教育が果たすべき多様な役割を捨象するだけでなく，人間育成のメカニズムを単純化することである。たとえば，「日本再興戦略 Japan is Back」は，「『鉄は熱いうちに打て』のことわざどおり，初等中等教育段階からの英語教育を強化し，高等教育等における留学機会を抜本的に拡充し，世界と戦える人材を育てる」と述べ，留学生の拡大や英語教育の強化を課題に掲げる。産業競争力会議新陳代謝・イノベーション WG（主査橋本和仁東京大学教授）は，「イノベーションの観点からの大学改革の基本的な考え方」（2014 年 12 月 17 日）で大学の類型化と競争的環境の整備を提案する。しかし，これらは外形的な施策であり，イノベーションを促進する要因や能力を分析した上での構造化ではない。「グローバル人材＝外国で活躍する人材」→「学生は内向き」→「留学と英語運用能力の欠落」という単純な図式から逆算し，「英語運用能力の向上と留学」→「外国での経験で積極性」→「グローバル人材育成」を描いているとしか見えない。

　また，経済同友会「『理科系人材問題解決への新たな挑戦』―論理的思考力のある人材の拡充に向けた初等教育からの意識改革―」は，「論理的思考力の育成・強化が理科系人材問題の解決策である」と述べ，理系教育の強化を主張する。論理的思考力とはロジカル・シンキングを指すのだろうが，論理だけが強調され，イノベーションを可能にする人間的要素が示されていない。これらの人材育成論に教養は見えない。

　以前のイノベーション論は，これほど粗雑ではなかった。社団法人日本工学アカデミー [11]「21 世紀日本新生に貢献する科学技術政策の提言―持続可能なイノベーション創出能力の強化策―」（2009 年 11 月 19 日）は，「我が国の科学技術関連人材育成の現状を見ると，従来の縦割り型学術ディシプリンの枠内の教育と研究に重きを置く余り，科学技術的知を活用し，社会的・経済的価値を創造するという，イノベーション創出の視点からの人材育成に向けた教育が決定的に欠けている」と批判し，①初等中等教育において「科学」と「技術」の両輪関係を体系的に教える理科・

数学・技術の一体的な教育体系の再構築を行い，それを担う教員の養成システムの再構築，②初等中等教育から「人間・社会・世界」に対する理解と，それを支える「科学」と「技術」の役割を各学年のレベルに応じて繰り返し体感させ，さまざまな社会的選択肢から自分の適性に合った道を選ぶ科学技術リベラルアーツ教育の再生を図ること，③大学教育の大衆化に対応して，学部教育における理工学教育を，社会を支える理工学と技術への理解力，すなわち「理工学リベラルアーツ」教育の面でカリキュラムの再構築を図ること，④科学技術的知の創造を，社会・経済的価値創造に具現化する，イノベーション創造人材：「Σ型統合能力人材」の育成強化に向けて，工学系大学は産業と研究型独立行政法人の参加・協力を得て，抜本的な工学教育研究改革に挑戦すべきことを提言していた。

　科学技術・学術審議会人材委員会「知識基盤社会を牽引する人材の育成と活躍の促進に向けて」（2009 年 8 月 31 日）は，「高度の専門的な素養・能力を備えた，異なる知識・方法論を持つ多種多様な個々人が集い，それぞれの個性を存分に活かしつつ，チームとしての力を最大限発揮することが重要」としていた。これらの指摘は，学部段階で狭い専門分野の学習に焦点化し，大学院博士課程まで関連分野や異分野での知識に乏しい日本の大学教育の弱点を克服する提言であり，それを克服するために，社会的価値の理解と創造を含む「理工学リベラルアーツ」教育の概念を提起している。イノベーションは，多様性を備えた人間の協働によって生み出されるととらえていたのである。

　これは，日本の研究開発の弱点とその克服方策とも対応する。榊原（1995）は，アメリカに比べて日本の技術者は，時間の経過とともに均質かつ同質的な組織文化を共有すること，組織内の同形化は，コストダウンを志向するプロセス・イノベーションには有効だが，製品イノベーションには弱点となると示唆している（終章）。克服の処方箋は，「多元的で個性豊かで開放的な組織」（p.262）を構築することにつきる。先の提言は，こうした組織を構成する人材像として整合的に理解することができる。

　また，イノベーションとは，単に研究の成果を応用した技術開発ではなく，社会的必要や問題解決のための技術開発と新しい価値の創造，市場を通じた提供による人間生活の向上にある。しかし，高度化した科学技術自体が社会にとってリスクをもたらす存在として認識され（松本2009），技術を基盤とした生産活動が地球環境問題の原因となる現代社会においては，社会における技術のあり方を理解することなしにイノベーションも技術開発もあり得ない。

　これらは，現代における教養教育の位置と内容を明確に示しているが，こうした主張は現在の人材論には全く見られず，個別企業の要求がそのまま人材論に直結して語られ，政策化されているともいえる[12]。

4-3. 2000年代の高等教育政策に見る能力像と教養教育

　2000年代の高等教育政策の特徴は，大学教育の目標・理念，育成すべき能力，教育活動について，次第に詳細な方向付けを行い，各種補助金の条件にし，大学・高等教育機関の活動を均質化しはじめたことである。

　文部行政が，育成すべき能力像について初めて明示したのは，大学審議会『21世紀の大学像と今後の改革方策について―競争的環境の中で個性が輝く大学―』（1998年，98答申）であった。それ以前の答申は，教養教育の重要性の再確認や学習効果を高める工夫，教育活動の評価の在り方，高等教育の質の一層の充実など，大学教育における制度・外形的な要素の改善を求めるものであった。98答申は，制度・外形的な要素に止まらず，「主体的に変化に対応し，自ら将来の課題を探求し，その課題に対して幅広い視野から柔軟かつ総合的な判断を下すことのできる力」（課題探求能力）として，大学で育成すべき能力を定義した。ただし，その能力は，「教養教育の重視，教養教育と専門教育の有機的連携の確保」によって実現するものとされ，教養教育の枠組みに位置づいていた（2 課題探求能力の育成―教育研究の質の向上）。

　2008年の中教審答申『学士課程教育の構築に向けて』は，さらに踏み込み，「大学教育の改革をめぐっては，『何を教えるか』よりも〔圏点筆者〕

『何ができるようにするか』に力点を置き，その「学習成果」の明確化を図っていこうという国際的な流れがある」(p.12)と述べ，「知識・理解」「汎用的技能」「態度・志向性」「統合的な学習経験と創造的思考力」から構成される「学士力」を学習成果の参考指針として提示した (p.16)。2012年の答申『新たな未来を築くための大学教育の質的転換に向けて〜生涯学び続け，主体的に考える力を育成する大学へ〜』は，「学士力」を前提に，学生の授業外学修時間の拡大が学士課程教育の質的転換の起点になるという提言を行っている。教育再生実行会議「これからの大学教育等の在り方について（第三次提言）」(2013年5月28日)が，「大学は，課題発見・探求能力，実行力といった『社会人基礎力』や『基礎的・汎用的能力』などの社会人として必要な能力を有する人材を育成するため，学生の能動的な活動を取り入れた授業や学習法（アクティブラーニング），双方向の授業展開など教育方法の質的転換を図る」と述べているのも同じ系列に属する。これらの答申・提言には，組織的な教育活動の点で有益な面もあるが，学術的にも成熟していないテーゼが盛り込まれ，疑問が多い。

　まず，これらの文書に一貫するのは，2008年答申が，「教えること」よりも「できること」が重視されているとしているように，知識と能力を区分し，かつ後者を優位においていることである。生きて働く能力は，しばしばコンピテンシーと呼ばれるが，松下 (2010) は，「汎用的能力」などを重視する教養教育を「コンピテンシー型教養教育」，教える内容を重視し，普遍的な人間形成を追求する教養教育を「コンテンツ型教養教育」と呼び，前者は学問領域の固有性に依拠しない教育内容に基づかず，知識軽視の学習へ変化する問題点があると指摘している (pp.113-135)。狭い専門分野の知識は，ただそれだけでは全体を見る目を制約するのは確かだが，知識ぬきで能力が形成されることはなく，大学レベルでどのような知識と理解を備えるべきかが，上記の文書からは浮かび上がってこない。

　そもそも，「知識・理解」と「能力」とは並列するものではない。OECDが進めているキィ・コンピテンシー（目標を実現するために必要な能力，

Rychen & Salganik 2003 = 2006; 3）は，能力として学習成果をとらえるモデルとでもいうべきものであるが，知識と対立する関係で捉えていない。OECD（2001）は，「持続的な発展と社会的なつながりは，すべての人々のコンピテンシーに決定的に依存している。コンピテンシーとは，知識，スキル，態度そして価値観すべてを含むと理解されている」（p.2）と述べている。さらに，OECD のキィ・コンピテンシー概念は，「カテゴリー1　相互作用的に道具を用いる」「カテゴリー2　異質な集団で交流する」「カテゴリー3　自律的に活動する」という大きなカテゴリーのもとで，「コンピテンシー3B；人生計画や個人的プロジェクトを設計し実行する能力」，「コンピテンシー3C；人生計画や個人的プロジェクトを設計し実行する能力」を含み，構造化されている（Rychen & Salganik 2003 = 2006）。コンピテンシーは，価値観を備えた主体的人間，社会の担いとしての市民像を具体化するものである。同じコンピテンシーといっても，日本の「汎用的能力」には，全体としての人間像が欠けている。

　「汎用的能力」の背景には，状況に適応し，変化に対応して生きる能力が強調され，あえて言えば道具としての存在に近い[13]。しかし，どのような道具であっても，現実の問題をどう扱うかによって有効性が決まる。適応する環境が激変しているなら，どのようにその環境を統御して人間にふさわしい形にすることの方が重要である。現代においては，どのような社会を構築するかという価値観と選択こそが求められており，価値選択にかかわるものが，教養として期待されている。

5．大学教育が取り組むべき課題と期待される教養
5-1．OECD の取り組みと育てるべき人間像

　我々が語るべき教養像は，外部環境の変化に対して，大学がどのような人間を育てるのか，社会がどのような知性を求めているのか，そのために，大学の知は何を目指すべきか，という点が，出発点になる。

　この点でも，OECD の取り組みが示唆的である。OECD（2008b = 2009）は，現代社会の課題として，①高齢化と年齢構成の変化，②人口増

加，世界的な格差の拡大，人間の移動，地球規模の環境問題，③経済のグローバル化，知識集約型のサービス経済への移行，④労働世界の変容，不安定雇用の増大，女性の就労増加，⑤高等教育への進学増加，教育投資の増加，教育機会の不平等，留学生の増加，⑥デジタル革命，インターネットの広がり，⑦政治参加の形態の変化，福祉国家の役割の縮小，⑧家族形態の多様化，社会的相互作用の減少，信頼感の喪失を上げ，これに対する教育のあり方を提起している。

　その後，OECD（2010b＝2011）は，ほぼ同じ課題を列挙し，OECD（2016）は，国民国家の役割（chapter 2），都市の拡大（chapter 3），デジタル化の展開（chapter 5）を強調している。教育には，これらの課題を解決するために，何ができるかを問いかけるという構成になっている。これと比較すると，日本国内の政策における大学教育論には，地球全体を見ての課題は浮上してこない。20年にわたる経済停滞という国内事情に縛られた大学教育論であり，学生の内向き志向を批判する論調自体が内向き志向なのである。

　むろん，課題の解決は，国民国家の政府や国際機関などの政治的活動，科学・技術の開発など多様な主体に関わるけれども，組織や機関も人間の集合体であり，人間それ自身の価値観や能力が，問題解決に寄与するという点で，大学教育の機能なしには実現しない。「人材」とは，「有能な人，役に立つ人」全般を指すものであり，企業人に限らず，科学技術者，医療職など各種専門職も含み，さらには職業人に限らず，社会の主体，市民として行動できるセンスと教養も含む。グローバル人材育成論には，この視点が欠落している。

　注目すべきは，2000年代に入ってからのOECDの教育論である。グローバル社会において急速に進行しているのは，発展途上国・先進国を巻き込んだ格差の拡大であり，国境を超えた人間の移動がもたらす集団間の文化的政治的葛藤・衝突である（OECD　2003=2004, 2008a=2010, 2011＝2014）。これらの葛藤を調整・解決し，人権を守り個人の平等と自由を実現するものとして数世紀かけて構築した近代民主主義そのものが弱

体化している（Walzer 1995=2001, Putnam 1993=2001, 2002=2013, Crouch 2003 = 2007, 田辺2014）。グローバル化に並行し, 市民教育の研究と実践が進められているのは, 「民主主義社会の現実と理念が危機に直面しているとの認識が今日の世界で広く共有されている」（近藤2013；2）からである。グローバル社会は国民国家の弱体化をもたらし, それに対応したシティズンシップの再構築が求められており, それは教育の課題なのである（Crick 2000=2011, 上智大学社会正義研究所・国際基督教大学社会科学研究所 2002, Osler & Starkey 2005=2009, 木前利秋ほか 2011, 2012, Biesta 2011 = 2014）。

　シティズンシップ教育は, 言説のレベルではない。2003年3月, OECD と Human Resources Development Canada （カナダ人的資源省）は, ケベックで「持続的経済成長及び福利に関する人的資本及び社会的資本の貢献」に関する国際シンポジウムを開催し, その成果に基づき OECD （2001a=2002）を出版した。報告書は, 人的資本の成果を経済成長だけでなく人間の福利全般に影響することを検討し, 同時に, 「集団内部または集団間の協力を円滑にする共通の規範, 価値観及び理解を伴うネットワーク」と定義される「社会的資本（社会関係資本）」（p.65）が, 非経済的利益を実現し, 人間の福利を実現する上で人的資本よりも重要であるとし（p.94）, 社会関係資本の研究を進めることを提言していた。社会関係資本は, 社会の紐帯を形成し, 市民社会を維持・構成する上で不可欠なものと注目されたのである。

　OECD は, 2005年から「学習の社会的成果（Social Outcomes of Learning：SOL）プロジェクト」をスタートさせ, 学習の成果として, 健康とともに社会関係資本を構成する「市民・社会的関与」（Civic and Social Engagement）がいかに形成されるかを検討し（OECD 2007=2008）, 教育段階による「市民・社会的関与」の変化を検討している（OECD 2010a=2011）。以上のように, OECD は, 教育の成果を, 収益率で測定される人的資本概念から大きく脱却し, 市民社会の主体を育成する視点を強めている[14]。

5-2.　科学・技術の在り方と教養教育―日本学術会議の諸提言―

　現代社会の構造的変化に対応し，社会と科学及び教育の結びつきについて原理的に捉えなおす志向は20世紀後半から始まっている。ユネスコ及びICSU（国際科学会議）[15]共催による世界科学会議（World Conference on Science）「科学と科学的知識の利用に関する世界宣言」（1999年7月1日採択，ブタペスト宣言）は，政策形成や意思決定のために科学の必要性と役割が増大しており，科学教育は，すべての男女の教育を受ける権利の一部であり，人間開発と市民の育成に不可欠であること，高等教育および大学院教育における科学研究を強化すること，科学教育のカリキュラムには，科学倫理，歴史，哲学，そして科学の文化的影響に関する課程が含まれるべきであることを宣言していた。

　科学技術と教育の関連を含めて，持続的な人類社会の課題に沿った提言は，この文脈に沿って日本学術会議が先駆的な提言を行ってきた。残念なことに，政府や大学の側は，これらの提言に敏感に反応していない。日本学術会議は，20世紀末から俯瞰型研究プロジェクトの推進（会長談話，1999年1月），「学術の社会的役割」（学術の社会的役割特別委員会，2000年6月）など科学と社会の関係を問い直す活動を行い，第18期（2000年7月〜2003年7月）には，「人類的課題の解決のための日本の計画　Japan Perspective」，「学術の状況および学術と社会との関係に依拠する新しい学術体系」の課題に取り組んだ。注目すべきは，細分化を超えた俯瞰型研究とともに，実践的な価値関与を取り上げたことである。社会のための科学を志向すれば，実践的価値の問題にかかわらざるを得ず，価値選択の合理的根拠を明らかにせざるを得ないからである。その検討結果は，『新しい学術の体系―社会のための学術と文理の融合―』（新しい学術体系委員会，2003年6月）による「認識科学と設計科学」，「法則科学とプログラム科学」からなる学術体系の提案である。従来の文系・理系，基礎・応用・開発の区分に変え，「社会のための学術」と「文理の融合」を目指そうという試みは，その後，知の統合を目指す試みとして継続し，2007年には，『対外報告　提言：知の統合―社会のための科学に向けて―』

が公表された。「知の体系は細分化されやすいものであり，この逆らい難い流れは人文社会系，理工系に共通して及び，『社会のための科学』に対する障壁となっている。人文社会系では，複雑な社会現象の解明や対処に対して，個別化した科学相互の協力が円滑に行えていない。理工系の知は，人工環境の形成に深く関わり，社会の諸々の活動に多大な影響を与えているが，現状の細分化された知では，多岐に渡る影響の理解や洞察に限界が見られる」（日本学術会議科学コミュニティと知の統合委員会　2007）。

　また，2005年には，若者の理科離れへの危機から，科学力増進特別委員会のイニシャチブによる「科学技術リテラシー構築のための調査研究」（科学技術振興調整費）がスタートした。『21世紀の科学技術リテラシー像～豊かに生きるための智～総合報告書』（2008年6月）は，現代社会の課題として，エネルギー利用の拡大，気候変動，科学の変化としての価値をあげ，数理科学ほか7つの専門領域で，社会的課題と科学の課題を整理している。

　こうして，2000年代の日本学術会議の取り組みは，従来の価値自由に立脚し，客観世界の法則理解を基軸におく科学から，人類社会の存続のために，文理の区分を超え，知の統合を促進して社会のための科学をどう定立するかに向かっていた。科学のあり方の見直しは，教養教育にも当然波及する。2008年4月に設置された日本の展望委員会は，2010年4月に『日本の展望―学術からの提言2010』を公表した。それは，14の提言と31の報告からなる膨大なものである。

　このうち，知の創造分科会『21世紀の教養と教養教育』は，グローカル時代に世界共通の問題の解決に取り組み，「それを担っていくことのできる豊かな教養の形成，すなわち柔軟かつ創造的知性及び実践的能力の形成」を重要課題とし，具体的にはメディア環境の変化に対応しうるメディア・リテラシー，知のあり方が揺らぎ，価値と倫理の再構築に裏打ちされた教養の形成，市民的公共性・社会的公共性・本源的公共性を活性化し，担い手となる市民としての教養を列挙し，こうした教養を形成

するために，教養教育を一般教育に限定することなく，専門教育も含め，4年間の大学教育と大学院教育を通じて培うことを提言している。そのために，教養教育の基礎部分として外国語・保健体育を含む「共通基礎教養」，教養教育の一翼を担う「専門教養教育」，一般教育と専門教育が重なり合う「専門基礎教養」という科目区分を提言し，卒業論文や部活動など課外活動も含めて教養を培い自己形成を行う場として位置付けることを提言している。半世紀前にアシュビーは，「技術的専門化の時代に適応するためには，大学が専門的学習を教養教育のなかに組み入れなければならない。実際，必要なのは教養教育の観念の修正以外の何ものでもないのである」(Ashby 1963=1967; 102) と述べていた。戦後日本の経験は，専門教育の中に教養教育が組み入れられていった歴史でもあった。学術会議の提言は，教養教育の中に専門教育を組み入れ，学士課程教育のリベラル化を図る試みである。学術会議といっても，単一イシューではない。科学・技術を担う将来世代の育成方策検討委員会（委員長柘植綾夫）は，新リベラル教育の勧めとして「21世紀型科学・技術リベラルアーツ教育」の振興を提言する。その定義は，「科学・技術を正しく認識・評価し，その活用に関して適切に判断・行動し，適切な政策決定を行うことのできる人材」（日本学術会議科学・技術を担う将来世代の育成方策検討委員会 2013;3）を育成するところにあり，①専攻している専門分野の内容を専門外の人にもわかるように説明できること，②その専門分野の社会的・公共的意義について考え理解すること，③その専門分野の限界をわきまえ相対化できることの3つを要件としている。

6. 結び

　以上，大学における教養教育論の動向を，政策形成につらなる系列で顕現している「汎用的能力・技能」論の系譜と，OECDや日本学術会議などの提言に見られるように，具体的なコンテンツとして論じる系譜とを検討してきた（前者においては，教養論は解体しているのだが）。前者の系譜に関する疑問は，行間に示してきたところだが，多様な視点と議

論が国内外にありながら，それらを捨象した単一命題が政策として語られることは問題であり，専門家として関与している研究者に知見を欠くのは残念である。日本学術会議は，政府から独立した機関であるとはいえ，ナショナルなレベルで日本の学術界を代表する存在なのだが，2000年代からの提言内容は，政策や大学の教育内容に反映しているようには見えないし，政府や大学の側で幅広い議論に立脚して人材育成論が語られているようにも見えない。本論が冒頭で指摘したように，教養教育は組織論と教育論が逆転した構図にあることが多いが，いまや大学教育全般に拡張されたのかもしれない。それとも，いまだ生成過程にあるとみるべきであろうか。今後の展開に待ちたい。

【注】

1) 本稿は，「大学における教養教育の過去・現在・未来」『東北大学高度教養教育・学生支援機構』第2号（2016年）を転載したものであり，転載を認めていただいた機構に厚く感謝する。
2) 日本の大学において使用される，「教養教育」，「普通教育」，「一般教育」，「共通教育」，「全学教育」などの教育カテゴリーは，専門教育との対比において共通する概念だが，同一とは言えず，使用者によっても違いがある。あえて言えば，「一般教育」は，制度・運営・カリキュラム上の位置づけからの定義であり，「教養教育」とは，内容及び教養概念と不可分のものとして使用されるという文脈上の相違がある。本稿では，内容論を展開するために「教養教育」を使用するが，その他のカテゴリーも含んでいる。
3) いくつかの例外はある。東京大学教養学部は，東京帝国大学の高いステータスをもとに実現した。そのほか，国際基督教大学，東北学院大学，東海大学，帝塚山大学，いわき明星大学，放送大学，埼玉大学などに教養学部は存在するが，いずれも個別的ケースに止まる。
4) 多様な教養概念がありながら，一応共通の理解が得られている定義である。
5) 特に医学・理学・工学分野で学ぶための数学・物理学・化学など準備的性格を持つ科目であり，1956年の大学設置基準省令化の際に，「基礎教育科目」として明示された。
6) 矢内原の教養論は，別途ていねいに検討されるべきであるが，教育論を収録した『矢内原忠雄全集』第21巻（岩波書店，1964年）には，教育論があっても，教養論がほとんどない。前出『学問と教養』所収のもののほか，「教養」と題するものは

なく，一般教育を論じたものは，その繰り返しである。学問＝真理探究＝人間性育成という調和的構図が成立していたといってよかろう。

7）アメリカにおける多文化主義の展開は，Gitlin（1995 ＝ 2001），Levin & Cureton（1998 ＝ 2000；105-131）参照。多文化主義が批判の対象とした西欧古典主義の立場から自らの擁護・反批判としては，Bloom（1987 ＝ 1988），Kernan（1997=2001）。

8）たとえば，「国史」の項目では，黒板勝美『更訂　国史の研究』（1931年）が「今日なお最も信頼すべきアカデミックな国史概説」として紹介されている。神話・伝説に歴史的事実が反映しているとして，高天原の所在を考証した著書が70年代後半に至るまで，大学生の教養書として記載されていたという事実は驚くべきものである。補足すれば，90年代には，小林康夫，船曳建夫編『知の技法：東京大学教養学部「基礎演習」テキスト』（1994年，東京大学出版会），同編『知の論理』（1995年，東京大学出版会），同編『知のモラル』（1996年，東京大学出版会）が陸続と出版され，当時の大学に大きなインパクトを与えた。学問体系を反映したテキストではなく，教養教育固有の文化内容が構造化されたからである。これらの業績は，戦後世代によって達成されたことも興味深い。

9）経済産業省経済産業政策局 産業人材参事官室 / 産業技術環境局 大学連携推進課が創設した産学人材育成パートナーシップ（2007年10月）において設置された委員会。

10）文部科学省高等教育局高等教育企画課の所掌。

11）工学及び科学技術全般の発展に寄与するために，産業界・学術界の有志によって1987年4月16日に任意団体として設立された団体。初代会長は，NEC 会長小林宏司，第二代は元東大学長向坊隆である。

12）もっとも，個別企業の視点に立ってさえ，社会的責任は重要である。日本においても，経済産業省『企業の社会的責任（CSR）に関する懇談会中間報告書』（2004年9月）を初めとして，企業の社会的役割の見直しが論じられるようになってきた。

13）ここ10年の大学教育に関する答申は，認知科学や教授学の専門家が参加せず，外国の概略的な事例から単純に帰納して断定的な結論を行っている。もしくは，学生に対する質問紙調査にもとづく統計分析で教育を論ずるという，一面的なものである。教育方法学から石井（2015）が批判を行っている。Rychen & Salganik（2003 ＝ 2006）は，コンピテンス，スキル，リテラシーの概念について，各国の定義や関連について慎重な考察を行っており（pp.64-125），研究の分野ですら多義的である。

14）日本の高等教育研究では，学習成果に社会の担い手としての視点が希薄である。三好（2013）による学習成果測定のレビューは，職業的レリバンス，入試選抜，質保証，エンゲージメントの視点で整理し，市民教育を含む全人的な発達の視点で大学の学習を検討するスタンスが日本の研究に欠落していることを示す。そもそも三好のレビューにこの視点がない。また，社会関係資本の概念は，人的資本概念から発展したが，日本の教育経済学は，赤林（2012）が示すように，収益率測定など効果を経済的に捉える視点が強く，国際的な発展が摂取されていない。

UNUIHDP（2012＝2014）第11章の諸概念とは隔絶している。こうした事実をふまえず「国際動向」を云々するのは滑稽でさえある。日本の歴史は，試験で測定する学力（学習成果）が，教育のあり方を制約し，あたかも教育で育成する能力そのものであるかのような逆規定関係を作ってきた。比較・歴史視点のない「学習成果測定ブーム」は，その轍を再生産している。

15）International Council of Science は，1931年に創設され，2016年現在，142ヵ国の科学機関代表からなる非政府組織であり，日本では，日本学術会議が加盟している。その目的は，社会のための科学を推進することであり，そのために国際的な科学コミュティを形成することである。

【参考文献】

・赤林英夫, 2012,「特集：この学問の生成と発展　人的資本理論」『日本労働研究雑誌』No.621.

・Anderson, R. D., 2004, *European Universities from the Enlightenment to 1914,* Oxford University Press.（＝2012, 安原義仁・橋本伸也訳『近代ヨーロッパ大学史』昭和堂）.

・天野郁夫, 2001,『『教養教育』を問い直す』『IDE 現代の高等教育』No.426.

・Ashby, Eric, 1963, *Technology and the Academics: An Essay on Universities and the Scientific Revolution,* Macmillan.（＝1967, 島田雄次郎訳『科学革命と大学』中央公論社）.

・麻生磯次ほか, 1953,『学問と教養—何をいかに読むべきか—』勁草書房.

・Biesta, Gert J.J., 2011, *Learning Democracy in School and Society: Education, Lifelong Learning, and the Politics of Citizenship,* Sense Publisher.（＝2014, 上野正道・藤井佳世・中村清二訳『民主主義を学習する　教育・生涯学習・シティズンシップ』勁草書房）.

・Bloom, Alan, 1987, The Closing of the American Mind, Simon & Schuster Inc.（＝1988, 菅野盾樹訳『アメリカン・マインドの終焉』みすず書房）.

・Blumenstyk, Goldie, 2015, *American Higher Education in Crisis? What everyone needs to know,* Oxford university press.

・The Committee on the Objectives of a General Education in a Free Society, 1945, *General Education in a Free Society: Report of the Harvard Committee,* Harvard University Press.

・Crick, Bernard, 2000, *Essays on Citizenship,* Continuum.（＝2011, 関口正司監訳『シティズンシップ教育論　政治哲学と市民』法政大学出版局）.

・Crouch, Colin, 2003, Postdemocrazia, Gius. Laterza & Figli S.p.a.（＝2007, 山口二郎監訳『ポスト・デモクラシー；格差拡大の政策を生む政治構造』青灯社）.

・大学基準協会, 1951,『大学に於ける一般教育—一般教育研究委員会報告—』.

・Deresiewicz, William, 2014, Excellent Sheep : The Miseducation of the American Elite and the Way to a Meaningful Life, Free Press.（＝2016，米山裕子訳『優秀なる羊たち　米国エリート教育の失敗に学ぶ』三省堂）.

・藤山一郎，2012,「日本における人材育成をめぐる産官学関係の変容―『国際人』と『グローバル人材』を中心に―」『立命館国際地域研究』第36号.

・Gitlin, Todd, 1995, The Twilight of Common Dreams: Why America Is Wracked by Culture Wars, Henry Holt and Company.（＝2001，疋田三良・向井俊二訳『アメリカの文化戦争―たそがれゆく共通の夢』渓流社）.

・羽田貴史，2001,「教養部改組，その後」『IDE 現代の高等教育』No.426.

・―――，2014,「グローバル人材は，大学教育の目標足りうるか？」東北大学全学教育広報誌『曙光』No.39.

・Huxley, Thomas Henry, 1893, Collected Essays: vol.3 Science and Education, Macmillan.（＝1966，佐伯正一・栗田修訳『世界教育学選集36　自由教育・科学教育』明治図書）.

・井上文則，2007,「大帝国統治と教養――官僚のみたローマ帝国―」『知と学びのヨーロッパ史―人文学・人文主義の歴史的展開』（南川高志編著，ミネルヴァ書房）.

・石井英真，2015,『日本標準ブックレット No.14　今も求められる学力と学びとは―コンピテンシー・ベースのカリキュラムの光と影―』日本標準.

・上智大学社会正義研究所・国際基督教大学社会科学研究所，2002,『地球市民社会と大学教育の生かし方』現代人文社.

・Kernan, Alvin, 1997, What's Happened to the Humanities?（＝2001，木村武史訳『人文科学に何が起きたか　アメリカの経験』玉川大学出版部）.

・木前利秋・亀山利朗・時安邦治，2011,『変容するシティズンシップ　境界をめぐる政治』白澤社.

・木前利秋・時安邦治・亀山利朗，2012,『変容するシティズンシップ　権利と政治』白澤社.

・国立大学協会教養課程委員会，1988,『教養課程の改革』.

・国立国会図書館経済産業課（萩原愛一），2005,『調査と情報476　企業の社会的責任（CSR）―背景と取り組み―』.

・近藤孝弘，2013,『統合ヨーロッパの市民性教育』名古屋大学出版会.

・Levin, Arthur & Cureton, S. Jeanette, 1998, When Hope and Fear Collide: A portrait of Today's College Student, Jossey-Bass, Inc.（＝2000，丹治めぐみ訳『現代アメリカ学生群像　希望と不安の世代』玉川大学出版部）.

・松下佳代，2011,『＜新しい能力＞は教育を変えるか　学力・リテラシー・コンピテンシー』ミネルヴァ書房.

・松本三和夫，2009,『テクノサイエンス・リスクと社会学―科学社会学の新たな展開』東京大学出版会.

・三隅一人，2013,『叢書・現代社会学⑥　社会関係資本』ミネルヴァ書房.

・三好登，2013,「大学生の学習成果に関する研究動向と今後の課題」『大学論集』第44集，広島大学高等教育研究開発センター.

・中山茂，1978，『帝国大学の誕生』中央公論社．
・日本学術会議，2010，「回答　大学教育の分野別質保証の在り方について」．
・日本学術会議科学・技術を担う将来世代の育成方策検討委員会，2013，「提言　科学・技術を担う将来世代の育成方策～教育と科学・技術イノベーションの一体的振興のすすめ～」．
・西山教行・平畑奈美編著，2014，『「グローバル人材」再考　言語と教育から日本の国際化を考える』くろしお出版．
・OECD, 2001a, *The Well-being of Nations The Role of Human and Social Capital.*（=2002，日本経済調査会『国の福利　人的資本及び社会的資本の役割』）．
・OECD, 2001b, *Meeting of the OECD Education Ministers, Paris, 3-4 April 2001: Investing in Competencies for All (Communiqué).*（http://www.oecd.org/edu/innovation-education/1870589.pdf.2016.4.1accsess）．
・OECD, 2003, *Development Centre Seminars: Globalisation, Poverty and Inequality.*（=2004，及川裕二訳『開発途上国におけるグローバル化と貧困・不平等』明石書店）．
・OECD, 2007, *Understanding the Social Outcomes of Learning.*（=2008，教育テスト研究センター監訳『学習の社会的成果　健康，市民・社会的関与と社会関係資本』明石書店）．
・OECD, 2008a, *Growing Unequal?: Income Distribution and Poverty in OECD Countries.*（=2010，小島克久・金子能宏 訳『格差は拡大しているか　OECD加盟国における所得分布と貧困』明石書店）．
・OECD, 2008b, *Trends Shaping Education—2008 Edition.*（=2009，立田慶裕監訳『教育のトレンド　図表でみる世界の潮流と教育の課題』明石書店）．
・OECD, 2010a, *Improving Health and Social Cohesion through Education.*（=2011，矢野裕俊監訳『教育と健康・社会的関与　学習の社会的成果を検証する』明石書店）．
・OECD, 2010b, *Trends Shaping Education—2010 Edition.*（=2011，立田慶裕監訳『教育のトレンド2　図表でみる世界の潮流と教育の課題』明石書店）．
・OECD, 2011, *Divided We Stand: Why Inequality Keeps Rising.*（=2014，小島克久・金子能宏 訳『格差拡大の真実 二極化の要因を解き明かす』明石書店）．
・OECD, 2016, *Trends Shaping Education—2016.*
・岡田大士，2005，「東京工業大学における戦後大学改革に関する歴史的研究」（学位論文，未公刊）．
・Osler, Audrey & Starkey, Hugh, 2005, *Changing Citizenship,* 1st ed., Open University Press.（=2009，清田夏代・関芽訳『シティズンシップと教育　変容する世界と市民性』勁草書房）
・Putnam, D. Robert, 1993, *Making Democracy Work,* Princeton University Press.（=2001，河田潤一訳『哲学する民主主義　伝統と革新の市民的構造』NTT出版）．
・Putnam, D. Robert（ed.），2002, *Democracies in Flux: The Evolution of Social Capital in Contemporary Society,* Oxford University Press.（=2013，猪口孝監訳『流動化する民主主義—先進8ヵ国におけるソーシャルキャピタル』ミネルヴァ書房）．

・Rychen, S.D. & Salganik, H. L., 2003, Key Competencies for a Successful Life and a Well-Functioning Society, Hogrefe & Huber Publishers.（＝ 2006，立田慶裕監訳『キー・コンピテンシー　国際標準の学力をめざして』明石書店）．
・榊原清則，1995，『日本企業の研究開発マネジメント―組織内同形化とその超克―』千倉書房．
・関　正夫，1991，「一般教育学会会員の立場から」『IDE 現代の高等教育』No.328.
・杉本和弘・今野文子・立石慎治，2013，「メルボルン大学における教育改革とマネジメント―豪州首相プログラム　調査報告―」『東北大学高等教育開発推進センター紀要』第8号．
・筒井清忠，1995，『日本型「教養」の運命　歴史社会学的考察』岩波書店．
・田辺俊介編著，2014，『民主主義の「危機」　国際比較調査からみる市民意識』勁草書房．
・寺崎昌男，1978，「東京大学創立前後」『東京大学史紀要』第1号．
・寺崎昌男，1992，『プロムナード東京大学史』東京大学出版会．
・United Nations University International Human Dimensions Programme（UNUIHDP），2012, Inclusive Wealth Report 2012, Cambridge University Press.（＝ 2014，植田和弘・山口臨太郎訳『国連大学　包括的「富」報告書　自然資本・人工資本・人的資本の国際比較』明石書店）．
・Walzer, Michael, 1995, Toward a Global Civil Society, Michael Walzer and Berghahn Books, Inc.（＝ 2001，石田淳ほか訳『グローバルな市民社会に向かって』日本経済評論社）．
・矢内原忠雄，1964，『矢内原忠雄全集』第21巻，岩波書店．
・吉田　文，2013，『大学と教養教育』岩波書店．

第2章　STEM 重視政策の世界の動向
—STEM 高等教育の方向性は？[1]—

山田　礼子（同志社大学）

1.　はじめに

　世界的に知識経済のインパクトが高まるなかでイノベーションへの期待と要請が大学に置かれ，STEM（Science, Technology, Engineering, Mathematics）分野にその役割が強く求められている。STEM という呼称はまだ日本では普及しているとはいえないが，科学と技術の最先端，そして工学，数学が融合していると考え方がこの用語の背景にある。近年，科学技術高等教育政策との関連から見れば，世界的に STEM 教育を K12 から高等教育にかけて充実・重点化する政策が米（大統領科学技術諮問委員会 =PCAST, 2010, 2012），豪（Office of the Chief Scientist, 2014），英（House of Loads, 2012）等 OECD 加盟国を筆頭に公表され，中国，韓国，マレーシア，インド等アジア諸国においても STEM 人材教育を通じての育成が重要政策として位置づけられ，日本でも，2015年にはイノベーションを生み出す高等教育での理工系人材の強化に向けての理工系人材育成戦略（文部科学省, 2015），2016年には第5次科学技術基本計画と相次いで公表されたことは記憶に新しい（内閣府, 2016年）。

　今や科学とイノベーションが生産性の向上，より賃金の高い仕事を創出すること，競争力を高め，経済成長につながるという見方が大勢を占めている。米国やオーストラリアでの過去50年間の経済成長の主要因として科学技術の進展が挙げられているだけでなく，隆盛しつつある職業の75% が STEM 分野の技術とスキルを必要とすると指摘されている（Office of the Chief Scientist, 2014, p.7）。理工系の研究においては，ノーベル賞や他の学術賞の動向を吟味し，各国のローカル言語という差異を所与としても研究の内容，方向，先進性といった要素は国境を越えても

共通性が存在する。それゆえ，国際通用性のある言語として認識されている「英語」を中心とした国際ジャーナルにおいて世界中から理工系分野の研究者が論文を投稿する。その論文採択率や被引用数（率）が指標として進行しつつあるランキング競争にも大きな影響力を及ぼしている。多くの国々が初等から高等教育を通じて STEM 人材育成戦略を強化している現状もランキングとの関連性があるとみることができる。教育という側面から見れば，STEM 分野でも特に工学に目を向けた場合，JABEE による教育基準の設定はワシントン条約加盟から出発しているように，ワシントン条約加盟国間での工学教育の学習成果，その基盤となる工学カリキュラムや授業方法においては共通性が高い。グローバル化の進展により工学分野の教育基準の共通性は高いとも言い換えられる。一方，工学系の学生を中心とした STEM 分野の学生が高等教育機関在学中にインターンシップ等で海外に行く頻度も増加しているだけでなく，卒業後に海外で働く経験あるいは研究する経験も相対的に増加している。

　本稿では，グローバル化と知識基盤社会を背景として，世界の高等教育政策において STEM 分野の教育を通じての人材育成の充実が具体的に如何に進捗しているかを国際比較の視点から検討し，STEM 人材に求められるグローバル・コンピテンシー（以下 GC）を専門性と学際性，市民性や多文化の理解等が含まれる 21 世紀型教養の融合性という観点から考察する。

2.　STEM に関する各国の政策動向

　本節では，科学技術政策振興に関する政府文書を公表している米国，オーストラリア，英国，日本の動向と STEM 教育に焦点を絞り，その特徴を検討する。

　米国では，前オバマ政権によりホワイトハウス内に設置された大統領科学技術諮問委員会（President's Council of Advisors on Science and Technology 以下 PCAST）による文書が代表的である。米国の歴代大統領は，

科学，工学，医療関係の専門家による諮問委員会を設置しているが，オバマ前大統領も2009年に米国の経済的発展への寄与を期待し，科学，工学，イノベーションの専門家によるPCASTが設置されて以来，種々の提言が盛り込まれた文書がPCASTにより公表されてきた。PCASTは科学技術政策全般をカバーしているが，2010年，2012年には特にSTEM教育に関する提言を公表している。

2010年の報告書 *Prepare and inspire: K-12 Education in Science, Technology, Engineering and Math (STEM) for America's future* は幼児教育から中等教育段階でのSTEM教育の強化と充実に関する内容から構成され，STEM教育に携わる教師の質と量の充実，児童・生徒の興味・関心を喚起させ，学力の向上に結びつける具体的計画が提示されている。

2012年の報告書 *Engage to excel: Producing one million additional college graduates with degrees in Science, Technology, Engineering and Mathematics* では，米国が科学技術分野での卓越性を維持するために，今後10年間でSTEM分野の学位を取得する大学卒業生を100万人にまで増加させることを目標とし，実現のための方策として5項目の提言が纏められている。

3つの学協会の連合体である The National Academies of Sciences, Engineering, and Medicine（2016）がSTEM労働人口の定義として4年制大学の学位を持っていない労働人口を除くとしているが，仕事の性質や分野にも大いにその定義は関連している。2010年には米国の労働人口は1億3900万人であったが，実際に科学および工学分野の職業従事者数は540万人であった．しかし，1950万人が科学および工学分野の学士学位以上の学位を保持しており，1650万人が学士学位レベルの科学や工学の専門知識が仕事上で不可欠であると指摘している。

Droegemeier はこうした現状はSTEM関連の技能が米国の職場で不可欠になっていることを示しているだけでなく，これらの人材がイノベーションや競争力に貢献しているかを示すエビデンスであると論じている（NASEM, 2016）。このようにSTEM人材への職業関連における期待は高いものの，高等教育を通じてSTEM人材の育成が円滑に進んでいると

はいえないという批判も存在し，そうした批判がPCASTの提言に反映されていると読み取れる。10年間でSTEM分野の学位を取得する大学卒業生を100万人にまで増加させるという目標を達成するためには，STEM分野の学士学位保持者を現状よりも毎年34％ポイント以上増加していかねばならないが，STEM分野に入学した学生のうち最終的に学位を取得する比率は40％に満たない。従って，少なくともSTEM分野の入学者で進路変更や退学をしないで学位を取得する比率を50％程度にまで上昇することが不可欠であるとの見方が報告書に提示され，STEM分野学生のリテンション率が低い要因として，学習意欲を喚起しない入門科目，必修数学科目内容の難しさ，女子学生やマイノリティ学生に対して好意的でない当該分野の文化の存在を挙げている。

　具体的な5つの提言は，①効果があると検証された教育実践を幅広く活用すること，②標準化した現在の実験科目を発見型研究科目に変えていくようにし，その支援を実施すること，③数学の到達に関する準備状況の差に対応するために，国レベルでの中等後教育段階の数学教育に関する取り組みを立ち上げること，④STEM関連のキャリアへに至る経路を多様化するためにステークホルダー間の連携を促進すること，⑤STEM学士課程における変革的で持続的な変化のための戦略的なリーダーシップを提供するために，大学および産業界との連携によって主導する大統領のもとでのSTEM教育委員会を設置することである。5つの提言を実現するためのアクション・プランが提言1に対して3項目，2については2，3については1，4については4が提示されている。

　千田はPCASTによる5つの提言と具体的なアクション・プランを分析して，提言1については，教育効果が明らかでかつエビデンスに裏打ちされた教育方法を展開する必要があるとし，その一例としてアクティブ・ラーニングを挙げているが，新しい教育方法は利用経験が限られ，教育効果は浸透していないことから，新教育方法への移行には時間と努力が必要となり，連邦政府による新たな教育訓練機会の提供と教材提供への支援を通じてようやく効果と定着が可能となると見ている。さらに

その過程では STEM 教育の効果を評価する指標の開発が不可欠である
と説明している（2013年, pp.4-26）。

　オバマ前大統領は2012年の PCAST レポートの提言を受けて, 同年2
月7日には早急に NSF（National Science Foundation）による1億ドルの学
士課程 STEM 教育実践プロジェクト, *Widening Implementation and
Demonstration of Evidence-based Reforms (WIDER)* と *Transforming Under-
graduate Education in Science, Technology, Engineering and Mathematics
(TUES)* を発足させ, コミュニティ・カレッジやマイノリティの多い高等
教育機関における STEM 教育改革プロジェクトへの投資の決定, 更には,
連邦教育省と NSF が協同で, 数学教育の改善を目指したプロジェクト
に合計6000万ドルを2013年予算に盛り込むことを発表した。大統領に
よる早急な STEM 教育改革への実行計画の提示は, STEM 教育の改善
を通じての人材の質と競争力向上を目指している証左であるといえよう。

　オーストラリアは研究とイノベーションの推進を国家目標として掲げ
ており, その象徴的な目標としてアジア地域における R&D 研究のコア
センターの設立に見られるように, STEM 関連の研究開発とイノベー
ションへの国全体の期待は大きく, そのためには全ての教育段階での
STEM 教育の充実と教員の増加と質の向上が重要であるとの認識を明示
している（Office of the Chief Scientist, 2014）。オーストラリアでは全ての
段階での教育を通じて, 国民すべてが STEM スキルの向上と生涯を通じ
てのサイエンス・リテラシーの持続を目指し, コミュニティとして
STEM にかかわらせることを目標として掲げていることが特徴的であ
る。その背景には, 高等教育段階において科学や数学を専攻する学生が
継続的に減少しているという危機感がある。Freeman（2015）は, 大学で
の幅広い選択制を基本としたカリキュラム構造や中等教育段階での必修
科目履修に向けての緩やかさが一つの要因と指摘している。国際学力調
査においてもオーストラリアの生徒の学力は他の諸国と比較しても芳し
いとはいえず, STEM 分野に注力した産業の育成を国として発展させる
ためにも先述したサイエンス・リテラシーを初等教育, 中等教育, 高等

教育そして生涯学習を通じて向上させる必要があると指摘されている。

　高等教育段階においては，医療・健康関連分野を専攻する学生数は，当該職業への政府の補助との関連から若干の増加がみられるものの，IT分野専攻学生の継続的な減少や工学，自然科学分野専攻の学生の分野間での限定的な増加といった状況が混在している。全般的に STEM 領域を選択する学生数の増加と現在みられる STEM 分野における女子学生の比率が低いという性差，あるいはマイノリティ学生の比率の低さを改善し人種・民族の比率のバランス化を実現することが重点的な目標として掲げられ，そのためには政府の STEM 分野への財政支援が強く求められている。(Office of the Chief Scientist, 2014; Freeman, 2015)。

　英国においては，House of Lords が2012年に公表した報告書において現状の分析に基づいた33の提言を提示している。米国やオーストラリアの今後の STEM 関連の職業に関する需要と供給を分析した上での強化の方向性や初等から中等教育を通じての STEM 教育の充実と教師の質の向上等重複する政策動向は多いものの，英国独自の見解と提言が盛り込まれているところに特徴がある。

　報告書では，高等教育における STEM 領域にかかる学生のコスト負担が他分野よりも重いこと，学位取得にかかるまでの期間が相対的に他分野と比較して長いことに対しての疑問が付されている。また，移民政策との関連からの提言も注目に値する。留学生の多くが STEM 領域を専攻しており，彼・彼女達が学位取得後に英国の STEM 領域の仕事に従事しているという現状を踏まえ，当該分野の留学生数を減少させず，かつ学位取得後に仕事に従事できるような労働ビザにかかわる条件の緩和と維持への期待が示されている。

　中等教育と高等教育との接続という観点から資格試験の強化と高等教育及び中等教育段階関係者の協力が具体案として提示されている。全ての英国の大学かつ世界の大学への入学に際しての資格試験として位置づけられている A レベル試験において，A2レベルの試験に数学を必修化することで大学に入学する学生の数学の学力を向上させる案も検討され

ている。

　上記以外にもQAAのアクレディテーションにも関連した教育の質保証という視点からの問題提起，科学関連学会や工学関連学会との連携と高等教育段階での分野別の内容改革と成果の検証といったプロセスの明確化，学位取得後のSTEM学生や研究職についた院生の成果をデータで検証する等，データ検証を通じての質保証の具体化までを視野にいれた提言が特徴的といえよう。

　世界大学ランキングやアジアの大学ランキングにおいて上位に顔を出しているシンガポールは，国土が狭く，農作物等も輸入に依存しているという国である。一方で，高度人材を育成することにも国家として目標を置いていることから，国を挙げての科学技術政策の推進と投資および研究開発への積極的な投資を行っていることで知られている。高度人材が国の発展にとって欠かせないという認識のもと，STEM分野の博士取得者の増加にも政策的にも力点を置いている。大学教員の国際化にも積極的であり，外国人教員の比率も高い。STEM領域・分野の労働市場の拡大を国が目標として掲げていることから，積極的なSTEM関連企業，リサーチセンター誘致政策を国主導で進めている。その具体的な事例としてシンガポール国立大学の中に誘致しているMITの研究センターが知られている。

　世界的な教育方法の流れとして初等教育段階からのSTEM教育の充実化と強化も行われているが，大学においての近年の教育改革は，知識主体を重視し一人で学習する経験が大半であった学生に対して，グループによる協働学習の推進やアクティブ・ラーニング手法の積極的な導入が求められるようになってきている。こうした動向は，初等・中等教育にも影響があり，初等・中等教育段階でのSTEM教育内容の改革としてより日常生活との関わりを軸に置くことが求められるようになってきているのが近年の動向である。

　日本における文部科学省「理工系人材育成戦略」（2015年）では3つの戦略の方向性が掲げられ，【方向性1】は基本的に高等教育段階の教育研

究機能の強化に置かれ，「重点1．理工系プロフェッショナル・リーダー人材育成システムの強化」「重点2．教育機能のグローバル化の推進」「重点3．地域企業との連携による持続的・発展的イノベーション創出」「重点4．国立大学における教育研究組織の整備・再編等を通じた理工系人材の育成」が明示されている。【戦略の方向性2】では，女性・社会人の飛躍といった観点が盛り込まれ，諸外国の政策文書と共通性のある初等中等教育を通じてのSTEM人材の育成，女性の理工系分野への進出の推進，社会人のSTEM分野や異分野での再教育等が盛り込まれている。産学官の対話と協働という【戦略の方向性3】では「理工系人材育成—産学官円卓会議」(仮称)の設置を目指すことが提示されている。

　2016年1月に公表された第5期科学技術基本計画では，i) 未来の産業創造と社会変革，ii) 経済・社会的な課題への対応，iii) 基盤的な力の強化，iv) 人材，地，資金の好循環システムの構築という4本柱を基本としつつ，科学技術イノベーション政策を強力に推進していくことの決意が示されている。高等教育関連では，第4章の科学技術イノベーションの基盤的な力の強化において，社会や様々な変化への対応を可能とするため，若手人材の育成・活躍促進と大学の改革・機能強化を中心に基盤的な力の強化に向けた取り組みを進めることの方策等が示され，28〜32年において官民合わせた研究開発投資を対GDP比4%以上，期間中での政府研究開発投資の総額規模約26兆円が予算計上されている。

　図1にはOECD2016データから見る研究開発費比率を示しているが，韓国等一部を除けば，2008年を100とすれば大多数の国の研究開発費は横ばいか減少していることに気づく。このような動向の改善を意図した提言が各国の科学技術政策文書に反映されているといえよう。以上から，STEM分野に関する国際的な政策動向や社会状況等を整理すると，STEM教育と産業・経済成長との関係に各国の関心が集まっていることが共通動向として捉えられ，特に政策的実践の状況については，米，豪，英および日本には共通性が存在していると纏められる。

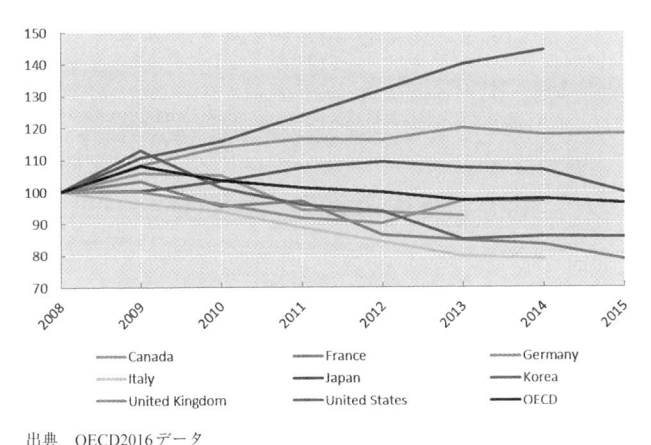

出典　OECD2016データ
https://www.oecd.org/sti/sci-tech/RD-budgets.xlsx [2]
図1．OECD諸国における研究開発費割合

　図2はOECD諸国における高等教育におけるSTEM分野の専攻比率を示しているが，韓国，ドイツ，英国ではSTEM分野を専攻する学生比率が40％を超えているのに対し，日本，オーストラリア，米国では30％台となっている。また，STEM分野において，韓国，ドイツ，日本では工学系統を専攻する学生比率が高いのに対し，英国，ドイツでは科学，数学，コンピュータ・サイエンスを専攻する学生比率が高い。日本では当該分野を専攻する学生比率は最も低い。全般的に，医療・福祉を専攻する学生比率はドイツを除いて比較的高いが，その多くは医学というよりは，看護系，福祉系に集中していることも特徴である。

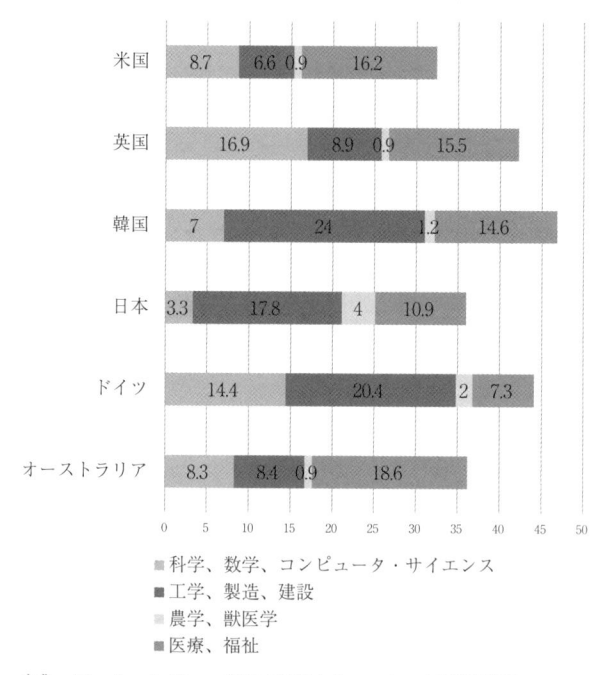

出典　*Education at a Glance 2016: OECD Indicators* data より筆者作成
図2．OECD諸国における高等教育における2014年
STEM分野の専攻比率

3．21世紀型教養とSTEM教育

　前節で述べたように米国でも高等教育段階におけるSTEM教育の重
視政策が公表されているが，多くの大学が教育改革の指針としている
様々なガイドライン等を公表しているAAC&U（Association of American
Colleges & Universites）においてもSTEM分野の改革方向性を示してい
る。現在および将来においてSTEM分野の専門知識を世界の複雑な諸
課題解決に向けて活用するだけでなく，文化に根差した複雑な世界の諸
課題解決に向けてコミュニケーションと文化理解を基本として寄与する
ことが重要となっているが，その点においてSTEM分野の学士課程教育
には改革するべき点が存在しているという認識が社会に存在している。

それゆえ，AAC&U の the Liberal Education and America's Promise（LEAP）initiative では，持続可能な社会を実現していくためにも，STEM 教育の改革が不可欠であるという認識が示され，STEM 科目は，①実際の世界が直面しているエネルギー，水や空気の質，気温変化等の実際の問題に関する知識を提供し，②こうした実際の問題を持続可能性という概念に結び付け，③市民かつ専門家として社会が直面する課題を解決し，行動できるようにするために，分析および実践できるような機会を学生に提供すべきという指針が提示されている。この概念は，世界の各国あるいは地域の文化に根差した解決策の提示にもつながる可能性がある。それゆえ，他国でのインターンシップやスタディ・アブロードプログラムへの参加が従来以上に意味を持ち，従来の専門分野の知識だけでは解決できない諸問題は広範囲に広がっていることから，文理融合プログラムの構築が必然という認識のもとで，STEM 分野と他分野との融合が促進され，共通教育段階で統合性を目指した STEM 分野の内容改革および STEM 分野における「デザイン思考」の取り入れが奨励されている。PCAST2012のアクション・プランでは，共通教育段階で学生の科学研究と工学デザイン科目受講の機会の増加について NSF プログラムとの連携により拡大することが盛り込まれ，事実米国での工学教育におけるデザイン重視型科目の提供は増加傾向にあり，問題発見に導く科目として位置付けられていることの証左でもある。

　日本においても，学際性を身につけるべく文理融合型の STEM プログラムがリーディング大学院プログラムとして選定された事例や，スーパーグローバル大学に選定された理工系単科大学のなかにも海外インターンシップを通じて多文化体験をさせる事例が散見されている。

　工学分野での実践として，日本では既に JABEE におけるデザイン教育改革に関する取り組みがある。JABEE はワシントン協定への加盟時に「日本はエンジニアリング・デザイン教育が弱いのではないか」という指摘を受けて以来，1. デザイン能力に関して具体的な達成目標を設定しているか，2. 学生がデザインあるいは問題解決策についての学習を体験

しているか，3. 学生に多様な能力を育成できる内容を含む複合的な課題を提示しているか[3]といった観点にもとづくデザイン教育の構築と改善をJABEEの加盟大学を対象に働きかけてきた。こうした実践を勘案すると，日本と他の国々におけるSTEM分野における具体的な教育改革のベクトルは同じであると見受けられる。

　先行研究としては，グローバル化に対応した技術者倫理教育（栃内文彦，グローバル社会における技術者倫理に関する実証的比較研究—行動規範構築と教材開発—，科学研究費基盤研究（B），2012〜2015年度），英語を介した理工系高等教育の向上を支援するシステム（国吉ニコルソン，英国を介した理工系高等救済の向上を支援するシステムの開発研究，科学研究費基盤研究(13)，2012〜2014年度）や各ディシプリンを核とした科学教育研究が存在する。しかし，グローバル化した社会におけるSTEM分野に必要とされるグローバルなコンピテンシーは一体どのようなものなのかについての先行研究の蓄積はほとんど見られない。とりわけ，STEM高等教育と21世紀型教養・スキル，特に学際性や異文化理解等の観点に着目する研究はほとんど存在しない。数少ない先行研究として2012年に大学生を対象に行った調査[4]から，専攻分野別に21世紀型の教養に関する学習成果の習得に関する自己評価結果を見てみる。

　図3には大学に入学後に身についた21世紀型教養に関連した能力・スキルが専門分野別に示されている。「異文化に関する知識」については，STEM系学生の習得に関する自己評価は，人文系，社会科学系と比較してもそれほど差はなく全体平均とほぼ同じであるが，「異文化の人々と協力する力」といった行動面に関しては，人文系，社会科学系，医療系よりも低く，全体平均よりも低い。「地域社会が直面する問題の理解」や「コミュニケーション能力」も同様で全体平均より低い数値を示している。21世紀型教養の習得においてSTEM分野の学生が相対的に苦戦している状況が見て取れる。

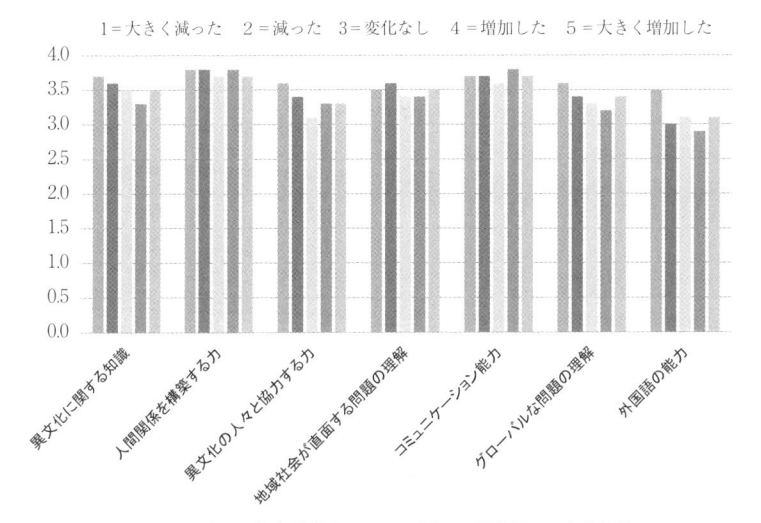

1＝大きく減った　2＝減った　3＝変化なし　4＝増加した　5＝大きく増加した

■人文系　■社会科学系　■STEM系　■医療系　■全体平均

図3.　2012 JCSS（日本版大学生調査）調査における専攻分野別21世紀型教養に関する能力・スキルの獲得

STEM分野のカリキュラムは専門知識や技能との関係からいずれの国々においても体系化されていることから，如何にグローバルに対応できる人材を育成するかという課題は，日本のみならず世界のSTEM分野の共通課題でもある。次節では，こうした課題に対応するべくプログラムを構築しているスタンフォード大学工学部，工学研究科の事例を検討する。

4.　スタンフォード大学工学部の実践と日本の工学系大学の動向

STEM系では時間やカリキュラムとの関係から海外での体験を正課あるいは成果外活動として取り入れることは容易ではないが，スタンフォード大学工学部（School of Engineering）のスタディ・アブロードプログラムは先進的な事例でもあることから，検討してみる。

スタンフォード大学では学士課程で工学を専攻する上級学生が，海外で1〜2学期を学び，インターンシップを経験することを目的とする

Bing Overseas Studies Program（BOSP）が設置されている。このプログラムでは，大学の工学課程を通じて専門的な知識，技能を修得して将来エンジニア（技術者）として社会で働く予定の学生が，外国での学習，仕事そして経験を通じて，異文化や多文化に関する知識や経験だけでなく，国際的なセンスを修得することを目的としている。背景には，スタンフォード大学は，エンジニアという職種が極めて国際的に通用性のあるものであると認識しているからでもあるが，実際卒業生の多くが海外での何年間かにわたる駐在経験，あるいは他の国での技術面でのコンサルタントを行う，あるいは他国で会社を立ち上げて経営に関わるなどの国際的な要素から構成されている業務にかかわっている。こうした仕事上で求められる要素は，早期段階での学士課程教育を通じて修得される「文化的リテラシー」（Cultural Literacy）と「異文化リテラシー」の土台の上に成り立つと認識されている。「異文化リテラシー」を備えたエンジニアを育成するうえで，スタディ・アブロードプログラムは不可欠であると位置付けられている次第である。

　BOSP プログラムを履修する学生は，上級学年になると，10カ国の都市に設置されている海外センターで1〜2学期を学ぶことになるため，1年生時点でアドバイザーと相談しながら，履修計画を確定する。専門分野である工学部の専攻で必修とされている科目の履修と海外センタープログラムが提供されている国の言語を学び，一定のレベルに達していることが強く要求されるなど，構造化されたプログラムが形成されている。海外センターには，スタンフォード大学工学部の教員が年度によっては，1年間常駐して，学生の海外での学習に関与することも少なくない。

　日本においても2013年に文科省が事業として開始したスーパーグローバル選定大学の方向性として，学生に異文化や多文化の知識を獲得させるだけでなく，体験により異文化や多文化に関する理解を実践的に内面化させるために，スタディ・アブロードプログラムを充実（HIP）させることが共通点でもあった。理工系大学も選定されているが，芝浦工業大学に見られるスタディ・アブロードの体験の充実，豊橋技術科学大学

長岡技術科学大学では海外インターンシップによるグローバル体験と応用知の獲得を具体的方策として提示するなど積極的な海外体験を目標として掲げているところもある。

SGU 選定大学ではないが，九州工業大学は，グローバルエンジニアの養成を大学のミッションとして掲げ，A. 多様な文化の受容，B. コミュニケーション力，C. 自律的学習力 D. 課題発見・解決力（探究する力）E. デザイン力（エンジニアリング・デザイン）から構成される具体的な技術者のグローバル・コンピテンシー（以下 GCE）を明示している。GCE を獲得するためのプログラムは Circuit Program と呼称され，図4に示したようなプロセスで GCE を修得するように経験が組まれている。その際，海外派遣プログラムではルーブリックを活用することで，学修自己評価システムによる GCE 成果の可視化にも取り組んでいる。

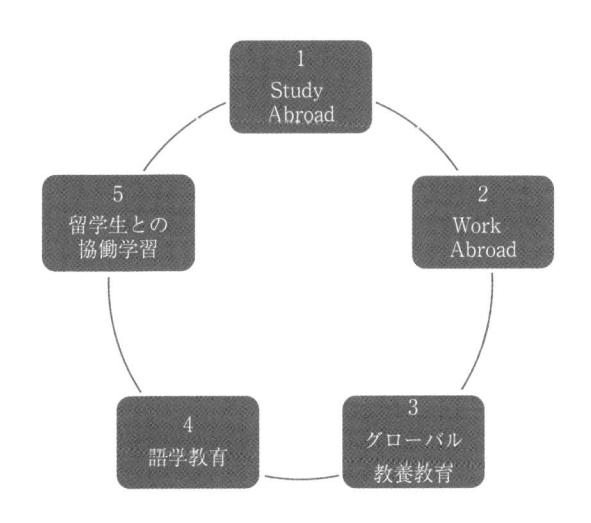

出典
http://www.google.co.jp/url?sa=t&rct=j&q=&esrc=s&source=web&cd=6&ved=0ahUKEwij2fXOx57XAhVHeb-wKHVzlBcAQFghCMAU&url=http%3A%2F%2Fcache1.jimu.kyutech.ac.jp%2Fmedia%2F001%2F201707%2F-gaiyo2017.pdf&usg=AOvVaw2rvoPcxyFdbmUMQajNZ2UN
7ページの図を参考に筆者作成

図4. GCE を修得するための Circuit Program

おわりに：STEM分野における21世紀型教養の課題

　　知識基盤社会への移行を背景に，世界の多くの国々ではSTEM系の研究や教育課程重視政策が進められている。21世紀に必要とされる職業やキャリアという視点からSTEMの充実が語られることが多いことは否定できない。しかし，AAC&UのLEAP等に見られるように，21世紀型教養としての「異文化リテラシー」をいかに教育課程において現実化するかは多くの国々のSTEM分野にとって共通した課題でもある。スタンフォード大学工学部生を対象とした留学プログラムの事例は，専門分野だけに留まらないで，異文化や多文化を深く理解できる「異文化リテラシー」を修得したエンジニアの育成を目指したプログラムの先進例である。従来工学部の教育課程は，体系的であり，知識や技能も積み重ねの上に成り立つことを前提としているため，必修科目が多く余裕がないことが特徴である。こうした領域の教育課程にいかに海外体験やインターンシップの時間を組み込むか？応用知としていかに社会の問題，世界の問題として内面化させるか？細分化し，専門化が進み，かつ大量の知識獲得も求められるSTEM分野のム教育課程に如何に海外体験の時間を組み込むか，応用知としていかに社会の問題，世界の問題として内面化させるかは容易ではないが世界の工学を含むSTEM分野の共通課題である。

【注】

1）本論文は著者の「21世紀型教養をどうSTEM高等教育に取り入れるべきか？─グローバル・コンピテンシーとSTEM高等教育の課題」『大学教育学会誌』第39巻，第1号（2017）pp.86-90に加筆・修正したものである。

2）ウェブサイト上にあるOECD Org statisticsの中にあるエクセルファイルの中にある図から出典している。

3）これらの能力は(1)解が一つでなく複数のアイデアを提示できる，(2)大学で学ぶ複数の知識を応用できる，(3)コミュニケーション力ならびにチームワーク力を発揮できる，(4)創造性が発揮できる，(5)コスト等の制約条件について考察を行える，(6)自然や社会への影響（公衆の健康・安全，文化，経済，環境，倫理等）

について考察できるといったものである。

4) 2012年JCSS調査は上級生を対象に26大学5786人を対象に行った。4.0が最高点
　である。

【参考文献】

AAC&U, 2011. *The Leap: Vision for Learning, Outcomes, Practices, Impact, and Employers'
　Views, Liberal Education & America's Promise,* Washington D.C.: AAC&U.

Freeman, B, 2015. Federal and State STEM Policies and Programmes Spanning Australian
　Education, Training, Science and Innovation. In B.Freeman., S.Marginson., R.Tytler.
　(Eds). *The Age of STEM: Educational Policy and Practice across the World in Science,
　Technology, Engineering and Mathematics* (pp.178-200), New York: Routledge.

House of Lords, 2012. *Higher Education in Science, Technology, Engineering and Mathemat-
　ics Subjects* (p.117), London: The Authority of the House of Lords.

Kelly, D, 2010. Student Learning in an International Setting. *New Directions for Higher Edu-
　cation,* No.150, Summer 2010, pp.97-107.

文部科学省, 2015. 『理工系人材育成戦略』 (http://www.mext.go.jp/component/a_menu/
　education/detail/__icsFiles/afieldfile/2015/03/13/1351892_02.pdf) (2017年1月10日 ア
　クセス)

内閣府, 2016. 『第5期科学技術基本計画』
　(http://www8.cao.go.jp/cstp/kihonkeikaku/5honbun.pdf) (2017年1月10日アクセス)

The National Academies of Sciences, Engineering, and Medicine, 2016. *Developing a Nation-
　al STEM Workforce Strategy: A Workshop Summary,* New York: The National Academies
　Press, p.160.

Office of the Chief Scientist, 2014. *Science, Technology, Engineering and Mathematics: Aus-
　tralia's future* (p.44), Canberra: Australian Government.

President's Council of Advisors on Science and Technology, 2010. *K-12 Education in Science,
　Technology, Engineering, and Math for America's Future* (p.142), Washington D.C.: Ex-
　ecutive Office of the President.

President's Council of Advisors on Science and Technology (PCAST), 2012. *Engage to Ex-
　cel: Producing One Million Additional College Graduates with Degrees in Science, Tech-
　nology, Engineering and Mathematics* (p.130), Washington D.C.: Executive Office of
　the President.

千田有一 (2013). 「米国における科学技術人材育成戦略－科学, 技術, 工学, 数学
　(STEM)分野卒業生の100万人増員計画」『科学技術動向』1・2月号, pp.4-26.

URL
九州工業大学概要

 http://www.google.co.jp/url?sa=t&rct=j&q=&esrc=s&source=web&cd=6&ved=0a-
 hUKEwij2fXOx57XAhVHebwKHVzlBcAQFghCMAU&url=http%3A%2F%2Fcache1.
 jimu.kyutech.ac.jp%2Fmedia%2F001%2F201707%2Fgaiyo2017.pdf&usg=AOvVaw-
 2rvoPcxyFdbmUMQajNZ2UN（2017年11月2日最終アクセス）
 https://www.oecd.org/sti/sci-tech/RD-budgets.xlsx　（2017年11月2日最終アクセス）
 http://www.oecd.org/education/skills-beyond-school/education-at-a-glance-2016-indica-
 tors.htm　（2017年11月2日最終アクセス）
Stanford University, Undergraduate Engineering Handbook（http://web.stanford.edu/group/
 ughb/cgi-bin/handbook/index.php/Overseas_Programs_and_Engineering),（2017年2月
 3日最終アクセス）

第3章　教養教育の危機
—アメリカ・欧州・日本— [1]

羽田　貴史（東北大学）

1．現代社会と教育の課題

　教養教育が専門教育と異なる最大の特徴は，専門教育が研究を中核とする知的活動の成果を反映し，その模写である性格を持つのに対し，教養教育は地域・国民国家・人類社会という重層性をなしている外部社会の課題に対応し，時代が求める人間像を模索して成立するところにある。「何が教養なのか」という問いではなく，「何が教養であるべきか」を問う価値を含み，それゆえに一元的な解はない。しかし，時代が何を求めるかを視野に入れない教養論はない。以下に，現代社会が教養に何を求めているか，概略する。

1-1　現代世界が直面する課題

　現代世界が直面している問題は，多岐にわたり相互に関連している。ざっと列挙すると [2]，①絶えざる人口増加（2014年の72億人が2050年には，94億人から100億人と推計，2017年ですでに7.9億人が食糧不足になっている），②人口増加が都市へ集中（2014年で54％が都市居住，2050年には75％強と推計，生じる都市過密，教育サービスの低下，インフラの疲弊，地方の過疎），③さらに国境を越えた移動がもたらす国内労働問題の激化，ナショナル・アイデンティティ，シティズンシップの動揺（移民人口は，2013年で世界人口の3.2％，UAE86.7％，オーストラリア26.8％，カナダ20.5％，米国14.2％〔2010〕，日本は1.9％），④これら人口増加と経済成長による地球規模の環境問題（世界規模の経済は，対2012年比で2050年までに4倍，エネルギー使用量80％増，CO_2排出量50％増，大気温度産業革命前より3-6度上昇，生物多様性10％減，水需要55％増とい

う推計），⑤マクロな経済規模の拡大にもかかわらず世界的な格差の増大（30年間で OECD 諸国とそれ以外で経済的格差が増大，OECD 内部でも所得格差が拡大，資産格差が所得格差を固定[3]），⑥貧困の固定・再生産構造（日本のこどもの貧困率18.2％，37か国平均21％），⑦グローバル経済の拡大による国民国家の財源調達機能の衰退と，社会保障（年金，健康保険，雇用保険），医療・福祉，教育による熟練労働力の育成など国民福祉の必要性とのギャップ拡大（グローバル企業への優遇措置としてのゼロ・タックス・スキーム，例として，イギリスでのグーグル売り上げ6300億円の税収9億2000万円，2013年イギリス下院で追及）などがあげられる。

1-2. 大きくなる政治と教育の課題—国民国家の政治と国際政治が問題解決の力を育てる

　これらの問題を解決するのは，基本的には政治の役割であり，グローバル・ガバナンス論の提唱もなされているが[4]，現実的には，国民国家が圧倒的な力を持ち，その政治的力量を決定していくのは，それを担う人間の能力，すなわち，成人を含む教育，中でも高等教育の課題であり，民主主義の担い手を育成するシティズンシップ教育（市民性教育）の強化が米国・欧州では重視されてきた[5]。米国・西欧におけるリベラル教育とは，古典教育に起源を置き，古典文学，哲学，外国語，修辞法，論理学などを学び，特定の職業に結びつかない教養ある人間育成を行うものである。18世紀後半から，米国では，教育と職業や産業への結びつきが強まり，1862年のモリル法は，農業教育を高等教育に組み込み，20世紀にかけて，看護，エンジニア，ビジネスなど職業志向プログラムが高等教育に登場した。これに伴って，従来のリベラル教育は職業生活に役立たず，過剰に特殊であると批判が生じ，20世紀の中ごろには，職業訓練と古典教育を調和させた一般教育の概念が明確になった。その理念は，批判的思考を育成し，専門分野を超えた能力を育成し，民主主義社会の市民を育てることにあった[6]。ハーバード委員会『自由社会における一般

教育』(1945年)は，社会主義と異なる米国自由社会における市民性の基底としての一般教育像を提示した。また，はじめて大統領の政策として高等教育の役割を述べたトルーマン委員会報告『米国の民主主義のための高等教育』(1947年)は，経済的平等性と人種，性，少数民族の平等性を推進するツールとしての高等教育像を示し，その中核は人文学(Humanities)であった。その人文学とリベラルアーツが米国で危機におかれている。

2.　米国における教養教育の危機

2-1.　リベラル教育の衰退？

　リベラル教育が衰退しているかどうかは，何を指標に取るかによる。高等教育ジャーナリストの Scott Jaschik は，David W. Breneman が1990年にリベラルアーツカレッジを212としたが，2012年には130で39%減少したと述べ ("Disappearing Liberal Arts Colleges". *Inside HigherED*, Oct. 11, 2012)，人文学，教育，ビジネスの学士学位が2000年代に減少したと指摘する ("Humanities Majors Drop". *Inside HigherED*, June 5, 2017)。

　質も問題である。プリンストン大学で長く教鞭をとったウィリアム・デレズウィッツは，学生の知的欲求の衰退，高等教育が労働市場と直結し，アイビーリーグなどの選抜的大学が，学生に経済的成功をもたらすシステムとなり，人生を直視し，価値観を形成する役割を消失させたと嘆き，「リベラルアーツ教育の必要性を訴えたように，君が大学でほんとうに構築したいと願うべきは，内観する癖だ。それは君の変われる能力を意味するのである」(William Deresiewicz, 2015, *Excellent Sheep: The Miseducation of the American Elite & the Way to a Meaningful Life.*=2016『優秀な羊：アメリカのエリートの模倣と意味のある生活への道』三省堂) と主張する。

2-2.　リベラル教育 vs　STEM 教育

　ブッシュ政権時から10年間以上，共和党によるリベラルアーツ教育に

対する批判と STEM（Science, Technology, Engineering and Mathematics）教育，職業教育の強化が相次いできた[7]。もちろん，職業能力の育成は，社会に接続する大学教育の役割としても重要なことだが，大学教育は職業人だけを育てるものではないし，職業能力は，実務スキルに限るものではなく，リベラルアーツによっても育成されると主張され，企業からも支持がある。米国大学協会（American Association Colleges & Universities: AAC&U）は，職業生活への準備を含めて，21世紀のリベラル教育概念を定義している。

リベラル教育の性格の変化

（AAC&U, What Is a 21st Century Liberal Education?）

	20世紀のリベラル教育	21世紀のリベラル教育
何を	・知的および個人的開発 ・将来に向けての選択 ・非職業的視点 ・すべての学生にとって必要不可欠	・知的および個人的開発 ・世界経済における成功と情報に基づく市民生活のために不可欠
どのように	・芸術と科学分野（「専攻」）における学習を通して，及び／又はカレッジの1年次における一般教育を通して	・学校からカレッジまで，継続的に高い達成度（推奨）で，全教育を通じて本質的な学習成果を強化する研究を通じて
どこで	・リベラルアーツカレッジ，または大規模な機関におけるリベラルアーツ	・すべての学校，コミュニティカレッジ，カレッジ，大学，さらにはすべての分野の研究（推奨）

（https://www.aacu.org/leap/what-is-a-liberal-education, 2017.10.31 アクセス）

2-3. リベラル教育の中核をなす人文学の変動，西洋古典中心主義をめぐる文化戦争

　従って，リベラル教育への圧力は，職業能力の育成にリベラル教育が役立たないという理由以外の面があると見るべきである。その基底にあるのは，伝統的なリベラル教育の中核である人文学の内容に対する対立と葛藤である。A. ブルームは，1980年代に教養を欠落させた学生や価値観の変容を批判し，実学的要請に対置して，古典教育を核とするリベラル教育の推進を主張した（Allan Bloom, 1987, *The Closing of the American Mind: How Higher Education has Failed Democracy and Impoverished the Souls of Today's Students,* Simon & Schuste. =1988,『アメリカン・マインド

の終焉：高等教育は民主主義を失敗し，今日の学生の魂を貧しくしたか』みすず書房）。『自由社会における一般教育』が示した偉大な自由社会米国の理念は，ベトナム反戦運動や公民権運動によって批判され，80年代の文化的多元主義は，西欧近代文明の所産として神聖化された古典への懐疑をもたらし，価値相対主義の放棄を強制したと批判する。リベラル教育擁護が，保守派と見られがちなブルームから語られ，識者にショックを与えた[8]。

　続いて，高等教育に関心のある日本の読者が，米国高等教育における文化的対立の深刻さを知ったのは，A. カーナン（Alvin Kernan, 1997, *What's happened to the humanities?*, Princeton University Press, 1997. =2001, 『人文科学に何が起きたか　アメリカの経験』玉川大学出版部）であったが，その前に出版された A. シュレージンガー（Arthur M.Schlesinger,-Jr.,1991, *The Disuniting of America Reflections on a Multicultural Society,* White Books.=1992, 『アメリカの分裂』岩波書店）に注目すべきだったろう。同書は，歴史家として名高い著者から友人である都留重人に送られ，すぐに翻訳されたもので，第3章は，多元文化主義がアフリカ中心主義として歴史教育に持ち込まれ，葛藤をもたらしていることを活写しているからである。まもなく出版された P. アウフデルハイド（Patricia Auf-derheide, 1992, *Beyond PC: Toward a Politics of Understanding*, Graywolf Pr. =1995, 『アメリカの差別問題　PC（政治的正義）論争をふまえて』明石書店）は，大学の授業での人種差別，階級差別，女性差別を含む言説についての批判（政治的正義の運動）と，これに対する反批判論文で編纂され，PC 論争が，政治的正義を求めるリベラル・民主党支持とこれを批判する共和党・レーガン政権寄りの研究者という構図を見ることができる。そして，T. ジトリン（Todd Gilitin, 1995, *The Twilight of Common Dreams: Why America Is Wracked by Culture Wars,* Owlet.=2001, 『アメリカの文化戦争　たそがれゆく共通の夢』彩流社）は，文化的対立が政治的対立に拡大し，戦争状態にある。米国民主主義を支えてきた「教養」の共通性の解体状況を示した[9]。

　この対立構造のもとで，過激なPC運動を批判するR.ローティ（Richard Rorty, 1998, *Achieving our country,* Harvard University Press.=2000,『アメリカ未完のプロジェクト―20世紀アメリカにおける左翼思想』晃洋書房）は，アメリカ文化の共通項を求めないリベラル左派の主張は，政治的対立を深め，米国民主主義の伝統を逸脱する結果を生まないとも限らないと警告した。多文化主義や寛容性を否定するトランプ政権の出現は，ローティの「予言」が成就したともいわれる（宮台真司・苅部直・渡辺靖　鼎談「分断化された社会はどこに向かうのか」『週刊読書人ウェブ』2016年12月23日）。

　トランプ大統領就任に前後し出版された *WHAT WE DO NOW: Standing Up for Your Values in Trump's America,* Melville House は，政権が攻撃しそうな市民の権利，教育，エネルギー，環境，LGBTQ，移民，メディアについて，いかにして対応するかという方策が列挙されている。一見，キワモノに見えるが，ノーベル賞受賞者のクーグルマン，民主党のサンダース，クリントン政権下の労働省長官ライシュなど錚々たる執筆者が並び，米国市民社会を支えてきた多様性とリベラルデモクラシーの存在にまで危機感は及んでいることがわかる。トランプが直接人文学を攻撃する言辞は今のところ見当たらないようだが，選挙戦の最中にトランプの政策アドバイザー，サム・クローヴィスは，公的奨学金から卒業後の収益に基づく民間ローンの拡大を打ち出し，リベラルアーツつぶしと批判を浴びた（"On Student Debt, Trump Fails", *Washington Square News,* Nov. 17, 2016）。大統領就任後，全米芸術基金と全米人文学基金の予算削減方針を示し，リベラルアーツ関係者は危機意識を募らせている（"Trump Proposes Eliminating the Arts and Humanities Endowments", *The New York Times,* Mar.15, 2017）。

2-4.　学習成果の測定と教養教育との葛藤

　日本の高等教育界では，学習成果測定や学習成果の明確化といったトピックが脚光を浴びているが，端緒として紹介されたブッシュ政権下の

スペリングス報告（*A Test of Leadership – Charting the Future of U.S. Higher Education,* 2006）には，経済偏重で大学教育の多様性を否定しかねないと批判が寄せられてきたことにほとんど言及がない[10]。

　スペリングス報告以前からも，学習成果の測定や評価が内在する危険性には，学問の自由を侵害する危惧が寄せられていた。例えば，「評価が学問の自由の侵害の潜在的な懸念を持つことは，現代の評価運動の初期の頃から存在してきた。……命令された評価は，教員にとって最も騒動となる性質を持った（測定それ自身の懸念と結びついて）。連邦政府がそれらを品質の保護者と見なし，アクレディターの重要性が高まるにつれて懸念も高まった。制度間の比較を可能にする標準化された測定が機関の自治を脅かすことは特に気になる」（Elman, S. E., 1994,"Academic freedom and regional accreditation: Guarantors of quality in the academy". In E. Benjamin & D. R. Wagner（Eds.）, *Academic freedom: An everyday concern. New Directions for Higher Education,* 88, 89-100）。

　もともと，アカウンタビリティ（応答責任）を説明するための測定評価は，大学教育の成果や効果を専門家としての教員ではなく，行政官や政治家が把握し，資源配分に結び付けるところに大きな理由があった。アカウンタビリティを果たすといえば聞こえはよいが，大学教員自らが学生の成長や教育の効果について判断する専門的知見ではなく，外部的に定めた基準への達成状況や，教育効果を経済的価値に変換して数値化することによって，高等教育を非専門家の統制に置く側面がある[11]。特に，STEM分野のように組織化された知の体系ではなく，リベラルアーツなど教養教育の内容は，価値観を含む。デレズウィッツがいうように内観する能力を育てるのが教養教育だとすれば，そもそも可視化など可能だろうか。

　測定それ自体は，人間の歴史において決定的に重要な役割を果たしてきた。人類は，長さを，重さを，時間を測ることで，自然界とその変化を把握し，科学的法則として定式化することで，自然を支配する力を手に入れた。学習成果の測定とは，人間の獲得された能力を測ることである

が，自然界の測定と異なる性格を持っている。自然界の測定は，原子・分子・物質・惑星のように客観的な実在であり，性格と定義が一貫し，没価値的に把握できる。しかし，能力はそもそも可視化しえない。従って，学習成果の測定それ自体が操作的であり，成果指標によって人間の能力を逆規定し固定化する危険性や，測定できない要素を排除し，一面的な人間育成にしかならない危険性をたえず含んでいる。

　また，人間の能力は，それが自然や社会・人間など他者に働きかけ，何らかの変化や価値を生み出すことで測定できるものである。しかし，人間が他者に働きかけて得られる変化は，身体能力ならともかく，文脈や組織や使いうる資源の総和であり，一般的能力を測定すると主張される知能検査も，生得的資質，社会階層や文化資源に規定されていることは，良く知られている。人間に関する測定は，必ず選別と，使い方によっては差別をもたらす。学習成果の測定結果は，生得的資質や階層的に配分された文化を測定し，それを正当化するだけかもしれない。

　シカゴ大学法学・倫理学教授マーサ・C. ヌスバウムは，著書の冒頭で，世界規模の教育危機が進行しており，「国益を追求するあまり，諸国家とその教育システムは，デモクラシーの存続に必要なスキルを無頓着に放棄しています。こうした傾向が続けば，そのうち世界中の国々で，自らものを考え，伝統を批判し，他人の苦悩と達成の意味を理解できる成熟した市民ではなく，有用な機械のような世代が生み出されることになるでしょう。デモクラシーの将来が世界的に危ぶまれているのです」(Martha C. Nussbaum, 2010, *Not For Profit Why Democracy Needs the Humanities,* Princeton University Press. = 2013, 『経済成長がすべてか？デモクラシーが人文学を必要とする理由』岩波書店，pp.3-4) と述べ，短期的な利益を国家が追求し，想像力や創造性に関わる側面が失われつつあるという。その具体例の筆頭は，スペリングス報告が，教育内容については経済的利益に関する教育に的を絞り，きわめて実用的で人文学，芸術，批判的思考は無視され，こうした能力がより実用的な学問のために衰退しても問題ないと強く示唆していると警告する。

3. 欧州における危機とシティズンシップ教育

次に大西洋を渡って欧州の危機と大学教育に寄せられている課題を一瞥してみよう。

3-1. EU 統合と危機

偉大な政治的理念と歴史的な苦闘をもって成立した欧州連合（EU, 1993 年発足）は，4 半世紀を経て苦難の中にあえいでいる。3 つの危機が EU を襲っている[12]。

第 1 は財政危機であり，リーマンショック（2008 年），ギリシャ財政危機（2009 年）によるユーロの下落と EU 内部の不均等発展が顕在化し，ギリシャに対する財務規律の強化と反発，スペイン・ポルトガルでの反緊縮勢力台頭など，EU としての政治的統合の弱体化が進行していることである。

第 2 は難民危機（2015 年〜）であり，中近東諸国の紛争により，EU への難民申請者は，2006 年の 20 万人程度が 2014 年には 63 万人，2015 年には 130 万人にまで拡大し，移民をめぐる EU 内部の対立（開放政策を取るドイツ，国境封鎖を含めて移民を認めないトルコ・ハンガリー・ポーランド・チェコなど）が深まった。

第 3 は安全保障危機であり，ここ 1〜2 年でも，2015 年 1 月 7 日シャルリ・エブド襲撃（16 人死亡），11 月 13 日パリ IS 自爆テロ（130 人以上死亡），2016 年 3 月 22 日ブリュッセル空港 IS 自爆テロ（35 名死亡），7 月 14 日ニース単独テロ（84 名死亡），22 日ドイツ単独対移民テロ（9 名死亡），2017 年 5 月 22 日マンチェスター IS 自爆テロ（22 名死亡），6 月 3 日ロンドン（8 名死亡），8 月 17 日バルセロナ IS（13 名死亡）が続発し，2015 年には EU で 360 以上のテロがあり，211 のテロを事前に防止した。

これらの危機は，政治統合の危機に直結している。イギリスの離脱国民投票（2016 年 6 月 23 日）に見られるような EU の解体，既存の国家内におけるエスニックな違いと地域的な要求に確信を置くエスノリージョナリズムが勃興している。それは，右翼ポピュリズムと反ユーロを結合し

た政党であり，マリーヌ・ル・ペンを党首とするフランス国民戦線，UK
独立党，ドイツのための選択肢，ドイツ民族主義を標榜するオーストリ
ア自由党であり，オーストリアでは大統領選挙で49.7％の得票率で敗れ
た。EU解体の危機の前提は，欧州各国が統合性を弱め，前近代におけ
る「礫岩国家」（Conglomerate State）状態であるとまで言われる。

3-2. 国境を越えたガバナンスを支える市民（アクティブ・シティズンシップ）の育成

　EU解体の危機のもとで，それを支える市民の存在は不可欠であり，
欧州におけるシティズンシップ教育の強化が進められてきた。欧州教育
に関する高等教育研究者の関心は，ボローニャプロセスなど，もっぱら
学位の標準化や単位互換に向けられているが，人権の担い手としての市
民育成が中核にあることを見落としてはいけない。教育大臣委員会採択
「民主主義的シティズンシップのための教育に関する宣言と計画—市民
の権利と責任に基づいて—」（1999年）は，「社会的排除，周辺化，市民の
アパシー，不寛容と暴力と戦うことにおける共通の責任」を強調し，第2
次ソクラテス計画を引き継ぎ，欧州委員会が決定したLifelong Learning
Program 2007-2013は，市民性教育プログラムを多数組み込んでいる[13]。
　シティズンシップの古典的定義は，「ある共同社会（a community）の完
全な成員である人々に与えられた地位身分（status）」（T・H・マーシャル）
であり，市民的・政治的・社会的権利の3要素を含むとともに，市民のコ
ミュニティへの帰属の感覚を含むものであり，国民国家の一員に他なら
なかったが，いまや目標とされ，育成されるシティズンシップは，国民
国家のそれではない。オスラー＆スターキー（Osler, Audrey & Starkey,
Hugh, 2005, Changing citizenship : democracy and inclusion in education Open
University Press.=2009,『シティズンシップと教育　変容する世界と市民
性』勁草書房，p.27）は，「21世紀では個人のアイデンティティはもはや
単一の国家への政治的な所属と結びつけられてはない。人々のアイデン
ティティは多重的なものであり，このことはシティズンシップの再概念

化を求めている」と述べ，「コスモポリタン・シティズンシップ」を主張する。世界的に民主主義社会の現実と理念が危機に直面しており，市民性教育は，教養教育の中核として追求されている[14]。

3-3. OECD における社会関係資本を構成する「市民・社会的関与」育成の取り組み

高等教育の役割を経済に果たす役割に重点を置いてきた OECD も，教育の成果を収益率で測定される人的資本概念で測定するスタンスから脱却し，市民社会の主体を育成する視点を強め，2005 年から「学習の社会的成果プロジェクト」をスタートさせ，学習の成果として，健康とともに社会関係資本を構成する「市民・社会的関与」（Civic and Social Engagement）がいかに形成されるかを研究している[15]。市民・社会的関与の成果としては，「政治的活動：投票，政治的関与 / 行動を指向したボランティア，そして政治運動への寄付」，「市民（非政治的活動）：コミュニティへの関与 / 活動，コミュニティを指向した集団のメンバーになること，学校と関わるチャリティ活動，保護者と地域の関与といった市民志向の連携的活動」，「社会活動：市民本位のものに限定されない他の社会活動，より広範な社会ネットワーク，他のグループ / 組織 / 共同体のメンバーになること，家族 / 友人 / 同僚との相互作用が含まれる」などがあげられている。

4. 日　本

4-1. 日本の危機と大学教育の課題

以上，教養教育が世界的にどのような課題に直面し，焦点化して論じられ実践されているかを述べてきた。翻って，日本の危機と問題は何か。読者は，ここまで論じてきたことが，日本の大学教育でほとんど論じられていないこと，アジェンダになっていないことに違和感を持たれないだろうか。正村公宏氏は，すでに次のように述べていた。

「現在の日本の学校教育は主権者としての国民を育てる公民教育としても，社

会的責任意識をもった信頼できる職業人を育てる専門教育としても失敗しつつ
ある。どういう国を作るのか，どういう社会を作るのか，どういう文化を創造す
るのかというマクロな問題に関心を持つ子どもは極めて少ない。ほとんどの子
どもが，どのような学校に進学したら有利な地位あるいは安心できる地位を得
ることができるかというミクロの問題への関心しかもっていない」（正村公宏
『日本の危機』東洋経済新報社，2012年，pp.31-32）

　マクロな問題に関心を持たないのは，子どもだけでなく，高等教育政
策に責任と関心を持つエスタブリッシュされた人々も同様である。この
点は，拙稿「大学における教養教育の過去・現在・未来」でも述べたが，
繰り返し，次に述べておく。

4-2. 現代世界が直面する課題に向かい合わない大学教育
4-2-1. グローバル人材像は，グローバル化社会に対応した人間像か
　現在，政府が大学教育の目標として掲げ，この数年推進してきている
のは，グローバル人材である。教育再生実行会議「これからの大学教育
等の在り方について」（第3次提言，2013年5月28日）は，「大学の機能強
化の取り組みに当たっては，国家戦略として中長期展望に立ち，日本人
としてのアイデンティティと幅広い教養を持ち，世界に打って出たり，
外国人を迎え入れて交流したりすることのできる人材を育成して行くこ
とが重要です」と述べている。ここには，民主社会を支える人間像もな
ければ，人類社会の課題に挑戦する人間像もない。かつて，池田勇人首
相は，トランジスタのセールスマンと揶揄されたが，英語のできる企業
人とでもいうべきか。そもそも，経済界においては，定義すら明確では
ない。日本経済団体連合会『グローバル人材の育成・活用に向けて求め
られる取り組み に関するアンケート結果』（2015年3月）では，「（グロー
バル人材の定義は）定義していないし，今後も定義する予定はない」が
37.7％に上る。その理由は，「定義する必要性を感じない（海外展開しな
いなど）」が40％である。グローバル化は，海外展開の有無にかかわらず，

あらゆる国の経済・政治・労働を揺さぶっているが，その認識が見られない。

　また，みずほ情報総研『大学におけるグローバル人材育成のための指標報告書』（2012年3月）では，グローバルビジネス時代における新卒入社人材に求められる能力・資質として，「好奇心・チャレンジ精神」「主体性」「規律性」を80％から90％の企業が身につけて欲しいと回答するものの，「自国の社会や文化の長短を客観的に認識し，アピールしたり自己批判したりする力（ナショナル・アイデンティティ）」は，従業員300-1999名の企業の32.1％，2000名以上の企業の23.8％が不要と回答し，「他国の社会や文化を異なるものとして積極的に理解・受容・評価する力」（異文化理解力）は，従業員300-1999名の企業の28.6％，2000名以上の企業の16.3％が不要と回答している。恐るべき視野の狭さである。こうしたグローバル人材観に立って，大学教育の「改革」を促進しているのである。

　ちなみに，総務省「グローバル人材育成の推進に関する政策評価（総合性確保評価）」（2017年7月）は，「少子高齢化・人口減少により国内市場が縮小し，企業の海外進出が急速に進んでいる中，我が国企業のグローバル市場開拓に資する人材の確保が求められている」と述べ，グローバル人材を，豊かな語学力・コミュニケーション能力，主体性・積極性，異文化理解の精神等を育成することとし，①外国語教育の強化，②高校生・大学生等の留学生交流・国際交流の推進，③高校・大学等の国際化への支援，④国際的な高等教育の質保証の体制や基盤の強化に取り組むことを評価指標にしている。これまたグローバル社会の課題の視点がない。

4-2-2. イノベーション人材はイノベーション人材か

　グローバル人材とともに大学教育が目標とされているのは，イノベーション人材であるが，ここにも単純化された人間育成論が見られる。閣議決定「日本再興戦略 Japan is Back」（2013年6月）は，「『鉄は熱いうちに打て』のことわざどおり，初等中等教育段階からの英語教育を強化し，高

等教育等における留学機会を抜本的に拡充し，世界と戦える人材を育てる」と述べているが，戦争でもするのだろうか。イノベーション人材論に見られるのは，早くから教育すれば能力が高くなるという素朴な信条であり，学習者のレディネスも学習意欲も人格的発達も教養も視野にいれない，道具的人間観である。

　また，経済同友会「『理科系人材問題解決への新たな挑戦』—論理的思考力のある人材の拡充に向けた初等教育からの意識改革—」（2010年6月28日）は，「論理的思考力の育成・強化が理科系人材問題の解決策である」と述べる。本稿が冒頭述べた人類的課題は，論理的思考力の問題ではなく，価値判断であり，人類的視点の共有を不可欠とするが，その視点は全く見られない。

　以前のイノベーション論は，これほど単純かつ粗雑ではなく，日本の大学や社会の特徴ともいえ縦割りの知識体系を乗り越え，異分野の接触反応が原動力という認識を示していた（この点に関し，本書第1章pp.13-15参照）。

　イノベーションの専門家である山口栄一は，イノベーション停滞の原因を，企業が応用科学研究者採用を中心とし，基礎研究者を軽視してきたこと，知の越境を促進しなかったことをあげ，社会のための科学を追求することを解決策の1つにあげている（『イノベーションはなぜ途絶えたか—科学立国日本の危機』ちくま新書，2016年）。社会のための科学とは，教養なしには成立しない。

4-2-3. 18歳選挙権にもかかわらず，主権者を育てる市民教育は依然として欠落している

　シティズンシップ教育が教養教育としても求められることは，2016年から選挙権年齢が18歳に引き下げられ，後期中等教育と高等教育が主権者としての資質を育成する政治教育が重要になっていることからも明らかである。文部科学省は2016年11月に「主権者教育の推進プロジェクト」を設置し，「最終まとめ」（2017年6月13日）に基づいて，高校生向け副

教材『私たちが拓く日本の未来　有権者として求められる力を身に付けるために』（総務省 / 文部科学省，2017年）を作成し，学校教育現場での使用を進めている。

ところで，日本学術会議政治学委員会『提言　高等学校新設科目「公共」にむけて―政治学からの提言―』（2017年2月）は，男子普通選挙が導入された1920年代においても公民教育の必要性が説かれたが，教科書の記述内容や指導方法については「官」が独占する日本においては，欧米の市民教育に比べ，「市民・シティズンシップ教育は十分になされてきたとはいえ」ず，「教室といった現場におけるリアルな政治学習はなおざりにされてきたきらいがある」と述べ，公民教育からの脱却を提言している。同提言は，必ずしも文部科学省「最終まとめ」に批判的ではないが，上記副教材には，「主権者」という言葉は一つも登場せず，選挙を通じた政治参加に焦点をあて，選挙権の行使の方法に事実上収斂している。政治が実現すべき価値としての人権も触れることがない。民主主義の担い手を育てる市民教育としては，極めて不十分であり，高等教育と中等教育の連携を含め，教養教育の領域として発展させる必要がある。

4-3. なぜ高等教育の現実に新しい教養教育像が盛り込まれないのか

これほど世界が苦難に満ちているのに，なぜ大学教育改革において，教養教育が重視されないのだろうか。以下にその理由をあげておこう。

4-3-1. 中教審答申の大学教育論の問題

高等教育政策は，文部科学省設置の審議会による答申をベースに行われてきたが，この20年間，大学教育そのものを対象とする答申が行われるようになってきた。大学審議会『21世紀の大学像と今後の改革方策について―競争的環境の中で個性が輝く大学―』（1998年）は，教養教育・専門教育を含めたカリキュラムから教育方法の改善まで勧告し，中教審答申『学士課程教育の構築に向けて』（2008）は，教育内容と方法にいっそう踏み込み，参考指針として「国として，学士課程で育成する21世紀

型市民の内容」を「学士力」として示した。中教審答申『新たな未来を築くための大学教育の質的転換に向けて〜生涯学び続け，主体的に考える力を育成する大学へ〜』(2012)は，授業外学修時間の拡大が学士課程教育の質的転換になると主張し，各大学や高等教育研究者は，授業外学習時間の拡大に焦点をあてた調査に邁進している。

　このプロセスにおいて示されてきた大学教育の概念は，教養教育を空洞化させる危険性を孕んでいる。2008年答申は，知識と能力を二項対立的に捉え，「大学教育の改革をめぐっては，『何を教えるか』よりも『何ができるようにするか』に力点を置き，その「学習成果」の明確化を図っていこうという国際的な流れがある」(p.12)と単純化した。いわゆるコンピテンシー概念とスペリングス報告を例とする学力観を示した。しかし，すでに拙稿で指摘してきたように，OECDのキー・コンピテンシー概念は，「知識，スキル，態度そして価値観すべてを含むと理解されて」おり，対立的なものではない (2001, Meeting of the OECD Education Ministers, Paris, 3-4 April 2001:Investing in Competencies for All Communiqué, http://www.oecd.org/edu/innovation-education/ 1870589.pdf.2016.4.1accsess)。

　また，「学士力」のような汎用的技能について，綾井桜子は，「機能的かつ功利的に理解され，様々に分断された諸能力であり，基本的には，社会に適応するための力である。一方，教養は，それが歴史の中で持ちえた様々な意味を鑑みても，社会に適応するための力に還元されない」(『教養の揺らぎとフランス近代　知の教育をめぐる思想』勁草書房，2017年，p.5)と指摘している。

　事実，教養教育については，大学審議会『21世紀の大学像と今後の改革方策について　―競争的環境の中で個性が輝く大学―（答申）』(1998年)，同『グローバル化時代に求められる高等教育の在り方について（答申）』(2000年)，中教審『新しい時代における教養教育の在り方について（審議のまとめ)』(2000年)で触れられた以降は，文科省審議会答申に取り上げられていない。「学士力」のような汎用的技能は，一見，没価値的であり，誰もが共有・合意できそうにみえるが，どのような知識を身に

付けるかを問わず，没価値的であるがゆえに，どのような方向に作用するか，冒頭述べたような諸問題にどうかかわるかが問われないのである[16]。

4-3-2. 官邸トップの高等教育再編に教養教育は位置づかず

すでに小泉内閣時代に形成され，民主党政権でも継続し，第2次安倍内閣にも引き継がれてきた。その結果，現在の高等教育政策は，中央教育審議会と文部科学省のイニシャチブを離れ，官邸主導でイノベーションを優先するものになっている。第2次安倍内閣発足後，日本経済再生本部（2013年1月8日発足）のもとに置かれた産業競争力会議（同日発足）が成長戦略の具現化を図り，大学教育をイノベーションの視点から改革することを検討し，教育再生実行会議（1月25日設置）がイノベーションの視点も含んで大学教育に限らず検討し，これらの審議結果を盛り込んだ「日本再興戦略 Japan is Back」（閣議決定2013年6月14日）を政府の基本政策として決定した。「日本再興戦略」のKPI（key performance indicator）には，世界大学ランキングトップ入りの大学数，3年間で1,500人程度の若手・外国人への常勤ポストの提示，日本人留学生及び外国人留学生を倍増，国際バカロレア認定校の増加があげられるのみで，人材育成はあっても人間育成は評価の視点にない。

文部科学省は，このプロセスの中で，基本政策に対応した実行案を策定する役割を演じている。民主党政権時代に文部科学省が策定した「大学改革実行プラン」（2012年6月5日）は，国立大学のミッションの再定義を改革の基本方針策定の手順に入れ込み，政権交代後も「国立大学改革実行プラン」（2013年11月）は，機能強化の目標として，国立大学を，世界最高の教育研究の展開拠点，全国的な教育研究拠点，地域活性化の中核拠点に区分して強化，そのためにミッション再定義を2013年度に実施することにした。再定義は専門分野に特化し，教養教育を対象としなかった。

4-3-3.　教養部解体後の全学出動体制の制度疲労

　政府の施策はどうあろうとも，大学教育の担い手は大学それ自身であり，知の創造と普及，応用を行う組織として，戦後一貫して教養教育の担い手である。その主要な担い手は，国立大学の場合は，教養部若しくは東京大学教養学部，広島大学総合科学部のような教養教育専担組織であったが，大学設置基準大綱化を機に，教養部は解体し，教養部教員は，新学部や学部に移動し，いわゆる全学的な出動体制によることになった。全学出動体制は，教養教育を独自に追求するのではなく，学部専門教育による教員配置・採用を優先し，その延長で科目提供し，教養教育の提供を二次的にする傾向を生み出した。新たな環境変化に対応した科目開発の余力が衰退した[17]。

4-3-4.　高等教育研究の問題—高等教育政策のトレンドを追走し，批判的視点や内容論が欠落

　高等教育に関する研究者サイドからの発信はどうだろうか。米国においては教養教育について，前述の通り，哲学など人文学分野からの強力な発信があることが日本との対比で顕著である。日本では，近年，すでに紹介したように，綾井桜子，藤本夕衣や，吉見俊哉『大学とは何か』（岩波新書，2011年），室井尚『文系学部解体』（角川新書，2015年）などが出版されており，欧州の教養教育に関する歴史研究も相当数あるものの，現在の教養教育の課題に切り込む研究は少ない。大学教育学会は，旧一般教育学会が名称変更されたものだが，近年，とみに教養教育に関する発信は減少した。学会活動のレビューである大学教育学会25年史編纂委員会『あたらしい教養教育をめざして　大学教育学会25年の歩み　未来への提言』（東信堂，2004年）は，「第2章　教養教育の実践と課題」として多民族問題などを扱っているものの，市民教育の中核である歴史，政治学，法学，憲法を現代的教養教育に捉える論稿はない。大学教育学会30周年記念誌編集委員会『大学教育　研究と改革の30年—大学教育学会の視点から—』（東信堂，2010年）は，一層視野が狭く，教養教育の

評価，初年次教育，理系基礎教育，FD 研究，SD の 5 つのみがテーマで，人類の生み出した知的財産を継承する視点は弱い。「教養教育の評価」の項目は，責任体制やカリキュラムの制度設計など外形的要素であり，平和や人権など現代社会が直面している課題については，かろうじて「価値指向の教養科目」として挙げられているに過ぎない。教養教育が人権を中核とする価値観の形成として位置付けられていないのである。学会発表も，授業方法，教育マネジメント，学生支援，FD・SD を含め 70% を超え，上に述べた高等教育政策の動向を追走する範囲に研究動向が収斂している。日本高等教育学会については，創設時のメンバーの多くが教育社会学や教育経済学であったこともあって，教養教育に関する研究の蓄積は弱く，論稿は絹川正吉による特集依頼原稿 1 本のみである。

5．教養教育を再生するために必要なこと

　長文をつくしてたどり着いた結論は，現代世界が直面する課題を解決する市民と，それを支える教養が求められているにもかかわらず，日本の高等教育政策にはこの視点が欠落していること，主体であるべき大学が教養教育を推進する力を弱めていること，これらを分析する高等教育研究が立ち遅れているというネガティブなものであった。今後，教養教育を再生していくとすれば，次のようなことが重要である。

5-1．専門教育による能力育成を超えた視点を大学教育論として持つこと

・コンピテンシー概念だけでは，専門教育・研究訓練の中で，能力がすべて育成できると考えがちである。学問の細分化は全体的視野の欠落を必然的にもたらすという視点が重要である。[18]

5-2．教養教育の在り方を探求する専門家集団を持つこと

・育てる学生を全人格的にとらえ，さまざまな知識を統合して価値判断を行い，現実に働きかける主体として成長を促す教養教育の在り方を

探求するために，専門分野の研究と教育の延長で教養教育を構想しない。

5-3. 大学教育の在り方を（狭い意味での）高等教育研究者だけに任せないこと

・米国のリベラルアーツ教育論の豊かさは，ヒューマニティの研究者が，人間育成を研究の目的に設定し，大学教育論として展開するからである。

・日本の（いわゆる）高等教育研究者は，経済学や社会学の方法論で訓練され，経済的価値などに限定した発想が強すぎる。

・近年，大学教員だけでなく職員が高等教育関係学会に参加しているが，その動機の多くは，政策に対応してどのように実務的処方箋を得るかにあり，高等教育を批判的に論じることには関心がない。

・米国では 200 に上る高等教育研究の大学院があるのに，日本では 4 か所しか大学院での高等教育研究を行っていない。ために，「高等教育研究」といっても知識の幅が狭く，政策トレンドに追随しやすい。

5-4. 育成する教養と科目とを直接対応させない Across the Curriculum を開発すること

・教養教育の独自組織（ex. 教養学部）を作る余力は，大学に乏しく，一方，数理科学教育，包括的平和教育，市民性教育は，特定の科目で完結するものではなく，学際融合的かつ統合的内容が必要である。多様な科目を通じ，横断的に追求するカリキュラムが設計されるべきである（M. B. Smith et al., 2010, *Citizenship across the Curriculum,* Indiana University Press）。

5-5. 正課教育・非正課教育の区分を超え，学生に豊かな経験を与えること

・学科・専攻の閉鎖的な専門分野のみの学習の弊害を克服するために，

サービスラーニング，ボランティア，インターンシップ，他分野の学生との交流，課外活動の役割がある。授業内容の妥当性の検証もなく，授業外学習時間の増加にこだわり，多義的で困難を含む学習成果測定を限定条件も明確にせずに神聖化する教育マネジメントは，市民性・社会性の育成を損ない，学生への管理統制にもなりかねない。学生を全面的に発達させるビジョンを共有し，市民性教育を位置づけていく必要がある。

【注】

1) 本稿は，第67回東北・北海道地区大学等高等・共通教育研究会（2017年8月24日，東北大学）での基調講演であり，研究集録からの転載許可に厚く感謝する。また，「大学における教養教育の過去・現在・未来」『東北大学高度教養教育・学生支援機構紀要』第2号（2016年3月），「＜STEM教育シンポジウム＞　STEM教育をめぐる国際動向と日本の課題」『大学教育学会誌』第39巻第1号（2017年5月），「＜大会シンポジウム＞　危機に立つ教養教育—大綱化後4半世紀の課題と将来　指定討論　教養教育の何が危機なのか」『大学教育学会誌』第39巻第2号（2017年11月）をもとに修正・加筆を加えたもので，記述には一部重複がある。

2) 逐一文献は上げない。第1章の文献を参照されたい。OECD『学習の社会的成果　健康，市民・社会的関与と社会関係資本』（2008年），OECD『地球環境アウトルック2050』（2012），OECD教育研究革新センター『教育のトレンド2』（2012年），OECD『格差拡大の真実　二極化の要因を解き明かす』（2014年），Centre for educational Research and Innovation, 2016, Trends Shaping Education, ユニセフ・イノチェンティ研究所『イノチェンティ　レポートカード14　未来を築く：先進国の子どもたちと持続可能な開発目標（SDGs）』（2017年）を参照。

3) トマ・ピケティ『21世紀の資本』（みすず書房，2014年）は，利子率が教育の収益率をうわまわることなどから，資産利益の増大が，格差の不可逆的拡大をもたらしていることを指摘した。

4) 論点整理として，藤谷武史「ガバナンス（論）における正当性問題」『ガバナンスを問い直す［Ⅰ］越境する理論のゆくえ』（東京大学社会科学研究所　大沢真理／佐藤岩夫編，東京大学出版会，2016年）。

5) 近藤孝弘『統合ヨーロッパの市民性教育』（名古屋大学出版会，2013年）。

6) 一般教育とリベラル教育との関連は入り組んではいるが，「一般教育」（松浦良充）『教育思想事典』（教育思想史学会編，勁草書房，2000年）参照。

7) この点は，拙稿「＜STEM教育シンポジウム＞　STEM教育をめぐる国際動向と

日本の課題」『大学教育学会誌』第39巻第1号（2017年5月）および本書第2章参照。

8）ブルームの言説の再検討は，藤本夕衣『古典を失った大学　近代性の危機と教養の行方』（NTT出版，2012年）参照。

9）90年代に米国社会の文化的対立が明らかになってきた時期に，高等教育政策は，米国モデルを範型として展開した（天野郁夫，2003，『日本の高等教育システム変革と創造』東京大学出版会，p.267）。しかし，高等教育研究者は，教員の流動性や大学評価には関心を示したが，米国の大学を席巻しているこの問題への関心は，この時期から，米国を参照枠として日本の教養教育を論じる吉田文『大学と教養教育』（岩波書店，2013年）に至るまで見られない。

10）スペリングス報告を紹介してきた川嶋太津夫「ラーニング・アウトカムズを重視した大学教育改革の国際的動向と我が国への示唆」『名古屋高等教育研究』第8号（2008），濱名篤『学士課程教育のアウトカム評価とジェネリックスキルの育成に関する国際比較研究』（平成19－21年度科学研究費補助金基盤研究（B）報告書，2010），金子元久「大学組織と教育組織」『IDE現代の高等教育』No.578（2016）は，学習成果測定に関する対立と批判に全く触れないか，触れても内容を検討せず，はじめからスペリングス報告を所与のものとした記述である。森利枝「アメリカにおける学習成果重視政策議論のインパクト」『学習成果アセスメントのインパクトに関する総合的研究』（国立教育政策研究所高等教育政策研究部，代表深堀聡子，2011）は，主としてアクレディテーションの評価に関する論争について触れているが，何が論争点かを述べていない。拙稿「＜STEM教育シンポジウム＞STEM教育をめぐる国際動向と日本の課題」『大学教育学会誌』第39巻第1号（2017年5月）参照。

11）アメリカにおける新自由主義とアカウンタビリティについて，鈴木大裕『崩壊するアメリカの公教育　日本への警告』（岩波書店，2016年），92-103。

12）遠藤乾『統合の終焉　EUの実像と論理』（岩波書店，2013年），同『欧州複合危機　苦悶するEU，揺れる世界』（中公新書，2016年），高橋進・石田徹『「再国民化」に揺らぐヨーロッパ　新たなナショナリズムの隆盛と移民排斥のゆくえ』（法律文化社，2016年）を参照。

13）木戸裕「教育政策—多様性の中の収斂と調和—」『拡大ＥＵ—機構・政策・課題—』（国立国会図書館調査及び立法考査局，2007）参照。

14）ロバート・D.パットナム『流動化する民主主義—先進8ヵ国におけるソーシャルキャピタル』（ミネルヴァ書房，2013年），近藤孝弘・前掲書参照。

15）OECD, 2007, *Understanding the Social Outcomes of Learning.*（=2008，教育テスト研究センター監訳『学習の社会的成果　健康，市民・社会的関与と社会関係資本』明石書店）。なお，本書第1章，p.18-20参照。

16）そもそも，政府審議会の答申が，大学教育で育てるべき人間の諸能力を決め得るものかどうか，極めて疑わしいが，疑わしいからこそ，問題になりにくい抽象的な能力論を採用したともいえる。2008年答申を起草した大学分科会制度・教育部会委員の専門委員13名のうち，教養教育を研究テーマとしているといえるの

は1名である。また，36名にヒアリングを行っているが，すでに日本学術会議『対外報告　提言：知の統合—社会のための科学に向けて—』（2007年）を公表しているにもかかわらず，日本学術会議との意見交流はなかった。

17）たとえば，東北大学の場合，全学教育で米国に関する科目99，欧州に関する科目66に対し，イスラムに関する科目3，アフリカ8，中国39（語学以外4），地球環境に関する科目5，原子力に関する科目5，東日本大震災に関する科目4，人口減少問題6，平和に関する科目4という状況である。市民性教育の基盤となる「日本国憲法」は，全学教育で非常勤講師による2コマしか開講されていない。教養部解体は，教養教育を組織的に推進する教員集団を解体し，専門分野に特化した教育への傾斜を強めたのである。

18）ようやくコンピテンシー概念についても批判的検討が行われるようになってきた。細尾萌子『フランスでは学力をどう評価してきたか，—教養とコンピテンシーのあいだ—』（ミネルヴァ書房，2017年2月），綾井桜子『教育思想II -2　教養の揺らぎとフランス近代　知の教育をめぐる思想』（勁草書房，2017年6月，序論），福田誠治『ネオリベラル期教育の思想と構造—書き換えられた教育の原理』（東信堂，2017年12月）を参照されたい。

第II部

現代社会における知識体系と教養の再定義

第4章　学問の分野別ネットワーク
—日本学術会議分野別参照基準から見る知の体系

丸山　和昭（名古屋大学）

1. 目的

　教養教育の役割のひとつには，自らが専攻する学問分野だけでなく，関連する幅広い学問分野についての知見を拡げることが含まれる。しかし，学術研究の専門分化が進む今日の状況においては，自らが専攻する学問分野と，その他の学問分野との関係を俯瞰することには困難が伴う。このような課題に応える公的な試みのひとつに，日本学術会議による分野別参照基準（2017年11月24日現在，公表済みの分野別参照基準は図表1に示す25分野）がある。分野別参照基準は，それぞれの学問分野の特徴を記述するとともに，関連する他分野を明記しているところに特徴がある。本稿では，これら分野別参照基準における学問分野の記述の分析から，学問分野間の距離とネットワークを可視化する。ひとつの分野の参照基準のみを読むだけではわからない，分野を横断する広範な学問分野間のネットワークを明らかにすることで，自らが専攻する学問分野と，その他の学問分野との関係を俯瞰するための「学問地図」を提示することが，本稿の目指すところである。

2. 先行研究

　本稿と類似のアプローチを採る先行研究として，似内（2016）がある。この研究では，分野別参照基準に記述された「他分野を表す単語」を抽出，分類，集計したうえで，因子分析による分類を試みている。分析対象となった分野別参照基準は，似内の分析段階で公表されていた20分野（経営学から，電気電子工学まで）である。分類には，日本学術振興会科学研究費の公募のための「系・分野・分科・細目表」が用いられている。

分析の結果は参照基準の本文中の記述と併せて解釈されており，最終的には，各分野が他分野を必要とする文脈として，社会科学全般や哲学等に重きをおく「市民性の涵養」と，化学・物理学・生物学・数学・統計学・工学・心理学・情報学等に重きをおく「専門教育の補強」の2つのカテゴリーが提示されている。

　似内の研究は，分野別参照基準を用いた学問分類の試みとして参考になるが，分析目的，分析対象，単語抽出の方針が，本稿と異なる。まず本稿の目的とする学問分野間の距離とネットワークの可視化のためには，似内が採用した因子分析とは異なる分析手法が必要となる。分析対象としては，似内の分析段階では未公表であった，農学，統計学，情報学，哲学，物理学・天文学の各分野の参照基準を加える必要がある。また，単語抽出の方針として，本稿では日本学術振興会科学研究費の「系・分野・分科・細目表」を分類に用いずに，各参照基準に含まれる学術分野指定語彙を抽出，集計する。これは，日本学術振興会科学研究費の「系・分野・分科・細目表」による分類を前提として単語を抽出した場合，「自然科学」などの「系・分野・分科・細目表」に設定されていない単語が分析の対象外となるためである。また似内は，細目に該当する単語を，上位の分科に含めてカウントしている。この場合，学問分野の分類において，現行の「系・分野・分科・細目表」の分類秩序の影響を受けることになる。しかし「系・分野・分科・細目表」による分類は便宜的なものであり，定期的に改正されるものでもある。以上を踏まえ本稿では，「系・分野・分科・細目表」等の特定の分類基準を設定することなく，学術分野指定語彙を抽出する。これにより，先行研究や既存の学問分類とは異なる分類軸や関係性を描き出せるかどうかが，本稿の中心的な分析課題となる。

図表1　公表済みの分野別参照基準の一覧（2017年11月24日現在）

1.	経営学	2012年8月31日	（大学教育の分野別質保証推進委員会）
2.	言語・文学	2012年11月30日	（大学教育の分野別質保証推進委員会）
3.	法学	2012年11月30日	（大学教育の分野別質保証推進委員会）
4.	家政学	2013年5月15日	（健康・生活科学委員会）
5.	機械工学	2013年8月19日	（機械工学委員会）
6.	数理科学	2013年9月18日	（数理科学委員会）
7.	生物学	2013年10月9日	（基礎生物学委員会・統合生物学委員会）
8.	土木工学・建築学	2014年3月19日	（土木工学・建築学委員会）
9.	経済学	2014年8月29日	（経済学委員会）
10.	地域研究	2014年9月3日	（地域研究委員会）
11.	歴史学	2014年9月9日	（史学委員会）
12.	材料工学	2014年9月1日	（材料工学委員会）
13.	政治学	2014年9月10日	（政治学委員会）
14.	地理学	2014年9月30日	（地域研究委員会・地球惑星科学委員会）
15.	文化人類学	2014年9月30日	（地域研究委員会）
16.	社会学	2014年9月30日	（社会学委員会）
17.	心理学	2014年9月30日	（心理学・教育学委員会）
18.	地球惑星科学	2014年9月30日	（地球惑星科学委員会）
19.	社会福祉学	2015年6月19日	（社会学委員会）
20.	電気電子工学	2015年7月29日	（電気電子工学委員会）
21.	農学	2015年10月9日	（農学委員会・食料科学委員会）
22.	統計学	2015年12月17日	（数理科学委員会）
23.	情報学	2016年3月23日	（情報学委員会）
24.	哲学	2016年3月23日	（哲学委員会）
25.	物理学・天文学	2016年10月3日	（物理学委員会）

3.　分析方法

　公表済みの分野別参照基準の本文中（表紙，前書き，要旨，目次，参考文献・資料のうち審議経過とシンポジウム等情報は除く）より，接尾語である「学」を伴って表現される単語のうち，特定の学術分野を指定すると考えられる語彙（学術分野指定語彙）を抽出した。その際，「科学」，「諸科学」，「隣接科学」，「周辺科学」，「似非科学」等の語彙については，指示する学術分野が特定できないため抽出対象から除外した。また，「地域研究」は参照基準の分野名であるため，接尾語である「学」を伴わない

語彙ではあるが，例外として抽出対象とした。その結果として抽出され
た学術分野指定語彙は，合計591種類となった。このうち，複数の分野
の参照基準に出現した136種類の語彙を分析の対象とした。このような
分析語彙の限定方針は，分野を横断する学問間のネットワークを可視化
するという，本稿の目的に基づく。ただし，「電気電子工学」は参照基準
の分野名であるため，一分野の参照基準にしか出現していない語彙では
あるが，例外として分析対象に加えている。分析に用いた136種類の語
彙と，各語彙が含まれる参照基準の数は，図表2に示す通りである。

図表2　分析対象となった学術分野指定語彙の一覧（括弧内は該当参照基準数）

自然科学 (23)	環境学 (5)	歯学 (3)	微生物学 (2)
社会科学 (21)	環境科学 (5)	政策科学 (3)	分子生物学 (2)
経済学 (17)	設計科学 (4)	法社会学 (3)	メタ科学 (2)
社会学 (17)	人類学 (4)	家政学 (3)	応用数学 (2)
数学 (16)	美学 (4)	建築学 (3)	金融工学 (2)
生物学 (16)	量子力学 (4)	土木工学 (3)	古生物学 (2)
工学 (15)	地学 (4)	応用科学 (2)	材料工学 (2)
医学 (15)	計算機科学 (4)	電磁気学 (2)	食品科学 (2)
人文社会科学 (14)	人文科学 (4)	倫理学 (2)	電気工学 (2)
心理学 (14)	民族学 (4)	経営情報学 (2)	複雑系科学 (2)
法学 (14)	光学 (4)	獣医学 (2)	物質科学 (2)
歴史学 (14)	数理科学 (4)	地質学 (2)	物性物理学 (2)
哲学 (13)	情報学 (4)	水産学 (2)	遺伝学 (2)
物理学 (12)	生態学 (4)	農業経済学 (2)	海洋学 (2)
情報科学 (12)	認知科学 (4)	気象学 (2)	看護学 (2)
化学 (10)	生理学 (4)	畜産学 (2)	近代統計学 (2)
文学 (10)	人間工学 (4)	幾何学 (2)	計量経済学 (2)
政治学 (10)	認識科学 (3)	地球物理学 (2)	現象学 (2)
経営学 (10)	微分積分学 (3)	農芸化学 (2)	古典力学 (2)
教育学 (9)	熱力学 (3)	民俗学 (2)	実験科学 (2)
語学 (9)	自然地理学 (3)	解析学 (2)	実験心理学 (2)
統計学 (8)	芸術学 (3)	人文地理学 (2)	人間科学 (2)
生命科学 (8)	考古学 (3)	線形代数学 (2)	生物化学 (2)
理学 (8)	情報工学 (3)	地形学 (2)	精密科学 (2)
人文学 (8)	地球惑星科学 (3)	社会情報学 (2)	地域学 (2)

地理学 (8)	システム工学 (3)	基礎法学 (2)	都市工学 (2)
力学 (6)	論理学 (3)	地誌学 (2)	熱統計力学 (2)
基礎科学 (6)	環境工学 (3)	音楽学 (2)	農村社会学 (2)
農学 (6)	地球科学 (3)	教育心理学 (2)	博物学 (2)
文化人類学 (6)	天文学 (3)	経験科学 (2)	法史学 (2)
言語学 (6)	脳科学 (3)	水文学 (2)	有機化学 (2)
※地域研究 (6)	法哲学 (3)	統計力学 (2)	社会福祉学 (2)
総合科学 (5)	機械工学 (3)	物理化学 (2)	言語・文学 (2)
薬学 (5)	材料科学 (3)	理工学 (2)	電気電子工学 (1)

4. 分析結果

　まず，参照基準と学術分野指定語彙の関係を把握するため，参照基準の各分野を列，学術分野指定語彙を行とするクロス集計表をもとに，対応分析を行った。図表3は，その結果を散布図で示している。関連性の強い参照基準と学術分野指定語彙ほど近くに配置されている。このうち参照基準の位置のみを抜き出したものが図表4である。横軸の左側には人文社会科学系の分野が，右側には自然科学系の分野が並ぶ。一方で，縦軸の上側には巨視的な事象を研究対象とする分野が，下側に微視的な事象を研究対象とする分野が並ぶ。これら2軸を用いた場合の各分野の配置では，人文社会科学系が比較的凝集しているが，自然科学系のなかでも巨視的研究と微視的研究の間には距離がある。この距離は学術分野指定語彙の使用における違いとして解釈される。

図表3　参照基準と学術分野指定語彙による対応分析（◎付が参照基準）

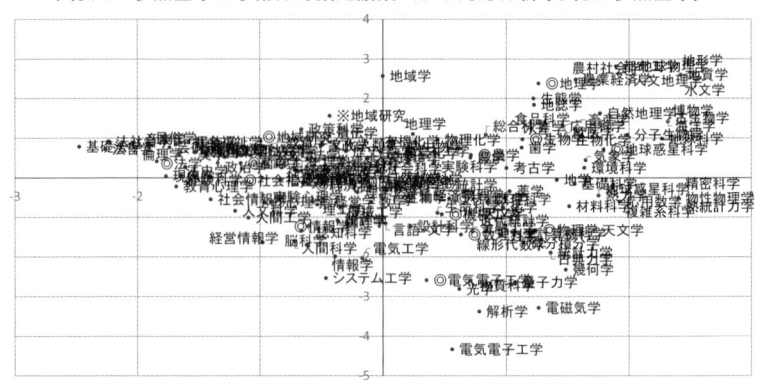

図表4　図表3より参照基準の位置のみ抜粋

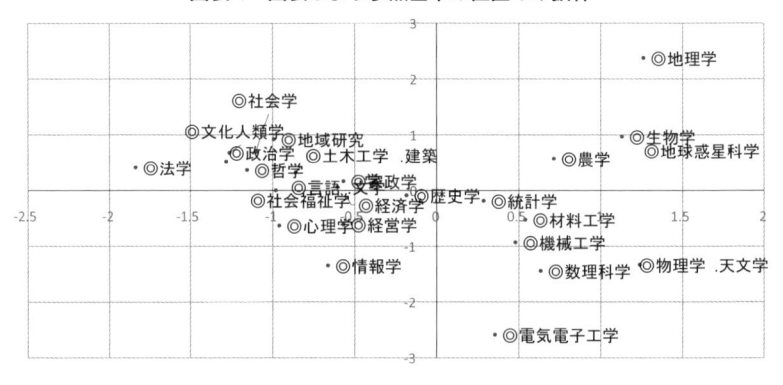

　次に，学術分野指定語彙の間における繋がりを明らかにするため，ネットワーク分析を行った。ここでは，同じ参照基準の中で用いられた学術分野指定語彙の間には繋がり（ネットワーク）が結ばれていると解釈している。図表5は，分析の結果をネットワーク図で示したものである。一見してネットワークが密に結ばれている様子がわかる。今回の分析に用いた語彙が示す学術分野は，すべて何らかの形で直接，あるいは間接的な関係性を有しているとも解釈できるだろう。ただし，分析対象となった語彙のなかには，より多くの他の語彙とネットワークを有するものと，

そうではないものの差異がある。このようなネットワークの過多を示す指標のひとつが次数中心性である。図表6は学術分野指定語彙を次数中心性が高い順に並べたもので，上位には自然科学，生物学，医学，社会科学，工学，社会学，数学，歴史学，人文社会科学，経済学，情報科学，哲学，物理学，法学といった語彙が並ぶ。

図表5　学術分野指定語彙のネットワーク図

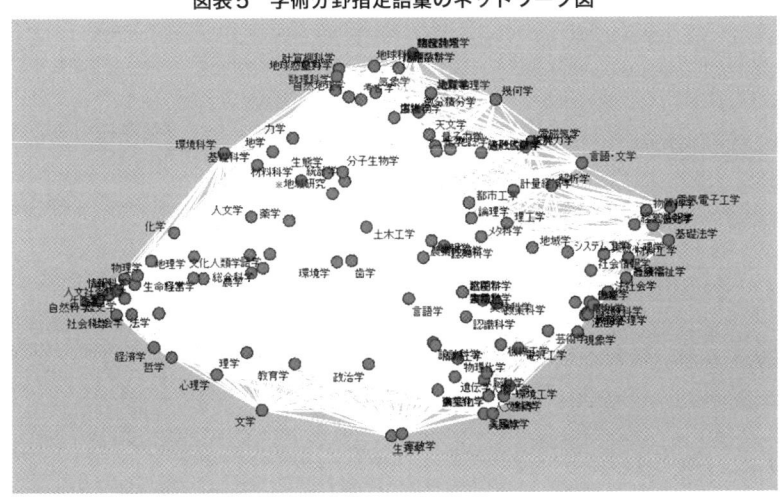

　このような，ネットワーク内におけるそれぞれの学術分野指定語彙の位置づけに従って，それぞれの語彙の間にある距離を測ることもできる。図表5に示されている各語彙の座標は，このような距離を多次元尺度法に基づいて分析した結果に基づく（図表7）。横軸の左側には次数中心性の高い語彙が，右側には次数中心性の低い語彙が並ぶ。縦軸の意味については解釈が難しいが，下側には家政学や生理学などの人間生活との関わりが直接的な分野が，上側には熱統計力学や物性物理学などといった，どちらかといえば人間生活との関わりか間接的な分野が並ぶ。これら2軸による整理では，自然科学と人文社会科学の区別なく，各分野が配置されることが特徴的である。

図表6　繋がりの多い語彙，少ない語彙（括弧内は次数中心性の値）

自然科学（135）	統計学（85）	海洋学（62）	近代統計学（54）
生物学（133）	※地域研究（85）	博物学（62）	電気工学（53）
医学（133）	材料科学（84）	人類学（61）	実験科学（52）
社会科学（132）	数理科学（80）	美学（61）	都市工学（52）
工学（131）	生態学（80）	人間工学（61）	理工学（50）
社会学（129）	熱力学（80）	論理学（61）	幾何学（49）
数学（129）	地球惑星科学（80）	農業経済学（61）	芸術学（48）
歴史学（129）	計算機科学（79）	物性物理学（61）	計量経済学（48）
人文社会科学（127）	生理学（76）	遺伝学（61）	電磁気学（46）
経済学（125）	歯学（76）	精密科学（61）	システム工学（45）
情報科学（125）	自然地理学（75）	熱統計力学（61）	統計力学（45）
哲学（123）	言語学（74）	農村社会学（61）	古典力学（45）
物理学（122）	考古学（74）	民族学（59）	人間科学（45）
法学（120）	土木工学（74）	物理化学（59）	地域学（45）
化学（116）	家政学（73）	認識科学（57）	解析学（44）
生命科学（116）	分子生物学（72）	地質学（57）	現象学（43）
心理学（113）	情報学（71）	地球物理学（57）	法哲学（41）
経営学（111）	地球科学（70）	人文地理学（57）	倫理学（40）
地理学（111）	気象学（70）	地形学（57）	音楽学（40）
理学（105）	認知科学（68）	水文学（57）	民俗学（39）
文学（104）	設計科学（67）	建築学（56）	社会情報学（39）
文化人類学（103）	微分積分学（66）	地誌学（56）	教育心理学（39）
環境科学（101）	情報工学（66）	メタ科学（56）	経験科学（39）
人文学（100）	光学（65）	応用科学（55）	法社会学（36）
語学（97）	天文学（65）	獣医学（55）	言語・文学（36）
教育学（96）	応用数学（65）	水産学（55）	実験心理学（35）
農学（96）	複雑系科学（65）	畜産学（55）	看護学（31）
総合科学（95）	量子力学（64）	食品科学（55）	社会福祉学（31）
基礎科学（93）	農芸化学（63）	生物化学（55）	材料工学（30）
力学（92）	微生物学（63）	環境工学（54）	経営情報学（28）
薬学（89）	有機化学（63）	機械工学（54）	物質科学（27）
地学（89）	人文科学（62）	政策科学（54）	法史学（26）
環境学（86）	脳科学（62）	線形代数学（54）	基礎法学（23）
政治学（85）	古生物学（62）	金融工学（54）	電気電子工学（23）

図表7　ネットワーク中における学術分野指定語彙の距離（多次元尺度法）

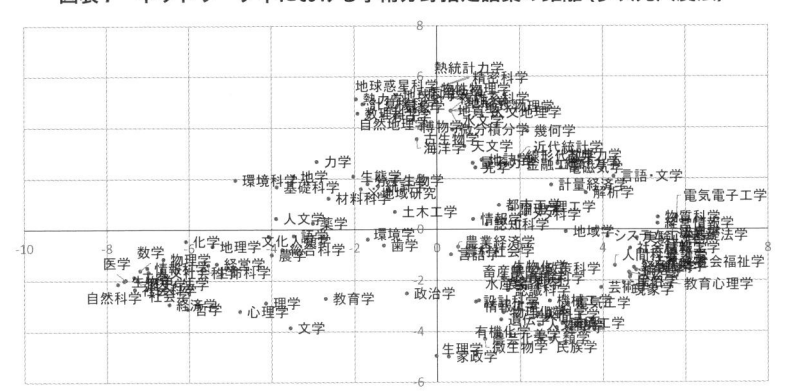

5. 考察

　以上，本稿では，日本学術会議の分野別参照基準から，学問分野を指
定する語彙を抜き出したうえで，各語彙が示す学問分野間の距離を測り，
その結果を対応分析とネットワーク分析による2種類の「学問地図」とし
て提示した。対応分析が示した学問分野の分類基準は，自然科学と人文
社会科学，巨視的分野と微視的分野の二軸であった。他方，ネットワー
ク分析が示した学問分野の分類基準は，ネットワークにおける次数中心
性の過多と，人間生活との関わりが直接的か間接的かの違いであった。
対応分析に基づく分類基準は比較的馴染み深いものであるが，ネット
ワーク分析では，全く違った学問分野間の関係性が示された。かつて，
研究者の専門分野と所属学会に関するデータをもとに日本の学問分類を
試みた山崎（1991）は，分析結果が多様な学問の分類軸を示したことを
もって「学問が多次元的に分化している」と表現したが，本稿の結果も同
様の知見を示すものといえるだろう。

　総じて本稿の成果は，分野別参照基準という公表資料をもとに，学問
分野を俯瞰するための具体的な見取り図を作成する手法を提示するとと
もに，学問分野を分類する基準の多様性を可視化した点にある。教養教
育の場において，各学問分野の特徴と，それぞれに関連の深い他分野を

俯瞰するうえで，分野別参照基準は有用な資料である。その際には，本稿の示した分析手法を学習過程に取り入れることが，学問の多次元的な分化を体感的に理解する助けとなるのではないだろうか。学問の分野別ネットワークが複雑化する今日においては，唯一つの「学問地図」を示すのではなく，実証的に多様な「学問地図」を描く方法を伝えることが，学問分野を広く俯瞰する視点を養う上で，より有効なアプローチとなりうるかもしれない。以上の提案をもって，稿を終えることとしたい。

【引用文献】

似内寛 2016「高等教育における，多様な分野の教養としての共通点についての一考察」『東北福祉大学研究紀要』40，79-92

山崎博敏 1991「学問分野と学部・学科—その対応関係の分析—」『広島大学教育学部紀要』第1部第40号，101-112

日本学術会議　http://www.scj.go.jp/ja/member/iinkai/daigakuhosyo/daigakuhosyo.html（大学教育の分野別質保証委員会，2017年11月24日閲覧）

第5章　教養教育に対する学会の動向事例

今野　文子（研究協力者・元東北大学）

1．はじめに

　大学における教養，高度教養教育を考えるうえで，これに対しそれぞれの学会，学術団体，研究者らがどのように捉えているのか，どういった取組みがなされているのかも踏まえる必要がある。ここでは，日本国内の学会等のうち，この点に関して特徴的な動きを見せているものの中から哲学教育，中国語教育，および体育をとりあげ，その事例を紹介する。

2．哲学教育に関する動向

　大学における哲学教育に関する研究者らの議論は，日本哲学会，応用哲学会，そして名古屋哲学教育研究会，哲学教育研究会らのグループの報告から読みとることができる。

2-1．日本哲学会の動き

　日本哲学会は，哲学研究の発展と研究者間の活発な交流を目的とし，研究・教育と，現代社会における哲学の役割を検討する学会として1949年に設立された（日本哲学会，2017）。会員数は1410人である（日本学術会議他，2017）。

　日本哲学会には「哲学教育ワーキンググループ」が設置されており，2002年より大学教育における哲学教育の充実を目指し，年次大会においてワークショップ「哲学教育を考える」を実施している（日本哲学会 哲学教育ワーキンググループ，2005）。2005年度に開催された当ワークショップの趣旨説明資料には「近年の大学改革における実学重視，人文学軽視の風潮に対する確固とした意義の表明」と記されており，大学に

おける哲学教育の在り方について具体的な方向性を示そうとしていることがわかる（日本哲学会 哲学教育ワーキンググループ，2005）。

　当ワークショップのテーマの変遷を表2-1に示す。初回から第3回までのワークショップのテーマでは，大学および大学院を対象とした哲学教育の現状と課題を扱っている。途中，年次大会においてワークショップが開催されていない年もあるが，2010年度からは，高等教育や初中等教育における哲学教育が取り上げられるようになり，その後はシティズンシップ教育や哲学対話など，より大きなテーマを扱っていることがわかる。2006年度には，2日間にわたり4つの連続したセッションからなるワークショップが開催され，それまでの3カ年にわたるワークショップの成果を総括するとともに，「全体としての大学教育における哲学教育の意義や重要性などについて何らかの提言を試みたい」としており，

表2-1．日本哲学会大会におけるワークショップ「哲学教育を考える」のテーマ一覧

年度	テーマ／発表タイトル
第61回大会 （2002年度）	「全学教育における哲学教育の現状と課題」 　大学における哲学教育の可能性 　哲学・倫理教育は教養教育である―千葉大学の事例をもとに― 　哲学教育における専門と教養の関係をめぐって
第62回大会 （2003年度）	「学部段階の哲学教育の現状と課題」 　哲学教育―東洋大学哲学科の試み― 　岡山大学文学部哲学倫理学教室の教育改革 　哲学に教科書はありうるか
第63回大会 （2004年度）	「大学院における哲学教育の現状と課題」 　大学院での哲学教育とは 　臨床哲学の実践と課題 　哲学教育を考える―大学院教育の現状と課題―
第64回大会 （2005年度）	（過去3回の成果の総括と提言） 　「全学教育における哲学教育の現状と課題」再考 　「学部段階の哲学教育の現状と課題」再考 　「大学院における哲学教育の現状と課題」再考 　「今後の哲学教育のあり方について」
第65回大会 （2006年度）	「哲学教育を考える」 　提題者：池田耕一（松下電器産業株式会社 法務本部 企業倫理室室長） 　冠木雅夫（毎日新聞社 編成総センター室長） 　杉田正樹
第66回大会（2007年度）～第68回大会（2009年度）開催記録なし	
第69回大会 （2010年度）	「高等学校の『哲学・倫理』教育で何をどのように教えるか」 　―大学での哲学教育・教養教育と高校教育との連携に向けて―
第70回大会 （2011年度）	「『高校生』にどんな哲学的かかわりができるか 　―現代社会における高等学校『哲学・倫理』教育」

第71回大会 （2012年度）	「小中学校における哲学教育と教員養成」
第72回大会 （2013年度）	「高校における哲学対話教育」
第73回大会 （2014年度）	「哲学教育と倫理・道徳教育」 　道徳教育へのクリティカル・シンキングの導入 　いじめを正当化する理屈について考える 　子どもの哲学と道徳教育
第74回大会 （2015年度）	「シティズンシップ教育と哲学教育」
第75回大会 （2016年度）	「哲学対話とクリティカルシンキング」
第76回大会 （2017年度）	「哲学対話と哲学教育」 　母親が哲学対話をするということ 　哲学対話と哲学研究との関係をめぐって 　良きファシリテーターのための哲学史

日本哲学会 哲学教育ワーキンググループ（2005），日本哲学会（2006）等をもとに筆者作成

大学教育に対する学会としての意思表明に積極的であったことがうかがわれる（日本哲学会 哲学教育ワーキンググループ，2005）。2012年度以降は，本大会の前夜にワークショップが開催されており，2016年度の報告では100名を超える参加者があったことが報告されている（齋藤，2017）。

　なお，同じく日本哲学会の男女共同参画・若手研究者支援ワーキンググループも，哲学教育ワーキンググループと連携して哲学教育に関する検討を行っている。2016年度の第75回大会では，「哲学と導入教育——哲学教育の質的向上を目指して」といったテーマでワークショップが開かれており（小島・小手川，2017），大学において哲学をどう教えるかについての議論が学会をあげて活発に行われていることがわかる。

2-2. 応用哲学会の動き

　応用哲学会は，哲学と他の学問分野にまたがる学際的研究，現代社会の諸課題に深く関わる研究を中心にすえつつ，それらの研究活動を支える現代哲学の基礎的な研究をも包摂する広義の応用哲学の確立と発展を目指し，2008年に設立された比較的新しい学会である（応用哲学会，2017）。

表2-2. 応用哲学会年次研究大会における教育関連の発表タイトル

年度	発表タイトル
第1回 年次研究大会 （2009年度）	「『哲学教育』について─『知』の問題の観点から─」
第2回 年次研究大会 （2010年度）	「クリティカルシンキング教育における哲学と心理学」 「名古屋哲学教育研究会ワークショップ─哲学を専門としない学生にどのように哲学を教えるのか？」
第3回 年次研究大会 （2011年度）	「哲学対話教育の可能性」 「クリティカルシンキングの学際的教育実践」
第4回 年次研究大会 （2012年度）	「初等中等教育における対話による科学教育の可能性」 「対話的哲学教育の効果測定と評価」
第5回 年次研究大会 （2013年度）	「専門職倫理・応用倫理学関連領域における汎用型教育コンテンツの研究と開発」 「哲学を専門としない学生に，哲学の＜面白さ＞をどのように伝えるか？」（名古屋哲学教育研究会2013）
第6回 年次研究大会 （2014年度）	「レポート評価について考える」 「専門職倫理・応用倫理学関連領域における汎用型教育コンテンツの研究と開発：日本語版のレビューと英語版の試行」
第7回 年次研究大会 （2015年度）	「高等学校における『科学技術をよく考える』クリティカルシンキング授業の実践報告」 「研究倫理教育における反転授業向け教材の有効性の検証」 「知的徳の育成のための具体的な教育手法の開発」 「哲学・倫理学系教員は初年次教育にどのような貢献が可能か」 「受講する価値のある哲学の授業とはいかなるものか？─哲学教育の意義を考える」
第8回 年次研究大会 （2016年度）	「高等学校ならびに大学におけるクリティカルシンキング授業の比較と検討」 「学生にトラウマを与える危険のある素材を大学の授業でどう扱うべきか」 「哲学の授業におけるレポート課題について考える」
第9回 年次研究大会 （2017年度）	「情報教育・情報倫理研究から人工知能を考える」

応用哲学会（2017）をもとに筆者作成

　研究年次大会のプログラムや各種報告からは，研究のみならず，哲学教育についても議論がなされている様子が見てとれる。学会設立から2017年度までの応用哲学会研究年次大会における教育関連の発表／ワークショップのタイトルを表2-2に示す。これら年次研究大会においては，哲学教育に関する研究者個人の発表に加えて，名古屋哲学教育研究会等の複数人の研究者からなるワークショップも開催されている。これらの研究会については以降2-3, 2-4で報告する。

2-3.　名古屋哲学教育研究会の動き

　表2-2に示した応用哲学会の2010, 2013年度研究年次大会では,「名古屋哲学教育研究会」によるワークショップが行われている。本研究会は, 哲学教育の実践にかかわる問いを中心的に検討することを目的として, FD・SDコンソーシアム名古屋の後援を受け2008年に設立されたものである（名古屋哲学教育研究会, 2017）。哲学を専門としていない学生が哲学を学ぶということには, どのような意味があるのか, 教養科目で哲学を一度きり学ぶような学生は, 授業で哲学のなにをどのように学ぶ必要があるのか, また, 哲学を専門とする教員は, 哲学を専門としない学生に対して, どのように専門研究を活かして教えることができるのかといった問いについて検討している。構成メンバーは名古屋地区等で哲学を専門としない学生に哲学を教えている教員であり, セミナー, ワークショップ, 哲学カフェなどの活動を行っており（名古屋哲学教育研究会, 2017）, その活動報告は, 名古屋大学高等教育研究センター「FD・SD教育改善支援拠点の活動」等に報告されている（名古屋大学高等教育研究センター, 2009, 2010, 2011, 2012, 2013, 2014, 2015, 2016,）。

　2009年の活動報告には, その冒頭にFDが大学に導入されて当時でおよそ10年となることに触れ,「FD業界によるFD業界のためのFD的な動きとは独立に, われわれは専門を同じくする人々の間で,『○○学で何を教えるか』『○○学の何をどう伝えるか』ということを中心とした, 草の根的な試みをもっと続けていくべきだ」（名古屋哲学教育研究会, 2009）との指摘がなされており, それぞれの学問分野を担う研究者ら自らの手で教育を考えていくことの重要性を強調している。

2-4.　哲学教育研究会の動き

　哲学教育研究会は, 哲学の授業実践を共有し, 哲学の授業の魅力を高めるために議論することを目指した研究会であり, 3名の哲学研究者により構成されている（成瀬, 2017）。ウェブサイト上での情報共有の他にも, Facebookやtwitterなども活用して広く情報公開を行っている。

　哲学教育研究会は，応用哲学会（表2-2）の第7回年次研究大会（2015年）において，「受講する価値のある哲学の授業とはどのようなものか？—哲学教育の意義を考える—」，第8回年次研究大会（2016年）では「哲学の授業におけるレポート課題について考える」というタイトルでワークショップを行っている（成瀬，2017）。また，2-1で紹介した，日本哲学会の第75回大会における男女共同参画・若手研究者支援ワーキンググループの「哲学と導入教育——哲学教育の質的向上を目指して」をテーマにしたワークショップでは，本研究会のメンバーにより「哲学教育における組織的な情報共有の重要性」についての報告をもとにしたグループワーク等を行っている（小島・小手川，2017）。

　応用哲学会におけるワークショップの報告資料には，継続的な取組みを行っていくために，授業実践に関する情報共有サイト（成瀬，2017）を立ち上げ，哲学の授業の魅力や意義について，具体的な授業実践をベースに議論するため，哲学教育用の映画作品リストを公開している。

　また，同じく哲学教育研究会という名称で，別の構成メンバーによるグループも存在する。「次世代哲学教育研究会」との名称を使っている場合もあるが，2016年に国立教育政策研究所高等教育政策セミナー（7）として，「—哲学教育研究会キックオフミーティング兼研究会—高等教育における哲学教育の意義」が開催され，「教養教育と初年次教育における哲学の意義」，「『一般教育としての哲学』から」，「高等教育における哲学教育の意義」といったテーマでの講演が行われている（国立教育政策研究所，2017）。

3. 中国語教育に関する動向

3-1. 中国語教育学会の動き

　必ずしも大学における教養，高度教養教育を真っ向から見据えた取組みではないが，教育の実態について明らかにしようという課題意識が学会をあげての科研費申請に結びついた事例として中国語教育学会の動きを取り上げる。

　中国語教育学会は，その前身を中国語教育協議会とし，日本で中国語教育に従事する者の相互連携と研究・実践の向上を目的とする学会である。2002年に発足した比較的新しい学会で，2017年5月時点の会員総数は479名を数える。（中国語教育学会，2017）。

　「中国語学会」とは姉妹関係にあり，その違いを明確に打ち出すべきであるとの姿勢をもっていることが会報等の記述内容からも読み取れる。特に，2012年当時の学会長であった佐藤富士雄氏は，新会長挨拶の中で「大学で中国語教育に従事している教員の多くは，中国文学や哲学，歴史学，政治学，経済学など，中国語学以外の専門を持っていて，その分野の学会には複数所属していても，中国語に関しては語学会一つに絞っている場合が少なくありません。語学会の全国大会，支部例会での発表や，会誌に収録される論文にも，教育に関するものがある程度含まれているために，特に不足を感じないですんでしまうのかも知れません。それどころか，中国語学が専門の先生方の中でも，語学会だけに参加しておられる方は，稀ではありません。この状況を変えて行くには，本学会がより教育分野に特化することが必要だと思われます」（中国語教育学会，2012）と述べており，大学において中国語教育を担う者の専門性が必ずしも語学教育ではない現状と学会活動の意義を強調している。

　この中国語教育学会では，2010年頃から学会としての中国語教育の実態調査の必要性の認識，およびその研究計画が練られていた点が特徴的である。2010年当時の学会長は会長挨拶の中で，全国規模で中国語教育の実態を把握することの重要性を指摘し，「かつて，2002年に中国語学会で『日本の中国語教育』が作られましたが，それからすでに8年の年月がたっています。今，日本の中国語教育はどのような状態にあるのか，それを調査することはわたしたちの学会に課せられた任務の一つであろうと思います（中国語教育学会，2010）と述べている。この調査計画は，学会長を代表者とした科研費の応募へとつながった。2011年の会報では，「日本における中国語教育の現状に関する調査について」とした研究計画を基盤研究Cに500万円の予算で応募する予定であることが報告されて

いる。また，採択されなかった場合には愛知大学の科学研究費に応募し，予算がついた段階で理事，会員に協力を求める予定であるとの報告も記されている（中国語教育学会，2011a）。

　残念ながら次号の会報では，不採用になった旨とともに，研究計画を練り直し，次年度にも再度応募する予定であることが報告されているが（中国語教育学会，2011b），続く2011年度の申請結果も不採択であった（中国語教育学会，2012）。この調査計画は，翌年2013年度にも学会内で議論されているが，科研費の申請までは行われておらず「個人的な実態調査を超えるものができるかどうか，全国的調査を行うには費用がかなりかかりそうで，本学会の財政で負担できるかどうか予算を立てて審議する必要があることなどの点が指摘され，2013年3月に大阪で開催される『語学エキスポ』の結果を見て判断することになった」（中国語教育学会，2013）という内容が会報上で報告されるにとどまっている。

　その後，この調査についての情報は，2014年の「平井会長より，荒川会長の時期に科研費を申請して中国語教育実態調査を行おうとしたものの，申請が通らず実施できないままでいる，ウェブ等を通じて最低限大学生の中国語履修者数くらいを調査していきたいという提案があった。これに対し，ウェブを通じて調査する上での問題点や，履修者数のカウントが実際には困難である等の指摘がなされ，容易に実施できることではないことが分かった」（中国語教育学会，2014）という報告を最後に公表されていない。

4. 体育教育に関する動向
4-1. 体育教育研究の動き

　『体育教育研究』は1979年に刊行された学術雑誌であり，筑波大学体育センターにおいて共通科目体育の望ましいあり方を追求することを目的として着手された「正課体育のカリキュラム編成体制とその具体的な教育方法の改善に関する研究」プロジェクトの成果をまとめたものとして，その第1号がまとめられた（筑波大学体育センター，2017）。その後は，

筑波大学体育センターの所属教員が中心となって継続的に刊行されてきたが，2012年に投稿規定を改定し，「国内外の大学，短期大学，高等専門学校の高等教育機関において，大学体育の教育あるいは教育補助に従事している者」として，広くすぐれた研究成果を募るようになった（筑波大学体育センター，2017）。2012年以降の体育教育研究に収録されている大学教養科目としての体育に関連する原稿のタイトルを表2-3に示す。

　大学における体育教育の現状や新カリキュラムの評価のほか，大学における体育教育を担う教員のための研修プログラムの開発なども取り上げられている。

表2-3．体育教育研究における大学教養科目としての体育関連題目

号	題目
第34号 （2012年）	「わが国の『大学体育』の基本理念とカリキュラム」（体育センタープロジェクト報告） 「日本の大学における一般体育の現状」（体育センタープロジェクト報告）
第35号 （2013年）	筑波大学体育センターにおける基礎体育の評価—新カリキュラムはどのような成果をもたらしたか—（原著論文） 大学体育における戦術学習の可能性について（実践研究） 大学体育におけるeラーニング・ポートフォリオの活用～筑波大学eラーニング学習管理システム「筑波大学 Moodle」を利用した取り組み～（体育センタープロジェクト報告） 大学体育における学修成果可視化のためのルーブリックに関する研究（体育センタープロジェクト報告）
第36号 （2014年）	大学体育で何を教えるか（特別寄稿） 大学体育のカリキュラムの違いが長期的な教育効果に及ぼす影響（原著論文） 大学体育がめざすべきこと：高校体育，スポーツクラブ体育，専門体育との関係から（原著論文） 筑波大学における大学体育モデルの再構築に関する実践的研究（総説） 共通体育の成績評価に関する諸問題の検討（公募プロジェクト研究報告）
第37号 （2015年）	選択科目の体育実技授業を履修する大学生の社会人基礎力の特徴について（研究資料） 国立大学における教養科目としての体育の現状（報告） 教養体育インターンシップの試行（報告）
第38号 （2016年）	大学体育授業におけるICTサービスの活用が運動行動ステージに及ぼす影響（原著論文） 大学教養体育の大学教員準備教育としてのeラーニング教材の開発と評価（実践研究） 日本の大学・短期大学・高等専門学校における体育系教員のプロフィール（報告）
第39号 （2017年）	テキストマイニングによる大学体育授業の学修成果分析（実践研究） 私立大学伝統校の体育教員の学位の専門化と高度化（研究資料）

筑波大学体育センター（2017）をもとに筆者作成

4．まとめ

　本稿では，大学における教養教育，高度教養教育を考えるうえで，学会，学術団体，研究者らの活動のうち特徴的なものを紹介した。哲学教育の

分野では，人文学軽視の風潮に対する危機感や，哲学研究者らの大学における身分の不安定性などをも背景に，複数の学会や研究会で積極的に大学における哲学教育の意義や工夫，可能性が議論されていることがわかった。また，この議論の中心メンバーは比較的若手研究者である傾向にあり，メンバーの中には，大学教員準備プログラムなど，大学教員の研究能力開発にかかわりの深い者や，インストラクショナルデザインなど教育工学の理論やモデルを援用して議論を展開している者が含まれていることが興味深い。学問分野を超えて，教育を担う大学教員としての教育観が初期キャリアのうちに醸成されていることが，教養教育等の課題に積極的にかかわるようになる要因の一つになっている可能性が指摘できる。

　中国語教育学会が，学会として中国語教育の現状に関する全国的な調査を行う必要性を認識し，学会長を代表者としての科研費申請を行うといった取組みに発展したことは興味深く，志半ばで頓挫してしまったことは残念である。語学教育を担う教員は授業の持ちコマ数も多く，研究活動との両立が容易でないことは想像に難くない。また，学会の構成員が普段行っている研究手法と，こうした大規模調査で必要になる方法論やネットワークが必ずしも同じではないことなども，調査が実現に結びつかなかった要因として挙げられるだろう。しかしながら，こうした実態調査やこれをベースにした研究，教授法開発は極めて重要である。大学における初修外国語に関する調査としては，東北大学高等教育開発推進センター（2012）が実施したものなどがある。語学教育に携わる者だけではなく，高等教育研究者や，専門性開発，FD，IR に造詣の深い研究者と連携することにより，こうした調査の実現への道が開けるのではないだろうか。

【参考文献】

応用哲学会（2017）応用哲学会ウェブサイト，http://www.jacap.org/（2017.10.31. 確認）.

小島優子，小手川正二郎（2017）「男女共同参画・若手研究者支援ワークショップ『哲学と導入教育――哲学教育の質的向上を目指して』報告」『哲学』2017（68），日本哲学会，pp. 106-107.

国立教育政策研究所（2017）高等教育政策セミナー（7），―哲学教育研究会キックオフミーティング兼研究会―高等教育における哲学教育の意義 http://www.nier.go.jp/koutou/heps_nier7.html（2017.10.31. 確認）.

名古屋大学高等教育研究センター（2009）「名古屋哲学教育研究会」『FD・SD コンソーシアム名古屋の軌跡（1）平成20年度総合報告書』，pp.94-95, 名古屋大学高等教育研究センター.

名古屋大学高等教育研究センター（2010）「名古屋哲学教育研究会」『FD・SD コンソーシアム名古屋の軌跡（2）平成21年度総合報告書』，pp.172-173, 名古屋大学高等教育研究センター.

名古屋大学高等教育研究センター（2011）「名古屋哲学教育研究会」『FD・SD コンソーシアム名古屋の軌跡（3）平成22年度総合報告書』，pp.184-193, 名古屋大学高等教育研究センター.

名古屋大学高等教育研究センター（2012）「名古屋哲学教育研究会」『FD・SD 教育改善支援拠点の活動（1）平成23年度総合報告書』，pp.122-127, 名古屋大学高等教育研究センター.

名古屋大学高等教育研究センター（2013）「名古屋哲学教育研究会」『FD・SD 教育改善支援拠点の活動（2）平成24年度総合報告書』，pp.161-172, 名古屋大学高等教育研究センター.

名古屋大学高等教育研究センター（2014）『FD・SD 教育改善支援拠点の活動（3）平成25年度総合報告書』，pp.180-184, 名古屋大学高等教育研究センター.

名古屋大学高等教育研究センター（2015）『FD・SD 教育改善支援拠点の活動（3）平成25年度総合報告書』，p.159, 名古屋大学高等教育研究センター.

名古屋大学高等教育研究センター（2016）『年次活動報告書』，p.21, 名古屋大学高等教育研究センター.

名古屋教育哲学研究会（2009）『哲学教育を考える―名古屋哲学教育研究会の記録』，名古屋哲学教育研究会，http://www.cshe.nagoya-u.ac.jp/publications/file/2009_fd_sd_series2_text.pdf（2017.10.31. 確認）.

名古屋教育哲学研究会（2017）名古屋哲学教育研究会ウェブサイト，https://tetsugakue-duken-nagoya.jimdo.com/（2017.10.31. 確認）.

成瀬尚志（2017）哲学教育研究会ウェブサイト，http://ihuru09.jp/（2017.10.31. 確認）.

日本学術会議他（2017）学会名鑑（ウェブサイト），日本哲学会，https://gakkai.jst.go.jp/gakkai/detail/?id=G00261（2017.10.31. 確認）.

日本哲学会（2006）日本哲学会第65回大会プログラム，http://philosophy-japan.org/

download/304/file.pdf（2017.10.31. 確認）.

日本哲学会（2017）日本哲学会ウェブサイト，http://philosophy-japan.org/（2017.10.31. 確認）.

日本哲学会 哲学教育ワーキンググループ（2005）ワークショップ『哲学教育を考える』資料，日本哲学会第64回大会，http://philosophy-japan.org/download/308/file.pdf（2017.10.31. 確認）.

齋藤元紀（2017）「哲学教育ワークショップ『哲学対話とクリティカルシンキング』報告」『哲学』2017（68），日本哲学会，pp.103-105.

中国語教育学会（2010）中国語教育学会会報，第29号，2010年4月11日発行，http://www.jacle.org/newsletter/29.pdf（2017.10.31. 確認）.

中国語教育学会（2011a）中国語教育学会会報，第31号，2011年1月31日発行，http://www.jacle.org/newsletter/31.pdf（2017.10.31. 確認）.

中国語教育学会（2011b）第32号，2011年6月30日発行，http://www.jacle.org/newsletter/32.pdf（2017.10.31. 確認）.

中国語教育学会（2012）第34号，2012年4月25日発行，http://www.jacle.org/newsletter/34.pdf（2017.10.31. 確認）.

中国語教育学会（2013）第36号，2013年2月8日発行，http://www.jacle.org/newsletter/36.pdf（2017.10.31. 確認）.

中国語教育学会（2014）第42号，2015年3月3日発行，http://www.jacle.org/newsletter/42.pdf（2017.10.31. 確認）.

中国語教育学会（2017）中国語教育学会ウェブサイト，http://www.jacle.org/（2017.10.31. 確認）.

東北大学高等教育開発推進センター（2012）『東北大学の初修外国語』東北大学高等教育開発推進センター.

筑波大学体育センター（2017）大学体育研究，https://www.sapec.tsukuba.ac.jp/?page_id=116（2017.10.31. 確認）.

第6章　数学と教養教育

森田　康夫

はじめに

　本稿では，教養としての数学教育と，専門基礎教育としての数学教育について考察する。

　まず，第1節では，数学がどのように発展してきたかを確認し，数学とは何かを考える。第2節では，数学は社会においてどのような役割を果たしているかを考える。第3節では大学の教養教育を歴史にしたがって解説する。第4節と第5節では日本での数学教育の現状について私の見方を述べ，第6節で日本での数学の教養教育の在り方について私の意見を述べる。

1．歴史から見た数学

1-1．古代文明と数学 —数と図形の発見—

　数学は人類文明誕生とともに発見され，物の数を数える，ものの大きさを計る，物の形を表現するなどの目的に使用されてきた。

　私達が生きている現実世界には，1人の人間，2匹の犬，3羽の鳥などはいるが，1，2，3という数は存在せず，これらの現実世界に存在するものから数以外の属性をすべて取り除いて始めて数は認識できる。その意味で，数は現実世界にある物から構成された抽象的な概念である。しかし，自然数という1から始まり無限に続く数の列1，2，3，…，n，n+1，…。があることを認識するためには，さらに高度な知性が必要である。このような数を認識する能力は，ホモサピエンスは狩猟採取生活をしている頃から持っていたものと考えられており，数を表すと思える線を刻んだ動物の骨が数万年前の遺跡から見つかっている。

　最終氷河期が終わって少し経った今から数千年前に，人類は定住して農耕生活を始めた。その結果，多数の人類が一定の場所に住むことで，仕事の分業と専門化が進み，人類文化が生まれた。多くの人が同じ場所で共同生活をすると，集団の人数を数えたり，家畜や持ち物などの数を数えることが必要となり，人類は自然数の概念を取得し，多くの古代文明で大きな数を効率的に数えるために10進法が使われるようになった[1]。言い直すと，10進法を含む自然数の概念は多数の人類が同じ場所で共同生活する上で必要欠くべからざるものとなるため，古代文明のごく初期に10進法を含む自然数の概念が発見された。

　自然数の発見から間もなく，物の長さや重さと関連して実数（小数）が発見された。これにより，物の長さや重さの他，畑の面積や飲料水の量などを定量的に表すことが可能になった。しかし，大まかな大きさを理解することは難しくないが，実数を正しく理解することは容易ではない。例えば，学校教育では実数は数直線と結びつけて直感的に理解されるが，連続性を含む実数の正確な理解には高度な数学理論が必要であり，それがなされたのは19世紀になる。
　数の発見に続いて，物の形と関係して直線，三角形，円，球などの図形の概念も発見された。自然数や実数などの数と同様に，図形についても現実世界には直線や円などはなく，これらは現実にあるものの形を理想化して始めて認識できる。いずれにしろ，人類は直線や円などの図形を認識することにより，美しくて使いやすい道具や建造物を作ることができるようになった。
　このようにして数と図形が発見されたことで，住民や建物の数や物の形や大きさを正確に記述することが可能になり，人類は多数の住民を束ね，建物や道具を設計することが可能になり，これ以降，数学は人類文明の基礎を支えることになった。

　人類文明の発展にとって大きな転機となったのが貨幣経済であり，

物々交換から貨幣経済に進化したことにより，必ずしも相手が欲しがる物を持っていなくても，自分が欲しい物を手に入れることが可能になり，人類の生活が豊かになった。

多くの場合，貴金属や重要な食物などを使って取引に用いる秤量貨幣から貨幣経済は始まったようだが，時代の経過とともに鋳造貨幣や紙幣が用いられるようになっていった。

しかし，鋳造貨幣や紙幣を基礎とした経済を実現するためには，ほとんどの人が数の計算ができることが必要である。子供がお金を使って生活をするうちに，ある程度数の計算ができるようになることもあるが，このようなことで身につく計算能力は1桁の足し算と引き算位であり，大きな数の加減や掛け算などは大人が子供に教える必要がある。

いずれにしろ，鋳造貨幣や紙幣を基礎とした経済が成立するためには，貨幣を数える自然数の概念の普及が不可欠であるが，取引が活性化するためには，取引の対象となる物の大きさや重さなどを正しく計ることが必要であり，そのためには度量衡を標準化した上で，実数（小数）を正しく認識できることも必要である。また，取引される物を良く理解するためには，図形についての知識もある程度普及することが必要である。

まとめると，数と図形といった抽象的な概念を多くの人が理解できることが経済が発展するためには必要であり，逆に経済の発展が数学の普及を助けた。

1-2.　古代ギリシャの数学 —学問としての数学の成立—

古代ギリシャ人は，地中海沿岸での交易を基礎として広大な経済圏と文化圏を作り，民主主義の基礎を作ったことで有名であるが，彼らは素晴らしい美術や文学などの芸術面でも優れていた他，数学や哲学などの学問でも優れた業績を残した。

数と図形は，ほとんどの古代文明で発見されたが，古代ギリシャでは実用のための数学からさらに進歩した数学が発明された。

古代ギリシャ人は，数や図形を扱うとき注意して議論しないと色々な

間違いが生じることに気づき，数学を論理に基づき厳密に取り扱うことが必要なことに気づいた[2]。そのため彼らは，数学的対象の定義を行い，幾つかの自明な真実（公準・公理）を明らかにし，論理を使って数学的命題の証明を行うことを始めた。

　また古代ギリシャ人は，平面上で直線や円が作る図形の性質を扱う「幾何学」や自然数の割り算や素数の性質を扱う「数論」などの，実用を離れた知的好奇心をそそる研究対象を発見し，論理を使ってそれらを研究した。このようにして，古代ギリシャ人は数学という学問体系を構築し，その結果はユークリッド（Euclid，BC3世紀？）により『原論』としてまとめられた。

　このようにして展開された数学研究の厳密性は，プラトン（Plátōn，BC427 - 347）などの哲学者の注目を集め，数学は指導者が持つべき資質の一つと考えられた。そのため，プラトンが作ったアカデミアなどの学園では，語学と並んで数学は最も重要な教育対象として扱われた。

　古代ギリシャの数学は，ユークリッド以降もアルキメデス（Archimedes，BC287? - BC212）やアポロニウス（Apollonius Pergaeus，BC262頃 - BC190頃）がさらに発展させたが，ギリシャの数学には文字式のような一般化を行うために必要となる言葉[3]がなかったため，数学は停滞に陥り，さらなる数学の発展は2000年近く待たねばならなかった。

1-3. 文字式の理論の完成と近代数学の成立

　華々しい成果を上げた古代ギリシャの数学が停滞期に陥った後は，数学研究は地中海沿岸を離れ，インドとアラビアで方程式や不定方程式[4]などの研究が行われた。さらに，このようにして研究された数学は，ルネッサンス期のヨーロッパに伝わり，アラビア人が作った数学の教科書がヨーロッパで使われた。

　インドとアラビアで行われた方程式（代数）の研究は，イタリアでの改良[5]を経て，デカルト（René Descartes，1596 - 1650）により現在の形にまとめられ，文字式の理論が完成した。これにより，色々な状態のものを

一つの言葉で記述する手段が生まれ，古代ギリシャにおいて停滞に陥った数学は，再び目覚ましい発展を始める。

　まず，平面や空間に座標を入れ，文字式を使って幾何を研究する「解析幾何学」が発明された。

　次ぎに，多項式が定義されたことで関数の概念が明らかになり，ニュートン（Sir Isaac Newton, 1643 - 1727）とライプニッツ（Gottfried Wilhelm Leibniz, 1646 - 1716）により関数の増減を調べる微分法と，面積や体積を求める積分法が発明され，「微分積分学」が建設された。

　さらに，ニュートンは空間に座標を入れ，速度や加速度を位置の微分として捉え，物の運動を運動方程式として記述し，運動方程式を数学を使って分析することで，物の運動の研究を運動方程式の研究に帰着した。このような物理現象を数学を使って記述し，できた方程式を数学を使って研究する方法は，ニュートン以降も，流体や電磁気の研究に使われ大成功を収めた。

　同じ頃，フェルマ（Pierre de Fermat, 1607 または 1608 - 1665）とパスカル（Blaise Pascal, 1623 - 1662）により確率という概念が発見され，社会や生物などの非常に複雑な対象や本質的に不確実な現象を記述する「統計学」のさきがけとなった。

　数学が社会に与えた影響を見ると，近代数学が成立したことで，科学や技術の問題を数学を使って記述し，それを数学の問題として研究し，その結果を元の科学や技術に関する問題として解釈する方法が確立し，数学は科学と技術の基盤となった。さらに，科学と技術が発達したことで18世紀から19世紀にかけて産業革命が起こり，科学と技術に基づく豊かな現代社会が築かれることになった。

1-4．最近の数学の発展

　17世紀に数学に関する大発明か連続したのに引き続き，18世紀にはオイラー（Leonhard Euler, 1707 - 1783）が中心となり微分積分学と関連した学問が順調に発展した。とくにオイラーは複素変数の関数を調べた[6]

他，幾何的対象の連続変形で不変な性質も調べた。

19世紀になると大学が（数学者を含む）科学者の活躍を支える足場となり，ガウス（Carl Friedrich Gauß, 1777 - 1855）などの活躍により，複素数変数の関数の性質が調べられ，楕円関数などの新しい関数が発見され，曲線や曲面などの曲がった空間の幾何学が研究され，群・環・体などの代数構造が発見されるなど，研究する対象が豊かになった。その結果，方程式の解の性質を解明するガロアの理論が完成し，ギリシャ以来の問題であった「一般の角の3等分ができない」ことが証明されたり，「曲がった空間では平行線が沢山あったり，なかったりする」などのことが分かり，古代ギリシャ時代に発見された大問題が漸く解けた。

この傾向は20世紀に入った後も続き，学問としての数学は大きく発展した。しかし専門化が進み広い範囲の数学を理解できる数学者は少なくなったため，1900年に開かれた世界数学者会議では，色々な分野の数学を知っているヒルベルト（David Hilbert, 1862-1943）に20世紀の数学についての講演することを依頼し，ヒルベルトは「20世紀に解かれるべき23の数学の問題」という題で講演を行った。

ヒルベルトにより取り上げられた23の問題は多くの数学者により研究され，幾つかは肯定的に解決され，幾つかは否定的に解決され，幾つかは現在も未解決の問題として残っている。しかし，ほとんどの問題は重要な問題であることが分かり，ヒルベルトの問題を研究することで20世紀の数学は大きく発展した。

数学の問題については，古代ギリシャ時代に「与えられた円と同じ面積を持つ正方形の作図」，「与えられた立方体の2倍の体積を持つ立方体の作図」，「一般の角の3等分の作図」の3つの問題が発見されたが，これらの問題が定規とコンパスのみでは作図できないことが分かったのは，方程式の解の研究が進んだ19世紀になってからであった。また，17世紀にフェルマは「n が3以上の自然数なら，方程式 $x^n + y^n = z^n$ は自然数解を持たない」という予想を提出したが，この予想は20世紀になり楕円曲線や保型形式の理論と結びつけることで漸く解けた（1995）。このよう

に数学では,「分かりやすい内容だが, 容易に解けない問題」が沢山あり, そのような問題は, 長い時間が経ち, その背後にある理論的背景が明らかになった後に, 漸く解けることがよくある。このように, 数学の問題の本質を解明することは難しく, 長い時間が掛かることが普通である。また数学では, ある研究者が作った理論が本人が想像しなかった形で使われることもよくあり,「役に立つ数学」はどれかを見分けるのは困難である。しかし, 歴史が示しているように, 数学の結果が世の中で非常に役に立つことは多くあり, 数学の有用性が明らかになるのにかかる時間の長さを考えると, 数学の研究を行う場合には, 数学者の知的好奇心にしたがって研究するのがベストである[7]。

1-5. 数学の基礎研究から生まれた電子計算機と情報科学

ギリシャ時代に認識された無限に関連する困難は, 19世紀になりコーシー (Augustin Louis Cauchy, 1789 - 1857) などによる収束や連続性に関する研究により解決された。しかし, 19世紀の後半にはカントール (Georg Ferdinand Ludwig Philipp Cantor, 1845-1918) が集合の研究を行い, 集合は便利ではあるが矛盾を起こしやすいことから,「集合とは何か」という新しい問題が見つかった。

このことと関連して, ヒルベルトは数の体系やユークリッド幾何学の体系など「与えられた数学の体系が矛盾を含まないか」と言うことに興味を持ち, 数学者に数学の基礎を研究することを求めた。これを契機として, 20世紀前半に数学の基礎を研究する「数学基礎論」が建設された。しかしこの問題は, ゲーデル (Kurt Gödel, 1906-1978) の研究により, 数学の基礎には有限個の公理では決めきれない不確定性 (自由度) があり, ヒルベルトの求めた (有限個の公理系からなる) 数学の体系の無矛盾性は, 証明ができないことが分かった[8]。

このような数学基礎論の研究を背景として, チューリング (Alan Mathieson Turing, 1912-1954) は「計算とは何か」を考え, 仮想の計算機である「チューリング・マシーン」を考案し,「計算できるとは, チューリ

ング・マシーンで計算できること」であるとした。

　チューリング・マシーンと同じ機能を持つ「計算機」を作る研究は，第2次世界大戦中に欧米の国により行われ，フォン・ノイマン（John von Neumann, 1903-1957）などにより実現され，これが現在使われている電子計算機の原型となった。

　電子計算機は20世紀後半から急速に進歩しており，現代社会では天気予報をはじめ，様々な物が電子計算機を使って計算されており，人工知能（artificial intelligence, AI）の研究も行われている[9]。このような電子計算機の普及に支えられて，20世紀後半には計算機科学や情報科学が誕生した。

2.　数学の人類社会における役割

　数学は人類社会において幾つかの役割を担っている。

　例えば，古代ギリシャの人が気づいたように，数学を学習することで論理力・抽象力・発想力などが培われるということがある。そのため，学部教育で数学を使うことがほとんどない法学部の入学試験では，多くの大学で法学部は受験生に数学を課している。

　しかし，数学が人類社会において重要なのは，数学が人類の生活にとって役立つからである。例えば，江戸時代には「読み，書き，そろばん」が重視されていたが，そのことが鎖国にもかかわらず日本経済を盛んにしていた。さらに，「読み，書き，そろばん」を重視し，寺子屋などが普及していたことが，明治政府が近代化に必要な人材育成（学制の普及）に成功し，近代国家の建設（富国強兵）に成功した主たる理由となっている。

　数学の歴史のところで書いたように，科学や技術では定量的に記述することが重要であり，それにより科学や技術を生産や経済に結びつけることができるようになる。また，数学を使って記述すると科学や技術に関する問題が数学の問題となり，数学の問題を解くことにより科学や技術の問題を解くことができる。ニュートンが研究した力学はそのような方法の最初の成功例であるが，ニュートンが発明した方法は後継者によ

り色々な問題に応用され，現在では，流体や電磁気を始め多くの物理現象が数学を使って記述されている。さらに，20世紀に建設された相対性理論と量子力学では，微分幾何学・関数空間・確率理論などの新しい数学が使われている。現在，産業に応用されている工学の問題の多くが，微分積分学や線形代数学などの数学を使って記述され，数学を使って研究されている。その意味で，数学は科学と技術の基盤をなしている。

しかし，日本で最初に行われた数学の世界的研究は，高木貞治（1875 - 1960）による整数論研究であったこともあり，日本では「数学は純粋数学だけからなり，私達の生活には役立たない」と誤解している人が多い。その結果，日本の教育界では「科学と技術の発展のためには数学が必要だ」という認識が不足しており，中学校や高等学校の数学教員ですら，「数学は美しいが，世の中の役立たない」と生徒に教えている人が多い。その原因の一つとして，高等学校の数学教員となる人の多くが学ぶ数学科で，数学の社会での役割について教えていないことがある。

最近の数学の科学や技術以外への応用例としては，経済学がある。マルクス経済学では定性的表現を使って経済が研究されるが，最近は数学を使って経済を定量的に研究することが中心となっており，時間的に変化する確率を扱う確率過程論を使った金融の研究も行われている。経済学や経営学において数学が使われる理由としては，経済学や経営学では「どれだけ」製品を作れるかや，「どれだけ」の利益が得られるかが重要であり，そのために定量的表現が必要となるからである。

社会に関することや生物に関することは非常に複雑であり，それらを研究するためには確率の概念が必要不可欠であり，このような複雑な事象や不確定な事象を研究するときには統計学が使われる。しかし，日本では統計学の基礎理論が大学で教えられることが少なく，例えば，社会学や生命科学の研究者は自分の目的に必要となる統計学の公式を使っているが，どうしてそのような統計学の公式が成り立つのかを習っていない人が多い。そのため，日本では統計学を使いながら，なぜそうするのかに不安を持つ人が多い[10]。このような事態を改善することは，日本の

大学教育の重要な課題の一つである。

3. 大学の誕生と教養教育

　高等教育機関自体は古代ギリシャの頃からあったが，現在ある大学は中世のヨーロッパの大学に起源を持ち，教養教育は中世の大学で始まった。

　現在の大学の原型となった中世の大学は，ボローニャ大学（11世紀に成立）やパリ大学（12世紀に成立）などから始まり，ヨーロッパ各地や新大陸に広がっていった。

　中世の大学では，聖職者・医者・法律家になりたい人に神学・医学・法学などの専門科目を教えていたが，これらの専門科目を学ぶ前提として，文法・修辞学・論理学からなる三学と算術・幾何・天文・音楽からなる四科の自由7科と，その上に立つ哲学を学ぶことを求めていた。つまり，これらの専門教育を受講する前提として，教養教育を履修することが求められていた。また，大学で履修した証明として，大学は履修者に学士や博士などの称号を与えていた。

　教養（liberal arts）と言う言葉は，ギリシャ・ローマに起源を持ち，古代の奴隷制度の下で国を運営する「自由民（市民）が持つべき技」を指した。文法・修辞学・論理学は，国を運営する民会に参加する市民が持つべき能力であることは明らかだが，プラトンは論理力や理解力を育み自然を理解する手段としての数学を重視し，彼が作った学園であるアカデミアの入り口に「幾何学を知らぬ者，くぐるべからず」との額を掲げていた。この伝統が中世の大学に引き継がれ，今日の教養教育につながっている。

　中世の大学ではカリキュラムの標準化が進み，ほとんどの大学でほぼ同じ教育が行われており，学生はある大学から別の大学に移って学習を続けることができた。

　現在の大学では研究と教育の双方が行われているが，中世の大学では親方が弟子に技術を教えるギルドのような形で教育が行われており，大学教員が自然科学などの研究を行うことは希であり，数学や自然科学の

研究は他の職業を持った愛好者が趣味として行っていた。

　しかしヨーロッパ社会の近代化が進んだ17世紀から18世紀になると，絶対君主が自然科学の研究者や芸術家などをサポートするためにアカデミーを作り，アカデミーが主たる研究の場となった。数学や自然科学を研究する人が大学を足場として研究することは，18世紀頃から始まり19世紀になって盛んになった。その契機となったのは，1810年フンボルトがベルリン大学を作り，「学問の自由」の下で研究者と学生が真理と知識の獲得を目的として学問研究を行ったことである。フンボルトが提案した大学像はその後急速に世界の大学に広がり，研究者が研究を行うことが職業として成り立つようになり，今まであった神学・医学・法学・哲学以外の自然科学や人文・社会科学の学問研究が盛んになった。

　米国の大学は英国の大学をモデルとして作られ，中産階級以上の裕福な家庭の子弟に対する教養教育を行っていたが，1876年ジョンズ・ホプキンス大学は従来の学部の他に大学院を作り，高度な研究と密着した教育を始めた。また，1908年にハーバード大学に経営学大学院が作られ，1913年にジョンズ・ホプキンス大学に工学部が作られるなど，大学での研究対象が理学などの理論的な学問から工学などの実用的学問に広がっていった。

　日本では，1872年近代的学校制度を定める学制を公布し，小学校・中学校・大学校などを設置することにした。明治政府はヨーロッパの大学をモデルとして，1870年代後半から20世紀前半にかけて各地に帝国大学（国立大学）を作り，大学教育を始めた。また，慶応義塾大学などの私立の高等教育機関（私立大学）も同時期に作られた。これら日本の大学では，理論的な学問だけではなく，工学や農学などの実用的学問の教育を欧米の大学とほぼ同時期に始めた。この点で，明治時代の日本人の先見の明が認められる。

　明治政府は成績が優秀な者をイギリス・フランス・ドイツなど欧米の国に留学させ，帰国後に教員として大学で教えさせ，西洋の学問を日本に導入した。この方針は大成功し，日本は短期間で学問レベルを欧米並

みに引き上げ、ひいては科学技術の導入と普及に成功した。しかし、このような形で短期間で欧米の学問を導入したため、日本では「学問とはどのようなものか」とか、「教養教育がなぜ必要か」や、「学問分野の間の関連」などの理解は遅れ、いわゆる「たこつぼ型の研究」を行う研究者が多数となっている。

　第2次世界大戦の前までは、日本の数学研究者は一部の分野で高度な研究を行ったが、数学と科学や技術の関係を知らず、「数学は科学と技術の基礎である」ことを理解しない数学者が多数であった。そのようなこともあり、最近でも大学の理工系の研究者が、（数学を使って研究を行いながら）「自分の研究で数学が役に立ったことはない」と発言することが頻繁に見受けられる。

4. 日本の算数・数学教育

4-1. 幼稚園教育

　日本では小学校と中学校が義務教育であり、幼稚園は義務教育となっていない。そのため、平成28年度は4歳児で34.4%、5歳児で37.0%しか幼稚園教育を受けていない。バブル崩壊後幼稚園教育を受ける人の割合はやや減少しており、幼保連携型認定こども園ができてからは幼保連携型認定こども園の園児数が増えている。

　学校教育法では幼稚園教育を「幼稚園は、義務教育及びその後の教育の基礎を培うもの」と位置づけており、幼稚園教育に関する学習指導要領では、数学に関して「日常生活の中で数量や図形などに関心をもつ」ことが書かれてる。ちなみに、幼稚園の学習指導要領では、「生活の中で、様々な物に触れ、その性質や仕組みに興味や関心をもつ」、「日常生活の中で簡単な標識や文字などに関心をもつ」などと書かれている[11]。しかし、幼稚園教育が義務教育ではないことから、小学校では幼稚園教育を仮定しないで教えることになっている。

4-2. 小学校での算数教育

日本では伝統的に小学校での数学教育を「算数教育」と呼び，小学校の生徒のことを「児童」と呼んでいる。

　小学校算数の学習指導要領では，算数教育の目標を「算数的活動を通して，数量や図形についての基礎的・基本的な知識及び技能を身に付け，日常の事象について見通しをもち筋道を立てて考え，表現する能力を育てるとともに，算数的活動の楽しさや数理的な処理のよさに気づき，進んで生活や学習に活用しようとする態度を育てる」としている。

　小学校算数の内容は，「数と計算」（整数，小数，分数などの理解と計算），「量と測定」（長さ，重さ，時間，面積，体積，速さなどの理解と計算），「図形」（直線，円，三角形，球，正多角形，角柱など図形の性質，対称性など），「数量関係」（表，グラフ，比例，四則混合の式，平均など）からなり，ほぼ古代文明において発見された概念を，その後の数学の発展を受け整理した形で教えている[12]。

　小学校の算数教育では，日常社会で使われ必要となる数学を教え，自然数や実数の使い方や使い方，様々な図形の性質，表やグラフなどを教える。これらはすべて社会で生きて行くために必要な知識であり，この部分で落ちこぼれると現代社会で支障なく生きて行くのが困難になる。しかし，算数の内容は日常生活と結びついているので「面白い」と感じる児童の割合は，中学校や高等学校の生徒が数学を「面白い」と感じる割合よりはるかに多い。

　なお，小学校では原則として1人の担任がすべての教科を教えるため，理科や数学を良く理解していない教員が理科や数学を教えることが時々あり，そのことが「理数離れ」の原因の一つとなっている。

4-3. 中学校の数学教育

現在の学習指導要領では，中学校の数学は「数と式」，「図形」，「関数」，「資料の活用」に分かれている[13]。

　「数と式」では，負の数，平方根の他，文字式の計算，1元1次方程式，2

元1次連立方程式, 2次方程式を学ぶ。「図形」では平面図形, 平行線, 図形の合同と相似, 空間図形(球や錐体の体積を含む)を学ぶ。「関数」では, 比例と反比例, 1次関数, 2次関数 $y=ax^2$ について学ぶ。「資料の活用」では, 資料の分布と代表値, 確率の概念, 標本調査について学ぶ。いずれも小学校の算数を発展させ, 高等学校の数学につながるものであるが, 「ゆとり教育」を重視した前の学習指導要領では, 「資料の活用」は領域として取り上げられず, ほとんど教えられなかった。

　小学校の算数は社会での必要性がよく分かる内容であるのに対し, 中学校の数学は文字式の計算など「なぜ学ばなければならないのか」が分かり難いものが多く, 「数学嫌い」が生まれやすい内容となっている。しかし, 数学は知識を積み上げながら学習するので, 中学校の数学でつまづくと高等学校の数学を学ぶことが困難になり, 数学を使う理科の学習も困難になる可能性が高く, 落ちこぼれを生まないように教師は丁寧に教えることが必要である。

　中学校の数学については, 生徒の理解度にかなりな差が生まれる。しかし義務教育であるので習熟度別教育を行うことは難しく, 理解度の低い生徒が落ちこぼれやすいだけではなく, 才能にあふれた生徒が授業がつまらないと感じることも希ではない。日本の初等・中等教育では, 伝統的に「落ちこぼれ防止」には力を注いでおり, 才能にあふれた生徒を伸ばす教育は外国に比べて遅れており, 日本を科学技術先進とするためには改善することが必要である。

4-4. 高等学校の数学教育と大学入試

　小学校と中学校は義務教育であったのに対し, 高等学校は生徒が高校教育を受けるかどうかだけではなく, どの学校で教育を受けるかの選択肢も生じる。そのため都会の高等学校は生徒の学力により層化され, 似た能力を持つ生徒が同じ学校に集まるが, 地方では選択肢がない所も多い。

　高等学校の数学教育は, 最低限である「学習指導要領」によりある程度

の縛りが掛かっているが，どのような教科書を使うかの選択肢はある。また，各地方には大学進学に特化した「進学校」があることが多く，そのような学校，とくに中高一貫の進学校では，高等学校3年間分の数学教育を高等学校2年までの間に終え，最後の1年を受験勉強に充てている学校が多い。

　高等学校の数学は，「数と式」から始め，「図形と方程式」や「色々な関数」を経て，「微分・積分」にいたる「数学Ⅰ」，「数学Ⅱ」，「数学Ⅲ」がコア科目と位置づけられており，その他に「場合の数と確率」，「ベクトル」，「数列」，「確率分布と統計的推測」などからなる「数学A」，「数学B」，「数学C」[14]がオプション科目[15]と位置づけられている。このうち「数学Ⅰ」のみが必履修科目であり，他は選択科目となっている。

　外国と日本の高等学校の数学教育を比べると，日本では物作りなどに役立つ微分積分学につながる部分の教育に力を注いでおり，伝統的な論理力や発想力を培う「平面幾何学」の教育は軽くなっている。その理由としては，日本では大学教育の大衆化や普遍化が進んでいるため，補助線を引いて厳密な論理を使って結論を出す平面幾何を教えることが難しくなり，公式を憶えれば誰でもが計算すればできる「図形と方程式」のような科目の教育が好まれることが関係している。

　日本では職業選択時に学歴が重視されるため，「どの大学で学んだか」がその後の人生に大きな影響を与える。そのため，一流大学では入学試験に合格するための競争が熾烈であり，大学の入学試験では「公平性」が強く求められる[16]。しかし，学習指導要領では各学年で学ぶ時間が決められているにもかかわらず，中高一貫の進学校などでは前倒しで教え，高校3年次は受験勉強に集中させる学校が多い。このように，「公平性を重視する」と言っても，入学試験の現場に限った話であり，準備の段階での不公平は日本ではほとんど問題視されない。

5. 日本の大学教育の変遷と在り方

5-1. 大学進学率の上昇から大学全入時代へ

　大学進学率は1950年代は10%前後だったが，70年代には30%台後半に達した。

　大学進学率が上昇した背景には，高度成長期を経て日本が先進国となり，大学教育が必要な仕事の割合が増えたことがある。そのため，日本政府は1970年頃に国公立大学の講座増を行い，私立大学も定員増を行うように誘導し，大学に入学できる若者の数を倍増させた。また，日本が高度経済成長に成功し，日本社会が学歴・年功を重視する傾向を強め，大学卒とそれ以外の人の地位や給与の間の格差が大きくなったため，日本では大学教育の費用を支払うことができる家庭の子女は，大学進学を第一選択肢として考えるようになったことがある。

　高度成長期が終わり安定成長期に入った頃には大学進学率は一時停滞したが，団塊ジュニア世代が卒業した90年代半ばから再び上昇に転じ，2000年代には55%前後となった。

　バブル崩壊後，日本企業が停滞に陥り一流企業の社員数が停滞する状態になったにもかかわらず，日本の世論は多くの国民が大学教育を受けることを望んだ。その背景には，日本人の「誰でも大学を卒業できれば，社会で重要な地位を占め，豊かな生活をできる」との誤解があった。また大学の側でも，「日本政府が大学を守だろうから，大学を作りさえできれば後は何とかなるだろう」という安易な判断があった。いずれにしろ，日本ではバブル崩壊後も将来についての確たる見通しなしに，公私立の大学が新設され，大学全体の入学定員は増え続けた[17]。

　しかし，日本では2000年以降も少子化が進行し，団塊の世代や団塊ジュニア世代では1年間に200万人近く生まれたのに対し，現在の18歳人口は120万人位であり，2016年に生まれた子供の数は100万人を割っている。しかし，団塊ジュニアが大学を卒業し18歳人口が減少に転じた後も，大学の数と学生定員は現在も増加を続けている。

　そのため（偏差値が低い）低位の大学では定員割れを起こしており[18]，

そのような大学では「大学教育を受けるに相応しい人を選ぶ」という入学者選抜がほとんど機能しておらず，日本では「どの大学でも良いなら，すべての人がどこかの大学に進学できる状態となっている」（大学全入時代）。しかし低位の大学や短期大学を卒業しても良い就職先を見つけることが困難なこともあり，日本の大学進学率は，現在は50％強（過年度卒を含む，短大を含めて55％強）で停滞している

（http://www.mext.go.jp/component/b_menu/other/__icsFiles/afield-file/2017/08/03/1388639_1.pdf 参照）。

日本では大学の大衆化が進み，少子化が進んでいるにもかかわらず80％位の若者が大学に進学することを考え，実際に半数強の若者が大学に入学する状態になったことが，大学定員の充足を望む中低位の私立大学の入学者選抜を易化させた。その結果，その頃「ゆとり教育」を実現するための学習指導要領改定が実施されたこともあり，「どこでも良いから大学に入学できれば良い」と考える中低位の高校生の勉強時間が目に見えて減り，高等学校や大学の教育を変質させた

（http://www.mext.go.jp/component/b_menu/shingi/giji/__icsFiles/afield-file/2012/10/03/1326458_2.pdf 参照）。

この傾向は数学において顕著であったため，数学者をはじめとする多くの人が「ゆとり教育」に反対する運動を起こし，世の中もそれを支持したため，次の学習指導要領改定ではで「ゆとり教育」は見直され，高校生の学習時間はやや持ち直している。しかし当時高校教育を受けた若者は，「ゆとり世代」と呼ばれ，自分達に責任がないことで差別的扱いを受け，割り切れない気持ちを持っている。

このような教育の変遷を記録するものとして，大学の入学試験で出題された数学の問題の変遷がある。1965年頃までは，優れた才能を持つ若者のみが大学への入学試験を受ける状態であったため，入学試験の数学では論理力を問う問題が多く出題されていた。しかし，大学の大衆化が進んだ結果，論理力を問う問題は入学試験では出題しがたくなり，その代わりに，公式の使い方を憶えれば誰でもができる計算が入学試験の中

心となった。そのため, 現在は「必要条件と十分条件を区別できる大学
生」は非常に少なくなっており, 日本人の持つ論理力があやしげな状態
となっている[19]。

5-2.　大学設置基準の大綱化と数学教育―数学の大学教育の課題―

　第2次世界大戦前の日本の高等教育はエリート教育であったが, 敗戦
の反省もあり, 日本の教育は見直され新学制が施行された (学制の改革,
1947年)。

　まず, 義務教育は戦前は小学校教育のみであったが, 戦後は小学校と
中学校が義務教育となった。また米国のリベラルアーツ教育をモデルと
して大学教育の大衆化が行われ, 教養教育を行っていた旧制高等学校が
大学の新制大学の教養部となり, 旧制高等学校の教員が大学の教養教育
教育担当の教員となった。

　1947年に定めた大学設置基準では, カリキュラムを一般教育科目, 外
国語科目, 保健体育科目, 及び専門教育科目に分け, それぞれについて
必要な時間数や教員配置について詳細に定めていた。しかし, 「大学が
なぜ教養教育を行うのか」という理念が教員や学生に見えがたく, 高度
成長期には「大学の教養部は受験戦争で疲れた学生が息抜きをする場所
である」と考えられ, 企業も大学教育に多くを期待することはなかっ
た[20]。

　大学の大衆化が進み, 過半数の若者が大学に入学することを考え, 実
際に半数位の若者が大学に入学するユニバーサルな状態になった結果,
新学制を定めた当時に教えるべきと考えたことをすべての大学で教える
のが難しくなった。そのため, 文部省は「大学設置基準の大綱化」を行い,
各大学に大幅な自由度を与えることになったが, 専門学部の発言力が教
養部の発言力より強いほとんどの大学では, 教養部を解体して教養部所
属の教員を各学部に分属させ, 一般教養科目や外国語科目を減らし専門
教育を増やした。しかし, このことへの反省がその後上位大学で生まれ,
現在は教養教育を重視するする大学が増えており, 教養教育を売り物に

する国際基督教大学などの大学の人気が上昇している。

　大学での数学教育については，教養部時代は数学教員が理工系の学部には専門教育の基礎となる微分積分学・線形代数・微分方程式などを教え，生命系の学部や人文・社会系の学部には教養教育として数学を教えていたが，この傾向は現在まで概ね続いている。

　日本の大学での数学教育の問題点の一つは，日本の数学者は純粋数学者が大多数であることもあり，数値解析などの応用数学に関する講義が専門基礎教育としてほとんど行われていないことである。例えば，数学者が微分方程式を研究するときは，「解の存在と一意性」が重要となるが，微分方程式の現実問題への応用では，解の大まかな挙動が重要[21]であり，その点で修正が必要となっている。

　また，生命系学部や人文・社会系学部では扱う対象が複雑であり，不確定な現象を扱う統計学が重要性である。しかし日本のこれらの学部では，統計学は専門基礎教育としてではなく，専門教育として各分野に特化した統計学のみが教えられており，統計学の基礎教育が不十分なものとなっている。とくに，人文・社会系の学部では学生を確保するため入学希望者に「数学や理科が苦手でも履修できる」と宣伝していることもあり，社会学や心理学など統計学を専門教育で使う専門でも，数学教育が不十分なものとなっているところが多くある。

　なお，経済学部では最近数学が研究に必要不可欠なものとなり，多くの経済学者が大学における数学教育の充実を求めているにもかかわらず，「経済学にはどのような数学がどの程度必要であるか」についての数学担当の教員への知識の普及が遅れており，そのため，上位大学の経済学部などにおいても数学教育が不十分なものとなっている。

5-3. 日本の人材政策の課題

　教育は社会の中において行われ，教育は社会の将来を変える。そのため，教育を考えるときは，それが行われている社会の分析が重要である。

　日本では，高度成長期に生まれた「年功・学歴による序列」と「新卒一

括採用から始まり生涯雇用[22]を前提とした人事管理」が未だに官公庁や多くの企業で行われており，それが社会の柔軟性を奪っている。

　一流企業や官公庁などでは，高度成長期には大学教育には多くを期待をせずに，「上位大学の入学試験に合格した優れた才能を持つ人材を採用し，社内研修で必要な知識・技能を身につけさせる」と言う方針がうまくいった。しかし，企業はバブル崩壊で充実した社内研修を行う余裕がなくなり，「即戦力」の人材が求められるようになった。しかし，「即戦力」は，採用した人材が持っている能力が，将来重要ではなくなる可能性があり，時代に応じて再教育や給与と地位の見直しを行うことが必要である。雇用された人が担当する仕事が必要とする能力と，その人が実際に持っている能力の間に乖離が生じやすいにもかかわらず，日本の「新規一括雇用と生涯雇用を原則とし，年功を重視する人事制度」は，社会の変遷に応じた実力評価や生涯教育（再教育）に対応しにくい。しかし，現在ある人事制度により既得権を得ている人が人事制度の根幹にあたる場所にいることが多いこともあり，現在ある人事制度を変更することは困難である。

　なお，プログラム作成など若い人でないと担当しがたい業務を行っている一部の企業では，「使い捨て」を見込んで「即戦力」の人材を募集しているところもあり，学生が就職先を選ぶ場合には注意を要する[23]。

　現在は大卒者の採用で「どのような大学を卒業したか」や「大学でどのような成績をとったか」などはあまり評価されていないようであるが，同じ学問を専門とする学部でも大学間で大きな教育内容の違いがあり，ほとんどの大学で甘い卒業認定が行われていることを考えると，卒業した大学がどこであるかや，どのような成績をとって卒業したかは，きちんと評価されるべきである。

　日本の労働者は，大企業や官公庁の労働者と下請け業務が中心の中小企業の労働者，正社員と非正規雇用の社員，という違いにより2重に層化されており，労働者の地位や給与にはかなりな違いがある。また女性は大企業に採用されても，出産と育児によりやむなく非正規雇用に移る

人 が 多 い （http://www.mhlw.go.jp/bunya/koyoukintou/dl/h26-03_itakuchou-sa01.pdf 参照）。現在日本では少子化により労働力が不足していると言われるが，出産と育児で正社員ではなくなった女性や，60歳から65歳で定年となりまだ働く力はあるのに働いていない人や実力に合わない仕事をしている人が沢山おり，労働力が不足していると言うより，「労働力を生かし切れていない」というのが正しい。日本が世界で活躍を続けるためには，このような不合理なことは止め，雇用の合理化を行う必要がある。しかし，一流企業の正社員や公務員は既得権意識が強く，雇用改革は容易ではない。

　科学技術の進歩により人間社会は急速に変わっており，20年先には今ある色々な職業が不要になったり，重要ではなくなる可能性がある。そのような可能性が実現した場合には，重要度が下がった仕事を行っている人材の再教育や再評価が必要となる。いずれにしろ，年功序列から実力主義に転換すべきであり，新卒一括採用と生涯雇用を原則とすることは止めた方が良い。

　数学教育の内容についても，日本社会の変化に応じ，何を教えるかを変えるのが良い。行っている仕事にとってニーズが下がったことを教え続けることは，教えたことが無駄になることを意味しており，ひいては雇用している人材の評価低下につながる。

5-4. 大学の基盤的経費の削減と研究力の低下

　OECD の作った「Education at a Glance（2009）」等でも指摘されているように，日本の高等教育に対する公的支出は他国より少なく，その分を各家庭が負担している。そのため，経済的に非常に豊かな家庭を除いて，子供の数が多いと十分な教育を受けさせられないという現実があり，日本が少子化している主な原因のとなっている。このように高等教育の費用を家庭が負担せざるを得ない理由としては，日本政府の財政の厳しさの他に，財務省や子供を持たない人などが「高等教育を受けると生涯所得が増えるのだから，受益者負担の原則にしたがって，高等教育に必要

な費用は大学生の父兄が負担すべきである」という主張をしていることがある。しかし，最近では「高等教育の無償化」を主張する政治家も出てきた。

　さて，日本では行政改革の一環として国立大学改革が行われており，それまで国の出先機関であった国立大学が自己決定権を持つ国立大学法人となった。このこと自体は結構なことであるが，法人化に際し財務省は「自己決定権を持てば効率化できるはず」と言って，国立大学の日常的経費に充てる運営費交付金を毎年1％減らすことにした。

　削減された運営費交付金は，競争的資金として文部科学省が高等教育のために配っているようだが，競争になると東京大学や京都大学などの規模の大きな国立大学にほとんどの資金が配られることになりやすい[24]。そのため，大規模な国立大学では資金がだぶついているが，教員養成の単科大学などの小さな国立大学では基盤的資金が枯渇しており，基礎的研究を行う研究費や日常的に必要となる経費の支払いに困難を来している。

　その他，法人化に伴い今まで必要でなかった事務的な作業が増え，国立大学の教員は事務的な書類の作成に多くの時間を取られるようになった。日本の官僚は他国の官僚に比べてともまじめであり，真剣に仕事に取り組む。ところが現在はそれが行き過ぎており，大学の本来の目的である研究・教育機能を犠牲にして，事務的な手続きを厳密に履行しているように思われる。なお，日本の官僚は自分が責任を持って判断できる権限が小さいが，もっと各人が自己で判断できる権限を増やし，官僚の良心に任せる範囲を広げるのが良いように思われる。

　その他，法人化以前は助手などでも任期の付かない職が多かったが，法人化後は助教や准教授では競争的資金による任期付きの職が大半となり，若い研究者が（成果が出ないかも分からない）リスクを伴う研究を行うことが難しくなった。

　このような幾つかの原因が重なって，大学改革を始めて以来日本の研究成果（例えば，論文の引用数）が急激に低下している。

6. 数学と教養教育

6-1. 数学の教養教育

　教養教育は神学・医学・法学などを学ぶ人のための教養教育として始まった。その段階では数学を専門教育で使うことは仮定せず，論理力・理解力・発想力などを培う素材として数学教育が行われた。現在でもその面での数学教育の役割は重要である。

　しかし，19世紀になり大学教育において教えられる学問範囲が広がり，理学や工学などを教えるようになると，大学における数学教育は専門の学問を学ぶ基礎としての役割が追加された。現在は，生命科学や人文・社会科学においても数学を使うことが増えている。このため，現在は数学の教養教育は専門教育にとって必要な知識を教える専門基礎教育が中心となっている。このように，数学は科学と技術の基盤であり，広い範囲の学問の基礎教育として数学教育が重要であるという点が，数学教育をその他の科目の教養教育と異なるものにしている。しかし前にも書いたように，日本では数学の重要性が他分野の人にはあまり認められていない。

　学問分野を人文・社会科学，生命科学，理工系科学に大分けすると，各分野での数学の役割は分野により異なる。人文・社会科学は人類社会を主たる研究対象とするため，対象は複雑であり，統計学を使う必要がある。医学を始めとする生命科学は，人文・社会科学より定量的取り扱いが強く求められるが，対象が生物であり複雑であるので，やはり統計学が重要な研究手段となる。これに対して理工系の学問では，統計学を使うこともあるが，微分積分学や線形代数学が重要な研究手段となる。このような見方から現状を考えると，日本では人文・社会科学や生命科学のための数学教育が不十分な状態にあると言える。

6-2. 大学における数学教育の仕り方

　学問は急速に進歩しており，教えるべき内容が増加している。したがって，数学教育を行う場合にも，数学教育に充てることができる時間を考

えながら，ニーズの強さに応じて教える内容を選択する必要がある。

　数学は長い時間を掛けて発展してきた学問であり，数学者が発見した定理や公式を個人が見つけることは容易ではない。したがって，定理や公式の意味と使い方は数学教員が教えることが必要であり，そのためには教科書を使いながら教員が講義を行うことが効率的である。

　しかし，数学においては受講者が知らない概念を導入することが多いので，受講者が概念を正しく把握することができるよう，例を挙げながら十分に時間を掛けて教える必要がある。速すぎる授業の進行は，受講者がついて行けなくなったり，誤解を起こしたりする可能性があり，適度な速さで講義を行うことが大切である。また，講義内容が多すぎると，受講者の理解が不十分となる可能性があるので，受講者がどのような人であるかを考えながら，内容を厳選することが必要である。若者の過半数が大学に行き大学が普遍化した日本の現状を考えると，教える大学・学部・学科により，教え方だけではなく，教える内容も最適化する必要がある。

　学習目的にも色々あり，どのような定理や公式があるかを知れば十分な場合と，学習した定理や公式が使えることになる必要がある場合がある。知識を身につけていれば十分な場合には，教科書を使った講義を聴き，内容をノートに整理すれば十分であろう。しかし，数学など理系の学問では，話を聞いただけでは使えるようにはならないのが普通である。したがって後者の場合には，学習した知識を使って，実際に使う訓練が必要となる。

　多くの理系の学問の場合には，身につけた知識を使う練習するのが実験であるが，数学の場合には問題を解く練習を行う「演習」や，少人数で教員と受講者が文書講読・発表・議論などを行う「セミナー」がその役割を担う。数学の知識を使えるようにするためには問題演習が不可欠であり，初等・中等教育の算数・数学教育でも，問題演習が行われており，成績評価も問題が解けるかどうか見る試験の成績が使われている。

　しかし，専門基礎教育として数学を教える場合には，講義と別に演習

の時間を取ることは難しい。その場合には，講義時間の中で問題演習を行ったり，宿題を出したり，小テストを行って次の講義の時間に解説を行うことが必要となる。しかし現在の日本では，数学教員1人あたりの担当コマ数が多いこともあり，専門基礎教育の数学でそのようなことを十分に行うことは簡単ではない。

　なお，現在の日本では教養科目や専門基礎科目の講義で予習や復習を行っている受講者は少なく，宿題を出しても解いてくる受講者は少ない。そのため，教員は合否を決める最終テストの他に，出題範囲を予告して中間テストを行ったり，講義の中で何回か小テストという形で演習にあたるものを行っていることが多い。

　実験の場合には，成績評価において出席が大きなウエイトを占めるが，数学の場合には出席と講義内容の理解度との相関は必ずしも高くない。そのため，数学の場合には出席点が成績評価に占める割合は少なく，むしろ（講義だけではなく）演習においても試験の結果が大きな割合を占めるのが普通である。しかし，講義や演習に出席しないと，教科書を指定している場合でも，講義の理解度や習ったことが使える割合が下がるのが普通であり，講義や演習への出席もある程度評価するのが良いように思える。

　最近は，講義予定だけではなく，受講者を評価する方法も事前に公表するようになっているが，授業は生き物であり，受講者が予想外の行動をしていることに気づいたときは，授業の進行や成績の評価も（受講者に告げた上で）変更すべきである。

7.　終わりに

　数学が担当する専門基礎教育は，専門教育を充実し分かりやすくするために重要であり，社会において中心的役割を果たす人にとって教養は必要不可欠である。数学教育ではそのようなことを考えて，授業を設計し，教育を実施する必要がある。

　そのためには，数学がどのようなものであり，どのような目的で数学

を教えるのか，また日本の教育の現状がどうなっているか，自分が教える大学がどのようになっているかを理解する必要がある。その上で教えようとしている学部・学科と受講する学生に合わせて教育内容と教育方法を選び，丁寧に教える必要がある。

【注】

1) いうまでもなく，10進法は我々が10本の指を持つことに起因する。10進法以外では，バビロニアに起源を持つ60進法があり，今でも時計や緯度・経度の表示に使われているが，バビロニアの60進法は内部に10進法を含んでいる。同様にフランス語やマヤ文字では20進法が使われているが，これも内部に10進法や5進法が使われている。数学的には，10進法より計算機などで使われる2進法（や素数進法）の方がすっきりするが，2進法に比べ10進法の方が少ない文字で数を表せるというメリットがある。

2) ゼノンによる「足の速いアキレスと亀の競争」などの無限と関係する逆理が有名である。

3) 文字式を使うと，パラメータを含んだ式を書くことができる。ギリシャでは，与えられた2次方程式を解くことができたが，ギリシャ人は一般の2次式の解き方を解の公式としてまとめることができなかった。

4) 整数係数の多項式の整数解を研究することを，「不定方程式を解く」と言う。

5) イタリアでは方程式の解だけではなく，方程式の係数にも文字を充てることが発明された。

6) オイラーは，複素数まで行くと，指数関数と三角関数が本質的に同じ関数となることを発見した（オイラーの公式，$e^{ix} = \cos(x) + i\sin(x)$）。

7) 数学者は，どの問題が将来使われるかを判断することはできないが，どの問題が数学として面白い問題かは判断できる。

8) この研究の応用として，「整数係数の有限個の変数に関する方程式（不定方程式）が整数解を持つかどうかを決める一般的なアルゴリズムが存在しない」ことが証明された。

9) 人工知能は「機械学習」により急速に進歩しており，チェス・将棋・囲碁などのゲームでは，人工知能は人間より強くなった。

10) 例えば，人文・社会科学や生命科学では，データから傾向を推定するが，どの程度のデータがあればどの程度の信頼度を持って推定できるかについて，知っている人は少ない。

11) 平成29年3月告示の幼稚園の新指導要領では，「数量や図形，標識や文字などへの関心・感覚」として，「遊びや生活の中で，数量や図形，標識や文字などに親し

む体験を重ねたり，標識や文字の役割に気付いたりし，自らの必要感に基づきこれらを活用し，興味や関心，感覚をもつようになる」と書かれている。

12) 平成29年3月告示の小学校の新学習指導要領では，「数と計算」，「図形」，「測定」（4学年以降は「変化と関係」），「データの活用」に再編され，統計関係の内容が加わった。

13) 平成29年3月告示の中学校の新学習指導要領では，「数と式」，「図形」，「関数」，「データの活用」となった。

14) 「数学C」は現行教育課程では「数学Ⅲ」に吸収されなくなったが，次期の教育課程で復活することが予告されている。

15) オプション科目は単位を選択することが原則となっているが，大学入試に出題されるかどうかにより，実際にはほとんどの学校で同じ単元が教えられている。

16) 学歴による人材の選抜は，中国の科挙の制度に遡り，中国の影響が強かった東アジアの国では，大学の入学試験の結果が以降の人生に強い影響を与え，入学試験の「公平性」を求める世論が強い。

17) 平成28年現在，文部科学統計要覧によると，国立大学86校，公立大学91校，私立大学600校で計777校（学生数2,873,624人）となっており，短期大学は公立17校，私立324校で計341校（学生数128,460人）となっている。

18) 平成28年度の私学振興・共済事業団の調査によると，定員を充足していない私立大学は229校で，全体の39.4％となっている。（http://www.shigaku.go.jp/files/shi-gandoukouH29.pdf 参照。）

19) 私の経験では，東北大学の学生でも必要条件と十分条件を区別できるのは半分程度である。

20) 私は1990年代に数学科の就職担当を何回かつとめたが，リクルーターは「才能があり，変な色に染まっていない白紙の学生が欲しい」と言われた。しかし，バブル崩壊により企業の経営が苦しくなると，「即戦力」の学生を求めるようになった。

21) 気象を表す方程式は，陸の形や雲や日照の状態などが関係し，厳密解を求めることは不可能である。そのため，天気予報はスーパー・コンピューターを使った数値解析が重要な手段となっており，計算機の性能向上により予報の精度が上がってきた。

22) 生涯雇用と言っても，実際はほとんどの人は一定の年齢で定年退職する。少子高齢化が進行し，労働力が不足することを考えると，労働力が過剰な時代に生まれた「本人の能力には依らないで一律にある年齢で定年退職させる」という定年制度にも大きな矛盾がある。

23) 私が所属していた東北大学の数学科では，学生に人気があるシンクタンクで，年を取ると仕事が困難になるプログラミング関連の仕事も行っている企業により，優秀な学生数名を30位で使い捨てられるという苦い経験をしたことがある。

24) 文部省への申請競争では，色々な人材がいる大規模大学が有利である（スケール・メリット）。

【参考文献】

［1］ヴィクター J. カッツ著, 上野健爾・三浦伸夫監訳, 数学の歴史, 共立出版, 2005 年.

［2］細坪護挙, 礎（いしずえ）の学問：数学, 科学技術動向, 2006 年 7 月号.
　　　http://data.nistep.go.jp/dspace/bitstream/11035/1744/1/NISTEP-STT064-43.pdf

［3］吉見俊哉, 大学とは何か, 岩波新書, 1318, 2011 年.

［4］天野郁夫, 大学改革を問い直す, 慶応大学出版会, 2013 年.

［5］吉田文, 大学と教養教育, 岩波書店, 2013 年.

［6］　文部科学省, 学制百年史, 学制百年史資料編.
　　　http://www.mext.go.jp/b_menu/hakusho/html/others/detail/1317552.htm
　　　http://www.mext.go.jp/b_menu/hakusho/html/others/detail/1317930.htm

［7］日本学術会議, 回答 大学教育の分野別質保証の在り方について, 2010 年.
　　　http://www.scj.go.jp/ja/info/kohyo/pdf/kohyo-21-k100-1.pdf

［8］日本学術会議数理科学委員会数理科学分野の参照基準検討分科会『報告　大学教育の分野別質保証のための教育課程編成上の参照基準　数理科学分野』, 2013 年.
　　　http://www.scj.go.jp/ja/info/kohyo/pdf/kohyo-22-h130918.pdf

第7章　身体教育と教養

藤本　敏彦(東北大学)

1．教養教育における身体教育の役割

1-1．教養について

　これまで多くの書籍，論文，会議で教養に関する定義や考え方が示されており，どれも納得のいくものであるが表現は異なる。文部科学省中央教育審議会では「教養とは，個人が社会とかかわり，経験を積み，体系的な知識や知恵を獲得する過程で身に付ける，ものの見方，考え方，価値観の総体ということができる」と定義している[1]。また阿部[2]はその著書で「自分が社会でどのような位置にあり，社会のためになにができるかを知っている状態，あるいはそれを知ろうと努力している状況」と表現している。村上[3]は短く「人間としてのモラル」と表している。もう一段階進んだ考え方として，教養の実践を含めた「社会とかかわって自分自身が人間として，善く在ること，善く生きること」という表現を新村[4]は用いている。教養は人それぞれ必要な知識が異なるため明確に定義することができないことが当たり前である。ただある知識が教養に分類されるか否かは前述の定義や考え方に照らし合わせれば明確に判断する事ができる。例えばスポーツそのものは教養でない。スポーツなどしなくても人は「善く在る」ことは十分にできる。しかしスポーツを通して健康を維持できるという知識や経験は教養である。健康は「善く在る」ための要素である。またスポーツをより楽しく行う知識や実践力はコミュニケーション力やチームマネジメント力と言い表される教養である。これらの教養はライフスキル[5]とも言える。不明瞭な目的で単にスポーツをしても得る教養はない。授業では目的を明確化することではじめて教養を得ることができる。

　学生に目を向けると教養科目を担当する一教員として「教養科目を履修する意味・目的」を理解している学生が多いとは感じない。卒業要件単位として大学が指定している以上，仕方なく履修している学生も多い。おそらく彼らに「文字」を用いて教養の意味・目的を伝えることは至難の業である。なぜならば実感が伴わないからである。新村はその著書の中で現代の学生は「学んでいることや知識が自分にとって何を意味するのか」を自分に問いかける力が低下していると指摘している[4]。ただ授業としてやらされているという感覚で主体性を持つことができていない。したがって現代の高等教育は教養の意味・目的を実感する授業を展開することが重要と考えられる。平成24年度の中央教育審議会の答申でアクティブラーニングの導入が推奨されているのもこの様な理由であろう[5]。

　大学教育では専門教育と教養教育が二元対立論で比較されることが多い。したがって常に大学教育において教養教育の不要論が取りざたされてきた。確かにヨーロッパにおける大学教育ではリベラル・アーツやGeneral Education といった課程は少ない。しかし College を持つ大学では少人数の学生をチューターが教育する制度を持っており，日常生活の密な接触で専門教育を教材とした教養教育がなされているとも考えられる。例えば専門知識と社会とのつながり，チューターとの人間関係の形成などである。また充実した課外活動制度や施設も学生同士がお互いに人間性を高め合う場として提供されている。日本の場合は専門教育の目標に「教養」は含まれていない。その代わりに主に2年次までに教養教育の時間が割かれている。おそらく学部や研究科で教養教育（あるいは人間教育）を目標の一つに掲げていることは少ないと思われる。仮に日本の大学において「教養教育」の時間を持たずに専門教育に進んだ場合，学生は社会とのつながりを実感する機会を逸する可能性は強い。例えば研究をして卒論修士論文は仕上げたが社会にとって何の役に立っているのか全く分からない，あるいは役に起っている現場に遭遇しないなどの社会的迷子の学生は多い。もし彼らが社会とのつながり方を「教養」とし

て持っているなら，彼らは自ら行動しその現場に出向くのではないだろうか。迷いの場所に立ち止らず行動し社会や他者とのつながりを形成していく能力は専門教育にも必要な教養である。たとえ社会的応用が先の基礎研究であったとしても研究倫理という教養は人間社会に直結する問題である。研究倫理という教養はやはり専門教育の土台の一部である。現状の日本の大学教育では教養教育と専門教育の両方が必要である。

1-2.　身体教育は教養のどの部分を受け持つことができるのか

寺島ら[6]によると座学と身体教育の最大の違いは空間（場）の共有である。彼らは「才能や学問の理解は書斎や教室という固定された場において一人でも鍛えられるが，人格だけは集団が存在する場なしには鍛えられない」と指摘している。人格は人との関わりで浮き彫りにされるものであり，人との関わりの中で成長，成熟するものである。協調性やリーダシップ，チームマネジメント，失敗への対応などが人格の一部である。近年アクティブラーニングが全国的に推奨されているが，座学の授業では人との関わりがまだまだ少ない。

身体教育にはスポーツ，演劇，ダンス，ディベート，プレゼンテーション教育などが含まれる。これらは多少の差はあれ総じて人と人が場を共有する。その中で相手を認める，瞬時に判断する，自分の立場を明らかにする，提案をする，失敗を挽回する，他者を観察する，挑戦する，緊張と対峙するなどいろいろな力が要求される。これらの力は社会で必要な力であり，教養の中で身体教育が受け持つ教育内容である。

2.　身体教育における大学体育の役割

2 1.　大学休育の教育理念

1947年制定の学校教育法による新制大学設置時の体育は「学生の体力強化」が明確かつ唯一の目的であった。しかし現在の社会は経済力の向上や市民の教育レベルの向上とともに青年をと取り巻く環境がストレス社会へと変化し身体に関わる諸問題も変化した。環境の変化に伴い体育

の理念や目的も変化している。表1にいくつかの大学体育理念や目標を示す。

表1　大学体育および関連授業の理念あるいは目的の一例

本学の教育研究に関わる基本理念である、「フロンティア精神」、「国際性の涵養」、「全人教育」、「実学の重視」に示されるように、社会に有意な実践を行いうる人材を育成することが体育学の基本理念である。中でも、身体と精神の調和のとれた人間の育成をめざす本来の「全人教育」理念にしたがって、今日的課題である生涯スポーツを実践しうる能力を養うことをねらいとしている。
本学の体育実技は全学教育の一環として、多様な学生や仲間との身体運動の実践を通して、個人の価値と他者の尊厳を認識し、日常の生活を工夫しうる人間性の発達を図るものである。
1.　身体運動および身体運動に関する知識を習得する。 2.　自らの身体運動を対象とする実験実習や実技実習を通じて、物事の本質的理解（膚で分かる・体感するための基礎技術を習得する。 3.　スポーツやトレーニングなどの文化的身体運動の実習による動きの改善・身体能力の向上を通じて、自己の身体管理・操作技能を習得する。 4.　生涯教育としての心身の健康教育・運動習慣の基礎づくりを行う。
大学の教育理念である「勇気ある知識人の育成」を目標とし、講義及び実習を通して、卒業後も自らの健康や体力の維持・増進のために行動できる人材の育成をめざしています。 1.　「健康・スポーツ科学」では以下の4項目を目標としている。 　1）健康・スポーツに関する正しい知識を習得すること 　2）健康・スポーツの実践に必要な行動能力を獲得すること 　3）健康・スポーツの実践を通じて社会的能力と人間性を養うこと 　4）生涯健康・生涯スポーツへの意欲・関心・態度を形成すること
1）運動実践を通じた生命・健康・発達の尊重と保障：スポーツ運動・表現運動・生活運動等の身体活動の認識と実践を通じて、生命尊重の精神を培い、健康を維持・増進し、心身の調和的発達を促す。 2）身体活動の文化的価値と科学的原理の理解：スポーツを含む各種の身体活動の文化的価値についての理解を深め、健康・スポーツに関する科学的認識に裏付けられた運動活動の実践力を養成し、生涯にわたるスポーツの生活化を図る。 3）自己信頼性と社会的自立性の啓培：青年期・成人期にある学生の健康的・社会的な自己信頼性を高め、健康生活・社会生活を自ら設計し実践していく基礎的な力量を養成する。
健康と体力、身体運動に関する幅広い知識を修得し、自主的、合理的に生涯にわたって自身の健康管理と運動、スポーツ活動を有意義に行うための教養と実践力を学ぶ。
心身ともに健やかな人材の育成を目的とする。主に身体運動やスポーツを媒介として生活の基本となる健康・体力およびそれらを高めるための方法に関する正しい知識を獲得すること、ならびに様々な社会的要求に応えるために必要とされる心理社会的能力、いわゆるライフスキルと習得・向上させることを目標とする。
体育科目は、「身体」に関わる様々な事象を自ら体験しながら理解し、社会における自己の存在を見つめ、人間を理解していくことをねらいとした総合的な科目である。特に、言語化された知識を超えて自己の身体が体現する「身体知」を理解し、獲得することで豊かな人間の形成を目指す。

　表1の理念や目的は一部の例に過ぎないが，その内容は「健康教育」と「ライフスキル」[7]の獲得に集約されている。大学体育担当者は体育によって獲得できる教養をしっかりと理解していることが窺える。

2-2. 現状と問題点

2-2-1. 大学における体育開講の割合とレジャー化

　大学設置基準の改定（大綱化）によって保健体育科目最低修得単位数が撤廃された。その結果，体育実技を必須科目として実施している私立大学は約60%，国立大学法人では22校（約40%）まで減少している（2014年度現在）[8]。体育の減少は身体教養の獲得の機会が減少していることであり好ましい状況ではない。体育の減少の要因はそれぞれの大学で様々あると思われる。しかしその根幹には我々教員が研究者として大学や学生に体育の重要性を示す事ができていないことが主因と考えられる。木内ら[9]は現状において授業の効果を示す証拠が少ない事を指摘している。つまり大学体育は効果を示さないまま現在に至っているために，教育効果を明確に示している教科に時間が割かれていると思われる。また川村ら[10]は第三者から見ると体育がレジャータイムとして浪費されているようにしか映らないと指摘している。戦後から現在に至る時間経過の中で多くの大学で体育の理念は形骸化し，目的そのものを喪失した授業が展開されてきた可能性が否定できない。ほとんどの大学において体育も学生の授業評価を受けていると思われるが，体育はレジャー化するほど学生の評価は良くなる傾向がある。またレジャーは参加し楽しむことが目的であるため，成績評価も出席のみといった極めて不適切な方法行われている場合もある。学生から見れば単位認定が安易に行われている授業である。したがって問題が表面化することが基本的にはなく，教育的効果を測定すると言った基本的な教育活動が疎かにされてきたのかもしれない。この様な状態はインストラクショナルデザイン[11]による授業の構築を放棄した，あるいは教員にその知識や概念がない状態とも言える。理念や目的と授業内容の結びつきを提示できない，また適切な成績評価が行われていない授業は（深層で）学生の学習意欲を減衰させ利益を損なっていると言える。つまりレジャー化された体育は，その場け楽しいが有益な授業であるかどうかを深く考えた場合に「必要ない」と判断される授業である。おそらくこの心理が大学体育の減少の要因と思

われる。学生のために大学体育は理念や目的に沿った授業の構築をしっかりと行い，効果の検証を行う事が急務である。

2-2-2. 学部・大学院と教養担当組織との乖離

　別の問題点として新制大学発足後から今に至るまで学部・大学院と教養担当組織との乖離がある。一部の大学ではくさび形の高年次教養や学部・大学院と教養担当組織との教育連携が見られるが，多くの大学では未だ両者の教育連携は果たされていない。教養組織の一員として述べるならば，学部から学生の教育方針について要望があれば教養教育担当の教員は無視することはできない。その理由は遠回しになるが以下の通りである。学生は学部教育を目的として入学してくる。しかし入学後2年間は主に教養教育を受講することになる。専門教育を目指す学生にとってこの段階は「肩すかし」にあった状態にあり教養教育の受講理由を見失うことになる。教養教員が履修の意味や理念を唱えたとしても肩すかしによる意気消沈の影響が大きく集中して取り組めなくことが学生の声で寄せられている。学生の入学時の意欲を損なわないためにも教養教育と学部・大学院教育の教育連携が必要である。連携により教養教育は学部での初年次教育として捉えることができる。学生は教養教育の目的や目標が学部教育へとつながると意識すれば目的意識を持つことができる。

　大学体育も3つの点で学部・大学院教育と教養担当組織で乖離が認められる。1点は上記の教養教育と学部・大学院教育との連携不足である。大学体育の目的は「健康教育」と「ライフスキルの獲得」であるが，目的を理解しない，あるいは聞く耳を持てない学生が多いのも事実である。上述のように教養教育と学部・大学院教育との連携が不足しているため十分に学生の学習意欲を喚起できない，言い換えれば「体育＝レジャー」の考えを払拭できないことが問題点である。2点目は教養教育が学部出動型（学部所属の教員が教養教育に出向く方式）で行われていることである。教養部解散後しばらくは元教養部教員が在籍し，教養教育の担当

は円滑に行われてきた。しかし教員の入れ替わりと共に教養教育が担当
できない教員が学部・大学院教員として着任することがあり，教養教育
は非常勤講師により行われることが多くなっている。学部・大学院業務
優先の人事が行われている。一方で教養教育もアクティブラーニングや
課題解決型授業，地域との連携など高度化が進んでおり，大学体育も例
外ではない。FD による教員側の学習も必須になり，非常勤講師では対
応できない状態になっている。非常勤講師は授業時間のみが労働であり，
現在の雇用形態では FD などによる出勤は労働として認められていな
い。つまり大学体育でインストラクショナルデザインに基づいた授業を
構築したとしても非常勤講師が研修する時間がないことが2つ目の問題
点である。

2-2-3. 学部・大学院業務との関係

　大学体育の3つめの問題は学部・大学院業務が優先されることである。
まずこの学部・大学院業務が優先されること自体が悪ではないことを明
言する。しかし大学体育では「レジャー化」と言った問題が常にある。
語弊があることを承知で述べるとするならば，レジャー化した大学体育
における教員の役割は安全管理のみである。多少の技術指導があるにせ
よレジャー化した大学体育は目的が不明瞭であるため意味がない。教員
不在でも展開できる授業である。授業準備や社会情勢に合わせた授業の
開発などの必要はなく，心身ともに非常に楽な授業である。したがって
学部・大学院教育を抱える教員が，教養教育を改善してまで有意義化す
る理由は無い。これでは教育の質を担保することはできない。2つめの
問題点と重複するが，学部・大学院教育と教養教育の掛け持ち制度は問
題点があると言わざるを得ない。学部・大学院はポストを得たことに対
して「学部・大学院が教養教育の責任を担う」という約束を本質（教育の
質保証）のところで堅持するかどうかが問われている。

　以上のような問題の解決は簡単ではない。しかしまず，学部・大学院
と教養教育担当組織が意思疎通を今以上に図り，問題意識の共有から大

学教育改革を進めるべきであろう。意思の疎通とは学部は教養教育に教員を派遣している以上その成果を問うべきであるし，教養教育はその成果を出すべくカリキュラムや組織改革，教育方法の開発を推進することである。

2-3. 身体教育における大学体育の役割

　大学体育の役割は「健康教育」と「ライフスキル」の獲得である。ただ近年の研究で初年次教育では「ライフスキル」の獲得の必要生が高まっている。その理由として「ライフスキル」は学生のメンタルヘルスの維持・向上にもつながるからである。大学生のメンタルヘルスに関わる諸問題は，疾病への罹患や中途退学，孤独行動など様々な形で顕在化している。内田ら[12]によると2011年度の調査で大学生の休学率は2.72％，退学率は1.32％へと前の調査に比べ増加している。休学や退学の理由として学業不振や意欲減退などの消極的理由の割合が増加している。彼らの特性や起こる症状は抑うつ，自己効力感の不足，コミュニケーションスキル不足が指摘されている[13]。実際に在籍者数が一万人を超える東北大学では，学生相談所への相談が毎年750～800名（在籍者の約4.4％）を超え，相談件数は年間のべ約4,000件に至っている。相談内容の半数が自己の心理性格（47.8％），次いで進路修学（22.3％），心身の健康（8.0％）であり，大学生のこころへのストレスは看過できないほど増加している[14]。またこれらの問題に学生が最もさらされる時期は初年次であるとの報告がある[15]。一方で体育の授業で自己効力感（自信）や，コミュニケーションスキルの向上が見込まれることも報告されている[16]。また大学生を対象とした継続的な運動で抑うつが抑制されるなど精神的健康への好影響も近年報告されている[17]。以上のように学生がおかれた環境を考慮すると，初年次の体育においては「ライフスキルの獲得」を目的とした教育が理想的である。

　一方で体力に着目すると，新体力テストによる青少年の体力は握力を除き持久力，柔軟性，跳躍力，体幹筋力とも10代後半がピークであり，

20才代には明らかに減少する[18]。大学生は高年次教育に入り研究活動
や就職活動，大学院進学などで運動不足が生じる。しかし体育の授業は
すでに終了しており，体育会系課外活動に所属していない学生は運動の
機会がほとんどなくなる。調査結果はないがこの時期に初めて肩こりな
ど「運動不足による体の変調」を覚えることが多いようである。したがっ
て理想的ではあるがこの時期に高年時教育として健康教育を目的とした
授業を展開することが望ましい。大学体育では授業で体力を高めること
はできないが，自主的な運動習慣を身に付けることは可能である[9]。

2-4. 体育授業の実践例

　日本において大学体育のインストラクショナルデザイン化は愛媛大学
や大阪工業大学が先駆的に行っている。いずれもハンドブックを開発し，
学生の健康づくりやライフスキルの獲得を目的とした体育の授業を展開
している。ハンドブックには「健康と運動」や「ライフスキル」に関する
知識を掲載し，また学生が授業時のコミュニケーションや日々の生活習
慣や身体活動量，運動量を記録する様になっている。教員が授業時間に
確認指導する事でライフスキルや運動習慣に改善があることを報告して
いる。愛媛大学の体育教育は明確な目標や目的が設定され，教員が異な
る場合でも授業の質と成績評価を担保する授業の「標準化」を行ってい
る。標準化は統一でなくガイドラインのようなものである。愛媛大学で
は教員の教育のため「愛媛大学フィットネスエクササイズ・E-fit」や指導
用テキストが開発さている。分かりやすく精度が高いまさに大学教員な
らではの教材にとなっている。専修大学では健康教育とライフスキルの
獲得を目的として前期・後期にそれぞれ設定し通年で体育を実施してい
る。共通していることはこれらの授業改革が全学の理解のもと進められ
ていることである。そのため多くの教員の賛同を得ることができ，教育
の質の保証と厳格な成績評価が実現している。東北大学では改革に至っ
ていないが筆者が行っているインストラクショナルデザイン化した授業
について紹介したい。

東北大学での授業例　【スポーツ A・ソフトボール】

【目的】(1) 大学生活において必要な心身の健康や体力の保持・増進のための基礎知識とその実践力（身体的教養）を身につける。

(2) スポーツの授業から生涯にわたるスポーツ活動につなげるため，運動習慣を身につけることを目指す。

(3) 自己効力感[19]やコミュニケーション能力を高め，学生生活および社会生活の充実につながるライフスキルの習得を目指す。

（愛媛大学・共通教育科目・スポーツ・ハンドブックより引用・改変）

　表2には授業内容および成績評価について示した。授業の前半2/3はスポーツに親しみ実践力を身につける期間（ライフスキルの獲得を目的）とし後半1/3は体力の保持・増進のための基礎知識とその実践力を身につける期間を設けている。

表2　授業内容および成績評価

第1週	第2週〜11週	第12週〜13週	14週	15週
ガイダンス	スポーツに親しみ実践力を身につける期間	体力の保持・増進のための基礎知識とその実践力を身につける期間	体力測定	まとめと評価
1) 授業の目的，到達目標	1) 各種競技に必要とされる基礎的スキルの練習	1) 有酸素運動の知識と実践・屋内	学期間の各自の運動への取り組みに対する効果判定	授業のまとめとテスト
2) 履修に当たっての留意事項	2) ゲーム形式の活動	2) 筋力トレーニングの知識と実践	1) 体重・身長・握力	1) 自らの健康と体力への振り返り
3) 授業の進め方について	3) 体験記述	3) ストレッチ運動の知識と実践	2) 長座体前屈	2) 運動の習慣化の有用性
4) HandBook の活用法	4) 身体活動記録	4) 身体活動記録	3) 30秒間上体起こし	3) ライフスキルの獲得
5) 体育アプリの利用について	5) 第9週にスキルテスト	5) 健康行動変容記録	4) シャトルスタミナテスト	
6) グループ分け	6) 第2週アンケート	6) 第13週アンケート	5) 反復横跳び	
			6) 立ち幅跳び	
自主的運動60分 / 週				

成績評価の観点と評価方法	態度	運動の目標と達成度に関する事後コメント　（3点 / 回×12回 = 36点満点）　ハンドブック記入		全体振り返り（6点満点）
		体験記述　（3点×10回 = 30点満点）　ハンドブック記入	振り返り簡単レポート（3点満点×2回 = 6点）ハンドブック記入	体力測定（6点）
	技能	スキルテスト（12点満点）		
	知識			テスト（10点満点）

【成績評価方法】授業記録（自主運動記録，身体活動記録，体験記述），技術テスト，筆記テストと振り返りを対照とし，積み上げ式で行った。表3，4，5，6には記載例を示す。体育など身体教育の成績評価に5段階評価はそぐわないという意見もあるが，身体教育は継続や積み重ねることで構築される。したがって毎授業の振り返りを記録することで点数を加算し学習の成果を評価した。評価の回数を分散化することで5段階評価は可能であり，また学生にも点数を積み重ねることが動機付けになり目標達成の動力ともなっている。

表3　自主運動記録例

	評価検印	自己評価	←総合的観点から，1週間の身体活動状況を◎○△×で評価します。
例	10/2～10/8	◎	事前目標　例）週2日間は20はジョギングを行う。 　　　　　例）週3日は野球部の練習に参加しメニューを行う。
	教員印		事後コメント　例）週2回は20分程度ランニングを行うことができた。最初はめんどくさかったが，ランニングの後は爽快に気分になれた。続けていくと学習や生活習慣，日々のものの考え方などどんな変化があるのか楽しみにしたい。　例）クラブでの運動メニューはダッシュ10本，ノック30分，フリーバッティング40分，ベースランニングに参加した。試合を想像しながら練習ができた。試合を想定することで，少ない時間でも有効な練習ができる事に気が付いた。日頃の学習や生活の中でも想像をすることは重要であると思う。
WK12	期間 6/2(月)～6/8(日) （藤本印）	○	事前目標　ご褒美目標 アイス スクワット 50回×3セット 入浴後の柔軟運動 事後コメント　ご褒美獲得状況（獲得済） 今週は，演奏会等で忙しい日が多かったが，隙間時間を見つけて毎日行うことができた。高校時代，ちょっとした時間を反復処理にあてた経験が少なかった。
WK13	期間 6/9(月)～6/15(日) （藤本印）	○	事前目標　ご褒美目標 アイス 体幹トレーニング 事後コメント　ご褒美獲得状況（未） 今週は，以前弟から教わった 脚や腹筋を鍛えるトレーニングを 平日に行った。普段の通学時，坂を上るのがかなり楽に感じたので続けようと思う。
WK14	期間 7/11～7/17 (火)　(月) （藤本印）	○	事前目標 朝のラジオ体操 体幹トレーニング，柔軟運動 事後コメント 部活の先輩も 朝にラジオ体操をやているらしく，私は 1日快活に過ごすためだったのだが，先輩は肩凝り改善のためと聞き，大変参考になった。一見，同じことをしているように見えても，知っている効果は違うのだなと感じた。

表4　身体活動記録（歩数）

歩数チェック	歩数計か歩数アプリで、毎日の歩数を記録します。													
月	9420	12083	10549	11661	12124	14216	12848	9477	11813	7976	9218	9642	10327	4693
火	7794	9600	13821	9963	7507	7708	7832	9914	10777	6136	8452	11584	9093	
水	7443	1634	13333	5055	12259	6088	4130	8055	7706	17472	6725	5905	6773	
木	7187	8353	11035	4203	8482	10426	4185	9295	4861	11063	13856	4709	4986	
金	13872	10531	17011	9779	10642	172	14818	11760	7924	14523	12704	10327	13643	
土	6805	17636	4655	7803	6123	11366	14275	4320	4355	6064	13703	13612	12680	
日	8241	4886	6076	9576	4218	9017	5375	10735	5034	13494	11886	6368	10019	
測定日数	7	7	7	7	7	7	7	7	7	7	7	7	7	7
平均歩数														

歩数グラフ化 ： 1日当たりの平均歩数を計算し、グラフ化します。●をプロットして折れ線グラフを作りましょう。

（大学体育ワークブック　筑波大学　木内敦詞編　より引用）

表5　体験記録（ライフスキル記録）

体験記述シート　Ｉ
「効果的に日常生活を過ごすために必要な学習された行動や内面的な心の働き」と定義されるライフスキル。人としての成長を促すライフスキルは先天的なものではなく、さまざまな経験（実践・訓練）を通じて獲得できます。社会の縮図とも言われるスポーツ経験は、ライフスキル獲得の場として、最近は特に注目されています。 ライフスキル：対人スキル（親和性，リーダーシップ，感受性，対人マナー），個人的スキル（計画性，情報要約力，自尊心，前向き思考）

		ライフスキルの向上に役立つとされる具体的なスポーツ経験を、4つの側面から描写しましょう。
授業での活動	5/2（火） キャッチボール ゴロの捕球 トスバッティング	**自己開示（自分の気持ち・考えを相手に伝えることができた）** キャッチボールのペアの人が、ゴロの捕球→送球の流れを リズム良くスムーズにやってくれたので、捕球が成功した瞬間や"のびる"送球を受けた瞬間、自分でも不思議なほど自然に「ナイス！」と声が出た。褒めること、励ますことに ときに「マンネリ化」はなく、口にするほどポジティヴな影響を与えるのだと思った。 **挑戦達成（自分では難しいと思っていた事ができた）** バッティングは数年振りだったが、初球から良い振りができた。野球部だった弟に、持ち方、構え方、振り方、目線などをよく細かく教わっていたのが染みついていたのだと思う。一度熱心に取り組んだことは 自分の一生の糧になるのだなと感じた。 **他者協力（クラスメイトと励まし合ったり協力をしたりしながらプレーができた）** トスバッティングの時、守備にまわっている人たちで それぞれ バランス良く捕球練習ができるように 守備位置を少しずつ変えながら行うことができた。今後の生活でも、集団内での自分を俯瞰して、問題や改善できる点を発見し解決する力を養っていきたい。 **楽しさ実感（楽しく練習ができた、楽しさゾーンに入る楽しさ・大爆笑の楽しさ、クスッと笑いがこぼれる楽しさなど）**　検印 バッティングも経験者の人に「良いね！」と言われ、自信を持つことができた。うまくボールをとらえて 飛ばすことができると スカッとした爽快感があり、とても楽しかった。

		ライフスキルの向上に役立つとされる具体的なスポーツ経験を、4つの側面から描写しましょう。
授業での活動	6/13 試合 キャッチボール	**自己開示（自分の気持ち・考えを相手に伝えることができた）** バッターの能力に合わせて、守備位置を前にしたり、後ろにしたりするよう センターやライトに伝えることができた。 **挑戦達成（自分では難しいと思っていた事ができた）** 以前まではボールに当てにいくことが多かったが、タメを作り振り抜くことができた。前回までのことをノートに書く際に振り返っていたから じできたのだと思う。成長するためには反省することが必要だと感じた。 **他者協力（クラスメイトと励まし合ったり協力をしたりしながらプレーができた）** 自分がバッターのとき、チームメイトが声をかけてくれ、気が楽になりヒットを打つことができた。その後、チームメイトがフィールで粘っているときに声をかけたら次の球をヒットにした。学んだことを実践できた。 **楽しさ実感（楽しく練習ができた、楽しさゾーンに入る楽しさ・大爆笑の楽しさ、クスッと笑いがこぼれる楽しさなど）**　検印 3試合全勝した。これはチームワークによるところが大きいと思う。ミスをカバーしあったり、声をかけあったり、これはチームなら当たり前だが初対面では難しい。スポーツAで練習できたことで 将来うまくできそうに感じた。次は実践したい。

採点基準は以下の通りである。

1. 具体的な目標が記載されている。

2. 具体的に行ったことが記載されている。

3. 行ったことによる気づきが記載されている。

4. その気づきが生活の中でどのように役立つかが記載されている。

表6　授業の振り返り例

今回のソフトボールの授業では，チーム内で積極的に自分の意見を述べた。イニング毎の守備位置の確認や，チームメイトの励ましの言葉などを進んでかけチームを自分からリードして行く事ができた。将来，会社に入った時は，自分の意見を主張したり，リーダーシップを発揮する事は重要で有る。今回の授業では，リーダーシップを発揮する事，フォロワーシップを持つ事の重要性を改めて学んだ。この事は将来，必ず役に立つはずだ。 　また，試合においてヒットが打てない事が続いた時，基本に戻ってビデオを観たり経験者にアドバイスを求めた所，安定してヒットが打てるようになった。やはり基本の大切さを改めて感じた。将来，明確なゴールがない研究やプロジェクトに就き，行き詰まった時は，今回の様に基本に立ち返り考え方などをリセットして行こうと思う。 　たかが体育のソフトボールと思いきや，されど体育のソフトボールであり，日常において改めて発見，学習のできた良い時間であった。
ソフトボールでチームメイトの人達とポジションや打順について自分の希望や考えを声にして伝える機会がたくさんあった。この経験は仕事で製品について意見を出し合う際に，自分が思ったことや気になったことをしっかり周りの人達と共有するために役立つと考える。また，ソフトボールでチームメイトのプレーに対していいプレーなら褒めたり，ミスだったら気にしすぎないよう声をかけたりしていた。この経験は社会で初対面の人に対してその人のいいところを見つけて，交流を深めることや，職場の仲間に対して何かミスしたときに支えとなることに役立つと考える。ヨガではリラックスする様々な方法を実際に行った。この経験は働くようになって運動をあまりしなくなった体の柔軟性を保つことや，精神的に疲弊したときに気持ちをリフレッシュすることに役立つと考える。スポーツＡの授業を通して，普段の学生生活ではまずやろうとしないであろう運動を行うことができたのは良い経験であった。
試合前に守備位置や送球を確認したように，仕事の前に確認作業を行うことは，ミスやトラブルを防ぐことに繋がる。私の夢である航空管制官は，業務前にチームでその日の気象情報や注意事項などを共有するそうだ。私が所属する吹奏楽部では，演奏会を自分たちで運営するので，今後の演奏会でも事前にじっくりと情報共有をして臨みたい。また，この授業を通して，周囲に目を向けることの大切さを再認識した。普段よく会う人でも，こんな一面があったのかと驚く場面があった。今後，人との会話や活動を通じて新たな発見をしたい。声掛けの重要性も実感した。「ナイス！」という声が飛び交うほど，試合は良い流れになった。ディズニーで働く人たちは，他の人の頑張りに気づいたら，カードに書いて渡すそうだ。人を認め，讃え，報いることで全体の意欲が向上し，より良質なサービスを提供できる。こうした良い循環を私が生み出すくらいの気持ちで今後生活したい。
スポーツＡでスポーツが対人関係に生かせることを学びました。大学に入ってからは話せても，何回もあって話すなることはないのですぐ気まずくなってしまうことが多くありました。しかし今回スポーツＡでソフトボールを一緒にやると盛り上がって友達ができました。やはり体を動かすと違うなと思いました。社会に出てもこのようにスポーツを通して関係を築きたいと思いました。またスポーツはリラックスにも使えることを学びました。僕は体育会の部活に入っているので運動は毎日していますが，今回ソフトボールといういつもと違う競技をやるとして楽しくストレス発散になりました。とくにヨガは体を使ったのに終わった後は体が軽くなりいいリラックスになりました。社会にでたら，疲労もたまることが多いと思うので金曜日の夜などにやってリフレッシュしたいです。体の教養として一生使える知識になりました。またスポーツは万国共通であることを実感できました。留学生とスポーツでコミュニケーションをとることができ，それは僕にとって初めての経験で感動しました。また歩数を毎日記録することで自分がどれくらい歩いているかもわかりました。歩数をこれほど長期間測定することはこれからないと思うのでいい経験になりました。最後にスポーツＡでは普段の授業とは違ったことを学ぶことができました。毎回反省する機会がありソフトボールをえらんでよかったです。

【成績分布】

　筆者が担当する2017年度前期における体育の授業担当4コマ全体の成績分布は，AA36%，A33%，B15%，C8%，D8% であった（図1）。近年，成績評価がクラス間で著しく異なることがないように成績分布のガイドラインが各大学や部局で示されることが多い。東北大学の評価改善委員

会 が 示 し た ガ イ ド ラ イ ン は AA10〜20%，A20〜30%，B20〜40%，C10%，D20% 以下である[20]。当該授業の成績分布は AA がガイドラインより 10% 程度大きいものの，その他はほぼ批准している。またこの成績評価について，学生からの異議申し立てはなかった。成績分布を見ると医歯薬学部の成績分布において特に AA，A の割合が工学部に比べ低い。彼らは合格点を得ていれば成績が進級に影響することはない。しかし工学部の学生は 3 年進級時の研究室選びや大学院進学時に成績が影響する。このため医歯薬学部の体育の授業への取り組みへの意欲が相対的に低く，成績分布に反映されたものと思われる。体育の授業の 5 段階成績評価は学部の進級システムに成績が関与する場合には学生の学習意欲を引き出せるといえる。進級などを控えた学生の努力に報うことができる評価方法である。

図1　筆者担当の体育の授業における成績分布

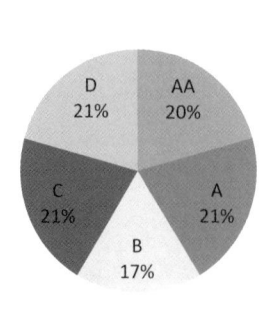

医歯薬（29名）

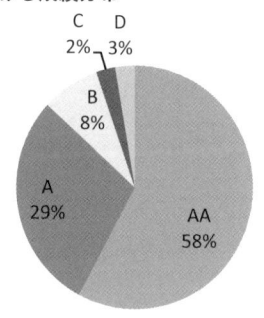

工学1（38名）

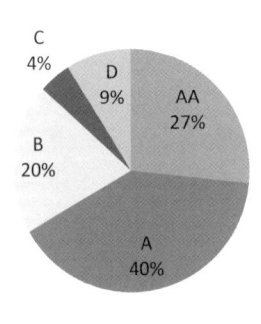

工学2（45名）

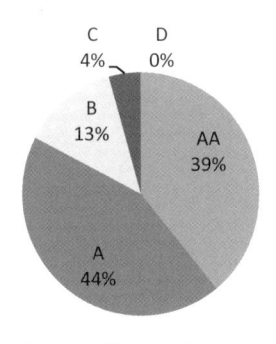

工学3（23名）

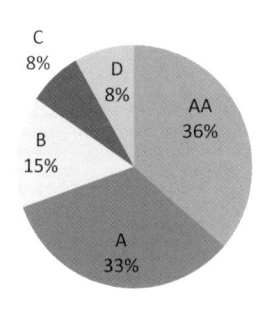

全体（135名）

2-5. 体育実技授業の効果

　近年，体育の授業効果が報告されるようになった。健康づくりを対象
とした研究やライフサイエンスの獲得の効果を報告したものが多い。木
内ら[21]は体育の授業に宿題を用い学生の体力作りや健康・生活改善を行
いその成果を報告している。また石道ら[22]は体育の授業で社会人基礎力
（ライフスキル）の獲得が可能であることを報告している。

　東北大学での授業の効果を図2に示す。図2-1は目的1「健康と体力の
保持・増進」に対する効果として，「規則正しい生活習慣が身に付いた」
「規則正しい生活習慣を維持することが大切だとわかった」「ストレスを
十分に解消できた」「これよりも体力が高まったと思う」の4項目を7段
階で評価した。この授業によって生活習慣の改善まで至ったもの（「よ
くあてはまる」以上）は28%であり（図2-1A），全体として実践力の獲得
までには至っていない。しか知識としてその重要性を認識したものは
（図2-1B）は65%であり，知識の獲得としては目標に近づけたと思われる。
また当該授業においてストレス解消の経験をしたと思われるもの（「よ
くあてはまる」以上）は47%であった（図2-1C）。ストレス対処法として
の運動を一定数の学生が経験できたと思われる。体力の実感についても
増進あるいは維持できたと感じるもの（「すこしあてはまる」以上）が
60%であった（図2-1D）。体育の授業が週1回であることを考慮すると
健康の維持増進に対する教育効果は総じて高いものと思われる。

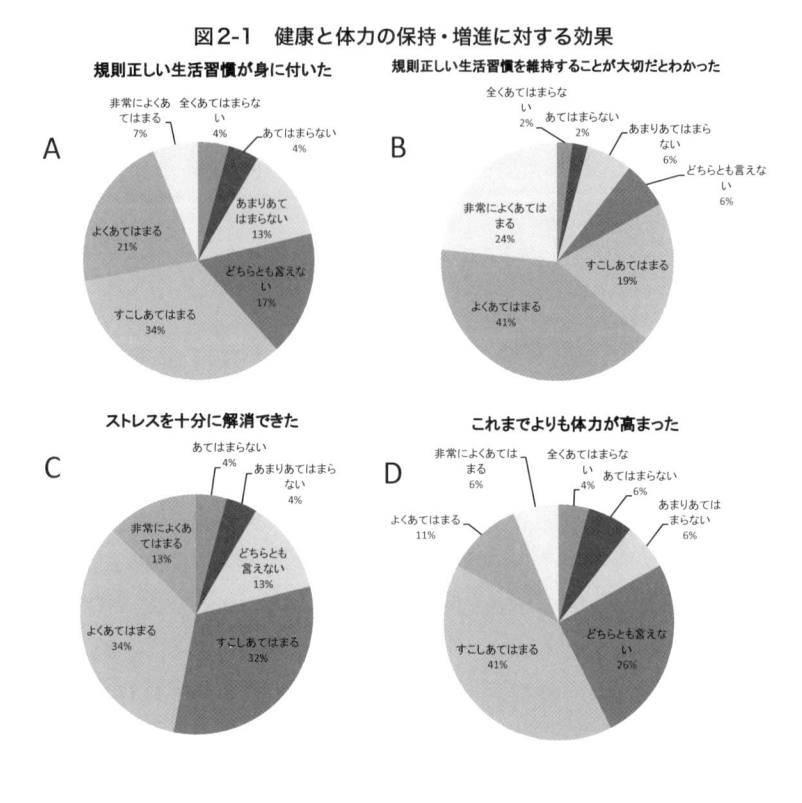

図2-1　健康と体力の保持・増進に対する効果

図2-2は目的2「運動習慣の獲得」に対する効果として「セメスター前よりも運動量（歩数）を気にするようになった」「この授業によって実際に運動が習慣化する機会になったあるいは運動習慣が再開した」の2項目を評価した。運動習慣の前段階として日常生活の活動量への関心がある。本授業によって実に74％の学生が歩数への関心が高まった（図2-2A）。実際に授業がきっかけで運動が習慣化したと答えた学生（「たまに休むが運動習慣がついた」以上）は48％であった（図2-2B）。平成28年度の国民健康・栄養調査結果の概要によると20才代の運動習慣は男子25.9％，女子9.9％であることを考慮すると[18]，直接比較はできないが運動習慣の導入としては一定の成果があると考えられる。

図2-2 運動習慣の獲得に対する効果

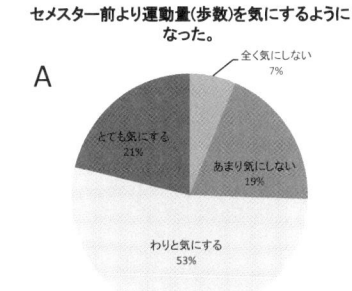

A セメスター前より運動量(歩数)を気にするようになった。

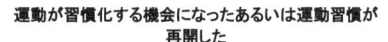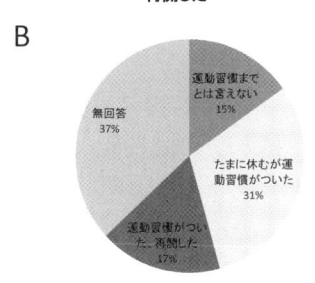

B 運動が習慣化する機会になったあるいは運動習慣が再開した

　図2-3は目的3「ライフスキルの獲得」に対する効果として「仲の良い友達が新しくできた」「お互いに助け合ってプレーする方が勝ちにつながりやすいことがわかった」「友だちに思いやりのある言葉掛けができた」「技術の程度に拘わらず，いろんな人と互いに関われた」「自分の言動に自信を持っている」「集団行動のときみんなを引っ張っていくことができる」の6項目について評価した。これらの項目はライフスキルの中でも「問題解決能力」「効果的なコミュニケーション能力」「対人関係の構築と維持能力」「共感する能力」「自己効力感」にかかわる項目である。「仲の良い友達が新しくできた」はよくあてはまる以上が36%，少し当てはまるを含めると85%の学生が新しい人間関係を授業で構築したと考えられる（図2-3A）。また79%の学生がお互いに助け合ってプレーすることが勝つにつながりやすいと答えている（図2-3B）。協力が問題解決の手段になることを学んだと考えられる。「友達に思いやりのある言葉をかけることができた」という問に対して「少し当てはまる」以上の回答をした学生は94%に達した（図2-3C）。ほとんど全ての学生が相手の立場に共感する経験をしたと思われる。体育は上手，下手が気になる授業科目である。時としてスポーツが不得手な学生はチーム内において内向的になる場合がある。しかしこの授業はスポーツ技能の獲得を目的から除外したためほとんどの学生が他の学生と交流を持つことができた

と思われる（図2-3D）。「自分の言動に自信を持っている」「集団行動のときみんなを引っ張っていくことができる」は「わりと当てはまる」以上の回答は約40%であった。自己効力感に関係する項目であるがこの授

図2-3　「ライフスキルの獲得」に対する効果

仲の良い友だちが新しくできた

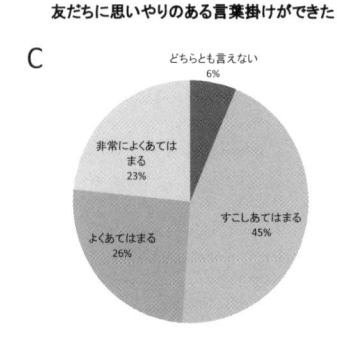

お互いに助け合ってプレーする方が勝ちにつながりやすいことがわかった

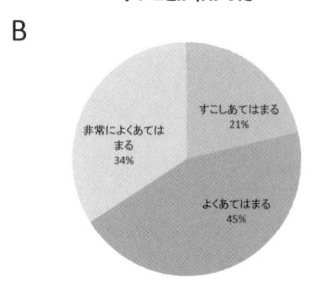

友だちに思いやりのある言葉掛けができた

技術のに関わらず、いろんな人と互いに関われた

自分の言動に対して自信を持っている

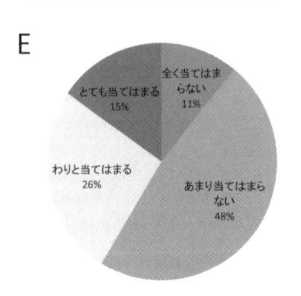

集団行動のときにみんなを引っ張って行くことができる

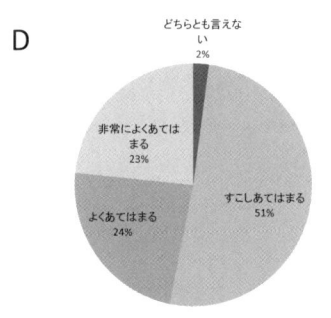

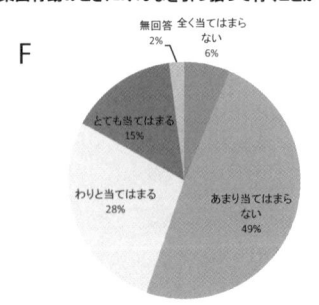

業では低くはないが，方法を改善・開発する余地が残されていると思われる。これらの結果はインストラクショナルデザイン化された授業が一定の効果として表れたことを示している。

3.　教養教育における体育教育のありかたに関する提案
―保健体育科目という枠組みからの脱却―

　大学体育は当然のごとく保健体育科目の中に位置づけられている。健康づくりのみを対象とするならばその枠組みの中に存在してしかるべきである。しかし現代社会での体育の役割はライフスキルの獲得が重要である。ライフスキルの獲得は体育だけではなく先述のようにスポーツ，演劇，ダンス，ディベート，プレゼンテーション教育などが含まれる。したがってこの様な身体教育を培う科目と同様の枠組み，例えばライフスキル科目などに入れることが自然である。体育の授業におけるライフスキル獲得はインストラクショナルデザインが必須である。健康づくりのみを目的とした場合，体育の授業によるライフスキル獲得の効果が薄れてしまう可能性がある。また健康づくりを目的とした場合，その効果検証を怠れば体育のレジャー化が起こる可能性は高い。大学教育改革が遂行されている現在において体育をライフスキル科目などの枠組みに加えることが学生の利益につながると思われる。

4.　まとめ

　教養の定義は種々あるが，社会人として「社会とかかわって自分自身が人間として，善く在ること，善く生きること」である。身体教育は教養のなかで人格を磨くという重要な役割を持つ。また体育は身体教養のなかで健康づくりとライフスキルの獲得の役割を果たす。しかし現在体育実技を必須科目と行っている私立大学は約60％，国立大学法人では約40％まで減少している。その原因は体育がその教育効果を主張できていないことが原因である。体育は学生にとって有益な教材であるがその根拠となるエビデンスが圧倒的に不足している。現状でいくつかの研究グ

ループが体育の効果を検証している。筆者もそのエビデンスをもとにインストラクショナルデザイン化された体育の授業を構築し，教育効果も検証している。その結果健康づくりの効果やライフスキルの獲得などの効果が認められた。またインストラクショナルデザイン化された体育の授業は成績評価も5段階方法で行う事も可能であり真摯に取り組む学生の利益を反映することもできる。社会状況を考慮すると，これまでの「健康づくり」のみを目標とした体育の授業では存在価値を主張することは難しい。一方で全国的に「健康づくり」のみを目的とした体育の実施を転換する事も難しい。転換を図る方法の一つとして体育を保健体育科目からライフスキル科目に移し，目的にライフスキルの獲得を入れることが考えられる。体育は一例であるが身体教養を今とは違う枠組みで行うことで教養教育の中で果せる役割が増大すると思われる。

【注】

1) 文部科学省，2002，『文部科学省中央教育審議会第14回配付資料1「新しい時代における教養教育の在り方について（答申）案」。
2) 阿部謹也，1997，『「教養」とは何か』講談社。
3) 村上陽一郎，2009，『あらためて教養とは』新潮社。
4) 新村洋史，2013，『人間力を育む教養教育』新日本出版社。
5) 中央教育審議会，2012，『新たな未来を築くための大学教育の質的転換に向けて～生涯学び続け，主体的に考える力を育成する大学へ～（答申）』。
6) 寺島善一，土屋惠一郎，浜口　稔，2005，『リベラ・ルアーツと大学の「自由化」教養・専門課程の活性化をめぐる考察』明治大学人文科学研究所叢書　株式会社明石書店。
7) ライフスキルとは世界保健機関（WHO）が提唱し「日常の様々な問題や要求に対し，より建設的かつ効果的に対処するために必要な能力」と定義している。以下の10個の項目が挙げられている。(1) 意思決定能力 (2) 問題解決能力 (3) 創造的思考 (4) 批判的思考 (5) 効果的なコミュニケーション能力 (6) 対人関係の構築と維持能力 (7) 自己認識 (8) 共感する能力 (9) 感情を制御する能力 (10) 緊張とストレスに対処する能力——を挙げている。（朝日新聞2007年1月29日朝刊より引用）。
8) 公益社団常人全国大学体育連合調査・研究部，2014，『2013年度大学・短期大学

の保健体育教育実態調査報告書』。京都大学, 2014, 『健康・スポーツ科目の履修
単位数について』平成26年度（第51回）国立大学教養教育実施組織会議・国立大
学教養教育実施組織事務協議会資料。

9) 木内敦詞, 2012, 「大学体育授業による健康づくり介入研究のすすめ」『大学体育』
9号 pp.3-22。

10) 川村　毅, 1987, 「大学体育の歴史」IDE・現代の高等教育。7-8月号。pp.2-9。

11) ロバート・M・ガニエ　他, 2007, 『インストラクショナルデザインの原理』鈴木
克明, 岩崎　信翻訳, 北大路書房。

12) 内田千代子, 2014, 「近年の動向と現状　疫学的見地」『精神医学』56, pp.57-384。

13) 一宮　厚　他, 2003, 「大学新入生の精神状態の変化―近年14年間の質問票によ
る調査の結果から」『精神医学』, 45, pp.959-966。坂口守男, 2009, 「学生の精神的・
身体的自覚症状の動向―近年5年間のUPIで見た推移―」『大阪教育大学紀要第
Ⅲ部門』58,　pp.45-55。

14) 東北大学学生相談・特別支援センター年報2号, 2017。

15) 日本学生支援機構, 2007, 「大学生における学生相談体制の充実方策について―
「総合的な学生支援」と「専門的な学生相談」の連携・協働。大隅香苗 他, 2013, 「大
学新入生の大学適応に及ぼす影響要因の検討―第一志望か否か, 合格可能性, 仲
間意識に注目して―」『青年心理学研究』24, pp.125-136。

16) 東海林祐子　他, 2017, 「大学体育におけるライフスキル獲得のための授業支援
ツール体育ノートの導入とその効果の検討」『大学体育』14, pp.3-15。島本好平 他,
2007, 「体育の授業におけるスポーツ経験が大学生のライフスキルに与える影響」
『スポーツ心理学研究』34（1）, pp.1-11。島本好平　他, 2006, 「大学生における
日常生活スキル尺度の開発」『教育心理学研究』54,　pp.211-221。

17) 中原（権藤）雄一　他, 2016, 「大学生における運動部活動参加の有無による精神
的健康度の相違。」『体力研究』114, pp.42-46。中原雄一　他, 2017, 「体育系と
福祉系の大学生における身体活動量と精神的健康度の比較」『福岡県立大学人間
社会学部紀要』26（1）, pp.1-6。

18) 厚生労働省, 2017「平成28年『国民健康・栄養調査』の結果」。

19) 自己効力感とは目標を達成するために必要な行動を自身が行うことが出来ると
いう自信や確信のこと。つまり自分の行動を信じる力とも言える。Albert, Ban-
dura（March 1977）. "Self-efficacy: Toward a unifying theory of behavioral change"
Psychological Review (American Psychological Association), 84（2）, pp.191–215。

20) H29年度全学教育授業担当必携, 2017, 東北大学教育・学生支援部 教務課。

21) 木内敦詞　他, 2009, 「行動科学に基づく体育プログラムが大学新入生の身体活
動関連変数に及ぼす効果：Project FYPE」『体育学研究』54,　pp.145-159。木内敦詞
他, 「行動科学に基づく体育プログラムが大学新入生の健康度・生活習慣に及ぼ
す効果：Project FYPE」『体育学研究』53, pp.329-341。

22) 石道峰典　他, 2017, 「体育実技授業による visual analog scale（VAS）法を用いた
社会人基礎力の評価に関する検討」『大学体育学』14, pp.67-78。

23）石道峰典　他, 2016, 「体育実技授業における社会人基礎力育成を意図した介入効果の検証」『大学体育学』13, pp.26-34。

第8章　西洋近代をめぐる歴史認識と教養教育
―「大塚史学」の現代的意義―

関内　　隆

1．はじめに―本稿の課題

　大学教育のいわゆる「大綱化」以来，日本の大学において教養教育の意義が軽視され，学生の社会認識が軽薄になってきているとあらゆる方面から折に触れて警鐘が鳴らされてきた。本稿の目的は，教養教育としての歴史教育が持つ現代的な意義を「大塚史学」を素材に考察することにある。そこで第1に，「大学教育の分野別質保証の在り方検討会」報告をもとに，歴史的な視座をもって物事を考え，歴史理解に基づいて現代世界を認識することの重要性を確認したい。次に，日本において西洋近代経済史研究を主導してきた「大塚史学」の学問的成果を取り上げ，グローバル化が急速に進展する昨今の状況を踏まえ，「市場経済の歴史」をめぐる論争に考察を加え，締めくくりに「大塚史学」が持つ教養教育としての意義について論ずることとする。

2．大学における教養教育としての歴史教育
2-1．歴史認識をめぐる現在の状況

　平成26年9月，日本学術会議に設置された「大学教育の分野別質保証の在り方検討会」の史学委員会・史学分野の参照基準検討分科会が「報告：大学教育の分野別質保証のための教育課程編成上の参照基準：歴史学分野」を公表した[1]。この報告は，学部専門教育の中で歴史学を専攻する学生ではなく，専門の別を問わず，すべての大学生が学士課程卒業時に身に付けるべき歴史認識の素養について論じた提言という性格を持っている。

　この報告では，「はじめに―歴史認識をめぐる今日的状況―」において，

①「日本における状況」として，若者の間で歴史意識が非常に希薄化し，価値観の多様化が進む中で自分に関係する事柄のみに関心持つ「現実主義」ともいうべき傾向（ネオ・リアリズム）を強めつつある状況を指摘している。②次に，「中国・韓国をめぐる歴史認識の状況」では，日本の若者のこうした内向きの歴史認識に影響を与えているのが，戦争責任や領土問題を中心とする中国・韓国両政府と日本政府の歴史認識の対立であるが，日本の大学への留学生の多くが中国・韓国からの留学生という現状を踏まえ，各国の歴史・文化をしっかりと理解し，それぞれの主張をこれら留学生とともに学問的・科学的に冷静に分析する歴史認識を育てることが重要であると報告書は捉えている。③そして「グローバルな歴史認識の必要性」として，身勝手な一国史的歴史認識の主張だけでは何の解決にもならないと指摘し，歴史認識をめぐる問題や対立があることを冷静に認識したうえで，一国史を越えたアジア全体への認識，さらにそれを踏まえたグローバルな世界認識を育成することが重要であると説いている。

2-2. 歴史学に固有の特性―歴史認識の主体性と科学性―

　次に報告は「歴史学の定義」を次のように明確にしている。人類の置かれた現在の状況は過去に生起した膨大な数の出来事の総体であり，過去の蓄積に他ならない。時間軸上に位置するこうした多様な出来事を歴史的事実として取捨選択し，その事実にどのような意味があるかを理解するのが歴史学である，と。

　歴史学には「歴史認識の主体性」と「歴史認識の科学性」という固有の特性があり，報告は下記のように論じている。

　(1) 歴史認識の主体性

　歴史とは過去に生起した事実の持つ意味を解明しようとする営みであるが，無限に存在する過去の諸事実の中から，解明する対象をどのようにして選択するのか，そして選び取られた事実の意味を理解する場合，何を基準とするのか，という問題に遭遇する。

　これらの問題は，歴史学に関わる者が自分自身で解答することを迫られている問題といえる。歴史認識は主体的な営為で，歴史を認識しようとする主体が，自ら生きている現在に照らして，歴史認識を更新していくべきものなのである。その背後には自らの価値意識による選択と歴史理解があるということを忘れてはなるまい。これらは歴史研究を「職業」とする者だけに限って求められるのではなく，歴史の中で生きるすべての人に求められ，学生たちに求められると報告は強調している。

　(2) 歴史認識の「科学性」

　歴史認識が「科学的」なものであるためには，文字資料や考古資料等の史資料の扱いも「科学的」でなければならない。しかしながら，歴史学は自然科学（実験科学）的な意味で「科学的」であることはできない。歴史における「科学性」とは，究極的には，人間としての「了解可能性」，つまりは過去の事実への捉え方が合理的に納得できるかという点にかかっている，と報告は主張する。

　史資料の分析・解読方法を学ぶ機会も大学で提供されるべきで，史資料を学生に提示して，学生に解釈させ，それに基づいて学生間で討議させることにより，各自が独自の歴史像を描くことができるような指導の授業法を取り入れることなどを報告は提言している。

　報告が述べるとおり，歴史学は「主体性」と「科学性」を併せ持つ学問という特徴を内包している。それらを両立させるために必要不可欠な手段は何であろうか。筆者はそれを学界における論争であろうと捉えている。歴史学が「主体性」を伴い，それをむしろ重要視するがゆえに，「主観性」が過度に投入されていないか，「恣意性」に傾いていないかを検証する手段として，学界論争は学問分野一般にとって持つ意義以上に歴史学においては不可欠と言えよう。伝統ある学会誌の一つである『史学雑誌』（月刊）は毎年，5月号を「回顧と展望」特集号として，前年度に刊行された歴史学全分野の論文を対象に百名近くの研究者を動員しつつ，レビューを行い，「論点整理」と「継承すべき成果」と「新たな課題」を探る活動を展開している。

　歴史家は自らが生きる時代の要請を背に受け，将来を見据えたその時代の課題を意識しつつ，過去の歴史を語る。こうした歴史家の仕事からすると，学問的な論争と論点整理を経由する中で，継承すべき視点，視角，視座などを確認しつつ，新たな課題を設定していくプロセスを繰り返していくこと，それが歴史学界にとって「科学性」を保持していく手段であり，永遠に続けられるべき任務であろうと筆者は考える[2]。

2-3．歴史学で身に付けるべき基本的な素養

　次に報告は，歴史を学ぶすべての学生が身に付けることを目指すべき基本的な素養として，我々を取り巻く現在の国家や社会そして人間の在り方を，現状固定的ではなく，歴史的に形成されたものとして観る捉え方，つまり歴史的パースペクティブにおいて考える能力あるいは習慣を身に付けることが求められている，と主張する。

　さらに，歴史観の多様性は避けられず，したがって，歴史の見方においては，唯一の正しい答え，すなわち「正答」は存在しないのであり，自らの立場とともに，他者（多民族，多国民，他人）の立場を理解し，尊重することが重要である，と報告は結んでいる。

　報告書の提言では，最後の締めくくりに，市民性の涵養と教養教育の観点からも歴史学修の意義を説いている。過去の政治・経済・文化等を知ることは「絶えず変化する世界の中で自己と自らが置かれた状況を認識する上で不可欠」で，「市民性すなわち民主的な社会に能動的に参加し，その維持・発展に資する力を形成」するうえで本質的意味を持つ。「歴史理解に裏付けられた現代世界認識とともに，自分とは異なる文化や価値観に対する寛容かつ批判的な態度」，「日々の市民的生活に歴史的な認識を生かし，また生涯にわたって歴史を学び続ける姿勢」が形成されることが期待される，と。

3. 「大塚史学」の歴史像

3-1. 「大塚史学」とは何か

　第2次世界大戦後の日本における歴史学界を振り返ってみると，大塚久雄（1907〜1996）を中心とする西洋経済史の研究グループが大きな潮流となり，歴史学にとどまらず他の社会科学諸学問にも多大な影響を与えたことは衆目の一致するところである。「大塚史学」と言われる研究グループは，大戦後の日本という時代状況において如何なる時代認識のもとで，何をどのような視角から西洋経済史の研究を重ねてきたのであろうか，初めにこうした点から考察を加えていきたい。

　日本の研究者が経済学の概念装置を用いながら，諸外国の歴史を考察する「西洋経済史」という学問分野は，人文学の歴史と社会科学としての経済学を架橋し，日本人の眼差しで諸外国の歴史を日本の状況と比較しつつ考察するというある種の学際的な開かれた学問として大きな魅力を持っていた。そして，「戦後歴史学」とも言われるように，日本における戦後の民主化と市民社会形成，経済再建という時代背景を強烈に意識しつつ，近代とは何か，近代の社会経済はどのような歴史プロセスを経て形成されてきたのかを西洋の社会経済の歴史に問いかけていった。歴史学が主体的な営みであることを先に確認したが，「大塚史学」はまさに，時代状況の中で歴史に「問い」を発し，歴史プロセスを考察するという典型的な形を示している。

3-2. 大塚久雄による研究の基本的特徴

　大塚久雄は，代表作の『株式会社発生史論』（1938），『近代欧州経済史序説』（1944），『共同体の基礎理論』（1955），『国民経済』（1965），『社会科学の方法―ウエーバーとマルクス』（1966），『社会科学における人間』（1977）などを初め，数多くの著作を残し，『大塚久雄著作集』全13巻（1969〜70，1985〜86）が刊行されている[2]。

　大塚久雄の研究の特徴は，「封建制から資本主義への移行論争」において，独自の概念装置によって，「商業発達説」を批判し「中産的生産者の

両極分解説」を打ち出した点にある。ここで言う「商業発達説」とは，中世都市を中心とした商品取引が次第に発展し，自給経済中心であった中世農村社会にも浸透しつつ商業活動が活発となって，社会全体を商品経済が覆いつくし市場経済を基礎とする資本主義経済が出来上がってくるとする捉え方で，近代資本主義形成の一つの見方である。

　これに対して，大塚の基本的方法は「発生史的」な歴史の捉え方を特徴としており，近代資本主義形成の「歴史的な起点」はどこに求められるのか，この一点にこだわった。大塚は「歴史的起点」として，中世経済で遠隔地商業の拠点をなしていた中世都市ではなく，むしろ農村の構造的変化と農村における新たな小規模な商品経済抬頭に注目した。すなわち，中世末期には農村のなかに小規模な「局地的市場圏」が形成され，独立自営農民層が担い手となって，副業であった毛織物等，日常生活品の生産を営む者も現れ，生産者間に新たな社会的分業関係が出来上がっていたからである。

　中世都市ではなく農村に足場を置く新たな市場圏が局地的市場圏であり，その担い手たちを大塚は独自に「中産的生産者層」と命名した。新たな市場圏では，中世都市とは異なり親方・職人・徒弟による伝統的なギルド体制を持たず，比較的自由な商品流通が展開し，最初は小規模ではあるが，徐々に地域的な拡大を見せていった。そうしたなかで，ギルド的な規制が欠如しているがゆえに，自由な価格競争が展開し，親方の地位に就けない職人層の一部も中世都市を離れて農村の新たな市場圏に参入するという事態も生まれた。

　こうして出来上がった局地的市場圏において，中産的生産層の一部は成功をおさめ自らの経営を拡大し，他の多くは没落の憂き目を見る結果となり，中産的生産者層の両極分解が起こった。この動きに大塚は，農村マニュファクチュアの歴史的起源を見出したのである。中世都市でギルド規制等のもとで活動する「前期的資本」と呼ばれる商業や手工業とマニュファクチュアの「産業資本」とのコントラストを描き出す歴史観がここに誕生した。

　このような歴史像を生み出すことになった背景は何であろうか。商品経済・市場経済の発展は長い歴史的スパンから見れば，中世経済を解体させ近代資本主義経済をもたらすとはいえ，市場経済の発展が必ずしも近代社会への道を招くとは限らない。若き日の大塚も眼にした戦前日本の急速な工業化と過酷な地主・小作農関係の並存，さらにはカリブ海やアメリカ南部の砂糖や綿花生産の奴隷制プランテーション，プロイセン東部における穀物生産グーツヘルシャフト（再販農奴制）が近代初期に登場するなど，枚挙に暇がない。市場経済が活発化すればするほど，伝統的な仕組みは壊れず，むしろ伝統社会を補強させることになるのは何故かという強い問題意識が大塚にあったと言えよう。

3-3. コスミンスキー学説の意義

　そうした大塚の課題意識に関して決定的な影響を与えたのが，中世史家 E.A. コスミンスキー（E.A.Kosminsky）の研究であった。コスミンスキーはイングランド中世の荘園制を研究する中で，荘園制の発展と商品経済との関係を次のように捉えた。13世紀のイングランドには，マナー（manor）と非荘園的所領（non-manorial estate）という2つのタイプの荘園があった。前者は賦役労働（労働地代）を基礎にイングランド南東部に存在した「古典荘園」で，後者は生産物地代や貨幣地代による北西部の「地代荘園」（いわゆる農奴解放後の純粋荘園と言えるもの）という対照的な2類型である。

　13世紀のイングランドでは小麦や羊毛をヨーロッパ大陸に輸出する貿易が拡大し，イングランド南東部でそれを生産したマナーも発展し規模が拡大した。つまり，商品経済の発展は中世の典型的な荘園制を解体させるどころか，むしろその存続を後押しすることになったのである。

　こうした逆説的とも言える事態はなぜ起こるのか，という問いに対して，商品経済・市場経済の担い手がだれか，商品経済の規模がどのようなものか，これらに起因するとコスミンスキーは唱えた。すなわち，市場経済の担い手が領主や遠隔地商人の場合には，荘園制は維持強化され，

荘園制の体制はさらに強固となり荘園制が拡大するが，市場経済の担い手が農民や彼らを取り巻く小商人の場合には，荘園制は次第に崩壊の方向を辿ることになる，と商品経済と荘園制との関係を位置づけた。

　市場経済が社会に与える影響は一様ではなく，市場経済を担うのはどのような階層かによって真逆の影響をもたらすことになる。領主主導の市場経済が展開するのか，それとも農民主導の市場経済かによって，当時の社会構造へのインパクトは大きく異なってくるとの認識を踏まえたことで，大塚による近代経済形成の歴史像が確立していった。そうした大塚の歴史像形成に影響を与えた論争として，15世紀のイングランド経済像をめぐるイギリス歴史学界における研究動向と「資本主義の精神」をめぐるヴェーバー・ブレンターノ論争を紹介しておきたい。

3-4.　15世紀イングランド経済像をめぐる研究史の意義

　15世紀は中世イングランドの終焉期で，バラ戦争を経て1485年にはヘンリ7世によってチューダー絶対王政が開始された。そうした15世紀を経済史の視点からどのように位置づけるかをめぐる論争が1930年代のイギリス経済史学界で展開された。世界恐慌後の1930年代，世界的な不況期を背景に当時の経済史研究者が歴史をさかのぼり15世紀の経済不況に問題関心を寄せていた。

　百年戦争そしてバラ戦争による内戦続きの15世紀は，混乱と経済不振に被われた世紀と捉える考えが学界に流布していた。W. デントン（W.Denton）に代表されるそうした学界での通説的理解は，イングランド貿易の不振，商業活動の低迷，荘園領主の地代収入の減少傾向など，様々な指標によって15世紀経済の不況状態を裏付けていた。

　しかし，こうした時代把握が一面的であり，15世紀の農村で起こっていた新たな状況を無視していると学界に一石を投じたのがT. ロジャーズ（T.Rogers）であり，ロジャーズは15世紀こそ「イングランド農民層の黄金時代」であったと通説的な理解に異議を唱えたのであった。中世〜近世期のイングランド農民の生活状況を研究対象としていたロジャーズ

は，15世紀には農民層の身分的地位向上や民富の蓄積状況を考察する中で，農民たちが新たな経済活動を活発化し，富と地位を向上させている状況を把握したのである。

それでは，15世紀のイングランド経済は果たしてどのように描かれるべきであろうか。デントン説もロジャーズ説もともに歴史的事実を語っており，一定の説得力を持っているが，それを総合した納得できる歴史像はそこには描かれていない。この隘路を解消したのが中世史家 M. ポスタン（M.Postan）であり，ポスタンの主張の基礎となったのが上述のコスミンスキー学説であった。

ポスタンは，貿易や遠隔地商業等の経済活動が不活発となり中世都市の経済不振，領主や遠隔地商人の経済力が低下する一方で，農村においては農民層の地位が向上し，独立自営農民（ヨーマン）が登場して農村のあり方が変化するという2つの現象が同時に発生したことこそに画期的な意義があると説いた。つまり，イングランドの15世紀を中世の経済から近代の経済へ移行する歴史的な「転換期」として位置づけることを提唱したのである。

コスミンスキーは前述のとおり，13世紀のイングランドに，荘園制の発展と貿易の拡大に見られる領主や遠隔地商人の「領主的市場経済」の繁栄を確認した。これに対しポスタンは，そうした領主的市場経済が15世紀には低迷する状況に陥り，かわって農村では農民層が小規模ながら「局地的市場圏」を形成しつつ新たな市場経済の担い手として活躍する「農民的市場経済」が台頭し，ここに新たな時代の萌芽が現れていることを見出したのである。

ポスタンのこうした総合的な視座は，歴史事象を多角的に捉える視野の広さと対立的な見解を融合させる柔軟な姿勢の賜物とも言える。ポスタンやコスミンスキーの議論は，グローバル化が急速に展開する現在，市場経済の拡大やあらゆる分野への商品経済の浸透が各国・各地域の社会にどのような影響をもたらすかは一様ではなく，各国・各地域の政治社会の特質や伝統文化との接触面への十分な考察を怠るべきではないこ

とを伝えていると言えよう。

3-5. 「資本主義の精神」をめぐるヴェーバー・ブレンターノ論争

　次に，資本主義経済が形成される際の基盤となった「近代的人間類型」の精神的な側面に関わって，いわゆる「資本主義の精神」をめぐる論争を紹介したい。

　「資本主義精神」をめぐって，R. ブレンターノ（R.Brentano）は資本主義の精神的基盤として，人々の貨幣獲得衝動に注目した。市場経済が発展拡大するうえで基礎となる動機と精神的基盤について，自ら求める商品を購入するためにあらゆる人々が貨幣を獲得しようとする意欲に求めた。それに対して，M. ヴェーバー（M.Weber）は，市場や貨幣が近代に誕生したのではなく，それらは歴史とともに古く太古の時代から存在すると批判し，新たに登場する倫理的な行動規範のエートスに注目した。近代に登場してきたエートスは，一人ひとりが合理的な思慮のもとで生活し，日常の生活を自ら律しながら労働に励むとするエートスであり，合理的な生活態度と勤労精神をベースにした行動規範である。こうしたエートスに大きな影響を与えたものとして，16 世紀ヨーロッパのプロテスタンティズムの職業倫理に注目したことは周知のとおりである。

　大塚久雄はこのように，近代社会形成において経済的側面とともに思想・宗教・文化を重視し，マックス・ヴェーバー『プロテスタンティズムの倫理と資本主義の精神』をめぐる論争を紹介し，独自のエートス論を展開した。中世末期の農村において伝統的な封建制を基礎にした共同体的諸関係が崩れ去って，新たな市場経済が入り込んできたとき，これまで存在してきた共同体による「規制と保護」に基づく行動規範と価値意識が次第に消失していく状況が見られた。そうした中，新たな市場競争が登場し，中産的生産者等の各階層が登場するなかで，自らの経済活動を律する拠り所として，毎日の生活において職業に励み聖書と向き合い自省することが神に仕える証しになると人々に説くプロテスタンティズムの倫理感が，新たに台頭しつつあったこうした階層に浸透していった

様相は想像に難くない。中産的生産者層が両極分解という試練を潜り抜けた後のマニュファクチュア経営者や労働者の場合であっても，そうした職業倫理は市場経済の中で活動する近代的人間類型を支えるエートスとして機能することになった。

　以上のようなヴェーバーによるプロテスタンティズム論は現在でも，実証的側面を含めて様々な面から論議の対象となっている。そうしたなか，歴史における社会経済的要因と宗教的・倫理的要因との絡み合いを考察することに力を注ぎ，大塚は近代資本主義の形成を支えた人間的基礎として，勤勉を旨とする職業倫理と合理的な生活を営む自主独立の「近代的人間類型」を描いたのである。

4. 「大塚史学」の研究成果と現代の教養教育
4-1. 「大塚史学」の研究成果と現代社会が抱える課題

　「大塚史学」と言われる研究グループの出発は，大塚久雄に加え，高橋幸八郎（1912〜1982），松田智雄（1911〜1995）らを中心とする東京大学経済学部，社会科学研究所を軸とする研究グループが形成されたことによる[4]。この第1世代による成果が，「封建制から資本主義への移行」を論じた大塚・高橋・松田編『西洋経済史講座』全5巻（岩波書店，1960〜62）であった。イギリスを研究対象とした大塚にフランス史研究の高橋，ドイツ史研究の松田が加わり，3名の薫陶を受けた世代の研究が活発化し，比較経済史学派とも呼ばれる研究グループが形成された。そうした第2世代がそれぞれのテーマを掲げ，上記の『講座』に執筆者として参加し，さらに1960年代後半以降はその時代が抱える課題を背景に新たな視点と方法を掲げ，学界を牽引していった。

　一例をあげれば，吉岡昭彦著『近代イギリス経済史』（岩波書店，1981）は18世紀末〜20世紀初頭のイギリス経済と政治の関係を経済政策史の視点から照射しつつ，イギリスが「工業国家」から「金利生活者国家」へと変容する歴史像を描いた。遠藤輝明編著『国家と経済』（東京大学出版会，1982）や同編著『地域と国家』（日本経済評論社，1992）は，社会学を

ベースにリージョナリズム等の視点を掲げ，フランス等の19世紀〜20世紀初頭のヨーロッパ各国の歴史的特徴を明らかにしていった。また，世界経済と国民経済の関係では，毛利健三著『自由貿易帝国主義』（東京大学出版会，1978）が，イギリス学界での「自由貿易帝国主義論争」を踏まえ，自由貿易政策が持つ帝国主義的属性について独自な検討を加える研究を行った。

　第2世代をリードしてきたフランス史家の柴田三千雄は社会運動史の研究成果と後述する世界システム論の台頭を受け，大塚史学の方法論に対するインパクトのある問題提起を行った。柴田はいみじくも，大塚久雄の研究を支えていたのは「共同体的桎梏から解放された独立の個人とそれが相互にとりむすぶ自由な社会的関係という価値観念」であったと指摘している（柴田三千雄著『近代世界と民衆運動』岩波書店，1983）。確かに，戦後日本に新たな市民社会の形成を求める時代的要請の中で，大塚には近代市民社会の基盤となる自由で独立した「近代的人間類型」の創出が不可欠であるとの固い信念があった。

　しかしながら，大衆社会状況が蔓延し，自己中心主義的風潮が人々に浸透して社会の情勢に無関心になりつつある21世紀の現在，戦後再建期とは異なる新たな人間類型が求められている。大塚久雄の孫弟子にあたる高田実は岡村東洋光・高田実・金澤周作編著『英国福祉ボランタリズムの起源−資本・コミュニティ・国家』（ミネルヴァ書房，2012）で，コミュニティを基礎にした福祉ボランタリズムの意義に注目し，個と共同性の関係史という視点から新たな社会福祉の歴史を描く試みを始めている。

　これらいずれにおいても，第1世代が主な研究の対象とした「封建制から資本主義への移行」の時代ではなく，19世紀以降の欧米各国と世界経済との関わり，そして経済と社会や国家との関係を探究するために他分野の視角を採り入れる手法がとられていることに留意したい。そうした動向は，南北問題の深刻化，冷戦体制の終焉，科学技術の急激な発展等の20世紀後半から21世紀にかけての世界全体の変化とそれを踏まえた歴史学界全体の問題意識の変化に他ならない。

A.G. フランク（大崎正治他訳）『世界資本主義と低開発』（柘植書房，1976）は早くに従属理論と呼ばれる学説において「低開発の開発 Development of Underdevelopment」と言われる第三世界の現状を告発し，I. ウォーラーステイン（川北稔訳）『近代世界システムⅠ～Ⅳ』（名古屋大学出版会，2013）は「世界システム論」と呼ばれる学説を打ち立て，「中枢国⇔周辺地域」という構図の南北問題の歴史的起源を露わにし，いわば出口の見えない世界経済の歴史像を提示した。

　21世紀初頭の昨今の現実世界はフランクやウォーラーステインの学説を裏付けるかのような動きを見せている。世界経済における南北格差の拡大は，反グローバリズムに火を付け，貧困地域から過激主義が発生する素地を作りだし，世界の不安定要因を増強させている。

　もちろん一抹の明るい未来を垣間見せる出来事も起こっている。バングラデシュではムハマド・ユヌスによるグラミン銀行が貧困対策としての地道な運動を展開し，2006年にはノーベル平和賞を受賞するに至った。グラミン銀行の活動は，農村における無担保低利融資であるマイクロクレジットに基づく支援，特に働く女性に対するコミュニティ単位の支援活動を通して農村の再建を行う仕組みである。それは，コスミンスキーがかつて描いた「農民的商品経済」形成の支援であり，大塚久雄がいう「局地的市場圏」の形成を土台にした国民経済づくりに時代を超えて取り組んでいる一例とも言えよう。

4-2. 「大塚史学」の現代的意義—批判的継承すべきものは何か

　締めくくりとして，教養教育として歴史学が有する意義という視点から，「大塚史学」から引き継ぐべき要点を確認しておきたい

　第1に，歴史に向き合う際の強烈な時代意識と歴史への眼差しを私たちは継承しなければならない。歴史学にとって主体的態度が如何に重要であるか，大塚史学の研究グループは，戦後の経済再建期から高度経済成長を経て21世紀の現在まで，時代状況の変化に応じて研究の課題意識を高め，研究の方法等も含め柔軟に対応していったプロセスを私たちは

確認することできた。

　第2に，大塚史学が示した経済・政治・社会・思想そして宗教や文化も射程に入れた，開かれた視野が持つ現代的意義を継承しなければならない。15世紀イングランド経済論争を想起するまでもなく，現代社会に起こる様々な事象を複眼的視野で捉え，柔軟に思考できる力を鍛えるために，歴史から学ぶことは決して少なくはないと言えよう。

　そして最後に，「自由」「市場」「競争」などは歴史的生成物として，いずれも歴史的な規定性を抱えている。それらは時代ごと，地域ごと，あるいは社会階層別に異なる影響を与え，場合によっては真逆の機能を持つことさえある。歴史学の意義は，こうした理念や概念，価値の「歴史的性格」への注視を促し，現代を相対化して未来を展望する力を育成することにあり，教養教育における一つの軸に歴史教育が据えられる所以がここにあると言えよう[5]。

【注】

1) 日本学術会議・史学委員会・史学分野の参照基準検討分科会「報告：大学教育の分野別質保証のための教育課程編成上の参照基準－歴史学分野」平成26 (2014) 年9月9日。

2) こうした歴史学の学問的性格をめぐる論点整理等について，望田幸男・芝井敬司・末川清著『新しい史学概論〔新版〕』(昭和堂，2002)，より詳しくは浩瀚な書，遅塚忠躬著『史学概論』(東京大学出版会，2010)などを参照されたい。

3) 大塚の研究成果は基本的に『大塚久雄著作集』全13巻 (岩波書店，1969〜70，1985〜86)に収録されている。本稿では特に下記の巻に収録された著作と論文を参照。『大塚久雄著作集』第3巻 (近代資本主義の系譜)，『大塚久雄著作集』第4巻 (資本主義社会の形成Ⅰ)，『大塚久雄著作集』第5巻 (資本主義社会の形成Ⅱ)，『大塚久雄著作集』第8巻 (近代化の人間的基礎)。

4) 高橋幸八郎『近代社会成立史論』(日本評論社，1947)，同『市民革命の構造』(御茶の水書房，1950)，松田智雄『「近代」の史的構造論』(近代思想社，1948)，同『ドイツ資本主義の基礎研究』(岩波書店，1967)。

5) なお近年，梅津順一・小野塚知二編著『大塚久雄から資本主義と共同体を考える──コモンウィール・結社・ネーション──』(日本経済評論社，2018)が刊行され，大塚久雄の学問的遺産継承をめぐる議論を展開している。ぜひ参照されたい。

第9章　教養としてのユーラシア大陸史
—グローバル社会における日本の実学—

右寄せ

芳賀　　満

はじめに～現代世界とこれからの教育
0-1. 国の「包括的富の指標」の観点からの教育の重要性

　国の豊かさを計る指標は，従来は「国内総生産」(GDP)であったが，それは企業の四半期毎の売上高の総計という収入でしかない。短期的な「財とサービスのフロー」，「収入の尺度」であるが，長期的な「資産のストック（蓄積）」，「富」ではない。そこで2012年に国連の Secretariat of the International Human Dimensions Programme on Global Environmental Change (UNU-IHDP)は，ケンブリッジ大学の Partha Dasgupta 教授他による『包括的富に関する報告2012 (Inclusive Wealth Report 2012. Measuring progress toward sustainability)』を発行し，そこにおいて「包括的富の指標」(Inclusive Wealth Index, IWI)を導入した。この IWI は，「社会資本(physical capital)」，「自然資本(natural capital)」，「人的資本(human capital)」の3種類の財産を加算評価するものである。「持続可能性」の観点から長期的な視点で豊かさを評価することが特徴である。レポートでは，アジア，欧州，アメリカ大陸，アフリカ，大洋州の各地域の21ヶ国のIWIを示した。その結果，1位はアメリカであったが，それを人口で割った「wealth per person」の1位は日本であった。日本の「自然資本（石油，石炭，森林等）」は僅かで，「社会資本」はあるが，その「包括的富」のほとんど（76％程）は「人的資本（教育や職業的訓練を受けた人）」に拠る。これはひとえに長年の教育ゆえであり，それが日本の国の富を支えていることは再認識すべきである[1]。江戸時代の特長は世界史的にも稀な「パクス・トクガワーナ」とも呼ばれる「持続可能性」であり，既にこの時代から日本には，幕末に来日したシュリーマンが喝破したように「平和，行き渡った満足

161

感，豊かさ，完璧な秩序」[2)]が蓄積していた。さらに明治以来は脱亜入欧を目指した富国強兵，殖産興業の為の教育に邁進した。この長年の「持続可能性」と教育によって作られた富の蓄積の上に今日の日本の繁栄はある。

　しかし現在，文教予算は20年前の5兆円超から1兆5千億ほど減じて4兆円である。これを元のレベルに戻すことは「安倍一強」でさえ困難である。我々は過去世代からの「包括的富」を切り崩し，未来世代には1073兆円の借金を課し，「貧乏になることを前提とした国家」に生きるしかない。従って，非常に効率の良い文教予算，教育予算の利用が，正に将来世代と未来の日本の「包括的富」の為に強く求められている。

　本稿で見るように，大学で得る教養とはあらゆることに対応が可能な知識とその創造的活用方法である。ならば限られた文教予算の中では，最も効率的に人材を育てることができるのが教養教育であるとも言えるのではないだろうか。

0-2. 教員とは別世界に棲む学生～小型化，密集化，共時化，有限化する世界

　一方，地球規模で1990年以来のここ20年間ほどに世界史上の巨大な変化があった。地球の総人口は，1990年には52.79億人だったのが2013年には71.25億人と1.35倍に増加した。特に発展途上国での増加が著しい。農業開始などの「新石器革命」は3,000年以上かかったのに比べて，コンピュータの処理能力は20年間に100万倍になり，同時に世界規模での情報網の発展と様々な情報の同時共有が進むという「IT技術革命」があった。ソ連崩壊，中国の発展といった東西構造の崩壊，経済システムの統一，世界規模での資源獲得競争の激化，イスラーム世界の進出といった政治・経済の変革と同時に，種でなく個の尊重，多様性の尊重，様々な分野での対象の相対視化の進展があった。そして，温暖化現象などの地球規模での気象研究などから地球システムの解明が進展し，それに伴い地球システムの脆弱性が露呈し，地球は有限であるとの認識が示され，地球有

限化時代に突入した。

　日本においてはどうか。今年2017年に経済産業省の「若手プロジェクト」は『不安な個人，立ちすくむ国家～モデル無き時代をどう前向きに生き抜くか』[3]を公表した。ここでは少子高齢化，格差と貧困，非正規雇用，シルバー民主主義が現在と将来の問題点として指摘された。昭和後半から平成にかけての「右肩上がりの経済，会社丸抱え人生，両親と子供の二人の標準家族，分厚い現役世代に支えられた社会保障」といった「昭和の人生すごろく」あるいは「昭和の標準モデル」を前提にした制度と価値観が，変革の妨げになっていると糾弾する。一方，就職（非正規雇用が1984年には15.3％が2016年には37.5％），結婚（2015年の男性の生涯未婚率は23.4％），「家族」概念の変革などに見るように「平成は当たり前が当たり前でなくなった時代」である。たしかに，こういった社会構造変動論そのものは目新しい主張ではない。しかし依然「会社と家族」に係わる「昭和の前提」が支配的であることは，例えば「専業主婦」の在宅を当然とした宅配の再配達やPTA等の問題が露出することからも端的にわかる。

　つまり地球，日本の両世界においても，現在の教育関係者が生きてきた世界と，学生が棲みこれから棲み続ける世界は，この20年の間に非連続的な断絶ができた。「当たり前が当たり前でなくなった」平成時代も終わりつつある今，教育対象である次世代は，教員とは全く別の世界に棲んでいることを，全ての教育と学生支援に関わる行為の大前提としなければならない。

1．教養の理念を語ること

1-1．教養教育科目～大学側から学問を根拠に具体的に語ることの重要性

　上記のように，全くの別世界の未来に棲んでいる学生相手に，非常に効率の良い教育予算の利用による教育が現在求められている。

　本来は，学生は全て互いに異なる個人であるから，教育も学生毎に異

なる「フルオーダー（ビスポーク）のテーラーメイド」であることが理想である。オックスフォード大学等やそれらを模倣したプリンストン大学等の超一流大学での完全な「チュートリアル（個別教育）」がそれである。しかし日本でそれを実施するのは現実的ではない。一方，日本で行われている「専門教育」は，専門毎に異なる「パターン」に拠る「パターンオーダーのテーラーメイド」であろう。いくつかの基本「パターン」を組み合わせて，個人になるべく合うように許容範囲内で変更して仕立てる。一方，現在の日本での一般的な「教養教育」は，特に低年次全学生という多人数相手の「全学教育」は，その制度上，「吊し」のスーツである。

　個別教育や専門教育よりも，当然「吊し」の方が予算効率が良いが，不満も多い。そのような低年次の，少人数ではなく全学生相手の，「全学教育としての教養教育」は何であるかを考えないといけない。そして我々は「吊し」において，選択科目ではなくてあくまで必修科目として，教養科目を責任をもって設定し学生に強要しないといけない。それが「ユーラシア大陸史」であると筆者は考える。

　さて，本報告書，特に本章は教養教育の再定義を行うことにある。しかし，羽田貴史氏[4]が指摘するように「60年を超える戦後日本の一般教育を巡る歴史で，組織改革その他の外的要因に基づく議論はあっても，教養や教養教育の在り方から派生した論争は広がらなかった」。つまり，日本の教養教育は，学部制度，学校階梯，他の外的要因に規定されているだけであり，大学側も高等行育行政が指導する GPA，ナンバリング，学事歴，授業外学修の増加等といった全くの技術的な問題にのみ反応しているだけである。

　また日本学術会議の「日本の展望委員会」の「知の創造分科会」による提言「21 世紀の教養と教養教育」[5]は，現代社会に於ける課題（例えば「グローバル化時代の特徴と課題」等）の整理の上で教養教育の課題（例えば「21 世紀の教養教育の課題」，「大学教育のカリキュラム編成の課題」等）など一般的な事柄を述べるだけである。いずれにせよ大学はこの提言を受け止めていないのが現状であろう。また日本学術会議の大学教育の分

野別質保証委員会の分科会により25分野の参照基準が作成・公表された
が[6],「教養教育」はそこに含まれない。

1-2. 様々な教養～世間の教養, 理念としての教養, 大学での教養

　したがって, 大学側からの, 且つ学問の内側からの, 具体的な教養論
と教養科目論が必要である。しかし, 大学組織等の卑近な外的要因から
教養教育を規定するのはむしろ容易であるが, 内的要因から規定するこ
とは困難である。それは人間観あるいは世界観, 少なくとも歴史観を問
うことである。そして教養の理念論を語ることと, 教養教育を問うこと
は, 峻別されなければならないからである。

　考えてみれば教養そのものは, 大学あるいは教育機関だけに存在し,
そこでのみ獲得し得るものではない[7]。阿部謹也氏[8]が述べるように,
教養は先ずは世間という社会にこそ存在するのである。それは人格化さ
れたもので, たとえ文字を知らない市民でも獲得できる生き方の基本を
問う姿勢であり, 例えば動作や身振りによって表現されるような教養,
つまり西洋中世では舞踏, 日本では茶道という立ち居振る舞いでもあっ
た。それは世間によって創り出され維持された公共性の高い「集団の教
養」である。公共性による矯正により, 性悪に陥りやすい人間の性向を
少しでも制御し, なるべく性善を伸ばすことが期待される。自らの生き
方によって世間を良いと思われる方向へ変えてゆく存在になるための教
養である。「これまでの教養は個人単位であり, 個人が自己完成を願う
という形になっていた。しかし「世間」の中では個人一人の完成はあり
得ないのである。個人は学を修め, 社会の中での自己の位置を知り, そ
の上で「世間」の中での自分の役割をもたなければならないのである」と
阿部氏が結論を述べるが, 畢竟人間は一人で生まれ育ち生き死ぬのでは
ない以上, 良い社会的存在と成ることが何よりも大事なのである。

　真に卓見ではあるが, これは「社会の教養」「集団の教養」である。我々
が今, 大学の教育現場で問うのは「個人の教養」である。

　そしてそれは過去に於けるような, ごく少数の所謂学歴エリートの自

己形成・人格修養の為の，一高などにおける教養教育ではない。大学を卒業する全ての市民のための教養でなくてはならない。

　さらに注意が必要なことは，教養とは例えば「個人の人格形成」，「人間としてのモラル」[9]，「人生の中で初めて認識されるもの」，「自分はどう生きるべきかの模索」などと識者によって様々に語られる教養理念である。どれも正しいが，崇高な「哲学」「信条」あるいは「信仰告白」でしかない[10]。カリキュラムの中での具体論ではなく，ましてそれに依拠してシラバスを構成できるものではない。

　大学教育の現場における責任ある教養教育が提示されなくてはならない。かつては「四書五経」等の暗誦が世界を理解し現実世界の課題に対峙する実学であったが，現代では何が実学であろうか。

2. 実学と教養

2-1. 実学としての教養

　つまり羽田氏によれば[11]，現代では高等教育はアメリカだけでなく日本においても労働市場と直結し，学生は就職を念頭に大学で学習するので，実学の教育を強く要請する。それが教養教育の現状を変えてきた。アメリカでは「リベラルアーツカレッジの減少や職業教育への転向が進行し，「伝統的な教養教育」対「実践的・職業的能力育成の教育」の構図が強まった。「高等教育に対する経済的期待は，それ自体，教養教育への脅威」[12]となっているのである。

　日本でも最近では2014年5月6日のOECD・閣僚理事会での基調演説で安倍晋三首相は，「私は，教育改革を進めています。学術研究を深めるのではなく，もっと社会のニーズを見据えた，もっと実践的な，職業教育を行う。そうした新たな枠組みを，高等教育に取り込みたいと考えています。」と述べている[13]。2014年10月7日の文部科学省の「実践的な職業教育を行う新たな高等教育機関の制度化に関する有識者会議（第1回）」で（株）共創基盤代表冨山和彦氏[14]は，ごく一部の「トップ大学」以外はすべて「職業訓練校化」すべき，Global世界に通用する人材を輩出でき

る大学はそのような領域に特化した教育を行い，それ以外は「生産性向上に資するスキル保持者の輩出」に力を注ぐ「職業訓練校（Local 型大学）」とすべき，そこで重視されるのは学問より「実践力」であり，例えば法学部では「憲法，刑法」ではなく「道路交通法，大型二種・特殊二種免許の取得」を，経済学部では「戦略論」ではなく「弥生会計ソフトの使い方」を学ぶべきである，と主張する。個人の見解ではあるが，今日では明らかに大学教育の「社会性」さらには「市場換金性」が重視されている。2015 年 6 月 8 日に文科省が出した「国立大学法人等の組織及び業務全般の見直しについて（通知）」[15] では，「教員養成系学部・大学院，人文社会科学系学部・大学院については，（中略），組織の廃止や社会的要請の高い分野への転換に積極的に取り組むよう努めることとする」とした。

　しかし実は既にナポレオンが，神学，文学，哲学などの文化系教育より実学としての理系教育を大学において重視しようとした。それに対して，シュライエルマッハーは，大学は学者の「自由な内的衝動」によって自ずと生まれるものである，学問共同体が純粋に学問を追究するほど，結果的に国家も強くなる，と述べた[16]。

　現在でも教養こそ実学だとする考え方もある。羽田氏によれば[17]，リベラルアーツカレッジこそ批判的思考，コミュニケーションなど，変動する経済に対応し，新たな価値を生み出すもの，との主張もある。アメリカ大学協会（AAC&U）は，21 世紀社会に必要な実践的スキルを身につけ，民主主義の活力と経済の発展を学生個人と社会にもたらすリベラル教育としての LEAP（Liberal Education & American's Promise）[18] を推し進めている。つまり「伝統的な教養教育」を超えて「実践的・職業的能力育成の教育」を含むリベラル教育の再構築が試みられているのである。

　ならば高等教育の意義を職業の観点から評価することは現実的な価値がある。一歩先を見るに敏な「ホリエモン」は，現在の多くの職業には寿命が来ると見て，ひたすら一つの道を究めようとする人間をバカにする[19]。たしかに，昔は警句であった「二兎を追う」が逆にリスク分散の鑑となり，副業・復業，転職が当たり前となるであろう。企業の存続どこ

ろか職種の存続さえ不明というこれからの社会では，学生達はあらゆる事への対応を準備する必要がある。ホリエモンは「鮨職人修行は馬鹿らしい」と言うが，つまり専門教育一筋は職業の観点からもリスクでしかない。ならば職業重視の学生にとって，逆に教養教育は必要である。元来，教養教育こそが最も優れた実学だからである。

　「有限世界」となった地球において，そして就職・職業という実社会においても，学生の棲む世界は教員のそれとは異なることは良く認識されないといけない。

2-2. 教養〜「時代の問題と切り結ぶための知恵」の実学

　たしかに通常，実学は医学，法学，経済学，工学といった実生活に役立つ学問とされ，教養教育はその反対語のように扱われる。広辞苑にも実学は「実際に役立つ学問，応用を旨とする科学」とある。

　では日本で実学を提唱し，その重要性を鼓吹し，それによって日本の近代化を押し進めた福沢諭吉はどのように述べているだろうか[20]。

　確かに福沢は，いろは，手紙の書き方，帳簿の付け方，そろばん，天秤の取り扱い方（これらは現在の小学生低学年レベルの基本要項であろう）を心得ることがまず大事であると言う[21]。しかし，さらに「進んで学ぶべき箇条は甚だ多し」とし，地理学，究理学，経済学などとともに，歴史学と修身学を挙げる。

　『福翁自伝』においては，教育の方針は「有形において数理学（物理学）と，無形において独立心」にあり，それは「近く論ずれば今のいわゆる立国の有らん限り，遠く思えば人類のあらん限り，人間万事，数理の外に逸することは叶わず，独立の外に依るところなしというべきこの大切なる一義」だと述べる。さらに「我が慶応義塾に於て初学を導くに専ら物理学を以てして恰も諸科の予備（根本）と為す」（『物理学之要用』）とも，「東西学の差異は物理学の根本に拠ると拠らざるとの差異にあるのみ」（『続福翁百話』）とも述べ，物理学こそがあらゆる学問の基底たる学問のなかの学問であり，「一身独立して一国独立」の為の根本であると述べる。

　しかしこれは倫理学を捨て精神よりも物質を中心価値とする唯物主義を標榜したのでも，学問の中心を人文社会から自然界に移したのでもない。倫理と精神の軽視ではなくて，逆に物理学を学問の原形に置くことによる「新たなる倫理と精神の確立」を目指したのであり，「自然科学それ自体乃至その齎した諸結果よりも，むしろ根本的には近代自然科学を産み出す様な人間精神の在り方」[22]を問題としたのである。

　それゆえに福沢は日本が「文明の外形のみを論じて，文明の精神をば捨てて問わざる」[23]のが問題であると憤慨・糾弾する。彼の独立自尊主義を要約した二十九条の綱領は「修身要領」と題されている。彼が掲げた「独立独尊」とは修身あるいは倫理の問題に他ならない。

　つまり，鷲田清一氏の述べる通り，福沢の主張する「実学」とは「すぐに役立つ学問」を意味するのではなく，修身，道徳あるいは「時代の問題と切り結ぶための知恵」[24]なのである。

　今も，今こそ，真に必要とされる「実学」とは，現代と切り結ぶ「人間精神の在り方」あるいは「哲学」なのである。福沢はいわば新しい「教養主義」の必要を実学の立場から強調したのであり，これは遠く明治時代の過去の課題ではなく，「文明の外形のみを論じて，文明の精神をば捨てて問わざる」現代日本と，応用学をのみ重視し基礎学を軽視するその現代日本の大学においてこそ，今火急の必要である。教養教育こそあらゆる事態に対応可能な実学であり，限られた文教予算の中でも最も効率的に人材を育てることができる方法であるとも言えよう。

2-3. 平成を終える日本〜失敗したプロジェクトを乗り越えて

　天皇の唐突な発言により平成時代が今終わるが，それは「内平かに外成る」（『史記』）でも「地平かに天成る」（『書経』）でもなく，何も成らないつまらない時代であった。昭和時代後半の成功体験を忘れられないままに，またなまじ昭和の蓄積があるだけに，世界的改革であるグローバル化と情報化に対応して戦後の社会を世界レベルにアップデートすることに失敗した「ひらなり」プロジェクトとしか思えない。近隣アジア諸国

の躍進を見てもそれは明らかで，平成末年の現状では，国単位で日本に明るい未来は見えない。平成は，最も良く評価しても，種よりも個を尊重し弱者や少数の者に関して少し立ち止まり考えはじめた時代である，としか価値を見い出せない。（但しそれも未だファッション・レベルでしかなく，本当に考えたのか疑問も多い。）あるいは大学関係に限っても Global 30 等の国際化の努力は重ねたが，その成果はまだ出ていない。願わくは平成は，火鉢の底の灰の中に火を埋づめ，鍋を用意して架け，未来の日本社会の熟成のために「埋火や終には煮ゆる鍋のもの」（与謝蕪村）を目指し始めた時代であって欲しい。但しいずれにせよ，日本という鍋だけを煮込んだり，あるいは世界に対して日本の中に「籠り居」して「居続け」することは，江戸時代ならまだしも，現代世界では断じてあり得ない。

　一方，たとえネーションがフィクションで想像された共同体でしかなくても，我々にはそれが必要である。個々の人間はあまりに弱いから，共通の生の目的が必要で，大きな何かに自分を仮託しないと生きていけない。精神世界ではそれが宗教であり，現実世界ではそれが国家である。昭和時代前半はその思いが極めて激しかった。国体を護持したいのではなくて，何かを護持したいから国体があるのである。

　平成を終える今は，昭和と平成を越える世界観を次代に向けて獲得しなければならない。それゆえに国家を越えた枠組みをも模索する必要があり，そのための教養教育であり，具体的には「ユーラシア大陸史」なのである。

2-4. 国家に発しインターナショナルとグローバルの間を往還する視座

　「四書五経」が実学であった時と大きく異なり，そして昭和と平成の失敗を反省して強調しても強調しきれないことは，上記のようにここ 20 年に極めて「国際化」が各方面において進捗したことである。ここで重要なことは，インターナショナル（国家間）とグローバル（地球的）の違いの認識である。（なおモンディアルは mundus を語源とし，「宇宙，天空，

天地万物」あるいは，現世，来世などの「世」を意味する，より形而上学的概念であるのでここでは考察の対象としない。）

インターナショナルとは，あくまで自国を中心として他の国を相対化する視座である。例えば自国株と外国（インターナショナル）株にみる概念である。つまり「自国」の数だけの異なる「インターナショナル」があり，「インターナショナル」とは少しも国際的ではなく，自国中心概念の裏返しに過ぎない。

一方，グローバルとは，地球全体を意味するから，当然そこに自国を含みつつも同時に全てが相対化される。自国中心ではなく，そこに国や国境の概念はない。球体の地球に中心はあるが，我々が棲む球の表面には中心がない。一方でどこでも中心となり得る。インターナショナルは国家間の関係の強化としての国際化であるのに対し，グローバルは国家を前提とはしていない。

"Imagine there's no countries" と歌うジョン・レノンの "Imagine" は底の浅い無責任な繰り言でしかない。陳腐，ナイーブ，空虚で，むしろ暴力的な「想像」である。血縁あるいは地縁という「想像」で形成されている「主権国家」あるいは「国民国家」という「共同体」の方法に問題も多々ありそれは次善の策でしかないが，現時点では未だに現実にはそれ以外の有効な枠組みが「想像」されるとは考えられない。これからも国家とその国境が消滅することはなく，従ってインターナショナルの概念は常に有効である。そもそも人々が定住共同生活を始めて以来，領域の境目は存在した。但しそれは後代に比べて極めて曖昧であった。しかし曖昧なフロンティアは次第に厳密なボーダーとなり，一般には1648年のウェストファリア条約以降，主権国家は明確な領域を持つようになり近代国家が整えられていったとされる。

一方で同条約以後も，カトリック教会は健在で，そして勿論イスラームもグローバルに展開している。その後は国旗を掲げた帝国主義が国境を越え進出し，さらにまさに「インターナショナル」との通称の労働運動・社会主義運動が "Proletarier aller Länder vereinigt Euch![25] " と国旗を捨

て国境を越えた階級連帯を目指した。共産主義（赤化）は世界を二分する大問題となった。なお「ギルド」もそうであり，そこには我々「大学の教員と学生」という親方徒弟制度も含まれるであろう。冷戦終結後も最近はイスラーム主義武装組織ターリバーンや「IS」も国境を越えて活動する。そして，もはや旗も制服も持たない思想も国境を越えて流入する。あるいはアマゾン，スターバックス，アップル，グーグルのような国境を越えた役務を提供するグローバル企業は，経済活動を行っている国に法人税を払わない等の租税回避行為を行い，税の観点で国家を超える存在となっている。2100兆円の金融資産が租税回避地に集まっているとするレポートもある[26]。そもそも市場交換の自由を奉ずる経済的新自由主義にとっては，国境も租税も越えるべき障害でしかない。

　このように「主権国家」以外の形態が伸張し現代世界に大きな影響を与えている。つまり，あくまで主権国家を基盤にしたインターナショナルを踏まえつつも，その主権国家のみを基盤にした世界の理解には限界があることを認識しないといけない。国家を維持しながらもその枠を越え，インターナショナルとグローバルの2つの視座間の往還と，それによる概念の拡大と止揚が現代ではますます必要である。

2-5.　国家の枠を超えて〜ユーラシア大陸史という教養としての実学

　ゆえに古今東西の国家を超えた事象や概念を知ることは必須である。それを知らずして現代を考察し未来を構築することはできない。

　ところが大学とは[27]，19世紀後半の欧米に於ける国民国家の完成の過程において，官僚の育成を初めとする国民国家の重要な装置として再定義された機関である。そしてこういった欧米諸国を歴史的起源とする日本の大学は，学問を前提とするのではなく国民国家を前提とする。現代世界にもはや合致しないこの日本の大学の前提を，学問の概念をこそ土台として崩し，現実世界に合わせるべく変革しなければならない。

　その学問概念こそが国家の政治史あるいは国家史の枠組みを超えた交流の歴史であり，大学を出るエリートは全てコスモポリタンとして，こ

の実学としての教養がこれから必要なのである。特に民族と国家が地理的にも血縁的にもほぼ一致するという希有な日本においてこそ，そして実際には「単一民族国家観」は「神話」でしかないからこそ，現実世界を正しく認識する為に不可欠な教養である。また日本を知るには日本史だけでは勿論全く足りない。「日本の地域から考える世界史」は良いプロジェクトではあるが基本的に自国史の延長である。

　勿論全世界とその歴史を知了することが究極の理想ではあるが，日本の地と血に沿い，ゆえにその観点に於いて最も重要なことは何か。日本の歴史学的・地政学的特徴は，ユーラシア大陸の東端の島国であることである。海によって隔てられていながら，中国や朝鮮半島のあるユーラシア大陸に極めて近く常にその強い影響下にあった。ゆえに日本の大学において国家を越えた枠組みの中で日本の過去現在未来を知るためには，ユーラシア大陸史が必須の教養である。

　既に内化されている「国民国家」を，「ユーラシア大陸史」という教養によりいったん外化したうえで，あらためて「新たな共同体像」を想像・創造して内化することが，これからのグローバル社会で生きてゆく日本及び日本人には必要である。ゆえに「ユーラシア大陸史」こそが，これからの日本の教養という実学に他ならない。

3.　ユーラシア大陸史の意義
3-1.　国家の枠を超えた枠組み〜東アジアの古層という未来，冊封体制，そして南京陥落

　国家の枠を超えた枠組みの事例としては，先ず「古代アジアの文化」をあげることができる。現在，例えば日中韓といった主権国家間で正負両方の交流・衝突を経験しつつも未来を展望しようと模索しているが，そのためにもかつての古代のアジアの様相を知ることは参考となろう。

　縄文文化は「孤島で独特に発達した」ものではない。東アジアの玉文化[28]が相互に交渉していた実態を探れば，縄文文化の東アジア文化圏におけるグローバル性がわかる。日本列島の玉文化はおそらく揚子江下流

域からの刺激を受けた可能性が高い。東アジア各地の初期玉文化には，地域を越えた交流が認められるが，しかし全体の画一化はない。「白地に淡い色」という発想は共有しつつも，玉そのものは「地域ごと」に固有であった。ここに「広域の穏やかな文化共有の交流ネットワーク」の中の「多元的な地域社会」を見ることができる。

　一般に文明社会の形成期について，西欧型の文明社会の形成期によくあるような「高い文化が低い文化を教導」するという構図，「特定地域・特定の人々の主導」モデルがある。しかし古代アジアにおいてはそうではなく，「等質的・個性的な地域社会が相互に刺激を与えながら全体としてレベルを上げる構図」があったことを確認できる。このような東アジア規模の交流関係が東アジア社会発展の基礎を形成したのである。このような東アジアの古層という，未来の東アジアの可能性があったことを知っておくべきである。

　しかしその後，古代中国の「中原」に覇を称える文明社会が成立してからは，その中原という「中華」を中心とした「冊封体制」が東アジアを永く支配するようになる。それによって「天子・内臣・外臣」を中心として，周囲に朝鮮や日本といった「朝貢国」を置いた東アジア体制が固定され，ほぼ現代にまで至る。それが欧州との本質的な相違点である。つまり東アジアにおいては，中国を最重要とし，他の国の価値はそれより軽い。国は互いに平等の重みを持たないのである。国連の理念と異なるこの華夷秩序はいまだに現代中国の国際国家観の基本概念である。

　特に日本は島国であるために，アジア本土と政治的・外交的に混淆することがほぼなく，古代以来の距離を置いた上下関係が固定化されていた。ところが，さらに具合の悪いことに，永久に続くかと思われた，この中華に対する「東夷」日本と言う中華思想による冊封体制が，アヘン戦争を経てまさに1937年12月13日の日本軍による首都南京の陥落によって根底から覆された。それは単なる敵による「虐殺」であるだけでなく，永世の基本構造である「中華思想」と「冊封体制」の「東夷」による転覆であるから，その痛みと屈辱と恨みは極めて激しいのである。中国側から

観たときに，特に「南京大虐殺」と大きく喧伝したい理由はここにある。少なくともヘレニズム時代から，痛みを伴いつつも互いに近代的外交と融合を図ってきたヨーロッパ地方の王朝や国とは異なり，東アジアでは原始時代から永世に続いた冊封体制による関係の固定があり，ところがごく近年1937年のその中華思想と冊封体制の屈辱的な転覆があり，相互の優越感と劣等感の捻れが未だに日中間には生々しい。

　このように古層から現代までの東アジア全域を通時的に見通し，同時にユーラシア大陸西端も視野に入れないと，今日の新聞の一面もわからないのである。

3-2.　ホーリズムとしての俯瞰～宇宙船史観

　一般に，学問は絶えざる細分化を遂げ，それゆえの成果も多いが，弊害も極めて多い。歴史学においても細分化は激しく，歴史学者は時代と対象を極めて狭窄的に限定する。限られた研究時間の中で汗牛充棟たる先行研究を読み，世界レベルでの成果をあげるためには，対象を極めて狭くすることが最も効果的だからである。日本史研究でさえ極めて細分化されており，且つ日本史研究者は日本列島の外への学的関心はあまりない。一方，中国研究者は基本的に中国，インド研究者はインド，ギリシア・ローマ研究者は地中海域，エジプト研究者はエジプトしか対象としない。誰もユーラシア大陸全体を見ようとしない。

　このような現状へのアンチテーゼとしての，日本から地中海世界までの全てを含んだホーリズムとしてのユーラシア大陸史とその研究には多大な意義がある。部分の合計が全体になるわけではないから，宇宙船から大陸全体を見渡すような宇宙船史観が必要なのである。

　主に科学・技術の観点からではあるが，日本学術会議は細分化を超えた俯瞰型の研究プロジェクトの重要性について説く[29]。ならばユーラシア大陸全体を見る視座こそ俯瞰視プロジェクトの最良の典型である。ユーラシア大陸全体を対象とする視座があれば，各地の個別の事象の相互関係が見え，さらに個別研究だけで見えないその個別の新たな特性が

見える。

3-3. Perspective としてのユーラシア大陸〜その特性

　ユーラシア大陸とは物理的な大地であり，歴史学的なあるいは哲学的な抽象概念ではない。誰もが諒解でき踏み締めることができる具体的な地理学的な対象である。

　ユーラシア大陸は，六大陸の中で最大面積を誇る。その面積5492万平方キロは全陸地面積の37％を占め，海岸線総延長距離は10万7800kmである。それは両端にアジアとヨーロッパを合わせ結ぶ地域であり，且つ両者の境界は明確でない。

　また一つの特徴は東西に長いことである。つまり同一緯度帯が長く続くので，植物，動物が遠くまで伝播しやすい。当然人間も移動しやすく，栽培植物や家畜という農業という文化も伝播しやすい。ゆえに諸文明間の文化交流が盛んであり，それにより各文明が発達したのである。

　ユーラシア大陸[30]の中央部分は沙漠やステップ地帯が広がる。外燃・内燃機関の発明以前に動力源が人や牛馬の筋肉でしかない時，森林を切り拓く労力も必要なしに拡がる広大な沙漠やステップは，星を観測する方法さえ承知していれば，天然の「高速道路網」であった。そして北には馬を得た騎馬遊牧民族が，南には農耕定住民が居て，南北相互の交流があった。このような東西・南北の条件下でユーラシア大陸で諸文明がSilk Roads あるいは Cross Roads を通じて互いに刺激を与えて発展した。

　古代の多くの農業文明が特にこの大陸で誕生した。メソポタミア文明，古代地中海文明，インダス文明，トランス・エラム文明，インド文明，黄河文明，長江文明などである。人や牛馬の筋肉のエネルギー源は食物である時，文明の発展の原動力としての農業の重要性は計り知れない。

　一方，特に興味深いのは中央ユーラシアで，これらの様々な大文明の周縁に位置しながら同時に大陸の中心でもある。但し，諸大文明の研究は常に盛んであるが，いつもその狭間に落ちて等閑視されている地域である。しかし例えばギリシアとインドを中央ユーラシアが紐帯し仏像が

創造された事例のように，諸文明を連結するハブとして世界史上重要な
機能を有するが，それはユーラシア大陸全体を見る視座がないと領略し
得ない。

　また西洋の基本はヘレニズム即ちギリシア・ローマ文明と，ヘブライ
ズムである。これらを含めた三大宗教が誕生したのもこの大陸である。
また特にイスラーム教が誕生し，遠く東まで伝播したのもこの大陸であ
り，また信者数からは現在それはアジアの宗教であるとも言えるが，そ
れも含めて全ては大陸内のことである。つまりユーラシア大陸全体をみ
ないと，イスラームも理解できない。なお，この大陸は建築の基本構造
素材である石，土，木の全てを含んでいる。

　このようなユーラシア大陸は，当然の如く，古来より世界史の中心で
あった。ヨーロッパ地方は大陸西端の寒冷な半島でしかなかった。「ペ
ルシア戦争」は，本来は強大なペルシアを基軸として見るのが正しく，「ギ
リシア事変」とでも呼ぶべきものである。ギリシアの「民主主義」とは極
めて限定的なものでしかなかったが，ペルシア帝国における様々な民族
の宗教等を認めつつ全体の融合を図る統治方法にこそ学ぶものが多い。
紙，羅針盤，印刷技術，火薬，銃火器は全て東方で発明された。大陸東西
の力関係が逆転したのは，1683 年にオスマン帝国が神聖ローマ帝国同盟
軍に敗北した第二次ウィーン包囲以降であるとする見方もある[31]。「グ
ローバルヒストリー」を求めるならば，ユーラシア大陸こそがその主舞
台である。ヨーロッパ中心世界観から離脱し，欧米を相対化する枠組み
としてユーラシア大陸史は必要である。

　また，ユーラシア大陸が独立変数であるとしたら，他の大陸はその従
属変数である。「オーストラリア」とは terra australis つまり「（ヨーロッ
パの）南の陸地」の意であり，南北アメリカ大陸は大航海時代以降もヨー
ロッパの従属変数であり，現代アフリカ大陸も過去の植民地としての欧
米の強い影響下にある。ゆえに，どの大陸にもまして先ずユーラシア大
陸を学ぶことが基本であると言えよう。

3-4. Japan Perspective 〜地政学の理解

　地球的規模の問題群に関わる人類的課題の解決のために，『日本の計画　Japan Perspective』として俯瞰的に問題を捉えることが奨められている[32]。しかし Japan Perspective とは，ユーラシア大陸の東端の列島であることに尽きる。

　中国の唯一の海である太平洋への進出の際に障害となるのが日本である。現代中国が主張する「第一列島線」（フィリピン，台湾東岸沖の海域，石垣島，沖縄本島，奄美大島，九州東岸）を確保し，その内側を制海権を確立した内海化しようとする戦略，つまり尖閣諸島を欲望する理由も，日本列島がユーラシア大陸の東部の核心地域の東端に繋がる列島であるからである。類似のことが日本とロシア及び韓国との間に於いても言える。遠い更新世に大陸と地続きであった箇所に，現在領土問題が顕在化していることは，ある意味当然だが，縁としか言いようがない。

　ユーラシア大陸からの視座が，ユーラシア大陸東端としての日本の歴史と地政学的な重要性を了解するには最も有効な視座であり，その意味でもユーラシア大陸史は特に日本人にとっての実学であり，日本の現実把握とその過去から未来への領土・主権の対策・企画・調整に必要な学問である。

4．ユーラシア大陸史観によって初めて見える歴史事象の事例

4-1．モンゴル帝国〜ユーラシア大陸史観がなくてもユーラシア大陸史

　モンゴル帝国の勢力範囲と後世への影響は，ユーラシア大陸の広範に及び長い時代に跨がる。朝鮮半島や中国からアナトリアや東ヨーロッパまでの大陸を横断する帝国であり，最盛期の領土は3300万平方キロであり，これはこの大陸の60％を占めた。さらには「パクス・モンゴリカ」のもと，日本，東南アジア，インド，エジプトまでが国際貿易のネットワークの中にあった。また，1388年にクビライ王統最後の大ハーン，トグス・テムルが殺害されモンゴル帝国が解体したあとも，それを継承した政権は広い範囲で後代にまで続いた[33]。

　しかしモンゴル帝国とその継承政権の場合は，その政治的支配版図と統治時代が明瞭に会得できる。モンゴル帝国というテーマは，ほぼそのままユーラシア大陸史となる。それは巨大な空間と時空間における「一国史」である。したがってユーラシア大陸史観を設定するまでもなく，大陸的であるというその存在の本質を理解できる。このようにユーラシア大陸的，あるいは初めての「世界史的存在」であることがモンゴル史の特徴であるとするならば，大陸史観を設定しなくてもその本質を理解できるということである。同時にこれが最初の東西に跨がる「世界史的」に広範な支配領域の政治勢力であるとするのは正しいが，これが最初の「世界史的」存在であるとするのは間違いである。つまりユーラシア大陸史観を設定しないと領略できない，しかし設定すればそこに立ち現れる，「世界史的」な存在や事例が多くあるのである。

4-2. 紀元前5世紀のユーラシア大陸～比較の視座

　例えば前5世紀は，その前半にペルシア戦争を征しその後半にパルテノンを建てたアテネの最盛期であるが，同世紀前半には中国で孔子が，同世紀後半にはインドでブッダ（前463年生－前383年没）が活動していた。人類史上特に輝ける時代である。ユーラシア大陸を一望する視座がなければ，このような認識を持つに至ることはない。

　但しこの認識は，これらの文化事象を壮大な視座から互いに比較して得ただけであり，これらに互いに実際の交流はない。文化の「比較」と文化の「交流」は，学問的に峻厳されなくてはならない。ではユーラシア大陸史観による本当の「世界史的」な存在あるいは文化の交流とは何であろうか。

4-3. ユーラシア大陸における東西交流の結実としての仏像の創造 〜交流事例1

　仏が前4世紀初頭に涅槃に入った後，長らくその似姿としての仏像は作られなかった。出家者は修行に専念することが求められ，かろうじて

在家にストゥーパの造塔が許された状況であることに加え，似姿を創ることは畏れ多いこととされたのであろう。仏の荘厳のための手段である仏教美術とは法輪や仏足石などの象徴的な図像のみであった。

しかし，時期と地域は明瞭ではないが，前1世紀から後1世紀にかけて，インドの北西あるいは中インドにおいて仏像が創造された。

これは，アレクサンドロス大王の東征以降に中央アジアに存続したギリシア文明と，「アントロポモルフィズム（神人同形主義）」を最大の特徴とするその美術の影響であると考えることができる。神を人間の姿で表すギリシア造形哲学を受け継いだクシャン朝が，ヒンドゥークシュ山脈を越えてインド北西へと南下したときに仏教という新しい宗教に出会い，ガンダーラとマトゥラーでそれぞれの土地の彫刻家に仏像製作を依頼したと考えることができる。

ギリシア文明とインド文明の両方を中央アジアをハブとして一望する視座がないと判らないことである。中国や日本までへの仏教の伝播は，主にその美術に拠るところが大きい。その仏像の創造にギリシア美術が影響している。まさにユーラシア大陸規模の視野が必要な，グローバルなイノベーション事象である。

4-4. 仏の権現（ごんげん）としてのギリシアの神々〜交流事例2

パキスタンのシルカップ遺跡の民家跡等から多く出土したギリシア神話図像を表した石製円形小皿は，在家仏教徒の祭具である可能性が高い。地中海文明圏ではない東方の，特に仏教のコンテキストの中で，これらのギリシア神話図像はどのような機能を有していたのだろうか[34]。

それらの図像の主題は，「スキュラ」，「エウロペの掠奪」（牡牛に化けたゼウスがエウロペを背に乗せ海を渡り西方のクレタ島に行く）（図1），「ガニュメデスの掠奪」（大鷲に

図1.《エウロペの掠奪》前2世紀，アフガニスタン出土，平山郁夫シルクロード美術館

化けたゼウスが美少年ガニュメデスを天上に掠う）,「海獣ケートスに乗る海の乙女ネレイド」,「饗宴図」,「性愛図」などである。どれも人を天に連れ去ったり, 渡海し対岸に運ぶ図像, あるいは享楽を表した図像である。

これらの石製円形小皿は仏像が出現したクシャン朝時代には殆ど作られなくなった。ゆえに仏像がまだ無い時代の, ギリシア神話を領会しているギリシア系在家信者の仏教徒が, 魂を彼岸にまで護送してもらい復活再生するという生天の思いをこれらの図像に託したと考えることができる。従来の仏教美術研究は経典に依拠して出家者を対象として想定してきたが, 在家の仏教徒で且つギリシア文明を継受しそれに馴染んだ「ギリシア系在家仏教徒」をも考慮しないといけない。特に仏像出現以前の時代においてはそれが重要である。

つまり, 従来は在家者の視座からの解釈が十分でなかった[35]。しかし大乗仏教は部派仏教と利他行において区別されるのであり, 大乗仏教の隆起を待つまでもなく, 在家の凡夫は原始仏教の時代からいた。仏教初期の小乗系涅槃経典[36]によると, 如来滅後の遺骸の処置に関する阿難の質問に対して釈尊は, 出家者には舎利供養を禁じ解脱へ精進せよと命じるが, 在家者には舎利を処理し四辻に舎利塔を建て礼拝すれば, 長く福利と安楽があり心が清らかになり, 死後に善きところ天に生まれるだろう（生獲福利, 死得生天）と説く。来世の福利・安楽や生天といった, 解脱を目的とするのならば本来必要ない土俗信仰的な世俗的果報を, 在家者は死後に期待してよいと釈尊自身が認めるのである。

このような布施と供養を通じて善き果報を期待する現世利益的な信仰形態は, ギリシアの神々の信仰と極めて親和性が良く, それがギリシアの図像が吸収される素地となったのではないだろうか。但し, ギリシア・ローマでは偶像はそれ自体が神であった。それゆえに人格神の偶像に生気を与えるべく, 伝説の彫刻家ダイダロスに代表されるギリシアの彫刻家達は息吹の表現として「アルカイック・スマイル」を考案し, 実際に視力を有し話し歩く神像を求めてコントラポストが発達してゆく。一方イ

ンド世界では本来，現象世界から完全に離脱したところに絶対非人格で属性や相を持たない真理が存し，偶像あるいは人格神はあくまで心弱き人間が形なき真理に到るためのよすがでしかなかった。しかし在家信者は，だからこそより強く造形に縋るのである。特にアントロポモルフィズムを受け継ぐギリシア系の人間が，仏像がない時代に在家仏教徒になった場合，彼らに親しいギリシアの神々の偶像をよすがとすべく，福利・安楽，生天の仏願を込めてギリシアの図像が援用されたのである[37]。

　クシャン朝の人々に馴染み深い存在のクシャン朝の守護神ナナ女神は，ラニガト出土坐仏台座酒宴図で坐仏の真下に現されクシャン朝の人々の魂を導くよすがとなった。あるいはイラン系の神ミスラ（日神）とマオ（月神）が「カニシカ舎利容器」に坐仏と共に表され故人の霊を守護した[38]。したがって，ギリシア神話の図像が仏教のコンテキストにある場合は，それにギリシア系在家仏教徒が生天の願い託し，ギリシアの神は死者の魂を導くプシュコポンポス（魂の先導者）の役を果たしたのである。ゆえに，ガンダーラのスキュラは翼を持つのである。スキュラの翼はギリシア本土で生え，イタリア半島で盛んに造形され，フェニキアの墓からの事例もあるが，仏教の地ではギリシア系仏教徒の魂を生天に導くための翼となったのである。

　仏が，それを信仰する人々が慣れ親しんだ他の宗教の神の姿を採り立ち現れていると見なす点においては「本地垂迹」と類似した構造を持つ。日本では仏が主で神道の神が従の権現であるが，形は神をとる。スキュラ等では本地仏の垂迹の方法が，神道の神ではなく，ギリシアの神の姿を権に採っているのである。これらギリシア系の「権現」は，仏教に於ける解脱，涅槃，楽園への再生復活（到彼岸），在家が目指した六欲天への到達を象徴しているのである。石製円形小皿に多くある《饗宴図》や《性愛図》は，単なる飲酒・饗宴や享楽的な性愛図ではなく，善行を積んだ死者の魂が辿り着く彼岸（果報の世界）で得る快楽を暗示し，即ち果報を得ることを示す因果応報の図像化であるとの解釈[39]が可能である。

4-5. 最初の仏のイメージとしてのヘラクレス〜交流事例3

　当然のことながら，生誕から出家踰城までは勿論，覚者となった以降も入滅まで，その体は人間シッダールタであった。仏像とはその人間としての本人の肉体の似姿であるが，上述のように入滅後ながらく作られず，法輪や仏足石などの象徴的な図像のみが採用されていた。

　そのような時に創造された最初のブッダの人間の姿のイメージは，ヘラクレスであると筆者は考えている[40]。アフガニスタンのティリヤ・テパは遊牧民の王族の墓とされるが，その第4号墓出土のインド系の《私鋳金貨》（図2）は，他の出土品から推定して後1世紀初め頃と年代決定されている。カローシュティー文字で，表面には，「恐れを知らぬ獅子が」[41]と銘文があり，獅子と三宝評と法輪が表される。裏面には，「法輪を転じる」と銘文があり，輪を転じるヘラクレスの図像を呈する人物が表される。したがって，「恐れを知らぬ獅子」即ち「釈尊」が，裏面において「法輪を転じている」とするならば，その場面を表現している裏面の形象において，既知最古の仏像の表現はヘラクレスの図像に拠るのである。

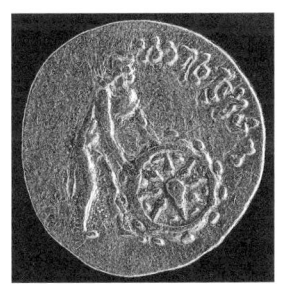

図2. 《私鋳金貨（裏面）》前1世紀第4四半期，アフガニスタン，ティリヤ・テパ4号墓出土，カーブル，アフガニスタン国立博物館

　銘文に沿って自然に解すれば，また一般に法輪を転ずるのはサールナートでの初転法輪以来の仏陀であることから，やはり裏面の図柄で「法輪を転じる」者が，仏陀であると解し，これが既知最古の仏像であるとしてよいであろう。

　もしも法輪を転じることを特に図像で表現したとのだとするならば，その図像がなぜ単なる一般男性像でなく，また主神ゼウスや他のいかなる神でもなく，特にヘラクレスでなければならなかったのかを説明しにくい。管見の限りギリシア・ローマ世界において，車輪状の物を転じたりするヘラクレス図像，あるいはより一般的に何らかの円形の物とヘラ

クレスが関係を持っている図像は，無いからである。注文主にとって，
転輪する男は仏陀であるから，ヘラクレスでなければならなかったので
ある。（我々にとっては，図像がヘラクレスだから，仏陀と解釈できるの
である。）

　以下のような認識により，中央ユーラシアのこの地において，仏陀は
ヘラクレスである。両者には共通点が多いとの概念があったからこそヘ
ラクレス像が用いられたのである。1）ギリシア神話においてヘラクレス
は，神でもなく，人間でもなく，半神・半人の英雄であり，神と人間を結
ぶ仲保者的存在である。ギリシアの神ではなく，ギリシアの半人で半神
の英雄の方が，人間シッダールタであり仏陀となった者の図像には相応
しい。2）ゼウスと人間の女との間の子であったヘラクレスは，嫉妬を抱
くゼウスの妻ヘラに狂気を吹き込まれ，我が子を炎に投げ込み殺し，その
の母も悲しみのあまりに自殺する。妻子を捨て，出家踰城する釈尊と重
なる行為である。3）正気に戻ったヘラクレスは，その罪を清めるために，
デルポイに赴きアポロンの神託を伺い，本来ならばヘラクレスこそミュ
ケナイ王になるべきであるが，その王になる道を捨て，難行の道を選ぶ。
世俗の王である転輪 聖 王ではなく，仏陀への道を選択する釈尊と重な
る行為である。4）神託に従い，ヘラクレスは十二の苦行，所謂「十二功業」
を成して罪を清めて不死を得た。この苦行の過程を経て罪を清めるヘラ
クレスの姿は，苦しい修行を経て，煩悩を断滅する釈尊と重なる。5）苦
行の結果，ヘラクレスは不死を得た。釈尊は苦行を経て，解脱する。6）
ヘラクレスも釈尊も，死すべき定めの現世から，共に薪の上に横たわり
火に包まれて，天上へと昇華する。7）ヘラクレスは難行を遂行する英雄
であり，且つ死に，且つ死後に神となった。このような釈尊と併行関係
にも取ることができる生と死をたどるギリシア神話上の存在は他にいな
い。仏陀も此岸と彼岸を結ぶ存在である。原始仏教においては悟りを得
た仏陀そのものは涅槃を経て彼岸へと解脱してしまった存在だが，仏陀
が仏像として表現される場合には，それは此岸での礼拝対象として此岸
と彼岸を結び仲保するのがその機能である。その意味で，半神・半人で

人間界と天界の間にあって，苦行の末に死んで神となり，その両界を結ぶ英雄ヘラクレスこそが仏像に相応しいのである。ヘラクレスと釈尊・仏陀との親和性は格段に高いと指摘できよう。8) 様々な神々のなかで，特にヘラクレスのイメージがアレクサンドロス大王と重なることが，このコインにおいてヘラクレスの図像の選択に影響していた可能性がある。

　以上のように，東方の人々は，ギリシア神話における様々なヘラクレスの属性を知悉のうえ，仏表現に相応しい対象図像として選択的に吸引したのである。

　仏陀をヘラクレスの図像によって表現したことは，礼拝対象を人間の似姿で表現するというギリシア美術の最大の特徴であるアントロポモルフィズムを，仏教において初めて実践した事例である。仏像の創造のひとつの根源がここにあり，また仏像の存在があってこそ後に仏教は広く伝播して世界宗教となったことを考えると，これがギリシア美術の東方における大きな貢献であり，そしてそれだけでなく世界史における最も大きな貢献である。

4-6.　中央ユーラシア出土の接吻するディオニュソスとアリアドネ〜交流事例4 42)

　ウズベキスタンのギリシア・クシャン系シルクロード都市カンピール・テパから，テラコッタ製の《接吻する人物像》が出土した。互いに見つめ合い腕を回して相手を自分の方へと引き寄せ，今まさに接吻せんとする二人の人物が表される。

　これはギリシア・ローマの類似図像と比較すると，中央ユーラシアにおけるディオニュソスとアリアドネであると比定することができる。

　二度生まれた酒神ディオニュソスは，，恐らく輪廻転生あるいは天上の悦楽の象徴として，多くの仏教コンテキストの中に現れるが，その初期の事例である。

4-7. 出家踰城図におけるギリシアの運命の女神テュケー〜交流事例5

　ガンダーラの仏伝浮彫の《出家踰城図》に表される城壁冠を被る女性像は，都市の守護女神（nagara-devatā）であり，城壁冠を被るギリシアの都市の守護神テュケーと比定され，出家踰城の地である都市カピラヴァストゥを象徴する機能を有するとされる[43]。しかしさらに深い意味があると筆者は考える[44]。

　先ず，テュケーが表された《出家踰城図》は図像学的に，女神の位置によって右タイプと左タイプの2つがある。

　右タイプは，仏教典『ラリタヴィスタラ』に依拠した，その図像化とも言えるもので，テュケーは場面の右端に不服そうなポーズで表される。

　しかし左タイプ（図3）における女神テュケーは，ギリシア系仏教徒などのギリシア文明を理解する人々によって，テュケーの起源の地である西方ギリシア・ヘレニズム世界に於けるこのギリシア女神の属性通りに，「運命の劇的な転換」を司る「強大な神」と認識されていたのである。出家踰城という

図3.《出家踰城図》後2-4世紀，日本個人蔵

釈迦の生涯における最大の「運命の劇的な転換」の場面とその未来を司り見守り寿ぐ存在としてテュケーは表されていた。

　成道とは，目指したことの偉大な成就・達成ではあるが，岐路・転換ではない。修行から大悟・成道へという道筋の方向性あるいはベクトルの向きには変化はなく直線である。そのベクトルはある臨界点を遂に突破して大悟へと次元を突き抜けるが，非常に躍進しただけであり物語としてのベクトルの方向は同一である。

　一方，出家踰城とは，ベクトルの向きが全く異なる二つの道筋の中から，一つを選んだことである。城に居て太子として生き転輪聖王となるか，出城して苦行を経るが仏陀となるかの，2つの道の後者を選んだあ

の夜の行動は，釈迦の生涯で最も大きな運命の岐路・転換の場面である。出家踰城とは，快楽の宮殿から苦行の山野へ，太子から仏陀へ，転輪聖王から仏陀への大転換に他ならない。

　ガンダーラ地方の仏伝浮彫の注文主と彫刻家と鑑賞者たちはヘレニズム文明圏にも属し，ギリシア神話の図像と神話内容をおそらく我々が想像するよりも遙かによく知悉していた[45]。つまり，地中海域だけに地中海文明があるのではなく，「シルクロード」を通じて，それは仏教藝術の中にも了解の上で吸引されていることが判明する。一般にギリシア・ローマの図像が東漸するときに，東側の最も強い吸引の磁場が仏教なのである。つまり決して西と東の文明の関係は「西高東低」で，一方的に西のものが東に流れ落ち伝播して行くのではない。仏教のコンテキストにおいて，数多あるギリシア神話の図像の中から，ギリシア神話の背景をよく理解した上で，仏教に合致したギリシア図像を取り入れているのである。つまり東漸は東側の排他的・選択的・意図的な選択によるのである。図像が東漸するとは，西側の「伝播力」だけでなく，東側の「吸引力」が大きく作用しているのであり，東方の文明の力を改めて高く評価すべきである。

4-8. 運命の大転換「トロイの木馬図・出家踰城図」〜交流事例 5

　ギリシア・ローマ美術の東方における伝播と吸引を示す事例として，大英博物館蔵のガンダーラ出土の浮彫《トロイの木馬・出家踰城図》[46]（図 4）がある。車輪の付いた台座に載った馬に，画面に向かって左から馬に槍を突き立てる人物がおり，そのさらに左には戸口のようなものの前で両手を広げて立つ女性がいる。馬を右から推す人物もおり，さらにその右後ろにも人物が表されていた

図4. 《トロイの木馬図・出家踰城図》後 2 世紀, パキスタン, ガンダーラ, マルダーン将来, 大英博物館

ようである。馬の背後にも一人の人物が立つ。

　これは明らかに「トロイの木馬」の場面（Tabulla Iliaca）である。木馬を押すのはギリシア兵シノンで，それを見守るのがトロイ王プリアモスである。城門の前で遮る女性はトロイの予言者カッサンドラであるとされる。そして，木馬をトロイ城内に入れることに反対する男性はラオコーンであるので，この槍を構える人物は木馬はそのトロイ神官である。

　しかし，そもそも本来この浮彫は，あくまで仏伝あるいは本生譚の図である。ではそのどの場面であろうか。馬が重要な位置を占める場面である。すると出家踰城図であろう。ある夜，出家を決意したシッダールタ太子が，王妃ヤショーダラーをおいて，愛馬カンタカに乗って，梵天と帝釈天の助けを得て，都城カピラヴァストゥを出る場面である。

　すると本事例においても，右にいるのは梵天と帝釈天で，中央には愛馬カンタカが表わされ，「戟を前に執る力士」は出家を妨げようとする魔王マーラ，左端で阻止しようとするのは夢で夫の出家を知って大声を発している妃ヤショーダラーであろう。トロイの木馬図としても図像の整合性を保つためにシッダールタ太子の姿は直接には表されていないが，愛馬の上に乗っているのである。その聖的存在は木馬の車輪の象形をとる法輪によって黙示されている。

　見事なギリシア・ローマ物語の仏教物語への転換である。同一の浮彫が，西の視座から解釈すればトロイ城での「トロイの木馬図」であり，東の視座から解釈すればカピラヴァストゥ城での「出家踰城図」なのである。西からの視座では，馬は城の外から内に入るところであり，その馬は戦争に於ける敗北を孕んでいる。一方，東からの視座では，馬は城の中から外へ出るところであり，この出家踰城の先には成道への道が続くのであるから，その馬は宗教的な勝利を体現している[47]。共通点は「運命」であるが，見事に対照を成している。

　これは深いギリシア・ローマ神話の理解の上に成り立っている仏教美術である。仏教徒はギリシア・ローマ文化を熟知しており，それを良く理解の上で，仏教のコンテキストの中に吸引したのである。西のギリシ

ア・ローマ文化は単純に東漸したのではなく，東が選択的に吸引したこととこと，その吸引の強力な磁場は仏教であったことを示す好例である。

4-9. 仏の脇侍としてのヘラクレス～交流事例6

カイバール峠を西に越えて現在のアフガニスタン内に入ったときの最初の交通の要衝であるジャラーラーバードの近くの一大仏教遺跡ハッダに，タパ・ショトゥール遺跡[48]がある。1970年代に発掘され，後3世紀と年代決定されている僧院跡から，丸彫に近い彫刻が設置された龕（図5）が検出された。

図5. 《ヘラクレス・執金剛神（ヴァジュラパーニ）像》後6世紀，アフガニスタン，ハッダ，タパ・ショトゥール出土

中央には仏座像がある。その向かって左には，左肩にライオンの皮を掛けた筋骨隆々たる有髭の壮年男性が座る。明らかにヘラクレスであり，且つその顔貌はリュシッポスのヘラクレスのそれである。但し，右手に持つ物は，棍棒ではなく，金剛杵であり，脇侍としての《ヘラクレス・執金剛神（ヴァジュラパーニ）像》（1979年ソ連軍により破壊される）である。強靭なヘラクレスは仏陀のボディーガードとして最適である。またヘラクレスは旅をよくしたので，仏陀の布教伝道の旅の案内役としても適任である。ヘラクレスの属性を良く承知していることは，この像の依頼主・制作者も，ギリシア神話に通じていたことの証左である。座仏の向かって右には，アカンサスの葉で飾られ葡萄などの果物を盛ったコルノ・コピアを持つ豊穣の女神像がある。その衣は薄く胸が透けて見え，仏教の鬼子母神ハリィティと習合したテュケー・ハリィティである。これら2つの像は共に，ギリシア・ローマ彫刻と見間違うほど西方の雰囲気を持ち，ヘレニズム時代後期の前2世紀か前1世紀頃の，小アジアかシリアあたりの彫刻であると思えるほ

どにギリシア的である。

　なお，仏教美術の中に吸引されたギリシア・ローマ図像としては，他にも例えばアトラース，海獣ケートス，交差する帯紐，そしてアカンサスや花綱などの装飾文様など多々ある。

4-10. 東漸しモンスーンと仏教に出会った小麦としての麩〔ふ〕〜交流の事例7

　宗教美術にみるユーラシア規模の交流を概観したが，食品も文化である。麩[49]は小麦粉の7〜8割のデンプンを多量のきれいな水で洗い流し，1割のタンパク質を得てそれに水を加え粘りあるグルテンを取り出した食品である。本来，小麦は乾燥地帯のもので，そこで多量の水を使うことはあり得ない。小麦が東漸し，中国のモンスーン地帯で水に出会ってはじめてできた食物が麩であり，乾燥地帯に栄えた小麦文化と，モンスーンの風土が出会って融合してできた食物である。また肉食を排する仏教の戒律が小麦のタンパク質を精進料理に好んだ。大陸東端モンスーン地帯の中国沿岸や日本列島で，硬い小麦の品種が生き残った理由でもある。たかが麩，しかしそれひとつとっても，ユーラシア大陸全体の風土と宗教を見渡す視座がないと理解できないのである。例えば「羊羹〔ようかん〕」も同様である。

4-11. アウト・オブ・アフリカで出会った大地とヒト〜交流の事例8

　そもそもがユーラシア大陸は，200万年前頃の1回目のアウト・オブ・アフリカを果たした人類が初めて進出した大地である。また5万年前の2回目のアウト・オブ・アフリカを行った我々の直接の先祖が出会った大地でもあり，そこで先住のヒトと遭遇した地である。従って現在最後の交代劇の起こった場所である。我々もいつか交代される存在である以上，その研究は重要である。

4-12. 農業を知るために～～交流の事例9

　農業とは，人類とその歴史の根底を支える環境技術である。それに関わる重要な事象がユーラシア大陸で起こっている。

　かつてはレバントやイスラエルあたりが農業の起源とされていたが，今は多起源説が唱えられ，多くの起源の地があったと考えられている。西アフリカや新大陸も起源の地であろうが，特にコーカソイドによる近東におけるムギ類を中心とする農業と，モンゴロイドによる東南アジアにおけるイモ類を中心とした農業がユーラシア大陸にある。前者は種子繁殖，後者は栄養繁殖である（図6）。

　種子繁殖植物とは，ムギ類，雑穀類，マメ類であり，一年生で，秋に播いて秋，あるいは秋に播いて春に，花が咲いて種子が採れる。種子がとれたら親の植物は死ぬ。種子は貯蔵ができ，それを大量に抱え込んだ人物が権力を握る。つまり種子はストックとフローが可

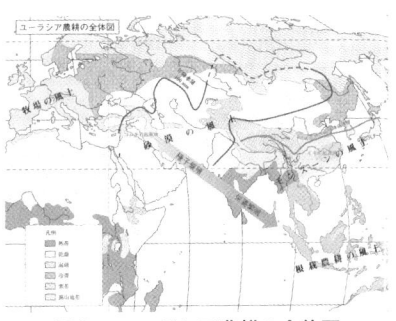

図6.　ユーラシア農耕の全体図

能であり，それは「財」であり「通貨」の起源となり，財の多寡による垂直社会が発生しやすい。また定まった播種期と収穫期があるので，収穫期を中心に収穫の祭りがあり，収穫が豊かであることを祈る儀礼とそれを司る司祭が生まれる。司祭と王がセットになり司祭王が出現し，王権が形成される。また栽培種を作り出す品種改良により，遺伝子が変化する。王権の基礎の収穫，貯蔵，増殖が人の意志に対して反応する。

　一方，栄養繁殖植物は，サトイモ，ヤマイモ，サトウキビ，パンノキ，バナナなどで，種子でなく，株分け・根分けで増え，花を咲かせて次の世代をつくるプロセスを経ない。種子はあるが，利用できるほどの種子をつけない，あるいは種子は利用の対象ではない。収穫と植付が連続する農法であり明瞭な収穫期がない。貯蔵も不可能な根菜農耕の世界では，財の蓄積が困難で，ゆえに権力が発生する契機に乏しい。したがって，

王権が発生したり，王国のような垂直権力構造が出てきにくいことが特徴である。また株分けは何回繰り返しても，遺伝子の組み合わせは同じクローンであり続けるので，遺伝的改良，品種改良はない。

このように，典型的な二つの文明モデルの基盤を形成する，種子繁殖と栄養繁殖の両方を有するのが，ユーラシア大陸の農業の特徴でもある。

さらに，ラマやアルパカ（アンデス），ロバやネコ（エジプト）以外の主な家畜，つまりイヌやヒツジやヤギやブタ（東南アジア），ウシ（西南アジア），ウマ（西アジア），ラクダ（アラビア，中央ユーラシア），また代表的家禽のニワトリ（東南アジア，中国南部）などが，全てこの大陸で形成された。

農業とは文化であり，人類が開発した最初で且つ最も影響のある環境技術であるときに，ユーラシア大陸史を学ぶことは不可欠である。

5. 結－第二次世界大戦の端緒としての「ノモンハン戦争」

ユーラシア大陸史観によって初めて世界の諸事象が見えるという事例，よってその歴史学は世界と対峙するための実学であることを示す事例は，古代にあるだけではない。日清戦争，日露戦争，第一次世界大戦もユーラシア大陸の枠組みで理解すべきである。主権国家が形成され，国境ができた現代における事例のひとつとして，例えば「ノモンハン事件」をあげることができる。満州とモンゴルの間のハルハ川付近の国境を巡って，日本とソ連が1939年の5月11日から8月29日まで戦った「事件」であるが，日本にとっての最初の近代戦であり，そして世界史上もこれはその規模と重要度からして「戦争」と呼ぶべきものである。

ユーラシア大陸俯瞰の視座があれば了解できるが，大陸北端のソ連は常に大陸の東西南の三方面における戦略を迫られる存在である。そしてスターリンは一人である。1939年には，8月29日まで東においては総力を挙げてノモンハンで日本軍を討ち，西においては8月23日に独ソ不可侵条約を結んだ。以てソ連との戦争を避けたドイツ軍は9月1日にポーランドに侵攻し，9月3日には英仏がドイツに宣戦布告をして第二次世

界大戦が勃発した。一方ソ連は9月17日には，東方の日本とのノモンハン戦争の決着を踏まえて，西方でポーランドに侵攻する。この一連の因果関係と国境を巡る力学とを，ユーラシア大陸史観で考えれば，「ノモンハン戦争」が第二次世界大戦の引き金であると解釈できる[50]。共にソ連との関係において満洲はこの大戦の端緒であり最終端なのである。国際関係において明らかに未だに「戦後」に生きている我々にとって，その世界史的な経緯を理解する意義は大きい。

　ソ連あるいはロシアという視座は，すなわちユーラシア大陸全体を見る視座である。当時，平沼騏一郎首相は「欧州の天地は複雑怪奇」と述べて総辞職した。現代でもユーラシア大陸という視座がないと，日本はいつまでも世界情勢が「複雑怪奇」のままで理解できないであろう。

　今日のグローバルあるいはインターナショナルな国家関係は，互いに絡み合い，互いに相手の従属変数ではある。しかし現実には正であれ負であれ，政治・経済・文化の震源の多くはユーラシア大陸にある。

　ロシア，中国は勿論，アメリカ以外の全ての国連常任理事国（イギリス，フランス，ロシア，中国）はユーラシア大陸にある。欧州諸国，ロシアとユーラシア経済連合，中国と「一帯一路」構想，上海機構，インド，中央ユーラシア，東南アジア，朝鮮半島，そして日本，あるいは資本主義も社会主義・共産主義も，欧州の基本概念（人は平等，国家は平等）も中国の華夷秩序という基本概念（人は平等ではない，国家は平等ではない）も，全てはユーラシア大陸の上のものである。

　特にユーラシア大陸の歴史と現在を踏まえることなしに，人類世界の過去と現代は勿論，未来も見えることはない。勿論，全てを含む世界史を知悉することが当然理想である。また例えば，ユーラシア大陸における文明発展モデルと異なる古代アンデス文明[51]を，ユーラシア大陸自体を相対視する為に知る必要はある。しかし世界史の最重要部分として，また大陸東端の日本の喫緊の課題に対応する実学として，その日本の大学での現実可能なカリキュラムとして，ユーラシア大陸史が教養課程の必修科目として全ての大学生に先ず必要である。

【注】

1）"The real wealth of nations", *The Economist* June 30th 2012（http://www.economist.com/node/215577329（2017年8月10日閲覧）；青柳正規「地域と文化〜平成風土記の編纂〜」, *HI.Haiku International* No.131, 国際俳句交流協会, 2017, pp.18-29.

2）Heinrich Schliemann, *La Chine et le Japon au temps présent,* Paris 1867, p.141. "Nous voyons ici paix, contentement général, abondance, le plus grand ordre et un pays cultivé avec plus de perfection qu'aucun autre pays du monde."

3）経済産業省 http://www.meti.go.jp/committee/summary/eic0009/pdf/020_02_00.pdf（2017年10月10日閲覧）

4）羽田貴史「大学における教養教育の過去・現在・未来」『東北大学高度教養教育・学生支援機構紀要』2, 2016, p.50.

5）http://www.scj.go.jp/ja/info/kohyo/pdf/kohyo-21-tsoukai-4.pdf（2010年4月5日発出）（2017年10月10日閲覧）

6）http://www.scj.go.jp/ja/member/iinkai/daigakuhosyo/daigakuhosyo.html（2017年10月10日閲覧）

7）芳賀満「様々な教養, 様々な教育〜特に高度教養教育に係わる私見」『東北大学全学教育広報曙光』36, 2013, pp.9-12.

8）阿部謹也『「教養」とは何か』（講談社現代新書）1999（特に p.180）.

9）村上陽一郎『やりなおし教養講座』NTT 出版2004, p.14.

10）逆に, 敢えて徹底的に教養を排して実生活にのみ即した笑いを求める「さんま」のことを,「ビートたけし」は教養なきしゃべりの天才と評している（ビートたけし『バカ論』新潮新書2017）が, それこそ万人において「業の肯定」「不条理の解毒作用」「心の血栓の溶解」を図るお笑いの聖人で想像された国家に棲む国民の紐帯ではあるが, 本稿の参考にはならない。

11）羽田, *op. cit.,* 2016, p.50.

12）羽田, *op. cit.,* 2016, p.50.

13）http://www.kantei.go.jp/jp/96_abe/statement/2014/0506kichokoen.html（2017年10月10日閲覧）

14）http://www.mext.go.jp/b_menu/shingi/chousa/koutou/061/index.htm（2017年10月10日閲覧）

15）http://www.mext.go.jp/b_menu/shingi/chousa/koutou/062/gijiroku/__icsFiles/afieldfile/2015/06/16/1358924_3_1.pdf（2017年10月10日閲覧）

16）山脇直司「シュライエルマハー」『哲学の歴史』7, 中央公論新社, pp.585-611.

17）羽田, *op. cit.,* 2016, pp.50f.

18）https://www.aacu.org/leap（2017年10月10日閲覧）

19）堀江貴文『多動力』, 幻冬舎, 2017.

20）芳賀満「教養教育のありかたと歴史教育の重要性について〜対象を相対化する視座と能力の涵養の場として」『東北大学高等教育開発推進センター紀要』6, 2011,

pp.79-94. から転載.

21）福沢諭吉『学問のすゝめ』1876, 初編.

22）丸山眞男「福沢に於ける「実学」の転回」（初出『東洋文化研究』3号1947）（『福沢諭吉の哲学』岩波文庫所収）.

23）福沢諭吉『文明論之概略』1875, 巻1第2章.

24）鷲田清一「・・・・・・or「教養」と「基礎学」」（日本学術会議哲学委員会主催シンポジウ『Humanities（人文学）と基礎学の危機』2007年12月8日於専修大学での提題）

25）Karl Heinrich Marx, Friedrich Engels, *Manifest der Kommunistischen Partei,* 1848.

26）イギリスの tax justice network（http://www.taxjustice.net）（2017年10月10日閲覧）に拠る。

27）羽田, *op. cit.,* 2016, p.49.

28）宇野隆夫「縄文文化と東アジア」『世界から見た日本の歴史38話』文英堂, 2000, p.16.

29）日本学術会議会長吉川弘之「俯瞰型プロジェクトの推進と総合的な科学技術政策の樹立に向けて」1999.1（http://www.scj.go.jp/ja/info/kohyo/pdf/kohyo-17-d4.pdf）（2017年10月10日閲覧）；日本学術会議運営審議会附置新しい学術体系委員会『新しい学術の体系～社会のための学術と文理の融合～』2003.6（http://www.scj.go.jp/ja/info/kohyo/18pdf/1829.pdf）（2017年10月10日閲覧）

30）森安孝夫『シルクロードと唐帝国』（興亡の世界史5）講談社, 2007, pp.17-48. を参考にした。

31）森安, *ibidem,* 2007, p.22.

32）『日本の計画 Japan Perspective』日本学術会議運営審議会附置日本の計画委員会, 2002（http://www.scj.go.jp/ja/info/kohyo/pdf/kohyo-18-t980-3.pdf）（2017.10.10閲覧）

33）クリミア・ハン国は1783年にエカテリーナによりロシア帝国に併合されるまで続く。中央ユーラシアのブハラ・ハン国, コーカンド・ハン国, ヒヴァ・ハン国の3ハン国は1868年から1876年にロシア帝国に占領され, さらにソビエトに吸収されて行く。ティムール朝から派生するインドのムガル帝国も1858年にイギリスにより滅亡させられるまで続く。

34）芳賀満「海獣スキュラの変容と東漸～ユーラシア大陸におけるギリシア図像の伝播とそのオリエントによる吸引」『美術史歴参』中央公論美術出版社, 2013, pp.521-547. から転載.

35）既に奈良康明「古代インド仏教の宗教的表層と基層」（『国訳一切経・三蔵集・第一輯』1975）p.277, 及び杉本卓洲『インド仏塔の研究』1984, 近年では田辺勝美『仏像の起源に学ぶ性と死』2006があるが一般的ではない。

36）Maha-parinibbana-suttanta（PTS 本 DN.2, pp.141-143）；『長阿含経』第三「遊行経」（大正1, 20中以下）；『仏般泥洹経』巻下（大正1, 169上以下）；『般泥洹経』巻下（大正1, 186下以下）；『大般涅槃経』巻中（大正1, 199下以下）；山田明爾, 日本佛教學會年報59, 1993, pp.65-78.

37）田辺勝美『平山郁夫コレクション ガンダーラとシルクロードの美術』2000, pp.46f.

38）小谷仲男『西南アジア研究』61, 2004, pp.5-11.

39）田辺, *op. cit.,* 2006; 田辺勝美『平山コレクション ガンダーラ佛教美術』. 2007, pp.262-280. 『正法念処経』（インドで後2世紀頃に成立）に，天は男女雑錯して遊び愛欲に倦むことのない快楽の雑園であると記されている，と龍谷大学の入澤崇教授からご教示いただいた。

40）芳賀満, 芳賀京子『西洋美術の歴史1古代 ギリシアとローマ美の曙光』中央公論新社, 2017, pp.552-564.

41）辛島静志氏による訳（田辺, *op. cit.,* 2006, p.55.）

42）芳賀満「俗と聖の接吻─新出の「ディオニュソスとアリアドネ」像テラコッタを中心として古代地中海世界から中国まで」『西洋美術研究』15, 2009, pp.16-39.

43）A.Foucher, *L'art gréco-bouddhique du Gandhāra.* T.1, 1905. pp.360f., fig.184; 田辺勝美『毘沙門天像の起源』山喜房2006, pp.59, 63, 74, 84, 86, 200, esp.235f., 273.

44）芳賀満「ガンダーラの出家踰城図における女神テュケーの図像─そのタイプ分類とヘレニズム時代ギリシアの視座からの新解釈」『佛教藝術』333, 2014, pp.1-22.

45）田辺, *op. cit.,* 2006, *passim* が指摘する。

46）W.Zwalf, *Gandhāra Sculpture,* 1996, pp.233f., pl.300; 田辺勝美 / 前田耕作編『中央アジア』（世界美術大全集東洋編第15巻）小学館, 1999, fig.231; 芳賀満, *op. cit.,* 2017, pp.592-596.

47）前田耕作「トロイアの木馬」田辺 / 前田1999, pp.299-304. が指摘する。

48）芳賀満, *op. cit.,* 2017, pp.578-580.

49）佐藤洋一郎「現代のことば」京都新聞2006.5.8; 佐藤洋一郎他編『麦の自然史』北海道大学出版会, 2010, p.10.

50）S.D.Goldman, *Nomonhan, 1939: The Red Army's Victory that shaped World War II,* Annapolis 2012; A.J.Beevor, *The Second World War,* New York 2012.

51）青柳正規『人類文明の黎明と暮れ方』（興亡の世界史00巻）, 講談社, 2009, pp.254-272（特に264）.

【図版出典】

図1.田辺勝美監修 展覧会カタログ『平山郁夫コレクション ガンダーラとシルクロードの美術』朝日新聞社2000, no.85；図2.九州国立博物館 / 東京国立博物館 / 産経新聞社編『黄金のアフガニスタン』産経新聞社, 2016, 図版119；図3.栗田功編『ガンダーラ美術Ⅰ佛伝 改訂増補版』二玄社, 2003, fig.146；図4.田辺 / 前田, *op. cit.,* 1999, 挿図231；図5.田辺 / 前田, *op. cit.,* 1999, 挿図76；図6.佐藤洋一郎監修『モンスーン農耕圏の人々と植物』臨川書店, 2008, 冒頭折込図.

第10章　高度教養教育としてのキャリア教育科目
—現状と課題—

猪股　歳之(東北大学)

1. 本稿の目的

　本稿の目的は，キャリア教育科目のカリキュラム上の位置づけと授業科目としての特徴を検討することにより，キャリア教育科目が高度教養教育として発展していく可能性と課題を明らかにすることにある。

　キャリア教育を，大学のカリキュラムにおける「科目」の一部として明確に把握できるようになったのは比較的最近のことである。1999年の中教審答申に「キャリア教育」が登場して以降，各学校段階でのキャリア教育の導入と発展が進められた。大学においても，2006年度の文部科学省「現代的教育ニーズ取り組み支援プログラム（現代GP）」の募集テーマのひとつとされ，2010年には「大学生の就業力育成支援事業（就業力GP）」などによりキャリア教育が積極的に推し進められた。さらに2011年度には大学設置基準の改正により，キャリアガイダンス（社会的・職業的自立に関する指導等）が大学でも義務化されることになった。

　しかしながらこのことは，それまでキャリア教育が大学教育の正規のカリキュラムのなかに存在していなかったことを意味するわけではない。2009年11月の中教審大学分科会質保証システム部会でも，キャリアガイダンスが大学の教育課程内外ですでに実施されていることが指摘されており，そのうち教育課程内のものは①専門教育や一般教育におけるキャリア形成支援，②幅広い職業意識の形成等を目的とする授業科目の実施，③授業方法の工夫改善やインターンシップの実施，といった形態に整理できることが報告されている。大学進学者のうち，大学を最終学歴とする者が多いという事実から，専門分野による職業的レリバンスの高低に関わらず，社会人・職業人として必要な知識やスキルが程度の

差こそあれ，大学の教育活動の中で取り扱われてきたことは想像に難くない。本稿では特に正課内で行われてきたキャリア教育を検討の対象とするが，これは上述の質保証システム部会の整理による①と②の両方にまたがるものになる。

　こうした正課内におけるキャリア教育には，意図的な教育のみならず，無意図的な教育プロセスも数多く存在していたと考えられる。大学設置基準の改正によるキャリアガイダンスの義務化は，これまでキャリア教育を行ってこなかった大学における新たな取り組みを引き出すことだけでなく，こうした無意図的な教育の表出を促進する効果も持っていた。もちろんこれらの変化は，必ずしもキャリア教育が授業科目として開設されたことを意味するわけではないが，以下では，授業科目として開講されているキャリア教育に着目し，キャリア教育科目が高度教養教育科目としての性格や位置づけを獲得していく可能性と課題について検討する。

2.　大学におけるキャリア教育の導入と拡大

　意図的であれ，無意図的であれ，キャリア教育やそれに類するものは古くから大学の教育活動に埋め込まれて存在していたと考えられるが，2006年の競争的資金によるキャリア教育・キャリア支援に対する助成は大学におけるキャリア教育の活発化や意識化に大きく貢献したと考えられる。こうしたことから，大学のキャリア教育に対する認識や取り組みが変化する一方で，さらにこの時期にはキャリア教育の拡大を期待させるような状況変化も生じていた。

　1990年代に入り，いわゆるバブル景気の崩壊後，日本経済は長い低成長期に突入した。新卒採用で雇用調整をしてきた日本企業は採用者数を縮小し，大卒者にとっても就職の難しさが拡大した。就職氷河期とも呼ばれるこの時期には，学生の就職を達成するための大学による支援や取り組みへの要請が拡大した。例えば，学生や保護者からは就職活動を乗り切るための就職活動支援や就職先の確保への強いニーズが表明され，

産業界からは就職難が経済状況によるものだけではないという主張も込めて，大学教育による就業力，エンプロイアビリティの向上が期待され，さらに大学の経営サイドからも入学者確保に大きな影響を与えるという判断から就職実績の必要性が主張された。

また一方で，困難な状況の中で就職を成功させたにも関わらず，就職して3年以内に3割以上の新卒者が退職するという新規学卒者の離職率の高さに注目が集まるようになった[1]。その背景には，本人，保護者，大学側それぞれに共通して就職することを最優先する考え方があるとされ，職業選択時のマッチングの重要性が強調されるようになる。特に大学に対しては，そのマッチングの前提となる学生の自己理解の促進と個々の学生に寄り添った就職指導・支援が求められるようになった。

こうした背景があるなかで，キャリア教育を含めたキャリア支援になぜ多くの大学が積極的に乗り出してきているのか，上西（2007）はその背景を，①政策的な要請，②入学者確保の必要性，③企業側の要請，④動けない学生への対応，⑤学生の権利保障，の5つに整理している。

1番目の「政策的な要請にこたえるためのキャリア支援」は，1999年の中教審答申，2003年の「若者自立・挑戦プラン」などに見られるように，若年者の就職状況の悪化や早期退職率の高さなどを背景とした若年雇用対策としての性格を持つものである。2番目は，「入学者確保のためのキャリア支援」である。18歳人口の減少と大学入学定員の拡大が同時進行する中で，入学者確保は大学経営にとってきわめて重要な課題になっている。入学者確保の上で，偏差値・ブランドイメージとともに注目されるのが大学の就職力であり，本人や保護者からの期待に応えるためにもキャリア支援を充実させる必要があるというものである。3番目の「企業側の要請にこたえるためのキャリア支援」は，経団連による大学教育への要請や，経済産業省の「社会人基礎力」に見られるように，就業能力の高い社会人を養成することに大学が積極的に取り組むことへの期待に対応するものである。4番目は，「動けない学生への対応としてのキャリア支援」である。就職活動を乗り切るために必要な対人関係や意思決

定や行動力に問題を抱える学生がいるとの認識を持っている大学関係者
は多く，そうした学生の能力形成のために必要な教育として捉えられる。
そして5番目は「権利保障としてのキャリア支援」である。大学がキャリ
ア支援に積極的に取り組むようになった直接の背景ではないとしながら
も，雇用形態の多様化や厳しい雇用環境の中で自らのキャリアを築いて
いくことを可能にする力としてその必要性を指摘している。(上西，
2007，4-19頁)

　2011年の大学設置基準におけるキャリアガイダンスの義務化は，こう
した環境の変化が背景にある。この義務化により，キャリア教育・キャ
リア支援の充実をさらに加速させるとともに，キャリア支援にそれほど
熱心ではなかった，あるいは熱心である必要がなかった大学にも正課教
育におけるキャリア教育を普及させる効果を持った。

3.　キャリア教育科目のカリキュラム上の位置づけ

　正課教育におけるキャリア教育科目の位置づけを考えるとき，大きく
A．専門科目として開講されている場合と，B．教養科目として開講さ
れている場合とに分けることができる。また後者は，B-1．低年次の学
生を主な対象とした科目とB-2．高年次の学生を対象とした科目に区分
して考えることができよう。石野他(2006)で報告されているようにキャ
リア教育科目の実施に学部が積極的である場合など，A．専門科目とし
てのキャリア教育科目が先行する大学もあるが，全体的には開講されて
いる科目の中でもっとも多いのは，B-1．低年次の学生を対象とした教
養科目である。

　その背景には以下のような事情が考えられる。①キャリア教育そのも
のが多くの大学のカリキュラムにおいて後発の科目であり，専門科目の
体系性の中に新たな位置づけを設定して追加するよりは，専門科目の外
側，つまり教養科目の一部とした方が実現可能性が高かったこと。②ま
た，新しい科目であるがゆえにキャリア教育科目の担当部署や教員の所
属が学部ではなく，全学的な組織である場合が多いこと。大学として雇

用・契約した非常勤講師や事業者が担当している場合も多い。③職業的レリバンスが高い専門分野ではキャリア教育科目は既設であったり不要と判断されたりする傾向がある。したがってキャリア教育は大学教育全般で拡大したものの，高年次化よりも低年次化が進んだ。特にキャリア意識の涵養や学習意欲の伸長などといった観点から，職業的レリバンスが高い専門分野よりもそうでない専門分野での拡大が顕著であり，低年次化することが必要と見なされることが多かった。④そして汎用的技能・キーコンピテンシーへの関心の高まりがある。これらは専門科目等で身につけさせることも可能であるにも関わらず，直接的にそれらの能力伸長を目的とした科目として設置する場合，専門科目とはみなされず，教養科目となることが多い。⑤キャリア教育で教授すべき内容や範囲が明確でなく，共通化もされていない。授業科目としての目標や内容の自由度が高く，幅広い内容で実施可能であるため，専門科目としての位置づけも可能であるが，体系性を重視する専門科目に対して，専門以外の分野も含めて幅広い学習を求める教養科目のなかに位置づける方がカリキュラムの整合性を保ちやすいということになる。

4.　高度教養教育としてのキャリア教育

　キャリア教育科目は初年次から卒業年次まで幅広く実施されているが，高度教養教育科目として高年次で開講する科目を拡大していく上で今後検討していくべき点について述べておきたい。

　まず大学における高年次共通教育科目の状況について，参考となるデータを見ておくと，カリキュラム上でのカテゴリーが専門教育なのか教養教育なのかは改めて検討する必要があるものの，2016年度の各大学の学生便覧や履修案内等の資料によれば，5,071の学科等のうち，高年次共通教育が設定されているのは，546学科等で10.8％に過ぎない。しかし，これらの546学科等のうち，キャリア教育に関係する科目と考えられるものをピックアップすると，134学科等（24.5％）で実施されており，高年次に配当される共通教育としてキャリア教育が比較的多く取り上げられ

ていることがわかる[2]。

　教養教育を専門分野と直接関係しない領域の教育と仮定すれば，まず，高年次の学生が教養教育を履修することを可能にする制度枠組みが必要である。特にキャリア教育科目に関しては，初年次から卒業年次まで履修推奨時期を明確に示しながらも，学生の状況や関心に合わせて柔軟に履修できるよう配慮されることが望ましい。学生の発達段階はさまざまであるが，現行の就職活動はほぼ決まった時期に行われるものであり，その時期にしっかりと活動できるかどうかが進路選択の成否に大きな影響を与えるからである。就職活動期に向けて心理面，スキル面双方でのレディネスを高めるための役割が期待される[3]。

　しかしこれはキャリア教育を就職活動支援に落とし込めるものであってはならない。キャリア教育の目的は，自己や社会，職業に関する知識の獲得や価値観の醸成などといった「進路選択に必要な知識・認識」，ジェネリックスキルを含めた「希望進路の実現に必要なスキル」，現実の市民生活を円滑に送るため，あるいは資産運用や労働に関する法律などといったよりよい社会生活，職業生活を送るための「社会生活に有用な知識・スキル」，の獲得などに整理できようが，現状としてのキャリア教育は一点目と二点目に偏りすぎているという課題を抱えている。キャリア教育を高度教養教育として展開していく上では，時期は就職活動終了後，内容は特に三点目の「社会生活に有用な知識・スキル」に焦点をあてることにより，その可能性を大いに発揮できる[4]。就職活動が希望進路を獲得するために重要なプロセスである以上，これまで通り「進路選択に必要な知識・認識」と「希望進路の実現に必要なスキル」の獲得を目指した教育は就職活動前に実施する必要があろうが，進路を決定し，大学卒業後の自分自身の姿をある程度具体的に想像できるようになったところで「社会生活に有用な知識・スキル」を学ぶことは，学生の学習意欲の確保という観点からも有効であろう。川嶋（2011）が，マサチューセッツ工科大学の取り組みを例に，学士課程1年目は高校から大学への「適応」，2年目は自己や社会と職業の「探求」，3年目は現実の地域社会や職業世

界の「体験」, 4年目は実社会への「移行」, として学士課程の教育を構造化し, そのなかにキャリア教育を位置付けていく必要性を指摘しているように, 高度教養教育としてのキャリア教育は, まさにこの「移行」を支援するための重要な仕掛けとなりうるものである。今後の展開に期待したい。

【注】

1) 厚生労働省のデータによれば, 1994年までは20%台後半だった新規大卒者の3年以内離職率が, 1995年に30%を超えてからそのまま30%台で推移しており, こうした見方の背景になっている可能性がある。ただしこの数値には退職の理由までは反映されておらず, 長期雇用を前提としない限り, 一概に問題視することはできない。

2) このデータは第21章で用いたものと同一である。データの詳細については同章を参照されたい。なお, 配当学年や内容の詳細はさらに検討していく必要があるが, 授業科目名としては以下のようなものとなっている。
「キャリア教育」「キャリア・プランニングⅥ」「人間関係とリーダーシップ」「キャリアデザインⅢ」「キャリア開発演習Ⅰ（2単位）」「キャリア開発演習Ⅱ（2単位）」「キャリア・デザインⅢ（1単位）」「プレゼンテーション技法（2単位）」「キャリア・デザインⅢ（2単位）」「キャリア・デザインⅣ（2単位）」「キャリア・デザインⅡ」「キャリアデザインⅡ」「キャリアデザイン3」「キャリアデザインⅢ〜Ⅵ（各2単位）」「ライフデザイン演習Ⅱ」「キャリアデザインⅠ（1単位）」「キャリアデザインⅡ（2単位）」「インターンシップ」「キャリアデザイン」「キャリアデザイン（展開編）- コースセミナー -」「自己分析演習」「キャリア形成5・6」「キャリア開発Ⅲ-1, 2」「キャリア開発Ⅲ-2」「演習Ⅲ」「キャリア支援講座a」「キャリア支援講座b」「私のキャリアプランニング」「就職基礎講座」「就職対策講座」「キャリアデザインⅤ」「キャリアデザインⅥ」「キャリアゼミⅢ」「キャリアゼミⅣ」「キャリア・デベロップメント展開」「就業力ゼミⅡ」「キャリア支援Ⅲ-A」「キャリア支援Ⅲ-B」「就職準備ガイダンス」「キャリア開発講座3」「キャリア開発講座4」「キャリア開発講座5」「キャリア開発講座6」「キャリア設計2」「キャリア設計3」「キャリア形成3」「キャリア形成4」「キャリアデザインⅠ・Ⅱ」「女性のキャリアとマナー」「キャリアサポートⅡ」「キャリアサポートⅢ」「キャリア開発の実践」「対人コミュニケーション」「キャリアサポート講座A」「ジェネリックスキルⅤ・Ⅵ・Ⅶ・Ⅷ」「キャリア形成論3」「キャリア開発」「医療キャリアデザイン」「教師のキャリア発達」「キャリア・ガイダンスⅢ・Ⅳ（各2単位）」「キャリア形成セミナー」「キャリアデザイン演習B」「キャリアディベロップメント演習Ⅰ・Ⅱ（各1単位）」「キャ

リアデザインⅡ・Ⅲ（各1単位）」「キャリアデザインⅢ・Ⅳ（各1単位）」「スキルアップ講座M・N（各1単位）」「キャリア開発Ⅲ」「キャリアデザインⅡ（1単位）」「ビジネスマナー（2単位）」

3）ただし，これらがすべて正課教育の範囲内で行われるべきであるとは限らない。内容や必要時間等により，正課と正課外の双方を活用しながら実現されるのが現実的かつ望ましい姿であろう。

4）博士（後期）課程の学生およびポスドクが対象である場合には，これらに加えて四点目として「進路決定のための長期インターンシップ」を挙げることができる。学士・修士課程学生においては議論が進められているところであるが，採用直結型のインターンシップは，ミスマッチを減らす上でも雇用者と学生の双方にメリットがある。大学における学習時間の確保や必要経費の負担など解決すべき課題は多いが，博士（後期）課程の学生およびポスドクではすでに取り組みが進んでおり，その成果に期待したい。

【参考文献】

生田周二・藤田美佳・立石麻衣子, 2013, 「奈良教育大学におけるキャリア教育の構想および展開の現状と課題」, 奈良教育大学『教育実践開発研究センター研究紀要』第22号.

石野貴史・近森節子・平井英嗣・村上吉胤, 2006, 「教養教育課程における「キャリア形成科目」の位置づけとその効果に関する研究」, 立命館大学『大学行政研究』創刊号.

石野貴史, 2005, 「教養教育課程における「キャリア形成科目」の位置づけとその効果に関する研究」, 『大学教育学会誌』第27巻第2号.

上西充子, 2007, 『大学のキャリア支援－実践事例と省察－』経営書院.

梶原宣俊, 2011, 「「社会人基礎」と「キャリア教育」統合の試み一大学院での実践事例を通して」, 日本教育大学院大学『教育総合研究』第4号.

川嶋太津夫, 2011, 「キャリア教育の背景とその在り方」, 『大学教育学会誌』第33巻第1号.

絹川正吉, 2006, 「初年次・キャリア教育と学士課程」, 『大学教育学会誌』第28巻第1号.

小磯重隆, 2012, 「社会人基礎力と就業力の育成」, 弘前大学『21世紀教育フォーラム』第7号.

酒見康廣, 2012, 「キャリア教育への学科の組織的取組み」, 『大学教育学会誌』第34巻第1号.

柴田昇・溝上由紀, 2009, 「教養教育をめぐる諸概念に関する試論－実務教育・キャリア教育・異文化理解－」, 『愛知江南短期大学紀要』第38号.

田中宣秀, 2009, 「キャリア教育の基盤をなすものとは何か－学校から社会への移行を目指す真の職業指導・キャリア教育の方策を探る－」, 『日本インターンシップ学会年報』第12号.

濱名篤, 2006, 「初年次教育からみた教養教育・キャリア教育」, 『大学教育学会誌』第28巻第1号.

溝上慎一, 2006, 「学士課程教育のなかで初年次教育・キャリア教育をどう位置づけ, どう抜け出るか？」, 『大学教育学会誌』第28巻第1号.

山庄司志朗, 2012, 「全学的なキャリア教育「しなやかな専門性をもつ幅広い職業人の育成」の構築に向けて」, 『工学教育』第60巻1号.

森平直子・坂本俊輔・玉城逸彦, 2014, 「大学におけるキャリア教育の取り組み－5大学ヒアリング調査による比較研究」, 『城西大学経済経営紀要』第32巻.

宮本陽一郎, 2012, 「教養教育改革と大学院キャリア教育の連携－TAとともに作る授業－」, 大阪市立大学『大学教育』第9巻第2号.

安久典宏・高尾明照・羽石寛寿, 2016, 「経営学部のキャリア教育－19年間のキャリア教育の検証－」, 摂南大学『経営情報研究』第23巻第1・2号.

第Ⅲ部

教養教育のニューフロンティア—海外

第11章　アメリカの大学における一般教育
—全米の動向と大規模公立大学の事例—

吉田　香奈(広島大学)

1.　はじめに

　本稿は，アメリカ合衆国の大学における一般教育 (general education) の改革動向を検討するとともに，事例研究として全米最大の公立大学システムであるカリフォルニア州立大学 (California State University, 以下 CSU とする) の一般教育の実態を明らかにすることを目的としている。

　これまで，我が国におけるアメリカの大学の一般教育に関する先行研究では，ハーバード大学，スタンフォード大学，シカゴ大学，コロンビア大学等の私立大学が数多く取り上げられている (ボック訳書1989, 金子1994, 有本編2003, 名古屋大学高等教育研究センター 2006, 深野2005, 2008, 中島2008, 2016, ホーン川嶋2012)。しかし，アメリカの学生の約8割は公立大学に在籍しており，そこでどのような一般教育が実施されているのかを知ることは重要である。公立大学の一般教育を取り上げた先行研究にはカリフォルニア大学バークレイ校・カリフォルニア州立大学イーストベイ校・ポートランド州立大学 (吉田 2013) やミシガン大学 (鳥居2006) の事例があるが，本稿では複数の公立大学で構成される公立大学システムの一般教育の事例として CSU を検討することとした。

　カリフォルニア州は1960年に公立高等教育制度をカリフォルニアコミュニティカレッジ (California Community College, CCC)，カリフォルニア州立大学，カリフォルニア大学 (University of California, UC) の三層に分化させる高等教育マスタープラン (Master Plan for Higher Education) を策定した州として知られる。特に第2層に位置する CSU は教育を中心機能に据えた大学群であり，23大学と8つの学外センターで構成され，2016年現在約48万人の学生が在籍している全米で最大の公立大学シス

テムである。このような巨大な公立大学システムにおいて一般教育のカリキュラムはどのような基準や方針のもとに編成されているのだろうか。以上のような問題関心を検証するため，アメリカの約1,400大学が加盟する教養教育・一般教育の団体であるアメリカ大学・カレッジ協会（The Association of American Colleges & Universities，以下 AAC&U とする），および CSU の一校であるサンフランシスコ州立大学を訪問してカリキュラムに関する調査を行った。本稿は，その成果に基づくものである。

2. アメリカの大学の一般教育の動向

2-1. 教養教育と一般教育の関係

　具体的な考察に入る前に，教養教育（liberal education）と一般教育（general education）の用語の定義について確認をしておきたい。

　AAC&U によれば，教養教育は次のように定義されている（AAC&U 2011：3）。すなわち，「個人に活力を与え，複雑性，多様性，変化に対応するための準備を行う大学の学習アプローチの一つ」であり，「このアプローチは少なくとも一つの特定の領域における深い学びと同じように，より広い世界（例えば科学，文化，社会）の幅広い知識をもたらす。それは，社会的責任感，高度に学際的な知的・実践的スキル（例えばコミュニケーション力，分析力・問題解決能力）や，現実世界において知識やスキルを応用するための確かな能力を向上させることを手助けする」と述べられている。一方，一般教育については「全ての学生が共有する教養教育カリキュラムの一部。多様な学問領域に幅広く触れ，重要な知的能力，市民性，そして実践的能力を発達させるための基礎を形成する」と定義づけられている。両者とも学びの幅の広さを強調しているが，一般教育は教養教育の一部を成す学生共通のカリキュラムであるという点が明確に記されている。

　吉田（2013）によれば，教養教育と一般教育は互換的に用いられる場合も多いが，それぞれ歴史的起源を異にする用語であるという。17世紀に

誕生した植民地カレッジにおける教育が教養教育の起源であり，19世紀にユニバーシティが発展するまでカレッジにおける教育は教養教育であった。しかし，19世紀にドイツの大学をモデルとした専門分化した学問が浸透・普及したこと，1862年のモリル法による州立大学の拡張で農学・工学をはじめとする応用的学問が中心となったこと，学問の細分化によって自由選択制が導入されたこと，から大学における専門主義が次第に強まり，従来の教養教育のカリキュラムと離齬をきたすようになった。そこで，教養教育を守ろうという運動が生じ，一般教育の誕生へとつながっていった（吉田 2013：29-30）。

　アメリカの教養教育を歴史学の視点から分析したロスブラッド（1999）によれば，「一般教育が，その目的として幅広さと一貫性とを掲げるのは，リベラル・エデュケーションに由来する」が，「一般教育では，実は目的は手段に結合してきた。これらは「矯正策」となってあらわれることが多い。矯正策の目的は，国家の弱点や個人の欠点と見なされているものの影響を緩和したり，破滅を避けたり，運動を推進したりすることにあった」と述べられている（ロスブラット 訳書1999：105-106）。つまり，20世紀に登場した一般教育には，役割として社会問題の解決が課されており，それを学生共通のカリキュラムとして編成したところに特徴があると言えよう。

　アメリカの教養教育は大学における専門主義の台頭に伴い変容し，一般教育に形を変えて現在に継承されている。現代のアメリカの大学の典型的な学士課程カリキュラムは，一般教育，専攻（Major），自由選択（Electives）から構成されている（吉田 2013：40-41）。4年間の教育課程のうち1-2年次は一般教育，3-4年次は主に専攻に当てるのが一般的である。

2-2．一般教育のカリキュラムの形態

　アメリカの大学における一般教育のカリキュラムの形態は多様であるが，これを理解する一つの方法は「配分モデル」（distribution model）と「統合モデル」（integrative model）に分けて整理をすることである（Hanstedt

2012：11-12)。配分モデルとは，社会科学，人文科学，自然科学，数学，外国語，体育といった学問領域別にカリキュラムを構成するモデルである。これに対して「統合モデル」とは科目間，分野間，専攻間，学問領域間，アカデミック・非アカデミック間の学習内容を関連づけながらカリキュラムを構成するモデルであり，学生にそれらの関係性をより深く理解し考察する機会を与えようとするものである。

　AAC&U は一般教育のカリキュラムの構成について2008年と2015年に加盟大学への調査を行っている（以下，2008年調査，2015年調査と呼称する）。表1はその結果を示したものである。これによれば，一般教育のカリキュラムを「配分モデル」のみで構成する大学は2015年調査では8％と非常に少なく，「配分モデルとそれ以外の要素の組み合わせ」で構成する大学が約7割を占めており最も多い。配分モデルは第二次世界大戦後の公立大学を中心に最も普及したと言われるが，配分モデルのみで構成する大学は減少している。

表1　一般教育プログラムの構成要素

一般教育プログラムの構成要素	2008年	2015年
配分モデルのみ	15%	8%
配分モデルとそれ以外の要素の組み合わせ	64%	68%
配分モデル以外の要素	18%	24%

出典　AAC&U（2016），p.13.

　また，表2は各大学にどの要素が一般教育のカリキュラムに当てはまるかを複数回答で尋ねた結果である。配分モデル以外の要素としては「卒業研究」「高年次での一般教育履修」「コア・カリキュラム」「テーマ型科目」「共通の知的経験」「学習コミュニティ」等がある。これらは，「統合モデル」に該当すると考えてよいだろう。

　「卒業研究」とは，一般に senior capstone などと呼称され，卒業年次が近くなると大学で学んだ内容や経験を統合・応用させるためにプロジェクトに取り組ませる方法である。例えば，研究論文，パフォーマンス，作品のポートフォリオ，芸術作品，などが含まれる。「卒業研究」は主専

攻プログラムで履修する大学が6割と多いが，一般教育プログラムでの
履修も4分の1以上の大学で実施されている。

表2　一般教育プログラムの構成要素（2015年）　※複数回答

一般教育プログラムの構成要素	割合
配分モデル（Distribution Model）	76%
卒業研究（Capstone or culminating studies）：主専攻プログラムで履修	60%
一般教育の高年次必修（Upper-level general education requirements）	46%
コア・カリキュラム（Core curriculum）	44%
テーマ型科目（Thematic required courses）	42%
共通の知的経験（Common intellectual experience）	41%
卒業研究（Capstone or culminating studies）：一般教育プログラムで履修	26%
学習コミュニティ（Learning Communities）	22%

出典　AAC&U（2016），p.13.

　「一般教育の高年次必修」とは，一般教育の必修単位を高年次にも配当
するものである。また「テーマ型科目」とは，学問領域別ではなくテーマ
別に科目を編成するものである。高年次必修はテーマ型科目と組み合わ
されることもあり，高年次に学問分野・科目を超えた総合的な学習を行
うことにより，科目・分野を超えた学習内容の統合を図ろうとするもの
である（後述するサンフランシスコ州立大学の例を参照のこと）。それ
ぞれ46%、42%の大学で実施されている。
　また「コア・カリキュラム」とは，第一次世界大戦後に専門主義の浸透
に対する反動として生じた一般教育運動（General Education Movement）
においてコロンビア大学で開始された「現代文明論」や，シカゴ大学のグ
レートブックス方式に代表される一般教育用の科目である。西欧の古典
を中心とする人文学の書物を講読・議論する授業方法がとられ，全新入
生に1年間の必修科目として指定されるものである（吉田 2013:41-43）。
ただし，AAC&U はコア・カリキュラムを「全ての学生が共通のコア科
目として履修するもの」と定義して調査しており，古典等の講読・議論に
内容を限定してない。2015年調査では全体の44%で実施されている。
　このコア・カリキュラム方式を現代的な形態に変化させたものが「共

通の知的経験」である（AAC&U 2011：18）。これは，コア・カリキュラム
と同様に学生に共通必修を課すが，垂直的に年度を超えて履修したり，
応用的で総合的な学習を行ったり，学習コミュニティ（後述）への参加
を求めたりすることがある。この科目では「科学技術と社会」など，幅広
いテーマが組み合わされるが多い。AAC&U の調査では「全ての学生が
コア科目の一つ又はセットの科目を履修するもの」と定義づけて調査さ
れており，全体の41% で実施されている。

　また，「学習コミュニティ」とはグループでの学習に力点を置いたもの
であり，学生は2つ以上の関連付けられた授業を同一グループで履修し，
学生同士や教員と密接に関わりあいながら学習を進める。共通のトピッ
クを探求したり，共通の書物を読んだりすることを通じて，各授業で学
んだことを統合し，教室での学びを超えた「ビッグ・クエスチョン」へと
誘うことが目標とされる。「学習コミュニティ」の効果について分析した
研究からは，本方式を導入した大学の方が学生の学業成績や大学への残
留率が高く，一定の効果を上げていると報告されている（Brownell &
Swaner 2010）。ただし，実施大学は全体の22% に留まっている。

　Hanstedt（2012）は，統合モデルを採用する大学が増加している理由と
して，1) 学生生活の複雑化，2) 知識の急速な拡大，3) 職業の性質の変化，
4) シチズンシップの挑戦，を理由に挙げている。今日，学生は情報化社
会の中で多様な情報や経験を有しており，自身の考えをまとめることは
難しい。また，学問領域は細分化しており学士課程で学ぶ量は増大して
いる。さらに，職業において求められるスキルは複雑化しており，社会
では市民として高い知性や倫理観を持って行動することが求められてい
る。このような変化する社会に対応するためには，大学の一般教育にお
いて異なる情報や経験を結びつけて考えることが重要になってきている
と述べている。

3.　カリフォルニア州立大学システムの一般教育編成基準

3-1.　1980年の CSU 一般教育要件の策定

　次に，カリキュラムの事例として CSU を取り上げ，システム全体のカリキュラム編成基準を見ていきたい。

　CSU は23大学で構成され，約48万人の学生を抱える巨大な公立大学システムである。25名の理事で構成される理事会（Board of Trustee）がシステム全体を管理しており，最高責任者として総長（Chancellor）が置かれている。システム全体に関わる教育・研究や人事等の方針を審議する機関は学術評議会（Academic Senate）であり，53名の教員が各大学から委員として参画している。一般教育については学術評議会の下に置かれた一般教育諮問委員会（General Education Advising Committee, GEAC）において審議される。

　CSU の一般教育の大きな特徴は，システム全体の一般教育カリキュラムの編成基準が定められていることである。1980年，CSU 理事会は一般教育のカリキュラムの基準である一般教育要件（General Education Breadth Requirements）を策定し，各大学に通達 Executive Order No.338 を送付した（CSUCOC 1980）。CSU が一般教育について共通の基準を設けたのはこれが初めてのことであり，各大学には基準に準拠したカリキュラムの編成が求められることになった。この導入の背景には，大学ごとに一般教育のカリキュラムが異なっており，コミュニティ・カレッジから CSU へのスムーズな編入学が妨げられていたことが挙げられる（CSUAS 1999）。カリフォルニア州では学士課程の前期課程（lower division）の半数以上の学生がコミュニティ・カレッジで学んでおり，その卒業生の後期課程（upper division）への進学機会を確保することは大きな政策課題であった（CSDE 1960）。そこで，既修得単位の認定の円滑化を図るため CSU システム全体の一般教育の基準が設定されたのである。

　一般教育で修得する単位数は48単位に設定され，科目区分は〈領域 A〉9単位：英語コミュニケーション・批判的思考，〈領域 B〉12単位：自然科学（数学・量的推論を含む），〈領域 C〉12単位：芸術・文学・哲学・外国語，

〈領域 D〉12 単位：社会科学，〈領域 E〉3 単位：生涯学習・自己啓発，とされた。ただし，48 単位のうち 9 単位は後期課程で履修するものとし，編入生の既修得単位の認定は 39 単位までとされた（CSUCOC 1980）。これは，一般教育のうち 9 単位は学士号を取得する大学において取得すべきであるとの考えに基づくものであった。また，もう一つの特徴は後期課程 9 単位分のカリキュラムの編成方法について同基準に「特に後期課程段階では統合型の科目（integrative courses）の開設を検討すること」と記されたことである。これは一般教育の領域内または領域間の相互関係性を考慮した編成を推奨するものであった。先述した AAC&U の調査では，近年，統合モデルの導入が進んでいることが示されているが，CSU では 30 年以上前から推奨されていたことが確認できる。

3-2. 1991 年の「セグメント間一般教育編入学カリキュラム」の策定

　さらに，CSU，CCC，UC の 3 つのセグメント間の編入学を促進するために設置されたセグメント間学術評議会（Intersegmental Council of Academic Senates, ICAS）は，1991 年に「セグメント間一般教育編入学カリキュラム」（Intersegmental General Education Transfer Curriculum, IGETC）を策定した。これは，前期課程の一般教育の既修得単位の認定基準をセグメント間で共通化し，よりスムーズな編入学を促進しようとするものであった。なお，IGETC の導入過程については山田（2002）が詳しく取り上げており，1988 年のマスタープラン検討委員会の提案にもとづき IGETC が導入されたことが指摘されている。

　2014 年現在，IGETC は前期課程で修得する一般教育の単位数を 39 単位に設定し，科目を〈領域 1〉9 単位：英語コミュニケーション，〈領域 2A〉3 単位：数学・量的推論，〈領域 3〉9 単位：芸術・人文科学，〈領域 4〉9 単位：社会・行動科学，〈領域 5〉7-9 単位：物理・生物科学，に区分し，さらに UC への編入学にのみ〈領域 6〉英語以外の外国語，を課している。また，アドバンスト・プレースメント（Advanced Placement, AP）や国際バカロレア（International Baccalaureate, IB）で修得した単位の認定等につい

ても規定されている（ICAS 2014）。

3-3. CSU 一般教育要件の改正

　IGETC 導入の翌1992年，CSU は一般教育要件を改正し（Executive Order 595），IGETC による一般教育の認定を CSU への編入学の新たな方法として認めることが記載された（CSUOC 1992）。また，本改正ではカリキュラムの各領域が細分化され，〈領域 A〉9単位：英語コミュニケーション・批判的思考，A1・オーラルコミュニケーション，A2・文章コミュニケーション，A3・批判的思考力，〈領域 B〉12単位：自然科学，B1・物理科学，B2・生命科学，B3・実験科学，B4・数学・量的推論，〈領域 C〉12単位：芸術・文学・哲学・外国語，C1・芸術，C2・文学・哲学・外国語，〈領域 D〉12単位：社会科学，D1・人類学・考古学，D2・経済学，D3・民族学，D4・ジェンダー研究，D5・地理学，D6・歴史学，D7・学際的社会・行動科学，D8・政治学・行政・法制度，D9・心理学，D0・社会学・犯罪学，〈領域 E〉3単位：生涯学習・自己啓発，とされた。この細分化された一般教育要件の領域区分は基本的には現在も変更されていない。ただし，2008年の改正（Executive Order 1033）では領域 D の D1 から D0 までの区分が廃止されており，各大学では社会科学領域のカリキュラム編成をより柔軟に行うことが可能となっている（第4節で詳述する）。

　以上のように，CSU ではシステム全体の一般教育要件が定められており，非常に集権的な制度運営がなされている。また，その改訂の歴史は規制の強化と緩和の繰り返しであったと言えよう。ただし，その背景には，4年制大学への編入学を促進するという州全体の政策目標が存在していたことが指摘できる。

4. サンフランシスコ州立大学の事例
4-1. サンフランシスコ州立大学の一般教育の実施体制

　次に，CSU システムの23校の1校であり，カリフォルニア州サンフランシスコ市に位置するサンフランシスコ州立大学（San Francisco State

University, 以下 SF State とする）の事例を見ていきたい。2015年2月に学士課程教育部（The Division of Undergraduate Studies）の学士課程教育部長（Dean of Undergraduate Studies），および学士課程学生相談センター（The Undergraduate Advising Center）に対してインタビューを行った（2015年2月）。本節はそこで得られた情報および資料に基づいている。

　SF State は1899年にサンフランシスコ州立師範学校（San Francisco State Normal School）として創設され，1960年に現在の CSU システムに組み込まれた歴史を有する。2014年秋現在，学生数29,905名（うち学士課程26,156名）を有する大規模公立大学であり，78分野の学士号，63分野の修士号を授与しており，教育と医学についてはカリフォルニア大学と共同で博士号を授与するコースも設けられている。編入学が盛んであり，2014年秋の新入生6,958名のうち3,204名（46%）を編入生が占めている。新入生の半数が編入生という状況は日本では考えられないが，CSU では一般的である。

　学士号取得要件単位数は120単位（セメスター制）であり，一般教育48単位（うち9単位は後期課程で取得）に加えて専攻（major）の単位を取得しなければならない。ただし，専攻の選択は入学願書を提出する段階から可能であり，多くの学生は初年次にすでに専攻を決定し，科目の受講を開始する。

　一般教育に関する最終的な意思決定は評議会（Academic Senate）で行われるが，その下に置かれた学士号要件委員会（Baccalaureate Requirement Committee, BRC）において具体的な審議が行われる（SF State 2014）。BRC は一般教育の方針や実施，評価等に関する全ての事項について審議するとともに，学術評議会に対して改善を勧告する権限を有する。委員会の下には前期課程と後期課程を担当する小委員会が置かれており，一般教育科目の開設の承認や評価を実施する。これらの活動を支えるのは学士課程教育部であり，部長（Dean）の下に部長室，カリキュラム室，学習支援センター，学士課程学生相談センター等が置かれている。

4-2.　サンフランシスコ州立大学の一般教育カリキュラムの特徴

　表3は2014年に改訂されたSF Stateの一般教育カリキュラムである。CSU一般教育要件とSF State一般教育要件はほぼ同じ構成であるが，領域A4，C3，D1〜3は新たに設けられている。これはSF State独自のものであり，若干の裁量が与えられていることがわかる。

　訪問調査では，特に「オーバーレイ」(overlays)と呼ばれる独自の要件が強調されていた。これは，SF Stateが重要視する4つのテーマ「米国の人種・民族的マイノリティ」「環境の持続可能性」「グローバルな視点」「社会的正義」と関連する科目を一般教育，主専攻，副専攻，選択科目等の中から指定しておき，前期課程または後期課程で最低1科目以上履修することを義務付けているものである（なお，オーバーレイは2015-16年度からSF State Studiesに名称変更）。例えばA3の開講科目である「批判的思考とアジア系アメリカ人の経験」(Critical Thinking and the Asian American Experience)はアジア系アメリカ人の経験やアジア系アメリカ人研究の主要なテーマを理解し，議論することを通じて批判的思考力の基礎的スキルを身に付けることを目的としており，オーバーレイ「米国の人種・民族的マイノリティ」に科目指定されている。

　また，3年次以降の後期課程で履修する9単位分については領域B,C,Dでコース番号が300番台以上の科目を履修するが，内容は総合的でテーマ型の授業が多い。例えば「カリフォルニア州の水」(California Water)という科目は領域Bの後期課程科目であり，カリフォルニア州が直面する水問題を様々な角度から考察する。また，教員チームが一つのテーマを設定し，それに関連した科目を領域B,C,Dから指定する「総合学習」(Integrated Studies option)や，「海外留学」(Study Abroad option)の選択肢も準備されている。CSUの一般教育要件は典型的な配分モデルであるが，このように部分的に統合モデルが採用されていることが分かる。

表3　サンフランシスコ州立大学の一般教育要件

CSU 一般教育要件	SF State 一般教育要件	科目レベル	科目区分		単位数
A1	A1	LD	英語コミュニケーション・批判的思考力	オーラルコミュニケーション	3
A2	A2	LD		文章コミュニケーションⅠ	3
A3	A3	LD		批判的思考力	3
	A4	LD		文章コミュニケーションⅡ	3
B1	B1	LD	科学的探究・量的推論	物理科学	3
B2	B2	LD		生命科学	3
B3	B3	LD		実験科学	1 ※
B4	B4	LD		数学・量的推論	3
C1	C1	LD	芸術・人文科学	芸術	3
C2	C2	LD		人文科学	3
	C3	LD		人文科学：文学	3
D	D1	LD	社会科学	社会科学	3
D	D2	LD		社会科学：米国史	3
D	D3	LD		社会科学：米国・カリフォルニア州の政治	3
E	E	LD/UD	生涯発達・自己啓発		3 ※
B	B	UD	物理・生命科学		3
C	C	UD	芸術・人文科学		3
D	D	UD	社会科学		3
		LD/UD	米国の人種・民族的マイノリティ		3 ※
		LD/UD	環境の持続可能性		3 ※
		LD/UD	グローバルな視点		3 ※
		LD/UD	社会的正義		3 ※

LD ＝前期課程，UD＝後期課程，※＝オーバーレイ（overlays）
出典　CSUOC（2011）および San Francisco State University（2014）より作成

5．おわりに

　以上，本稿ではアメリカの大学における一般教育の改革動向を明らか
にするとともに，CSU を事例としながら大規模公立大学システムの一
般教育の編成基準および近年の改革について考察を行ってきた。アメリ
カでは，今日，配分モデルを採用する大学は約8割にのぼるが，このうち
6割以上の大学では配分モデルを統合モデルと組み合わせることによっ

てカリキュラムが編成されている。統合モデルとは科目間，分野間，専攻間，学問領域間，アカデミック・非アカデミック間での学習内容を関連付けながらカリキュラムを構成する方法であり，学生にそれらの関係性を深く理解し考察する機会を与えることによって，変化する社会に対応できる幅広く深い教養を獲得することを目指すものである。

　CSU の事例は典型的な配分モデルであるが，これは，カリフォルニア州では CCC から CSU への編入学を促進するためにカリキュラムの基準である CSU 一般教育要件が設定されており，各大学のカリキュラム編成の自由度が低いことが一つの理由であると言えよう。しかし，SF State のオーバーレイ科目のように大学として学ばせたいテーマを掲げて該当科目を指定したり，後期課程必修科目にテーマ型を導入したりするといった大学独自の工夫も行われていることは見逃せない。

　なお，2015年2月に行った学士課程教育部長へのインタビューでは，「統合モデルは理想的であるが，小規模大学でかつコーディネートを行う職員や大学院生への十分な資金提供ができる環境であれば成功しやすい。SF State のような大規模大学において統合モデルを推進することは非常に難しい」との発言があった。この問題は我が国の大学に通底する問題であろう。今後，同大学がどのようなカリキュラム改善に取り組んでいくのか，引き続き注目していきたい。

※本稿は，吉田香奈 (2016)「カリフォルニア州立大学における一般教育カリキュラム」広島大学大学院総合科学研究科編，青木利夫・平手友彦責任編集『世界の高等教育の改革と教養教育―フンボルトの悪夢』丸善出版，76-86頁，をベースに大幅な加筆修正を行ったものである。

【参考文献】

Association of American Colleges and Universities, 2007, *College Learning for the New Global Century,* Washington, DC: Author.

Association of American Colleges and Universities, 2009, *Trends and Emerging Practices in General Education: Based on A Survey Among Members of the Association of American Colleges and Universities, Washington,* DC: Author.

Association of American Colleges and Universities, 2011, *The LAEP Vision for Learning: Outcomes, Practices, Impact and Employers' Views,* Washington, DC: Author.

Association of American Colleges and Universities, 2016, *Recent Trends in General Education Design, Learning Outcomes, and Teaching Approaches: Key Findings from a Survey among Administrators at AAC&U Member Institutions,* Washington, DC: Author.

Brownell, Jayne, E. and Swaner, Lynn, E., 2010, *Five High-Impact Practices: Research on Learning Outcomes, Completion, and Quality,* Washington, D.C.: Association of American Colleges and Universities.

California State Department of Education, 1960, *A Master Plan for Higher Education in California 1960-1975,* Author.

California State University, 2017, *Fact Book 2017,* Long Beach: Author.

California State University Academic Senate（CSUAS）, 1999, *Principles and Policies: Papers of the Academic Senate.*

California State University and Colleges Office of the Chancellor（CSUCOC）, 1980, *Executive Order No.338―General Education Breadth Requirements,* Author.

California State University Office of the Chancellor（CSUOC）, 1992, *General Education Breadth Requirements―Executive Order No.595,* Author.

California State University Office of the Chancellor（CSUOC）, 2008, *General Education Breadth Requirements―Executive Order No.1033,* Author.

California State University Office of the Chancellor（CSUOC）, 2011, *General Education Breadth Requirements―Executive Order No.1065,* Author.

California State University Office of the Chancellor（CSUOC）, 2015, *General Education Breadth Requirements―Executive Order No.1100,* Author.

Hanstedt, Paul, 2012, *General Education Essentials: A Guide for College Faculty,* San Francisco: Jossey-bass.

Intersegmental Committee of the Academic Senates, 2014, *Standards, Policies & Procedures for Intersegmental General Education Transfer Curriculum Version1.5,* Author.

Kuh, George D., 2008, *High-Impact Educational Practices: What They Are, Who Has Access to Them, and Why They Matter,* Washington DC: Association of American Colleges and Universities.

National Center for Education Statistics, 2014, *Digest of Education Statistics 2013,* Author.

O'Donnell, k., Hecsh, J., Underwood, T., Loker, W., Trechter, S.A., David D. & White A., 2011, "Putting High-Impact Practices and Inclusive Excellence at the Center of GE Reform: Lessons from the California State University LEAP Initiative," *Peer Review,* Vol. 13, No. 2, Association of American Colleges and Universities.

San Francisco State University, 2009, Graduation Requirements Task Force（GRTF）*Recom-*

mendations: Baccalaureate Degree Requirements at San Francisco State University, Author.

San Francisco State University, 2014, *Requirements for Baccalaureate Degrees, Majors, Concentrations, Minors, and Certificates: Academic Senate Policy #F13-255,* Author.

有本章編，2003，『大学のカリキュラム改革』玉川大学出版部．

金子忠史，1994，『新版 変革期のアメリカ教育（大学編）』東信堂．

鳥居朋子，2006，「研究総合大学における教養教育カリキュラムの開発に関する考察 ―米国ミシガン大学アナーバー校の事例を手がかりに―」『名古屋大学高等教育研究』第6号，pp.93-112.

中島夏子，2008，「米国の研究大学における1990年代以降の学士課程カリキュラムの特徴―研究に基づく学習を重視するスタンフォード大学の事例から―」『東北大学大学院教育学研究科研究年報』第57集第1号，pp.173-189.

中島夏子，2016，「学生による研究活動を学士課程にどのように位置づけるのか―米国スタンフォード大学を事例に―」『大学教育学会誌』第38巻第1号，pp.154-163.

名古屋大学高等教育研究センター，2006，『大学における教養教育カリキュラムの比較研究』．

深野政之，2005，「ハーバードのカリキュラム改革―コア・プログラムからカレッジ・コースへ」『大学教育学会誌』第27巻第1号，pp.131-137.

深野政之，2008，「ハーバードのカリキュラム改革―5年間の軌跡」『大学教育学会誌』第30巻第1号，pp.96-102.

ホーン川嶋瑤子，2012，『スタンフォード―21世紀を創る大学』東信堂．

D. ボック著，小原芳明監訳，1989，『ハーバード大学の戦略』玉川大学出版部．

山田礼子，2002，「アメリカの高等教育における単位互換と単位の認定―カリフォルニア州のアーティキュレーション・システム―」『学位研究』第14号，大学評価・学位授与機構，pp.5-28.

吉田文，2013，『大学と教養教育―戦後日本における模索』岩波書店．

S. ロスブラッド著，吉田文・杉谷祐美子訳，1999，『教養教育の系譜―アメリカ高等教育にみる専門主義との葛藤―』玉川大学出版部．

第12章　アメリカの学士課程教育の一般教育と専門教育カリキュラム
—スタンフォード大学の事例—

中島　夏子（東北工業大学）

1.　はじめに

　本稿は，アメリカ合衆国の大学の学士課程教育のカリキュラムが，一般教育と専門教育によってどのように編成されているのかを，一事例を通して明らかにすることを目的とする。これまでの我が国おけるアメリカの学士課程教育についての先行研究では，一般教育（General Education）に関するものが中心であった。しかし，アメリカの多くの大学において，学士課程教育の多くを占めるのが，専門教育である主専攻（Major）に関する科目である。専門教育は，一般教育との関連においては，その履修を圧迫するもの，あるいはそれとの連携が欠如しているものというような文脈で論じられることが多い。しかし，それが，どのようなカリキュラムによって生じているのかを具体的に示した日本の先行研究は，管見の限り，見当たらない。学士課程教育のカリキュラム全体を埋解する上でも，一般教育と専門教育の関係について考察する上でも，科目レベルでのカリキュラム編成を明らかにする必要がある。

　本稿ではスタンフォード大学を事例とし，その全学的な一般教育要件に加えて，都市研究（Urban Studies）プログラムと生物（Biology）学科の主専攻要件を事例に，これらの要件によって学士課程教育のカリキュラムがどのように構成されているのかを明らかにする。その際，日本の大学との比較の観点から，日本の大学の卒業研究に相当する科目にも注目する。こうした科目が学士課程全体の中でどのように位置づくのかも併せて明らかにすることによって，日本の大学への大きな示唆となると考えるからである。多くのアメリカの大学では，卒業研究では必修ではないことが多いが，近年では，学士課程教育を統合するものとして注目され

ており，それを学士課程教育に位置づけようと取り組む大学が増えている（AAC&U, 2015）。現在，その多くは学費が高く小規模な研究大学やリベラル・アーツ・カレッジで実施され，州立大学などでは一部の優秀な学生を対象にしたオナーズ・プログラムの一環として実施されている。これに関しては，既に中島（2016）によって，スタンフォード大学のヒューマン・バイオロジー（Human Biology）専攻の事例研究がなされているが，他専攻の事例研究も行うことによって，専攻ごとの特色も明らかになると考える。

　本稿が事例としたスタンフォード大学は，前述の「学費が高く小規模な研究大学」に該当し，その一部の専攻が卒業研究を必修にしている。また，「オナーズ・プログラム（Honors Program）」と呼ばれる，研究（学科によっては製作）を行うプログラムの履修を全学的に推奨している。都市研究プログラムの主専攻は卒業研究を必修としており，生物学の主専攻は卒業研究を必修とはしていないが，毎年約半数の学生がオナーズ・プログラムを通して卒業研究に相当する研究と論文執筆，研究発表を行っている。

　本稿に掲載された全学的な一般教育要件や主専攻要件は，2016-2017年度の便覧（Stanford University, 2016）の他，都市研究プログラム（Urban Studies Program, 2017）と生物学科（Biology Department, 2017）のウェブサイトを参考にした。また，2017年3月にそれぞれの専攻の担当者へのインタビュー及び授業参観を行った。インタビューを行ったのは，都市研究プログラムのディレクターのマイケル・カーン（Michael B. Kahn）講師，生物学専攻のキャップストーン科目を担当するスーザン・マッコネル（Susan K. McConnell）教授とアンドリュー・トッドハンター（Andrew Todhunter）講師である。

2. スタンフォード大学における学士課程教育

2-1. 大学概要

スタンフォード大学は，1891年にカリフォルニア州パロアルト市に創

立された私立の研究大学である。7学部の内，文理学部，地球科学学部，工学部がB.A.やB.S.の学士号を授与している。2017年度の学士課程の学生は7,032名，大学院生は9,304名であり，世界有数の研究大学として知られている。学費は，大半の学生が大学，連邦，州からの奨学金を受けているが，年間約49,000ドル（2017年度入学生）と高額である。研究中心の大学ではあるが，学生規模は比較的小さく，高額な学費と潤沢な基金によって充実した学士課程教育が提供されている。

　スタンフォード大学の学士課程は，アメリカの一般的な大学と同様に，一般教育と専門教育によって構成され，それぞれが指定する科目を含め，180単位を取得することが学士号の条件となっている。180単位と一般的な大学より多いのはクオーター制だからであり，1単位は1週間に3時間（内1時間が授業時間）の学習を10週間続けることを想定している。また，1クオーターあたりの平均取得単位数は15単位，最大で20単位となっている。近年の学士課程教育の改革により，一般教育要件が変更された他，専攻における作文が1科目必修となった。また，一専攻につき履修科目全体の1/3〜2/3に抑えるという規定も新設された。

2-2.　一般教育要件

　一般教育要件は【表1】の通りであり，作文と外国語，コアと配分要件によって構成されている。学生の多くは，1年次から2年次にかけてこれらの要件に該当する科目を履修する。2013年から2014年にかけて，一般教育要件を学問領域から能力（Capacity）による区分に変更した。具体的には，コア要件が「人文学入門（Introduction to the Humanities）」から「課題の思考（Thinking Matters）」へと変更された。また，配分要件も，人文，社会，自然といった学問的な領域と市民性教育によって構成されていたものが，能力によって区分された8領域から11科目を履修する「Ways of Thinking／Ways of Doing（以後，WAY）」要件へと変更された。

【表1】スタンフォード大学　一般教育要件（2013，2014年度〜）

一般教育要件	作文要件	作文と修辞（2科目）
	外国語要件	3科目，各4-5単位。AP，SAT Ⅱのテストで代替可。
	コア要件	課題の思考（Thinking Matters）（1科目必修。4単位）
	配分要件	Ways of Thinking/ Ways of Doing （8領域から11科目履修） ① 芸術的・解釈論的探求（2科目必修）　Aesthetic and Interpretive Inquiry （AII） ② 社会的探求（2科目必修）　Social Inquiry（SI） ③ 科学的手法と分析（2科目必修）　Scientific and Method and Analysis（SMA） ④ 形式的推論 Formal Reasoning（FR） ⑤ 応用量的推論 Applied quantitative reasoning（AR） ⑥ 多様性への関与 Engaging Diversity（ED） ⑦ 倫理的推論 Ethical Reasoning（ER） ⑧ 創造的表現 Creative expression（CE）

3. 都市研究（Urban Studies）プログラム

3-1. 主専攻要件

　都市研究プログラムは文理学部の中の学際的なプログラムで，都市研究に関係する学科の科目を集めて構成されたプログラムである。専攻する学生数は近年では，5〜10人と小規模なプログラムである。その主専攻要件は【表2】の通りである（Urban Studies Program, 2017）。これらの科目を含めた70単位を取得することが，主専攻要件となっている。

【表2】都市研究プログラム　主専攻要件

コア科目（23単位）	URBANST 110, 111, 112, 113, 114
スキル科目 （3コース，9単位）	卒業研究の研究方法に関する科目を選択 【例】SOC 180A: Foundation of Social Research
集中履修領域科目（20単位）	5領域から選択 ・比較的／歴史的視点で見る都市 ・都市における教育 ・都市社会と社会的変容・都市の持続性 ・オーダーメイド（Self-Designed）
サービスラーニング／インターンシップ（3単位）	
キャップストーン科目 （10単位）	「URBANST 202: 3年次セミナー」（5単位） 「URBANST 203: 4年次セミナー」（5単位）

　コア科目は都市研究の入門的科目を5科目（23単位）を履修する。集中履修領域科目では，5つの領域の中から一つを選択し，20単位分の科目

を履修する。そして，キャップストーン科目（Capstone Sequence）のセミナーを，3年次の後半と4年次の前半に履修する事を通して，卒業論文を執筆する。加えて，卒業研究に必要なスキルを学ぶために，スキル科目（3科目，9単位）を履修する。また，サービスラーニング／インターンシップが3単位必修となっている。当初は，この科目を通して現実に即した問いを持ち，それを活かした研究計画を立てるという流れを期待していたそうだが，実際にはそのようにはならない事の方が多い。

3-2 卒業研究に相当する要件

卒業研究に相当する要件は，直接的にはキャップストーン科目の「URBANST 202: 3年次セミナー」（5単位）と「URBANST 203: 4年次セミナー」（5単位）である。「URBANST 202」は3年次の冬クオーターに履修するものであり，研究の計画を立てることを目的としている。この科目の最終課題は，スタンフォード大学独自の学士課程学生を対象とし研究助成金の申請に必要な研究計画書を作成することである。それを実際に提出するかは学生次第だが，申請して認められれば夏学期に研究に取り組むための費用として7000ドルが大学から支給される。

4年次の秋クオーターに履修する「URBANST 203: 4年次セミナー」は，卒業論文を提出することを目的としている。そして，それに向けた4つのステップが科目内に設定されている。1つ目はインタビューの文字起こしとコーディング，2つ目は先行研究，研究方法，研究対象の執筆，3つ目は分析と考察の執筆，である。その上で，4つ目に論文全体を見直し，導入と結論，参考文献を追加するステップがある。この授業の担当は都市研究プログラムのディレクターであるマイケル・カーン博士であり，彼が指導を行っている。ただし，学生のテーマは多岐に渡るため，プログラムの他の教員も適宜研究指導を行っている。

多くの学生が3年次冬学期の「URBANST 202: 3年次セミナー」で研究計画を立てた後，大学の研究助成金を申請・獲得し，夏学期にそれぞれ研究のフィールドで現地調査を行う。フィールドとして，サンフランシ

スコやサンディエゴといった州内だけではなく，シカゴ，海外のチリや
オーストラリアも選ばれている。海外で調査を行う場合には，海外学習
プログラム（Overseas Program）を利用する事が一般的である。テーマは，
人口動態，都市計画，NGO の教育施策，市の政策など多岐に渡る。4年
次の秋クオーターの「URBANST 203：4年次セミナー」でデータの分析や
考察を行い，30ページ程度の論文を執筆する。

　卒業研究に相当する要件として必修となっているのは以上だが，そこ
から研究を発展させたい学生は，「URBANST 199: Senior Thesis」（5-10
単位）を履修し，引き続き4年次の冬と春学期に研究を続け，春学期の最
後に論文を提出する。多くの学生が，冬学期に5単位，春学期に5単位の
合計10単位で「URBANST 199」の単位を取得する。なお，「URBANST
199」は主専攻の要件の中に含まれないが，この論文に加えて，一定水準
以上の GPA があると，オナーズ学位を取得する事ができる。

　学科としては，このオナーズ・プログラムの履修を強く薦めており，
それに合わせたカリキュラムとなっている。オナーズ・プログラムを履
修する学生は，年度によって異なり，全くいない年度もあるという事だ
が，これまで平均して主専攻とする学生の3〜4割が履修してきた。しか
し近年では，学士と修士を併せて取得する「コー・ターミナル（Co-Termi-
nal Degree）」学位の取得希望者が多い事，オナーズ研究のメンターを見
つけることができない事が理由で，オナーズ・プログラムの履修者は減
少している。

3-3.　学士課程全体の科目履修例

　都市研究プログラムを主専攻とする場合の履修計画を立てる際には，
まず必修でなおかつ時期が指定されているキャップストーン科目を配置
することから始める必要がある。次に，研究に必要なスキル科目をそれ
より前，あるいは同時に履修する。インターンシップ科目もこれらの前
である事が望ましい。コア科目は3年次の春までに履修することという
規定があるが，早めに履修していた方が良いだろう。集中履修領域科目

の多くも，研究の前提となる知識を学ぶためだけではなく，指導者を見つけるためにも「3年次セミナー」の前に履修しておいた方が良い。また，都市研究プログラムを専攻するための条件（Pre-requisite）として経済学入門（ECON 1）があるので，それも1年次の内に履修する。

　一般教育科目では，【表1】の通り「課題の思考（THINK）」が1科目と「作文と修辞（PWR）」が1年次と2年次にそれぞれ1科目ずつ必修である。外国語要件に該当する科目も，高校時代のAP科目履修やSATのテストの条件を満たさないのであれば，3科目履修しなければならない。配分要件は11科目履修となっているが，後述する「二重認定（Double Count）」によって3科目は最低でも履修を免除されるので，8科目を履修するとして，科目平均3〜4単位として履修モデルを作成する。

　以上の都市研究プログラムの主専攻要件と全学的な一般教育科目を合わせると，学士課程教育全体のカリキュラムは【図1】のようになる。縦軸は年次とクオーター，横軸は取得単位数を表す。暗く塗りつぶされているのが，主専攻要件と履修前提要件である。

		1	2	3	4	5	6	7	8	9	10	11	12	13	14	15	16
1	秋	URBANST 110				PWR 1				language			WAY				
	冬	URBANST 111				THINK				Language							
	春	URBANST 112				ECON 1				Language							
2	秋	URBANST 114				PWR 2				WAY			WAY				
	冬	Concentration					Concentration					Internship					
	春	Concentration				Concentration				WAY			WAY				
3	秋	Skill			Concentration					WAY			WAY				
	冬	URBANST 202				Skill				WAY							
	春	Skill				Election											
4	秋	URBANST 203															
	冬	URBANST 199															
	春	URBANST 199															

【図1】都市研究専攻の履修モデル

　都市研究専攻は，コア科目の5科目が必修である他は，学生が選択した領域の科目を20単位（領域によってはその中に必修科目がある）取得すれば良いため，全体的に学生の裁量の大きいカリキュラムであるが，卒業研究が必修であることによって，中盤から後半にかけての学生の学習が統制されているという特徴を持つ。

4. 生物学科（Department of Biology）

4-1. 主専攻要件

　生物学専攻は，文理学部の生物学科が実施するプログラムであり，毎年多くの学生が専攻する学科である。その多くがメディカル・スクールへの進学を希望しており，そのために必要な科目が揃うカリキュラムとなっている。その主専攻要件は【表3】の通りである（Biology Department, 2017）。

【表3】生物学科　主専攻要件

コア科目（5科目）	BIO 41, 42, 43, 45, 46（or 47）
必修基礎科目 （Required Foundational Breadth Courses）化学5科目，物理6科目，数学6科目，追加で3〜5単位	CHEM 31AB, 33, 35, 141, 143 PHYSICS 21〜24，or 41, 43, 45 Mathematics 19〜21，or41, 42，or 51 Additional 3-5 units
選択科目（Electives）（24単位）	分子，細胞，生物，生態学の4領域からそれぞれ1科目履修。

4-2. 卒業研究に相当する要件

　生物学専攻は卒要研究に相当する要件は必修ではないが，全学生の半数がオナーズ・プログラムを履修する。その理由として，メディカル・スクール入学に有利であること，教員にとってラボに学生を受け入れる事に抵抗がないこと，大学と学科が積極的であること等が考えられる。

　オナーズ・プログラムは，「BIO 199：Advanced Research Laboratory in Experimental Biology」及びそれに類する科目のいずれかを10単位履修することを要件の一つとしている。この科目は，研究室での実験と論文を執筆するものである。そうして作成された論文は，生物学科の2名の教

員の査読を受け，学内での研究発表が行われる。なお，「BIO 199」等の科目の単位は，6単位まで選択科目の単位として認められる。

4-3.　学士課程全体の科目履修例

　生物学専攻の科目履修例は，生物学科のウェブ上に掲載されている「4年間の履修典型例（Typical Schedule for a Four-Year Program）」を参考に作成したところ，【図2】のようになった。

		1	2	3	4	5	6	7	8	9	10	11	12	13	14	15	16	17	18
1	秋	CHEM 31A					MATH 41					Freshman Requirements, WAY							
	冬	MATH 41					MATH 42												
	春	CHEM 33					STATS 60												
2	秋	BIO 41					CHEM 35					WAYS, PWR							
	冬	BIO 42					BIO 45				CHEM 141				WAY				
	春	BIO 43					BIO 47					CHEM 143				WAY			
3	秋	PHYSICS 21				22	WAY												
	冬	PHYSICS 23				24	Electives												
	春	Electives																	
4	秋	Electives																	
	冬	Electives					BIO 199					BIO 199W							
	春	Electives					BIO 199												

【図2】生物学専攻の履修モデル

　生物学専攻は必修科目の多い専攻である。コア科目で5科目24単位，必修基礎科目で39〜55単位，そして選択科目が24単位で，87〜103単位が必要である。特徴的なのは，コア科目（5科目）の他に指定されている必修基礎科目の多さである。化学，物理学，数学の各領域の科目をそれぞれ4科目程度履修しなければならない上に，それぞれの科目の単位数が4〜5単位と多い。そのため，1年次からこれらの科目を履修することか推奨されている。こうした基礎科目は，生物学を専攻する学生の多くが希望するメディカル・スクールへの進学の際の条件となっているため，3年次までに履修する学生が多い。一方，卒業研究を必修とはしていな

いため，高年次になるとカリキュラムの統制は弱くなり，選択科目が増える。しかし，半数の学生がオナーズ・プログラムを履修するため，4年次は「BIO 199」等の10単位を中心として，選択科目を配置することになる。また，副専攻もとる学生であれば，その科目を3〜4年次を中心として履修する。

5.　まとめ

　一般的には，アメリカの大学は一般教育を学んだ後に専門教育を選択し，学ぶという「レイト・スペシャライゼイション（late specialization）」として知られているが，実際には，主専攻の要件が，学生の初年次からの履修に影響を与えている。しかし，一つの専攻の要件を学士課程全体の単位数の1/3から2/3の範囲に限定するという全学的な規定もあり，主専攻要件だけであれば，学生の選択の余地はある。

　しかしながら，専攻に関わらず，ほとんどの学生が主専攻と合わせて，オナーズ・プログラムや副専攻，「コー・ターミナル学位」の取得を選択しているため，3〜4年次はそれらの履修に充てられている。オナーズ・プログラムは4年次の10単位（実際にはそれ以上の学習時間が求められる），副専攻は，コア科目を中心として30単位程度の履習が必要である。そのため，高年次の一般教育科目の履修は可能ではあるが，専攻に関わらず，1〜2年次に一般教育科目の履修が偏ることになり，また一般教育科目を規定以上に履修する学生は少ない。

　卒業研究を必修にすることによって，「4年次セミナー」のような科目だけではなく，そのための前提となる知識やスキルを学ぶ科目の履修が必要となり，結果としてカリキュラム全体を大きく統制するということが，都市研究専攻の事例からは明らかになった。日本の大学では研究室配属という仕組みにより，多くの指導がインフォーマルな形で行われているが，アメリカの大学にはこうした仕組みがないため，そのための科目を一つ一つ開講していく必要がある。そのため，生物学専攻を含め，多くの学科では卒業研究は必修とはされていない。必修としている都市

研究専攻においても，卒業研究を二つのレベルに分け，最低限の水準を達成する「URBANST 203：4年次セミナー」を必修とし，それよりもレベルの高い論文執筆を行うオナーズ・プログラムは選択として，やる気のある優秀な学生に限定することとしている。こうした事を考えると，アメリカの学士課程教育において卒業研究が一般的ではなく，優秀な学生に限定されているというのも理解できる。一方で，卒業研究が必修でないことで，それに拘束されない幅広い科目の履修や副専攻等のプログラム・オプションが可能となっている。

　以上のように，アメリカの学士課程教育のカリキュラムを包括的に理解するためには，一般教育の要件と専門教育の主専攻はもちろんの事，卒業研究の必修の有無や副専攻にも着目することが必要である。また，本稿では詳しく取り上げることができなかったが，一般教育の配分要件の二重認定等の履修を免除する仕組みも，一般教育科目の配分要件の履修を大きく左右する。アメリカにおける一般教育の配分履修要件の科目は，学科が提供する科目の初級科目が充てられており，履修登録をする段階で専攻か一般教育の科目かが決まる。スタンフォード大学の場合，一般教育の配分要件である WAY は「二重認定」が可能であり，専門の初級科目の多くは一般教育の WAY の要件も満たす科目となっている。例えば，「URBANST 110」は都市研究専攻のコア科目であると同時に，一般教育の WAY の「社会的探求（2科目必修）　Social Inquiry（SI）」の要件を満たす科目である。このようにして，都市研究専攻ではそのコア科目を履修するだけで，WAY の「社会的探究領域（WAY-SI）」と「多様性への関与（WAY-ED）」，「創造的表現（WAY-CE）」の領域の要件を満たすことができる。都市研究専攻の科目全体では，履修の仕方によっては，「科学的手法と分析（WAY-SMA）」の2科目と「形式的推論（WAY-FR）」以外の配分要件を満たすことができてしまう。このような「二重認定」は生物学専攻でも同様であり，そのコア科目は全て「科学的手法と分析（2科目必修）（WAY-SMA）」の要件を満たすものである。このように，「二重認定」によって専攻以外の科目の履修が免除されている。また，外国語

科目は高校で履修した AP や SAT の点数によって履修を免除されるので，こうした免除がされた学生の一般教育要件は，もとの約60単位からその半分近くまで減らすことができる。このような履修免除の仕組みも，カリキュラムに大きく影響するため，踏まえることが必要である。

　今後は，スタンフォード大学の他の学科についても調査を行う他，州立大学やリベラル・アーツ・カレッジといった設置者や目的の異なる大学についても，同様の視点で調査を行っていきたい。

【参考文献】

AAC&U, 2015, Recent Trends in General Education Design, Learning Outcomes, and Teaching Approaches.
　　（https://www.aacu.org/sites/default/files/files/LEAP/2015_Survey_Report2_GEtrends.pdf）
Biology Department, 2017, Undergraduate Program.
　　（https://biology.stanford.edu/academics/undergraduate-program）
Urban Studies Program, 2017, What is Urban Studies?
　　（https://urbanstudies.stanford.edu/academics/what-urban-studies）
中島夏子, 2016,「学生による研究活動を学士課程にどのように位置づけるのか―米国スタンフォード大学を事例に―」,『大学教育学会誌』第38巻第1号，pp.154-163.
Stanford University, 2016, Bulletin 2016-2017.
　　（http://exploredegrees.stanford.edu/undergraduateeducation/）
　　　　　　　　　　　　　　　　　　　ウェブサイトは全て2017年3月にアクセス

第13章　カナダ BC 州における学士課程教育
UBC・SFU・UVic の3事例

中島　夏子（東北工業大学），溝上智恵子（筑波大学）

1. はじめに

　本研究は，学士課程教育のカリキュラムとその実施体制に関する国際的な比較研究の一環として，カナダのブリティッシュ・コロンビア（BC）州の学士課程教育の特徴を明らかにすることを目的とする。カナダの大学はイギリスの大学をモデルとしているため，日本やアメリカの大学にあるような一般教育（General Education）は学士課程教育の共通の要件に含まれていないのが一般的である。しかし，そうした中でも学習の領域的な幅広さを持たせる事の重要性も認識されており，主専攻（Major）や全学的な学士課程教育の要件の中に，一般教育に相当する要件も存在する。本稿ではそうした幅広さを確保するような科目にも注目したい。

　事例の対象は，BC 州を代表するブリティッシュ・コロンビア大学（University of British Columbia: UBC），サイモン・フレーザー大学（Simon Fraser University: SFU），及びビクトリア大学（University of Victoria: UVic）の3大学であり，2016年2月に訪問し，全学の学士課程教育担当者へのインタビュー調査を実施した。

　カナダの他州と同様 BC 州でも，多くの大学は公立大学（コミュニティカレッジを含む）である。その中でも機能に合わせて，3つに分けられている。1つ目は総合大学に相当し，学士号，修士号，博士号を授与する公立大学（Public Universities）である。その内，博士号を授与する公立大学は，州内の11大学の内，5大学のみである。2つ目は職業訓練に特化し，学士号と応用修士号（Applied Master's Degree）を授与する公立単科大学（Public Institutes），3つ目は准学士号を授与する公立カレッジ（Public Colleges）である。本稿が事例とする大学はいずれも博士号を出す研究中

心の総合大学である。

　これらの大学を管轄しているのが，BC 州では高等教育省（Ministry of Advanced Education）で，課程認定を担当するのが高等教育省の学位質保証委員会（Degree Quality Assessment Board）である。この委員会の認定基準は，カナダ教育大臣協議会（Council of Ministers of Education, Canada：CMEC）作成の「カナダにおける学位教育の質保証に関する基準（Ministerial Statement on Quality Assurance of Degree Education in Canada）」に準じている（CMEC, 2007）。なお BC 州では近年，「職業需要を踏まえた計画（B.C.'s Skills for Jobs Blueprint: Re-engineering Education and Training）」に基づいて，課程認定や予算配分が行われる傾向にある（Province of British Columbia, 2014）。

2.　ブリティッシュ・コロンビア大学

　1915 年に独自の学位授与権が認められたブリティッシュ・コロンビア大学は，BC 州のバンクーバーと内陸部のオカナガンにキャンパスを持ち，2016-2017 年度は学生 62,923 人，教職員 15,660 人を擁するカナダで屈指の規模を誇る公立総合大学である（UBC, 2017）。同大学に 2016 年 2 月 12 日に訪問し，総括副学長補佐（Vice Provost, Academic Affairs）／心理学科教授のエリック・アイヒ（Eric Eich）博士とその事務局のディレクター（Executive Director, Office of the Associate-Provost, Academic Innovation,）であるデニース・ラウレターノ氏（Ms. Denise Laurtano）にインタビューを行った。

2-1.　学位授与要件

　学位授与要件は全学に共通するものは 120 単位以上の取得をすることのみであり，全学共通の履修科目もない。専攻ごとに要件が定められており，例えば理学部（The Faculty of Science）が提供するプログラムを主専攻にして学士号を取得する場合には，次の要件がある（UBC Faculty of Science, 2016）。

【表1】UBC 理学部の学位授与要件

理学要件（Science Requirement）	72 単位（理学部の科目）
上級コース要件：科目番号 300 番台以上	48 単位（内 30 単位は理学部の科目）
下級コース要件：科目番号 100 番台	単位数指定なし。様々な領域の科目を履修。
人文学要件（Arts Requirement）	12 単位（人文学部の科目）
ブレドゥス（Breadth）要件：主専攻以外の科目	9 単位（学部内の科目でも，人文学部の科目でも可能）

　理学部とその主専攻に関する科目の履修が中心であるが，一方で「人文学要件（Arts Requirements）」もあり，人文学部の科目を12単位取得することも要件とされている。また，ブレドゥス（Breadth）要件は，主専攻以外の科目と指定されているので，この要件を満たす科目として，人文学部の科目を履修することもできる。

　また，多くの学生が主専攻以外にも，二つの主専攻の要件を満たす複数専攻（Double Major），主専攻に加えて，より少ない要件（30単位程度）で履修する副専攻（Minor），経済学と数学など関連する二つの学科が提供する科目を合わせた専攻プログラム等を履修する複合専攻（Combined Major）を履修する。こうしたプログラムを履修することによって，主専攻以外の領域の学習を行うことが可能になっている。その他，研究と論文執筆を行うオナーズ・プログラム（Honours Program）もあり，特に博士課程に進学する事を考えている学生が履修する。このような学部外の科目を履修する要件は，理学部だけではなく，多くの学部が設定している。

2-2. 学士課程教育の組織

　学士課程教育の組織は【図1】の通りである（UBC, 2016）。学士課程教育の要件の決定を初めとして，その施策の多くは学部によって決められ，学部の裁量が強い，分権型の組織となっている。全学的には総括副学長（Provost and Vice President, Academic）の下に，副学長補佐（Vice-Provost, Academic Affairs）という役職があり，複数の学部にまたがる問題が生じた場合や，データ・サイエンスといった学部横断的なプログラムの新設を検討するような場合には，学部と学部をつなげる役割を果たす。

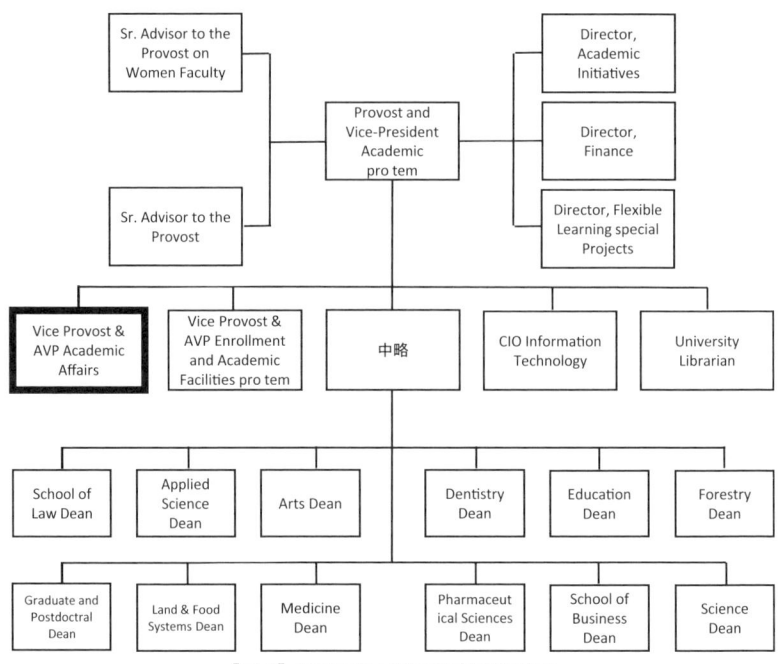

【図1】UBC 学士課程教育の組織図

　学生は入学時にいずれかの学部に所属し，学部の予算は学生数に応じて大学本部から配分される。多くの学部が他学部の科目を履修することを要件としているが，その場合には，受講生が所属する学部から開講する学部に一定の予算を移管することになっている。例えば，人文学部の科目を延べ900人の理学部の学生が受講した場合，理学部から人文学部に900人分相当の予算が移管される。副専攻の場合等は，また別の計算式で予算の移管が行われる。この仕組みの下で，多くの学生が履修する作文の科目を，英語学科が提供する科目ではなく，それぞれの学部の中でその学部の領域に特化した新たな作文科目を開講する学部が出てきた。これは財政的に非効率である上に，英語学科からテリトリーの侵害であるとの不満が生じていた。その点に関して，英語学科が近年，改革

を行い，共通のラーニング・アウトカムで，テーマが異なる複数の作文科目を開講する事によって，他学科の学生の履修を促すという対策が取られた。

2-3. 学士課程教育の評価／学士課程教育の改善に向けた取組

　学士課程教育の質に責任を負うのは主に学科長と学部長である。「外部評価（External Review）」を学科は5年に一度，学部は10年に一度行う。この場合の「外部」とは，学部／学科の外という意味であり，副学長補佐に提出され，そこで評価される。

　新しいプログラムを設置する場合には，まず学科レベルでプログラム案を考え，それを学科長と学部長（Dean）の承認を得た後，大学評議会（Senate）で審議される。それを州政府の高等教育省に申請し，認可を受ける。認可を却下されたことはないが，審査の過程で変更を求められることもある。また，州政府に提出する申請書に，州の職業需要を踏まえた計画に対して，どのような貢献をするのかということを記載しなければならないので，学問的に意味のある範囲ではあるが，それに沿って計画される。州政府から新しいプログラムを開設するように要請されることはないが，州の職業需要計画において，看護師不足が問題になった際には，看護師育成のためのプログラムを作ることを条件に追加予算が提示されたことがあり，それに応じたことがあるという。

　学士課程教育の改善のために，2011年に教育を主に担う教授職（Professor of Teaching）をテニュア職として設置した。このトラックでテニュアを取るためには，ティーチングに優れているだけではなく，カリキュラム開発等の教育の領域においてリーダーシップをとること等が求められる。ファカルティの10％がこの職務形態で採用されている。

3. サイモン・フレーザー大学

　1965年創設のサイモン・フレーザー大学は，バンクーバーに隣接するバーナビーのほか，バンクーバーやサレーにもキャンパスを有する。

2016-2017年度の学生数は35,364人（学部生29,944人，大学院生5,420），教職員2751人の公立総合大学である（SFU Institutional Research and Planning , 2016）。2016年2月11日に総括副学長事務局（Office of the Vice-President, Academic）のスーザン・ローズ氏（Ms. Susan Rhodes），2016年2月12日にラーニング・コモンズ長（Head, Student Leaning Commons）のダナ・トムソン氏（Ms. Donna McGee Thompson）にそれぞれインタビューを行った。

3-1. 学位授与要件

　学士課程教育は全学共通で，120単位を取得することや専攻要件を満たすことの他，2006年からWriting, Quantitative, and Breadth（WQB）要件を設定している。WQB要件は，【表2】の通り，作文と数学の要件と人文・社会・自然の配分必修要件によって構成されている（SFU, 2016a）。

　このWQB要件は，アメリカの大学の配分要件（Distribution Requirements）をモデルとして導入されたものである。特定の専門を志向しない学生や，作文や数学の力が不足しているという学生層への対応に加えて，これまでの教育が専門教育に偏り，狭すぎるとの反省から導入された。一方で，専攻の学習に専念すべきだという意見は多くあった。特に学部の前期課程（Lower-division）の作文要件の新設に，自然科学領域の学科からの反対が強くあった。反対する理由は，例えば，物理学科を専攻する学生が，前期課程の作文で歴史学科が提供する作文科目を履修するのは，適当ではないというものである。自然科学系の学部の中でも，例外的に工学部からは反対がなかった。その理由は，専門学協会のアクレディテーションの認定を受けるために，既に作文要件を設定していたからである。現在では，前期課程についてもそれぞれの専攻に合った作文科目を開講するという事で，学内からの反対はなくなっている。

【表2】SFU, WQB 要件

作文要件（Writing Requirements） - 前期課程（Lower-division） - 後期課程（Upper-division）	1科目（3単位以上） 1科目（3単位以上）SFU の専攻科目
数学要件（Quantitative Requirements） - 前期／後期課程	2科目（6単位以上）
配分要件（Breadth Requirements） - 人文科学（Breadth Humanities） - 自然科学（Breadth Sciences） - 社会科学（Breadth Social Sciences） - 専攻以外のコース	2科目（6単位） 2科目（6単位） 2科目（6単位） 2科目（6単位）

　この要件に認定される学科のメリットは，受講生数を増やすことができることである。主専攻の決定時期はプログラムによって異なるが，工学やコンピュータ科学は入学当時から，それ以外は60単位取得してから専攻決定を行うところが多い。したがって，受講生数が増えれば，その学科を主専攻とする学生が増加し，さらに受講生数に応じて予算を獲得することができる。

　SFU でも，主専攻に加えて，副専攻，オナーズ・プログラム等の選択肢がある。一般的には，主専攻と副専攻を履修する学生が多い。

3-2. 学士課程教育の組織

　学士課程教育の組織は【図2】の通りである（SFU, 2016b）。学部／学科が強い分権型であり，総括副学長（Vice President, Academic）の下に総括副学長補佐（Associate Vice-President, Academic）という役職があり，そこが教育のプランニングと質保証，入学者マネジメント，IR（Institutional Research），学内環境整備，外部評価，州へのアカウンダビリティを担当している。また，その事務組織として，カリキュラム担当のディレクター等が置かれている。

　WQB 要件は，学科教員らによって構成された全学的なタスクフォースの中の小委員会が検討を行った。現在では，カリキュラム担当のディレクターが，そのタスクフォースが作成した評価基準に基づき，学科からの申請を認定するか否かの選定を行っている。

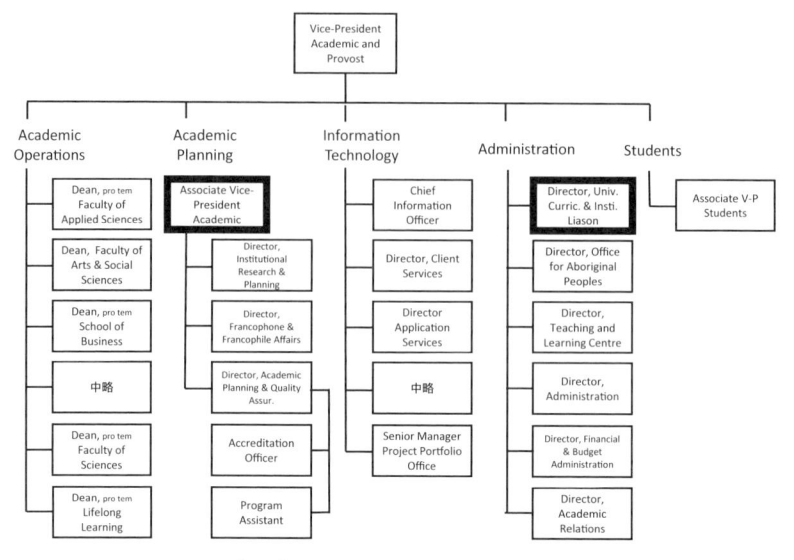

【図2】SFU 学士課程教育の組織図

3-3. 学士課程教育の評価／学士課程教育の改善に向けた取組

　SFU はカナダの研究大学としては初めて，2015 年にアメリカの地域基準協会である北西地区大学基準協会（Northwest Commission on Colleges and Universities）のアクレディテーションの認証を受けた。それによってアカウンタビリティを増やすこと，明確な基準を設定し，地域及び国際的に SFU の名声を高めること，米国の大学と運営や大学スポーツにおいて連携を強めること等を目的としている（SFU, 2016c）。

4. ビクトリア大学

　ビクトリア大学は，バンクーバー島の南端にあり，2015-2016 年度の学生数は 16,621 名の公立大学である。コーオプ教育を特徴とする。同大学を 2016 年 2 月 9 日に訪問し，総括副学長アドバイザー（Advisor to the Provost, Academic Planning and Programs Unit）のサラ・ブラックストン氏（Dr. Sarah J. Blackstone）にインタビューを行った。

4-1. 学位授与要件

　学士課程教育の学位授与要件は専攻によって異なるが，全学に共通する要件は【表3】の通りである（UVic, 2016a）。

【表3】UVic. 全学共通要件

科目番号100番台の科目	60単位（内30単位は UVic の科目）
科目番号300番台，400番台の科目	21単位（内18単位は UVic の科目）
主専攻要件	
作文	1科目（1.5〜2.5単位）

　UVic では1.5単位が，セメスター制の下で毎週3時間の授業と6時間の教室外での学習を意味するため，60単位は大学の一般的な基準の120単位に相当する。作文の要件は，高等学校の作文の授業や州のテストで一定以上の成績や，他大学での類似科目の履修で免除される。

　学部や学科によるが，多くの学生が1年次終了時に主専攻を決め，学生の履修単位の9割が主専攻のものである。一方，一般教育が持つ領域的な幅広さを保証する手段として，多くの学部が自領域以外の科目を一定数履修することを専攻要件としている。例えば人文学部では，人文学部以外の領域から最低でも6単位を取得することを要件に定めている（UVic Faculty of Humanities, 2016）。

　その他，副専攻，上位10% の学生と対象として，プロジェクトや論文の課題に臨むオナーズ・プログラムや専攻をまたいで卒業に必要な単位数を取得する一般専攻（General Major）という選択肢もある。

4-2. 学士課程教育の組織

　学士課程教育を実施する組織は【図3】の通りである（Uvic, 2016b）。学部／学科が強い分権型となっている。学士課程教育の全学的な調整は，総括副学長補佐（Associate Vice-President, Academic Planning）という役職とそのオフィスが行っているが，その分権型の組織ゆえに全学的な合意形成を図ることは難しいと担当者はいう。

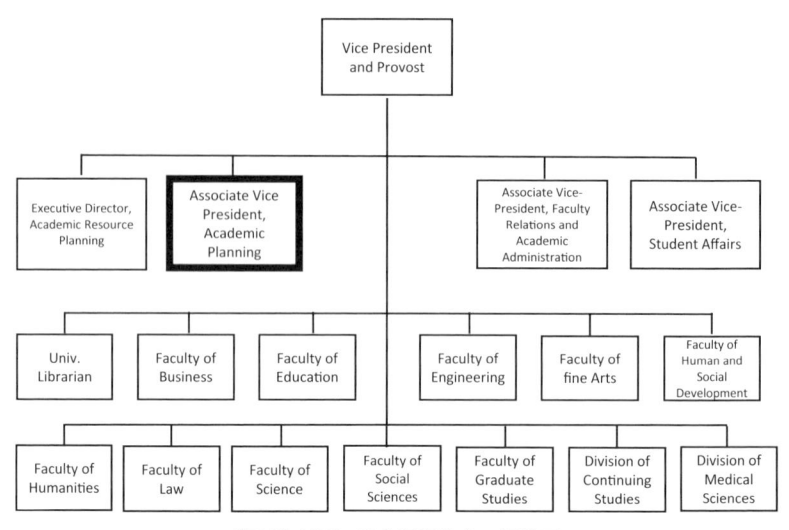

【図3】UVic 学士課程教育の組織図

4-3. 学士課程教育の評価／学士課程教育の改善に向けた取組

　2014年に大学評議会（Academic Senate）が，全学的なラーニング・アウトカムズを設定することを承認した。合意までに2年間かかったという。まだ，学科によってはラーニング・アウトカムズを設定していないところもあるが，学科の権限が強いため，強制はしない方針だという。学科から大学本部への活動報告書にラーニング・アウトカムズの設定状況について記載させることを通して，間接的に実施を促している。また，カリキュラム・マップを作成し，それに基づき，学科ごとのラーニング・アウトカムズの妥当性やその開講科目とその目標，コアカリキュラムの妥当性について検討を行っている。教授学習センター（Teaching and Learning Centre）がその支援を行っている。

5. 3大学の学士課程教育の特徴

　3事例の学士課程教育はいずれも，主専攻に関する専門教育が学士課程教育の中心になっているが，学生の学びの幅の広さを確保するために，

専攻以外を学ぶことを促す要件も共通して見られた。特徴的なのが，サイモン・フレーザー大学の WQB 要件であるが，他の2事例も，全学的な要件ではないものの，主専攻以外の科目を履修することを要件としている。また，3大学に共通して，多くの学科で主専攻に加えて副専攻や複数専攻等を履修できるようになっていた。これらも学生の学習の幅の広さを確保する手段となっているといえるだろう。

　准学士号を出すコミュニティ・カレッジからの編入を前提とした設計となっている事も3つの事例に共通した特徴である。これは BC 州が，アメリカのカリフォルニア州のマスタープランに類似した高等教育政策を取っているからである。大学や学科によるが，学生の3分の1が3年次からの編入である。そのため，学位授与要件には自大学や自専攻の科目を一定数以上履修することが規定されている。逆にいえば，それ以外は自大学以外で履修できる，編入を前提としたものとなっている。

　学士課程教育の実施体制も3つの事例は類似していた。学士課程教育を計画・実施する中心は学部と学科であり，全学的には教育担当の副学長補佐に相当する役職とその事務組織が，学科間の調整や全学的な事項についてのイニシアチブを取っている。

　近年の全学的な学士課程教育の改革として，UBC は教育の業績を重視した終身雇用資格を持つ教員職の設置，SFU は全学的な WQR 要件の設定とアメリカの地域基準協会のアクレディテーション認証，UVic は全学的なラーニング・アウトカムズの設定をそれぞれ実施している。

　本稿は，溝上智恵子・中島夏子 (2017)「ブリティッシュ・コロンビア州における学士課程教育の現状：3大学の事例」カナダ教育学会第48回研究会 (2016年6月12日) の発表要旨をベースに加筆修正を行ったものである。

【参考文献】

CMEC, 2007, *Ministerial Statement on Quality Assurance of Degree Education in Canada.*
　（https://www.cicic.ca/docs/cmec/QA-Statement-2007.en.pdf）

Province of British Columbia, 2014, *B.C.'s Skills for Jobs Blueprint: Re-engineering Education and Training,* Province of British Columbia.

SFU, 2016a, Writing, *Quantitative and Breadth Requirements.*（https://www.sfu.ca/ugcr/for_students/wqb_requirements.html）

SFU, 2016b, *Organizational Chart.*
　（http://www.sfu.ca/content/dam/sfu/vpacademic/files/vp_academic_docs/pdfs/Org-Chart_1Mar2016.pdf）

SFU, 2016c, *Accreditation.*
　（https://www.sfu.ca/vpacademic/accreditation.html）

SFU Institutional Research and Planning, 2016, *Fingertip Statistics.*（https://www.sfu.ca/content/dam/sfu/irp/documents/fingertip.pdf）

UBC, 2016, *Organizational Chart.*
　（http://vpacademics2.sites.olt.ubc.ca/files/2015/09/VPA-Deans-Org-Chart-Final-Sept-2015.pdf）

UBC, 2017, UBC 2016-2017 *Annual Report.*
　（http://annual-report-2016-2017.sites.olt.ubc.ca/files/2017/07/UBC_2016-17_AnnualReport_web.pdf）

UBC Faculty of Science, 2016, *Requirements and Regulations, Bachelor of Science, Basic Credit Requirements.*
　（https://science.ubc.ca/students/requirements）

UVic, 2016a, *Undergraduate Academic Regulations.*
　（http://web.uvic.ca/calendar2016-01/undergrad/info/regulations/graduation.html#）

Uvic, 2016b, *Organizational Chart*
　（https://www.uvic.ca/vpacademic/assets/docs/orgchart/VPACWeb_Orgchart_20160226.pdf）

UVic Faculty of Humanities, 2016, *Faculty Program Requirements.*
　（http://web.uvic.ca/calendar2016-01/undergrad/humanities/requirements.html）

ウェブサイトは UBC, 2017（2017年11月1日アクセス）以外は
2016年3月10日にアクセス

第14章 イギリスにおけるリベラルアーツ学位の登場
—学際性の意義—

田中　正弘（筑波大学）

はじめに

　イギリス（イングランド）の伝統的な学位プログラムの特徴は，初年次から高度に専門化されたカリキュラムにある（パーキン 1998: 85-87）。典型的な学士課程のカリキュラムは，学生が一つの専門分野を3年間通して集中的に学修するように設計されている。このため，学生が他分野の科目を履修することは一般的とはいえない。そもそも，専門分野においても，学生が自由に選択できる科目は少なく，特に1〜2年次では，ほぼ全ての科目が必修である（田中 2013）。このような特徴を持つイギリスの大学で最近，いくつかの専門分野を自由に選択できるという，「リベラルアーツ」(Bachelor of Arts in Liberal Arts) の学位プログラムが提供されるようになってきた。

　本稿は，リベラルアーツ学位がなぜイギリスで提供されるようになったのか，この疑問の回答を得る目的で，この学位を提供している大学の「プログラム詳述書」(programme specifications) の内容や具体的なカリキュラムの構成を描写する。そして，その考察結果を土台に，学際的な研究アプローチの修得こそ，21世紀社会を生き抜くのに必要なスキルであるという信念が，リベラルアーツ学位の登場につながったと提言したい。

　本稿は右記の3節で構成される。第1節で，リベラルアーツ学位のプログラム詳述書の内容やカリキュラムの構成を調べ，この学位プログラムの概要を記述する。次に第2節で，従来型の学位プログラムと比べることで，リベラルアーツ学位の特徴を書き出す。そして，第3節で，本稿のまとめを新たな学際性の観点から述べる。

1.　リベラルアーツ学位の概要

　リベラルアーツ学位を提供しているイギリス（本稿はイングランドの
みを対象とする）の大学は, 2017-18年度の時点では, キングス・カレッジ・
ロンドン（Kings College London）, ウォーリック大学（University of War-
wick）, ブリストル大学（University of Bristol）, ダラム大学（Durham Uni-
versity）, リーズ大学（University of Leeds）, エクセター大学（University of
Exeter）, ケント大学（University of Kent）, エセックス大学（University of
Essex）, ロイヤル・ホロウェイ（Royal Holloway）, キール大学（Keele Uni-
versity）, ダービー大学（University of Derby）, ウエスト・イングランド大
学（University of the West of England）, ウインチェスター大学（University
of Winchester）の13校[1]である。ちなみに, キングス・カレッジ・ロンドン,
ウォーリック大学, ダラム大学, リーズ大学, エクセター大学は, 「ラッ
セル・グループ」（Russell Group）に加盟する世界的な研究大学である。
一方で, ダービー大学やウエスト・イングランド大学は, 1992年にポリ
テクニクから昇格した実学志向の新大学である。また, ウインチェスター
大学はさらに新しく, 2005年に枢密院に現行名の大学として認可された
機関である。期待される役割が異なるこれらの大学において, なぜ, リ
ベラルアーツ学位が提供されるようになったのか, その理由を調べるた
めに, いくつかの大学のカリキュラムやプログラム詳述書の内容を, そ
れぞれ分析してみたい[2]。

1-1.　ウォーリック大学

　ウォーリック大学のリベラルアーツ学位プログラムは, 2016年10月
に開設された新しい学士課程コースである。この学位のプログラム詳述
書によると, プログラムの責任主体は「学部横断型研究学科」（School for
Cross-Faculty Studies）という新たに設置された組織で, この学科は教養
学部（Faculty of Arts）に属している。なお, ウォーリック大学には教養学
部以外に, 医学部, 理工学部, 社会科学部が置かれている。この四つの
学部を跨いだ学際的な学位プログラムを増やしていくことが, 学部横断

型研究学科に課せられた使命だと，HP に明記されている（http://www2.
warwick.ac.uk/fac/arts/schoolforcross-facultystudies/, 2017.08.24.）。学 科 の
所属教員は，学科長1名，教員5名（そのうち2名は，2017年9月に着任予
定）の計6人と少なく，文学や歴史など人文系の専門家で占められている。

　リベラルアーツ学位プログラムの科目は四つのカテゴリーに分けられ
ている。それらは，コア科目（必修科目），選択コア科目（特定分野を選
択した際に必修となる科目），選択科目（他学科が提供する科目），サー
ティフィケート科目（卒業要件単位外の選択科目）である。ちなみに，選
択科目の提供学科は教養学部6学科（古典古代史学科，英文学科，歴史学
科，演劇学科，写真映像学科，外国語学科），理工学部1学科（生命科学科），
社会科学部2学科（経済学科，哲学科）である。四つあるカテゴリーごと
の科目は以下の通りである。なお，ウォーリック大学は3学期制（Term）
を採用しており，かつ3年間で計360単位（CATS[3)]）の取得を卒業要件と
する単位制度を用いている。

コア科目（2016-17年度）

開講学年	科目コード	科目名	単位 (CATS)	開設学期 (Term)
Year 1	IP101	Liberal Arts: Principles & Praxis	-----------	Term 1
Year 1	IP103	Art and Revolution	30 CATS	Terms 1+2
Year 1	IP102	Science, Society and the Media	30 CATS	Terms 1+2
Year 1	IP108	Qualitative Research Methods	15 CATS	Term 1
Year 2	IP201	Sustainability	30 CATS	Terms 1+2
Year 2	IP205	Consumption	30 CATS	Terms 1+2
Year 3	IP302	Dissertation	30 CATS	Terms 1+2

選択コア科目（2016-17年度）

開講学年	科目コード	科目名	単位 (CATS)	開設学期 (Term)
Year 1	QS104	Introduction to Quantitative Methods in Social Sciences I or approved external option	15 CATS	Term 1
Year 2	IP204	The Apocalyptic Imaginary	15 CATS	Not running
Year 2	IP206	Utopian Societies, Past and Present	15 CATS	Term 2
Year 2	IP301	MISERI: The Case of Canada	15 CATS	Not running

選択科目（2016-17年度：歴史学専攻の場合）

開講学年	科目名	単位（CATS）	開設学期（Term）
Year 1	歴史学科が提供する科目から30単位分を選択	30 CATS	Terms 1+2
Year 2	歴史学科が提供する近代史の科目から30単位分を選択	30 CATS	Terms 1+2
Year 2	歴史学科が提供する科目から30単位分を選択	30 CATS	Terms 1+2

サーティフィケート科目（2016-17年度）

開講学年	科目名	開設学期（Term）
Year 1	Certificate of Digital Literacy	Term 1
Year 2	Certificate of Coaching Practice	Term 2
Year 2	Certificate of Professional Communication	Term 3

　ウォーリック大学のカリキュラムを俯瞰してみると，リベラルアーツ学位は，①コア科目に卒業論文や研究法の科目を含むことや，②専門学位を提供する他学科の科目を選択科目に指定していることから，学際的な研究者の養成を主とした学位であることが分かる。さらに，入学時に専門分野が定まっていることを前提としたカリキュラムである（例えば，歴史学を専攻したければ，1年次から定められた選択科目を履修しないと，3年での卒業が難しい）ことから，アメリカ型のリベラルアーツ学位とは基本設計が異なることも分かる。

　ウォーリック大学のリベラルアーツ学位が研究者養成のための学位であることは，このプログラムの目的からも読み取れる。その目的とは，下記の7つである。

① 学生が広く深い知識を修得できるように，学際的かつ国際的な学修経験を提供する。
② 時事問題や地域・国際問題に関する討論に参加させることで，学生の問題解決力や批判的思考力を育成する。
③ 学生が多様な学問分野の調査方法を修得し，それらを研究に活かせるようにする。
④ 学生が独自の研究を自律的に実行する力を育成する。

⑤　学生が多様な聴者に対して専門分野の情報を説明できる力を育成
する。

⑥　インターンシップに参加させることで，学生が多様な職種に就職
できるようにする。

⑦　国内・国外の学会などに参加させることで，学生により深い学修
をさせる。

これらの目的は，従来型の学位プログラムの目的と比べて，研究者養
成を強調している点で大差はない。

1-2.　ブリストル大学

ブリストル大学のリベラルアーツ学位プログラムは，2014年10月に
新入生を受け入れた新しい学士課程である。このプログラムの責任主体
は，教養学部（Faculty of Arts）である。この学部は，3「学科」（School）15「専
攻」（Department）で構成されている（表1）。

表1：ブリストル大学教養学部の学科専攻（2016-17年度）

School of Arts	School of Humanities	School of Modern Language
Department of Anthropology and Archaeology	Department of Classics and Ancient History	Department of French
Department of Film and Television	Department of English	Department of German
Department of Music	Department of History	Department of Hispanic, Portuguese and Latin American Studies
Department of Philosophy	Department of History of Art	Department of Italian
Department of Theatre	Department of Religion and Theology	Department of Russian

これら15の専攻に所属する教員が，リベラルアーツ学位プログラムの
運営を兼担している。言い換えれば，この学位プログラムは，15専攻に
跨がる学際的な教育課程になっている。ただし，教養学部内で閉じられ
たプログラムのため，社会科学系・自然科学系学部の科目も履修できる
ウォーリック大学と比べると，選択の幅は限られる。

　ブリストル大学のリベラルアーツ学位プログラムの科目は，コア科目
（必修科目），選択コア科目（特定分野を選択した際に必修となる科目），
選択科目の3つに分けられている。なお，ブリストル大学は2学期制
（Semester）を採用しており，かつ3年間で計360単位（Credit Points）の取
得を卒業要件とする単位制度を用いている。

コア科目（2016-17年度）

開講学年	科目コード	科目名	単位（CP）	開設学期（Weeks）
Year 1	AFAC10002	Ideas and Society	20 CP	Weeks 1-12
Year 1	AFAC10003	Experiencing the Aesthetic	20 CP	Weeks 13-24
Year 1 or 2	AFAC10004	Arts Students Count	20 CP	Weeks 1-12
Year 1 or 2	UNIV10002	Convincing Stories? Numbers as Evidence in the Social Sciences	20 CP	Weeks 1-12
Year 2	AFAC20001	Critical Writing in the Humanities	20 CP	Weeks 1-12
Year 2	AFAC20004	Reading the Past	20 CP	Weeks 13-24
Year 3	HUMS30001	The Public Role of the Humanities	20 CP	Weeks 1-12
Year 3	AFAC30002	Dissertation	40 CP	Weeks 1-24

選択コア科目（2016-17年度：人類学専攻の場合）

開講学年	科目コード	科目名	単位（CP）	開設学期（Weeks）
Year 1 or 2		古代語・現代語の中から1科目を選択	20 CP	
Year 1	ARCH10017	Peoples, Culture and Language	20 CP	Weeks 1-12
Year 1	ARCH10014	Evolution in Action	20 CP	Weeks 13-24

選択科目（2016-17年度：人類学専攻の場合）

開講学年	科目名	単位（CP）	開設学期（Weeks）
Year 1	人類学専攻が提供する科目から20単位分を選択	20 CP	
Year 2	人類学専攻が提供する科目から60単位分を選択	60 CP	
Year 3	人類学専攻が提供する科目から20単位分を選択	20 CP	

　ブリストル大学のカリキュラムは，①コア科目に卒業論文の科目を含
むこと，②選択コア科目・選択科目に専門学位を提供する他専攻の専門
科目を指定していることから，学際的な研究者を養成するためのもので
あり，ウォーリック大学と類似性が高い。さらに，入学時に専門分野が
定まっていることを前提としたカリキュラムである点もよく似ている。

加えて，両大学とも，定量的調査の技能育成のための科目をコア科目に含めていることは興味深い。人文系の学生が修得すべき教養の一つは，データリテラシーということなのだろう。

ウォーリック大学とブリストル大学以外のリベラルアーツ学位プログラムにおいても，基本的な特徴に類似点が見られる。すなわち，全員必修のコア科目を定めていること，卒業論文を課していること，選択科目は他の学位プログラムの専門科目であること，専門分野を入学時に定めていることが望ましいこと，および，研究者養成を強調していることである。なお，これらの特徴は，研究志向の強い大学だけでなく，ダービー大学，ウエスト・イングランド大学，ウインチェスター大学など，実学志向の新大学にも見られる。

ところで，上記の特徴は，リベラルアーツ学位プログラムに特有なものであろうか？

そこで次節では，従来型の学位プログラムと比較する目的で，オックスフォード大学の「哲学・政治学・経済学」（Philosophy, Politics & Economics: PPE）プログラムの内容などを分析してみたい。

2.　従来型学位プログラムとの比較

哲学・政治学・経済学（PPE）プログラムは，オックスフォード大学の看板プログラムの一つだといわれている。このプログラムは，その名称の通り，哲学，政治学，経済学という，三つの専門分野に跨がる学際的な教育課程で，卒業生は「学士（哲学・政治学・経済学）」（Bachelor of Arts in Philosophy, Politics & Economics）を授与される。PPE プログラムの担当教員は，人文系の「哲学部」（Faculty of Philosophy），社会科学系の「政治・国際関係学科」（Department of Politics & International Relations），「経済学科」（Department of Economics）に属しており，これら三つの組織で一つのプログラムを共同運営する形となっている。なお，PPE プログラムはイギリスでは一般的な学位プログラムであり，「ヨーク大学」（University of York）や「サセックス大学」（University of Sussex）など，多くの大学で

提供されている。

　オックスフォード大学の PPE プログラムの科目は，コア科目（必修科目）と選択科目に分かれている。なお，オックスフォード大学は3学期制で，単位制は用いていない。また，通年の「科目」（Subject）が，いくつかの「モジュール」（module）に区分けされているが，試験は科目の単位で行われている点も，オックスフォード大学の特徴である（田中 2013）。

コア科目（2016-17年度）

開講学年	科目名	モジュール名	備考
Year 1	Philosophy	General Philosophy	
		Moral Philosophy	
		Elementary Logic	
Year 1	Politics	Theory of Politics	
		Practice of Politics	
		Political Analysis	
Year 1	Economics	Microeconomics	
		Macroeconomics	
		Mathematical Techniques Used in Economics	
Year 2 or 3	Philosophy	Ethics	
		either Early Modern Philosophy or Knowledge and Reality or Plato's Republic or Aristotle's Nicomachean Ethics	
Year 2 or 3	Politics	Comparative Government	右記の5つのモジュールの中から2つ選択する。
		British Politics and Government since 1900	
		Theory of Politics	
		International Relations	
		Political Sociology	
Year 2 or 3	Economics	Microeconomics	専門分野を二つに絞った場合[4]，3つのモジュールを全て選択する。専門分野が三つのままなら，3つの中から2つを選択する。
		Macroeconomics	
		Quantitative Economics	
Year 3	Thesis	either in Philosophy or Politics or Economics	

　オックスフォード大学のプログラムは（PPE も含めて）通常，二つの学修段階に分かれる。第一段階は1年目の「予備試験」（the Preliminary Examination: Prelims）コースで，入門的なコア科目のみで構成されてい

る。第二段階は2年目以降の「最終優等試験」(the Final Honour School: FHS)コースで，より専門的なコア科目と多様な選択科目で構成されている（田中 2013）。なお，選択科目は，三つの組織（哲学部，政治・国際関係学科，経済学科）が主に他の専門学位プログラム向けに開講している科目である。

　オックスフォード大学に限らず，多くのイギリスの大学において，複数の専門分野を学ぶ学際的な学位プログラムが提供されている。専門分野の組み合わせは興味深い。文系では，政治学と哲学，心理学と哲学など，哲学が含まれていることが多い。同様に理系では，生命科学と数学，天文学と数学など，数学が含まれていることが多い。哲学と数学という，文理融合プログラムも一般的である。なお，この二つの専門分野は，専門基礎に位置づけられているわけではない。あくまでも，他の分野と同等の専門教育として，提供されている。

　以上のように，複数の専門分野を学ぶ（PPE のような）学際的なプログラムは，先記したリベラルアーツ学位プログラムと比べて，選択できる専門分野の数は少ないものの，学際性という点で大差ないように見える。そこで，次節において，「学際性」(Interdisciplinarity or Transdisciplinarity)という用語の意味を再考することで，本稿のまとめを提示したい。

3. まとめ—新たな「学際性」(Transdisciplinarity)

　学際性は通常，Interdisciplinarity と英訳される。Interdisciplinarity とは，ある学者が複数の学問分野にわたって研究したり，分野の異なる学者が協同研究したりすることを意味する。その一方で，Transdisciplinarity とは，環境問題のような，一つの学問分野だけでは解決策を見いだせないような「不快な課題」(wicked problems)に対処するために，複数の学問分野の知見を組み合わせて研究することを意味する(Bernstein 2015)。

　オックスフォード大学の PPE 学位のような，イギリスの伝統的な学際プログラムは，Interdisciplinarity の発想に基づいてカリキュラムが編成されている。というのも，例えば，PPE プログラムであれば，哲学，政

治学，経済学を同時に学ぶことは，各分野の学修に良い相乗効果をもたらすと考えられているために，全ての分野をコア科目として履修する形でプログラムが組まれているのである。つまり，三つの分野の組み合わせには深い意味がある。同様に，日本人にとっては不思議な組み合わせに聞こえる数学・哲学プログラムにおいても，その二つの分野を同時に学ぶことでより深い学びが可能になると考えられているからこそ，その組み合わせのプログラムが提供され続けているのである（オックスフォード大学訪問調査：2015年9月14日）。

　対照的に，リベラルアーツ学位プログラムでは，コア科目は存在するものの，特定の学問分野の組み合わせを強く意識したカリキュラムにはなっていない。事実，学生の分野選択の自由度は，格段に高くなっている。つまり，学生が修得すべき学際性とは，Transdisciplinarity である。言い換えれば，リベラルアーツ学位を取得した人材に期待すべき能力とは，不快な課題に直面したときに，学際的な研究アプローチを用いて，革新的な解決策を導き出せる力なのである（Bernstein 2015）。ただし，イギリスのリベラルアーツ学位プログラムは人文系の学問に偏りすぎており，Transdisciplinarity なプログラムと呼ぶには物足りない。この点は，リベラルアーツ学位プログラムで改善すべき事柄であろう。

　日本の大学の教養学部は，学生が多様な学問分野を自由に選択できるので，「学際的」な課程を提供しているといえる。しかしながら，なぜ学際性を重視するのか，その点を明確にしないまま，学際的なカリキュラムが編成されているように思われる。この見解が正しいのであれば，学際性の意義を再考する必要があるかもしれない。

【注】

1)　ロンドン・サウスバンク大学（London South Bank University）は，2018-19年度にリベラルアーツ学位の提供を開始する予定である。ちなみに，類似の学位であれば，他大学でも既に提供されている。例えば，ロンドン大学アジア・アフリカ研究学

院（School of Oriental and African Studies, University of London）は，「国際リベラル
アーツ」（Bachelor of Arts in Global Liberal Arts）という学位プログラム，バーミン
ガム大学（University of Birmingham）は，「リベラルアーツ・サイエンス」（Bachelor
of Arts or Science in Liberal Arts and Science）という学位を，それぞれ授与している。

2）　イギリスのリベラルアーツ学位プログラムに関する先行研究に，鈴木俊之（2014）
「ヨーロッパにおけるリベラルアーツの現代的展開―イギリスを中心に―」『総合
文化研究所年報』22, 51-70頁がある。この先行研究で，ユニバーシティ・カレッジ・
ロンドンやキングス・カレッジ・ロンドンの事例が紹介されているため，本稿は
これら以外の大学について分析してみたい。

3）　ウォーリック大学は単位（credit）のことを，独自に Credit Accumulation and Trans-
fer Scheme（CATS）と呼んでいるが，イギリスの大学で一般的に用いられている
単位制度と大差ない。なお，一単位は10時間の学修を意味する。

4）　PPE の学生は，Prelims コースで三つの専門分野を等しく学ぶが，FHS コース進
級時に専門分野を二つに絞っても良い。

【参考文献】

Bernstein, J. H.（2015）. "Transdisciplinarity: A Review of its Origins, Development, and Cur-
rent Issues", *Journal of Research Practice,* 11（1）, Article R1.

パーキン，ハロルド著，有本章・安原義仁編訳（1998）『イギリス高等教育と専門職社会』
玉川大学出版部.

田中正弘（2013）「成績評価の内部質保証制度構築に関する比較研究―イギリスの事
例を鏡として―」『高等教育研究』第16集，pp.243-261.

第15章　豪州における学士課程教育の変容
―メルボルン・モデルにおける「広域学習」の導入と意義―

杉本　和弘（東北大学）

はじめに

　リベラルアーツ教育や教養教育の危機が叫ばれる一方，これまでリベラルアーツを提供してこなかった地域においてリベラルアーツ教育の導入が進むという新たな現象が近年指摘されている（Peterson ed. 2012; Altbach 2016）。グローバル化が進行する21世紀知識社会においては，屹立した専門分野に裏打ちされた専門性はもちろん，批判的思考力やコミュニケーション能力等のソフト・スキルの獲得に加え，複雑化する社会の諸課題を理解するのに必須の，自然科学や人文・社会科学の主要領域に基づく幅広い知識の必要性が認識されるようになっている。

　こうした新たな社会的要請に応え得る大学教育をいかに（再）構築するのか。リベラルアーツ教育の価値に対する再認識が広がっているのはかかる挑戦の一つと位置づけられるのかもしれない。

　時代の変化に即して大学教育を鍛え直そうという営為は豪州の大学でも生じている。学士から大学院に至る各課程で常に見直しが図られているが，学士課程教育に限ってみれば，これまで専門職（プロフェッショナル）育成を目的とした専門教育中心のプログラムを，ジェネラリストを育成するそれへと転換する改革が見られる。

　本稿は，豪州における第三段階教育（tertiary education）の構築と展開を背景に置きながら，ここ10年余りの間に急速に進みつつある学士課程教育改革をめぐる状況を概観し，とりわけ一部の研究大学で実施されている学士課程教育改革，特に学生の幅広い学びを可能にするカリキュラム改革の意義について，メルボルン大学の事例から考察することを目的としている。

1. 豪州の第三段階教育

1-1. 二つのセクターからなる第三段階教育

豪州の第三段階教育（tertiary education）は，大きく高等教育セクター（Higher Education: HE）と職業教育訓練セクター（Vocational Education and Training: VET）とで構成される。中等教育を修了した者がより高度な学習を進め，また社会に出て職業経験を積んだ成人がリカレント教育を行う場合，主として二つのセクターを構成する機関に就学する[1]。

2017年現在，HEセクターとして分類されているのは43校の大学を含む165機関である（http://www.teqsa.gov.au/national-register, 2017.11.2確認）。このうち，自らの権限でプログラムの改廃や学位授与が可能な自己認証権限（self-accrediting authority: SAA）を有しているのは54校である。HEセクターに在籍する学生数は2014年時点で約140万人，その約4分の1を留学生が占め，また大学院レベルのコースワーク課程在籍者の比率が上昇しつつあるのが特徴である（Norton 2016: 20-24）。

他方，VETセクターは2016年現在，40校の技術継続教育機関（TAFE），を含む，大学，中等学校，企業内学校等の多様な機関1,931校（政府補助機関のみ）で構成され，約126.5万人の学生が学んでいる（NCVER 2017）。1970年代半ばのTAFE（テイフ）の創設を契機としてVETセクターの構築が始まり，1990年代以降は私立機関の参入増加によって教育訓練市場（training market）の拡大が続いている（Marginson 1997: 237）。

第三段階教育は大きく，理論的・学術的な大学教育を中心とするHEセクターと，実践的な職業教育を行うVETセクターで機能分化がなされている。各セクターで主に提供される学位・資格について見ても，大学では学士号からPhD等の研究学位までが提供され，VETセクターはCertificateからDiplomaに至る資格レベルが中心となる。実際，VET学生の約64%がCertificate Ⅲ及びⅣに在籍している（NCVER 2017）。

第三段階教育システムは外形的には機能やレベルの異なる二つのセクターから構成されていると見ることができる。しかし，実際には各セクター内での多様化も進んでおり，セクター間で重複が生じつつある。特

に近年，VETセクターの一部機関が学位プログラムの設置を積極的に進め，2016年時点で11校のTAFEを含む86機関が学位プログラムを提供する状況にある（Norton 2016: 11-12）。またビクトリア州を中心に，一つの機関内で大学教育と職業教育を提供する二元制大学（dual-sector university）も存在感を増しており，社会経済低層の教育機会拡大の点からも着目されている（Moodie & Wheelahan 2009）。

　その意味でセクターの境界線は曖昧化しつつあるとも言える。第三段階教育を一つのシステムとして機能させるためにも，セクター間の差異化よりその連携をいかに推進するかが課題となっている。

1-2．中等教育と第三段階教育の接続

　豪州における中等教育から高等教育への接続は，2か年の後期中等教育課程（Year 11, 12）における学習に基づく「後期中等教育修了証（SSCE）」取得が基礎資格となるのが一般的である[2]。学校教育は各州教育省が所管しており，SSCEも州によって異なる。例えば，ビクトリア州の後期中等教育課程（VCE課程）であれば，生徒は4学期間で通常20〜24ユニットを学習し，最低16ユニットの修了をもってVictorian Certificate of Education （VCE）が授与される[3]。

　大学への入学要件は，各コースで個別に定められていて多様であるものの，その中心をなすのはSSCE取得と，後期中等教育における学びを得点化した豪州高等教育入学順位（Australian Tertiary Admission Rank: ATAR）である。ATARは，後期中等教育の学習成果を0〜99.95までのパーセンタイル値（0.05刻み）に換算することで，当該生徒集団内での相対的位置を示すものである。ビクトリア州では，ATARの算出にはVCE課程で学習した最大6科目（英語を含む）のスコアが用いられる[4]。大学による入学者選抜の約8割がこのATARに基づいて行われている。

　かかるシステムの下，後期中等教育課程に在籍する生徒は，2年間で英語を含む複数科目を学習した成果に基づいて大学進学を果たし，入学後は1年生から専門教育を履修するのが一般的である。

　他方，VET セクターにおける入学要件もコースごとで多様であり，例えば Diploma 過程であれば，基本的に12年の学校教育修了もしくはそれと同等レベルが入学要件となる。さらに，これまでに就労経験がある場合は経験を通して得た知識や技能の認定（skills recognition）等も実施され，多様な入学ルートが担保されている。その意味で，主としてアカデミックな学力を問う高等教育と比較し，より柔軟に門戸が開かれていると言うことができる。

2.　豪州の学士課程教育と新たなトレンド

2-1.　学士課程教育における職業教育主義

　第三段階教育システムの構築・展開を背景に，豪州の学士課程教育も過去10年ほどで変容しつつある。

　その一つは，学士課程教育において職業教育主義（Vocationalism）と呼べる傾向が見られることである。

　VET セクターにおいて学士課程等の学位プログラム提供が拡大してきたことは先述の通りである。特にビクトリア州では2002年，同州教育大臣 Lynne Kosky が TAFE で提供している職業領域における学士課程教育の提供を推進し，2003年の州法通過を経て，2005年からノーザンメルボルン工科インスティテュート（現在の Melbourne Polytechnic）に水産養殖学分野の学士課程プログラムが設置されている。

　多くの場合，VET における学士課程プログラムは，大学のそれとは異なるニッチな職業分野，例えば Melbourne Polytechnic における「水産養殖」「ブドウ栽培・ワイン製造」「馬学」「豪州ポピュラー音楽」「ホスピタリティ・マネジメント」「イラストレーション」等の職業直結型で実践性の高い分野で提供されている点に特徴がある。

　さらに，VET だけが変化してきたわけでなく，大学においても1990年代初頭から労働市場の悪化を背景に，職業教育主義が浸透してきたことが指摘されている（Marginson 1997, 2000: 205）。豪州では，1960年代半ば以降ディプロマ・レベルの教育を中心に提供していた高等教育カ

レッジ（Colleges of Advanced Education）が1980年代末に大学セクターに
統合されることによって，大学教育も職業教育の色彩を強めた。それと
軌を一にして，大学生の学位取得の目的が就職やキャリアとの関係で語
られるようになり，近年も大学教育と職業との緊密性が強まる傾向にあ
る。

　これを後押ししたのは，1990年代における大学教育による学習成果へ
の関心の高まりであり，卒業生が獲得すべき汎用的能力の明確化の動き
であった。キーコンピテンシー（Key Competencies）の概念が提示され
（Finn 1991; Mayer 1992）[5]，それはさらに2000年代に入って，エンプロイ
ヤビリティ・スキル（employability skills）を可視化し，大学教育に組み入
れようとする取組みへと展開した（ACCI and BCA 2002; B-HERT
2002）[6]。そして，大学においては，すべての卒業生が取得する学位の分
野に関わりなく獲得すべき汎用的能力として「大卒者特性（graduate at-
tributes）」を設定・検証しようとする動きが強まった[7]。

　こうした学習成果，特に卒業生の雇用可能性（graduate employability）
への関心の高まりは，実際に大学における学士課程教育の内容・方法に
変化を生じさせている。非研究大学では近年，インターンシップやサー
ビスラーニングによる職業経験を組み入れた職業統合教育（Work-Inte-
grated Learning: WIL）の導入が進んでいる（杉本 2013）。例えば，ビクト
リア大学は2004年から全学で戦略的にWIL―「職場と地域社会におけ
る学習（Learning in the Workplace and Community: LiWC）」―を推進して
きた。また，スウィンバーン工科大学は2016年，12カ月の現場実習を組
み入れた4年制の専門職学位（Professional Degrees）を導入するなど，職
業教育重視の傾向を明確にしている。

　さらに，近年の大学生の就職率低下傾向を背景に，特定の専門職育成
を目的としないアーツ分野等のジェネラリスト学位においても，卒業生
の雇用可能性を高めるための取組みが進んでいる（Harvey and Shahjahan
2013; Kinash and Crane 2015）。

2-2. 研究大学における学士課程教育改革

　豪州の学士課程教育は，伝統的に，専門教育科目を履修することで法学，工学，歯学，医学等における専門職学位（specialist professional degrees）の取得につながる課程で構成されてきた。アーツやサイエンス分野の学士号（BA，BSc）であればフルタイム3年課程が基本であり，複数専攻の場合4～5年の課程で学位取得に至り，法学や工学は4年，歯学や獣医学は5年，医学は6年の課程であるのが一般的である。そこにいわゆる一般教育（general education）は組み込まれていない。

　しかし，冒頭でも触れたようにリベラルアーツに対する世界的関心の高まりも背景に，2000年代後半，豪州の研究大学では学士課程教育改革が進められ，より幅広い学びを求めるジェネラリスト学位（generalist degrees）の課程が導入されつつある。その先駆となったのが，後述するメルボルン大学の「メルボルン・モデル」であり，その後，同じく研究大学である西オーストラリア大学が2012年に学士課程教育を「アーツ」「サイエンス」「生物医学」「商学」「哲学（優等学位）」の5領域から成る学位プログラムに改革した。「哲学」を除く4つの学士課程は3年制を基本としている一方，哲学士課程（Bachelor of Philosophy: BPhil）のみ，成績優秀者を対象とした研究志向の4か年課程であり，4年目が優等課程（Honours）である。入学選抜基準がATAR最低98に設定され，他の学士課程4領域のいずれの専門領域も履修可能なつくりとなっている。さらに，他の学士課程在学者であっても成績優秀であれば転籍可能である。

　さらに，シドニー大学も学士課程教育改革に着手し，2018年から「アーツ」「サイエンス」「商学」の3領域からなるリベラル学位を導入する予定となっている。

　これらの改革に共通するのは，学士課程教育の領域を大括りにし，幅広い学際的な学びを通したジェネラリスト学位の取得に照準していると同時に，従来の狭い領域に特化した専門職育成を大学院課程に移動させていることである。しかし，そこにはどのような狙いがあるのか。

　以下，こうした一連の改革を先導したメルボルン大学におけるカリ

キュラム改革—メルボルン・モデルの導入・展開—について，背景と経緯を詳述し，この改革がもつ意義について考察する。

3. メルボルン・モデルの導入と展開

3-1. 改革の背景

　メルボルン・モデル（Melbourne Model）の導入は2005年1月に就任したGlyn Davis学長の下で進められた。学内における議論を経て，同年12月には，メルボルン大学の研究，教育・学習，知識移転の強化を目標に掲げる戦略計画 'Growing Esteem' が提示されている（UoM 2005）。同戦略計画の核心はカリキュラム改革にあった。すなわち，学士課程教育では少数の3年制課程を通じて，大学院教育や雇用につながり得る専門知識の修得を前提とした深く幅広い学び（depth and breadth）を提供してジェネラリスト育成を行いながら，専門職育成を行う大学院課程への明確な経路を設定する，すなわち学生をより高度な大学院での学びに誘うことを目指すものであった（James & McPhee 2012: 148, 151）。

　メルボルン・モデルによる学位構造は3+2年で構成され，世界的には決して新規性のあるものではなかったものの，伝統的に専門教育を主としてきた豪州の学士課程教育の文脈に位置づければ新たなビジョンを導入するものであり，革新的なものだったと言える（James & McPhee 2012: 145）。従来，学士レベル・大学院レベルで専門職育成が行われてきたメルボルン大学の学位構造を大きく変えるものであった。メルボルン・モデルは，カリキュラム委員会が「ボローニャ・プロセスにおける3+2+3もしくは3サイクル構造，北米の学士課程における『リベラル・エデュケーション』，アジアにおける関連した動きを参考にしつつ，豪州高等教育の政策や歴史といった文脈に基づく（Curriculum Commission 2006）」と述べているように，当時の高等教育の国際動向を踏まえつつ，豪州の高等教育に新機軸を導入する改革であった。

　カリキュラム改革が必要とされた背景として，James & McPhee（2012: 147）はより詳細に，大きく4点を指摘している。

① メルボルン大学において，学生のキャリア選択（コース選択）が入学時のランキングシステム（＝前述の ATAR）に大きく影響を受け，学生が入学スコアに基づく威信を重視するあまり，将来を見据えた選択ができずにキャリア選択を見誤るという問題が生じていたこと

② 豪州の大学が学士課程や大学院課程において類似の教育プログラムを提供するなか，カリキュラムの革新によって，国内外の市場におけるメルボルン大学の教育や学位に関する差別化が図れること

③ 東アジアや東南アジアの大学において学士課程教育が拡大するなか，豪州への留学生供給元である同地域の学生を自国に留めず，メルボルン大学に向けさせるために大学院レベルの専門職課程を改めて強調する必要性があったこと

④ 豪州の学費政策が学士課程において規制が厳しく，大学院課程については柔軟性が維持されていたため，学士課程と大学院課程に関する財政再構築を進め，後者に重点を置くことは長い目で見て財政的に望ましいと考えられたこと

　ここに的確に表現されている通り，メルボルン・モデルの導入目的は，単に学士課程のカリキュラム改革や学生の学びの改善にとどまるものではなく，大学院課程も包摂した学位構造の整備であり，その結果としての大学院教育強化にあった。さらに，メルボルン・モデルはより多角的に内外の問題状況を分析した結果提示されたものでもあり，差別化，国際化，財政健全化といった総合的な機関戦略として導き出されたものであったと言える。

3-2. 学位とプログラムの構造
　実際に，新たなカリキュラム構造は2008年度入学生（2008年3月〜）から実施に移されている。当時設置されていた96の学士課程プログラムは，

大きく「アーツ」「商学」「音楽」「サイエンス」「生物医学」「環境学」の6分野に整理された。これら6つの学士号は新世代学位（New Generation Degrees）と名付けられ，より広範な領域で学士課程教育を提供するジェネラリスト学位として位置づけられている[8]。

　それと同時に，前述の通り，従来学士レベルで提供されていた医学，法学，工学等の専門職教育は，大学院課程で提供されることとなった。メルボルン・モデルでは，学士3年―修士2年―博士3年の合計8年に及ぶ学位構造の一体的改革が目指され，それぞれが社会や就職につながる形で構造化されている（図表1）。

　こうした改革を進めるため，カウンシルは学術審議会（Academic Board）の下に当時の教育担当副学長（Deputy Vice-Chancellor（Academic），Peter McPhee 教授）を委員長とするカリキュラム委員会（Curriculum Commission）を設置し，同委員会の下で2006年の2月から9月までの7カ月間で集中的且つ迅速に新たな学位構造が設計された。各学部でカリキュラム運営に責任を有する副学部長も委員として参加し，学部と委員会との緊密な意思疎通を図りつつ，教育の新たな可能性が模索する作業が集中してなされている。

　ただ，改革には軋轢が伴うのが常である。すべての大学関係者―特に既存の構造下でうまく機能し，相当数の留学生受入れに成功できている学問領域―から賛同を得ることは容易ならざる作業であり，学内の議論は時に緊張感を帯び，多くの場合危機に陥ったという[9]。しかし，学生や雇用者に対する市場調査，連邦政府や専門職団体といった外部ステークホルダーとの交渉や話し合いも行われ，Davis 学長ら執行部のリーダーシップや改革を担保する人的・財政的資源を背景に，粘り強くカリキュラム改革が実行に移されていった（James & McPhee 2012, 149-150, 153, 155-157）。

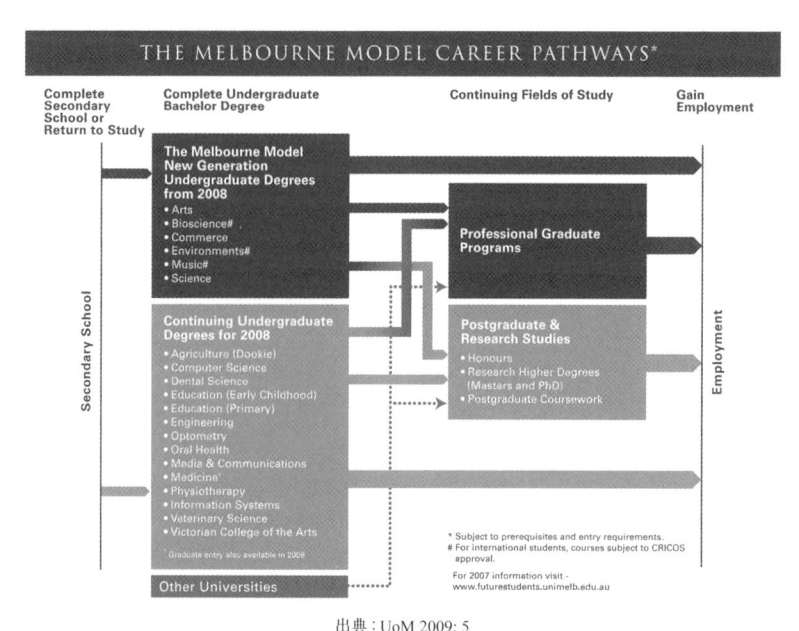

出典：UoM 2009: 5

図表1　メルボルン・モデルの構造

　最終的に，カリキュラム委員会からは6領域の学士課程プログラムが提案された。それぞれコア要素と広域要素から構成され，3カ年で300単位（12.5単位×24科目）を履修して学士号取得に至る基本構造であった。特に，学生は300単位のうち4分の1（75単位＝6科目）は自らの専門外の科目を履修し，学際的に学ぶことが求められるようになった点に特徴がある。図表2では，生物医学を専攻するプログラムであっても，広域科目として専門外の「音楽言語」や「ワインの世界における豪州」等の科目が履修されているのが確認できる。

Year 1	Semester 1	Biomolecules and Cells	Chemistry for Biomedicine	Calculus 2	Music Language 1
	Semester 2	Genes and Environment	Physics for Biomedicine	Experimental Design and Data Analysis	Australia in the Wine World
Year 2	Semester 1	Molecular and Cellular Biomedicine		Techniques in Molecular Science	Managing and Leading Organisations
	Semester 2	Integrated Human Structure and Function		Microbes, Infections and Responses	Music Language 2
Year 3	Semester 1	Biomedicine: From Molecule to Malady	Mechanisms of Human Disease	Principles of Immunology	Organisational Behaviour
	Semester 2	Frontiers in Biomedicine	Techniques in Microbiology and Immunology	Viruses and Other Parasites	Music Language 3

Key:　Major subjects　Elective subjects　Compulsory subjects　Breadth subjects

図表2　生物医学士プログラムの構造（例）

3-3. 広域学習の導入と改革

では，メルボルン・モデルの主たる特徴である広域学習あるいは広域要件 (breadth study or breadth requirement) は，学士課程の中でどのような位置づけを与えられているものなのか。

広域学習とは，専門分野に基づく学びを補完するものとして，学術的な地平を広げるとともに労働の場で幅広い技能を用いることを可能にする幅広い学習を意味する。カリキュラム委員会における当初の議論では，幅広い学びの呼称として一般教育 (general education) といった表現も用いられたが，最終的には専門教育で追求される depth と対照させる意味で breadth が採用されている (James & McPhee 2012: 151)。

広域学習では，すべての学士課程レベルの科目が広域科目になり得る (UoM 2009) として，専門科目を他領域の学生に開放する一方，幅広い学習を実現するための科目として，新たに「気候変動 (Climate Change)」「インターネットと社会の遭遇 (Internet Meets Society)」「社会を形作る薬 (Drugs That Shape Society)」「健康な惑星のための食物 (Food for a Healthy Planet)」といった，現代の社会，経済，倫理をめぐる諸課題について学際的に学ぶ全学広域科目 (University Breadth Subjects) が，複数学部の協働によって開発・提供されている。

こうした広域学習について，学生にどれだけの学習を求めるか，またその科目運営をいかに行うかは学部によって議論が分かれたが，最終的な履修要件は（プログラムによって差異はあるものの）共通して次のように設定された。

- プログラム全体の25％（300単位のうち75単位＝6科目）は広域学習を履修（1年間に2科目，各セメスター1科目の履修が標準）
- 少なくとも1科目はレベル3の科目を履修（通常3年生で履修）

　この改革を主導したMcPhee教授自身，学生が広域科目としてどの科目を履修するかは予測できなかったが，実際に始まってみると，外国語科目（特に，中国語，日本語，フランス語，ドイツ語）の人気が高かったという。さらに，とりわけ広域科目を含むメルボルン・モデルを有効に機能させるためにはコースに係る助言を中心に学生支援に関わる専門性を有するスタッフの存在が重要性を増したという（杉本他 2013: 100-101）。

　その一方で，広域学習は次第に運用の難しさが散見されるようになった。それは，多くの多様な選択科目の中から広域科目を適切に選択することに困難を感じる学生が見られたことを受け，学生が一貫した領域において知識やスキルを積み上げていく必要性が認識されたことであった。

　この結果，広域科目に係る規程が2011年から改訂されている。それは第一に，特定の分野やテーマに関係する3〜4つの広域科目の一貫性（シーケンス）を明確化した広域トラック（breadth tracks）が設定されたことである。さらに，履修要件も変更され，広域科目の学習は最低50単位までに引き下げられた。このことは，メルボルン・モデルがやはり一つの実験であり，学士課程教育における広さと深さの適切な均衡点をどこに求めるのかは一義的に決められないことを示唆している。

まとめ

　本稿では，豪州において展開してきた第三段階教育システムの展開状況を概観し，それを背景に置きつつ，大学における学士課程教育の変容について考察してきた。特に，複数の研究大学が国際競争力の強化を目指してカリキュラム（学位）の改革に着手しつつあり，その先駆的事例で

あるメルボルン・モデルを一つの例に，学位構造の改革による大学院課程の強化，「広域学習」の導入による学士課程教育の改革について検討した。

　本稿での考察を踏まえると，豪州の学士課程教育は1990年代以降の四半世紀余りで次第に，しかし着実に変容してきたと言える。一部の大学における学士課程教育は，学修成果の明示及び検証を求める動きを背景に，卒業生の雇用可能性を高めるための職業教育傾向を強めた。しかし，研究力や留学生獲得をめぐる国際競争に晒されている研究大学では，それとは異なるアプローチを採用しながら変容を続けていると言ってよい。その改革は必ずしも就職や雇用可能性を不問に付すものではなく，むしろ学生による学びの幅広さや柔軟性を高め，大学院教育における専門職教育や研究を通してグローバル化に対応し得る人材を積極的に送り出そうとしていると見ることができる。しかし，それが当初の目標や期待にどれほど到達できているのかについては本稿では十分に検証できなかった。稿を改めて考察したい。

【注】

1) 他にも，地域の成人対象に様々な教育サービスを提供する成人コミュニティ教育セクター（adult and community education: ACE）も存在し，Community College や Neighborhood House 等の多様な機関から構成され，VET を提供する機関もある。そのため，近年は，正規教育につながる経路として ACE に対する支援強化を図る必要性が指摘されている（例えば，MCEETYA 2008, Skills Australia 2011）。
2) その他の基礎資格として，国際バカロレア（ID）取得，職業経験，高等教育・職業教育での学習歴等も用いられ，非中等教育修了者には Special Tertiary Admissions Test（STAT）の受験が課されることもある。また，学位プログラムによっては，Undergraduate Medicine and Health Sciences Admission Test（UMAT） や Australian Law Schools Test（ALSET）等の特別試験の受験，ポートフォリオ提出，面接，実技審査等の追加要件が課される。
3) ビクトリア州には，VCE 以外に，11・12年生で職業教育関連の実践的学習（hands-on learning）を行い，中等教育修了証を取得できる VCAL（Victorian Certificate of Applied Learning）も制度化されている。

4) 科目スコアの算出は，同州の高等教育入学センター（VTAC）が，①VCE課程（2年間）の学習に基づく学校レベルの成績評価（school-based assessment），②州レベルのVCE試験結果，③一般到達度試験（General Achievement Test: GAT）を用いて行う。

5) マイヤー委員会は1992年，若者が新たな労働形態や労働組織に効果的に参画するために必要な能力として次の7つのキーコンピテンシーを提示した。①情報の収集・分析・構造化，②考えや情報の伝達，③活動の計画・構造化，④他者やチームでの協働，⑤数学的考え方や技法の活用，⑥問題解決力，⑦テクノロジーの活用。

6) 豪州商工会議所（ACCI）と豪州ビジネスカウンシル（BCA）は2002年，教育科学訓練省（DEST）の支援を受け，エンプロイヤビリティ・スキルを「雇用を得るためだけでなく，企業において成長し，個人の可能性を実現し，企業の戦略的方向性に貢献するのに必要となるスキル」と定義し，以下の8つを提示している。①コミュニケーション力，②チームワーク力，③問題解決力，④自発性・積極性，⑤計画策定力，⑥自己管理力，⑦学習する力，⑧テクノロジー活用力。

7) ウェスト委員会（West Review Committee）は1998年，大学卒業生に獲得が望まれる特性（attributes）として，①批判的・概念的・省察的思考力，②技術的能力と，専門分野における概念・理論の理解，③知的開放性と好奇心，④効果的コミュニケーション技能，⑤情報探索技能と一般的な情報活用能力，⑥問題解決能力，⑦高度な倫理基準を提示している。

8) ただし，図表1にある通り2008年をもってすべての学士課程が6領域に収斂されたわけでなく，2008年以前から提供されていた旧課程も継続され，数年間は併存した。この間の教員にかかった負担を軽減するため，カウンシルによって非常勤教員の雇用が手当てされている。また，専門職課程は2010年までにすべて大学院レベルに移行したが，大学として妥協せざるを得なかった部分もあり，一部の専門職教育については学士課程に残ることとなった。（杉本他 2013: 100-102）。

9) McPhee教授は，工学部（Faculty of Engineering）からは，世界的に4年間の工学教育が一般化しているために，学士3年・修士2年の構造を導入することに強い反対があったと述べている（杉本他 2013: 102）。

【参考文献】

ACCI and BCA, 2002, *Employability Skills for the Future,* March.

Altbach, P.G., 2016,"The Many Traditions of Liberal Arts-and Their Global Relevance," *International Higher Education,* 84, pp.21-23.

B-HERT, 2002, *Enhancing the Learning and Employability of Graduates: The Role of Generic Skills,* July.

Curriculum Commission, 2006, *The Melbourne Model: Report of the Curriculum Commission,* The University of Melbourne.

Finn, B., 1991, *Young people's participation in post-compulsory education and training: report of the Australian Education Council Review Committee,* Australian Education Council.

Harvey, N. and Shahajahan, M., 2013, *Employability of Bachelor of Arts graduates,* Office for Learning and Teaching.

James, R. and McPhee, P., 2012, The whole-of-institution curriculum renewal undertaken by the University of Melbourne, in Paul, B. and Kandiko, C.B.（eds.）, *Strategic Curriculum Change in Universities: Global Trends,* pp.148-159.

Kinash, S. and Crane, L., 2015, *Supporting graduate employability form generalist disciplines through employer and private institution collaboration,* Office for Learning and Teaching.

Lane, B., 2011,"University of Melbourne model sparks ethics row," *The Australian,* May 11.

Marginson, S., 1997, *Educating Australia: Government, Economy and Citizen since 1960,* Cambridge University Press.

Marginson, S., 2000, *Monash: Remaking the University,* Allen & Unwin.

Mayer, E., 1992, *Key Competencies: Report of the Committee to advise the Australian Education Council and Ministers of Vocational Education,* Employment and Training on employment-related Key Competencies for postcompulsory education and training, September.

MCEETYA, 2008, *Ministerial Declaration on Adult and Community Education.*

Millar, V., Toscano, M. and Baik, C., 2014, *Designing and implementing interdisciplinary undergraduate subjects,* Final Report,

Moodie, G. and Wheelahan, L., 2009, The Significance of Australian Vocational Education Institutions in Opening Access to Higher Education, *Higher Education Quarterly,* 63（4）, pp.356-370.

NCVER, 2017, *Government-funded students and courses 2016,* Australian vocational education and training statistics,

Newman, G., 2015,"A decade into the Melbourne Model, young graduates give their assessment," *Sydney Morning Herald,* October 4.

Norton, A., 2016, *Mapping Australian higher education 2016,* Grattan Institute.

Peterson, P.M.（ed.）, 2012, *Confronting Challenges to the Liberal Arts Curriculum: Perspectives of Developing and Transitional Countries,* Routledge.

Skills Australia, 2011, *Skills for prosperity:roadmap for vocational education and training.*

University of Melbourne（UoM）, 2005, *Growing Esteem.*

University of Melbourne（UoM）, 2009, *Undergraduate Course Information 2010: Arts.*

杉本和弘, 2013, 「豪州の大学教育における職業統合学習（WIL）の動向」, 吉本圭一・稲永由紀編『諸外国の第三段階教育における職業統合学習』高等教育研究叢書,

　　広島大学高等教育研究開発センター，pp.83-100.
杉本和弘，2003，『戦後オーストラリアにおける高等教育改革研究』東信堂.
杉本和弘・今野文子・立石慎治，2013，「メルボルン大学における教育改革とマネジメ
　　ント―豪州首相プログラム調査報告―」，『東北大学高等教育開発推進センター
　　紀要』第8号，pp.99-108.

第16章 中国における教養教育の挑戦
―北京大学, 復旦大学―

石井　光夫 (東北大学)

はじめに

中華人民共和国の大学は, 建国 (1949年) 以後長らく社会主義計画経済のもとで旧ソ連型の計画的人材養成を担う機関であった。このための学部教育は国家計画による職場配属 (分配) を前提として, 一つの職場・生産工程に対応させて細分化された学科・専攻において専門教育をもっぱらとして行ってきた。こうした教育体制が見直されたのは1970年代末からの改革開放策による資本主義的手法を取り入れた経済改革のもとで大学の役割が変化したことによる。とくに1990年代初め「社会主義市場経済への移行」が宣言されてから, 企業独自の経営活動が盛んになり, 社会主義的計画養成は崩れ, 大学卒業者の就職は自由化された。企業は将来の変化などに対応できる幅広い能力を持つ人材を求めるようになり, これに伴って, 従来の細分化された学科・専攻による専門教育一辺倒の大学教育に対して改革の声が高まった。大学は学科・専攻の幅を広げ, さらにこれらを包括する教育組織として「学院」(学部に相当) を設置, 教育課程編成でも専門教育のほか教養教育を試みる大学が出始めた。

こうして, 中国の大学における教養教育の挑戦が2000年前後から始まった。これは, 改革開放のもとで運営自主権を拡大した大学独自の判断によるものであると同時に, 経済発展のための人材養成を急ぐ政府が政策的に環境を整えた結果でもあった。

本稿では, 開始間もない中国の大学における教養教育の実態を文献や訪問調査の結果をもとに明らかにしていきたい。

1. 教養教育の導入

1-1. 中華人民共和国の大学における伝統的な教育課程

1949年の中華人共和国成立以降，1952年から53年にかけて社会主義体制のもと教会系の私立大学を含めてすべての大学は再編成され，旧ソ連型に改められた（院系調整）。大学の教育組織は「学科」（原語・系）およびその下部組織の「専攻」（原語・専業）が基本単位となった。

この学科・専攻の教育課程編成について，1986年までは大学の設置者（国・地方）が制定する「教学計画」（原語同）によって基準や原則が示されてきたが，同年に大学の裁量権が拡大され，以後は国が定める修業年限や人材養成の要求水準に基づいて各大学が独自に編成できるようになった。教養教育を一部大学が実施するまでの伝統的な教育課程は以下のように専門教育主体となっており，現在でも教養教育を実施していない多くの大学は同様の教育を行っている。

一般的な大学の教育課程の構成は必修科目と選択科目からなり，必修科目は共通科目，専攻関連科目からなる。専攻関連科目は基礎科目，専攻基礎科目及び専攻科目とその専門性の度合いによって3種類に分かれる。選択科目は総時数の約10–15％とされる。

共通科目は1) マルクス主義理論及び思想政治, 2) 体育及び3) 外国語（1か国語）である。

選択科目は，専攻に関連する科目のほか，第1外国語の会話や第2外国語，専攻とは関連しない科目などが開設される。

このほかに2001年からすべての学生に2週間程度の軍事訓練が義務づけられた（石井 2004）。

履修形態は従来学年制がとられていたが，1980年代以降，単位制が一部の大学に導入され，広がっている。単位計算の基準および卒業単位数についての国の規定はなく，大学ごとに定めている[1]。

1-2.　教養教育の導入

（1）　導入の経緯

　中国における近代大学の歴史は，北京大学の前身である「京師大学堂」の開設（1898年）に始まって100年余りに過ぎない。この間大学の教育モデルは近代教育創設当初の日本（1904年「奏定学堂章程」）から，アメリカ（1922年「壬戌学制」）へと移り，中華人民共和国成立後は旧ソ連の社会主義大学型へと変化した（大塚豊 1996）。したがって，中華人民共和国以前の中国の大学ではソ連型の専門教育ではなく，アメリカをモデルとした教養教育も行われていた。1938年に中華民国政府が作成した標準課程では，第1学年は学部学科に関わりなく共通の「基本課程」を履修することになっていた（唐徳海 2003）。

　1980年代以降，改革開放政策によって独自の経営を進める企業から幅広い能力を持つ人材への要請が高まると，社会主義計画経済のもとで行ってきた狭い学科・専攻による専門教育の枠組みへの改革が模索されるようになり，教育組織編成としての学科・専攻を幅広く再編し，これを包括する「学院」を設置するとともに，教育内容についても専門分野以外の科目履修も検討されるようになった。こうして，1990年代後半になると，教養教育科目が注目され，2000年代に入って一部大学で次々と開設されるようになった（胡建華・陳玉祥 2008）。

　この教養教育への動きに対し環境を整えたのが，政府の「文化資質教育」[2)] 推進の政策であった（劉黎 2008）。1990年代後半から政府は一部大学を文化資質教育のための拠点に指定し，①専門分野以外の科目履修を課すカリキュラム改革，②各種講座や科学技術・文化活動，芸術文化活動による学内の文化環境整備，③訪問・見学による文化伝統教育の組織，④理論的研究，⑤教員の文化資質の向上などを推進した。これら拠点大学はその後カリキュラム改革などで教養教育を先導した大学でもあった。

（2）　教養教育の定義

　「教養教育」と本稿で訳している中国の教育活動の原語は「通識教育」

である。上述した文化資質教育も教養教育と訳すこともできるが，中国でもこの二つの言葉は区別されて使われており，ここでも異なる教育活動として扱う。

　教養教育（通識教育）は文化資質教育の振興とともに，あるいはその振興政策によって現れてきた教育活動であるが，政策として教養教育が扱われたことはない。すべて大学の独自の教育事業計画によって導入実践してきているものである。したがって，その公的な定義はない[3]。実施大学や研究者がそれぞれに定義している。

　ただし，その共通する認識はいずれも教養教育（通識教育）が general education の訳語であるとしている点であり，その起源をアメリカのハーバード大学に求めている。ちなみに liberal education は「自由教育」や「博雅教育」と訳し，教養教育と区別している。

　そのうえで，例えば，北京大学の教養教育実践の総括研究を行った陳向明（2008）は，「目的は『すべてに整った人間（完整的人）（または全人）』を養成することであり，すべてに整った人間とは，すなわち広く大きな視野（遠大眼光），広く通じた識見（通融識見），自由な精神（博雅精神）及び優美な情感（優美情感）を備えた人間であり，ある狭い専門分野の専門精鋭型人材ではない。」「通識教育のモデルのもとで養成する学生は，知識技能において専門に長じているだけでなく，知力，心身及び品格等において調和がとれ，全面的に発達した人間であり，高尚な道徳情操，独立した思考力および問題探求・解決能力を備えるだけでなく，主体的効果的に社会公共に参加し，社会的責任感を持つ公民である。これを要するに，通識教育は第一に『人』の養成を重視し，そのうえに職業人を養成するのである。」「『通識』の『通』は『物事に通じている人間』（通人）の『通』すなわち何でもよく知っているのではなく，『広く通じている』という『通』であり，すなわち様々な学問分野の知識が互いに融合し，問題に遭遇したときに大局的に分野を超えた視点から思考し，資料を収集し，他人と交流協働し，異文化や異分野の間を行き来できるという意味の『通』である。」と定義している。

　また，復旦大学は「教養教育とは人を以て本と為し（以人為本），全面的に資質を伸ばす教育である。教養教育を通じ，…，学生を完全な人格を備え，様々な文化と思考方法を理解し，主体的に思考し探求する習慣を養い，自然と社会に対しさらに高い段階の認識を有するよう育成する」としている[4]。

（3）　教養教育の実施様式

　実施様式についても政府が政策的にガイドライン等を作成している訳ではなく，各大学が独自に企画し，実施している。主な様式は，①教養科目を開設，これを学生に選択履修させる，②教養教育のための組織（学院）を設置し，独自の教養教育プログラムを実施する，という2種類がある。

　①の教養科目は「教養教育選択科目」（原語・通選科）（北京大学），「教養教育コアカリキュラム」（原語・通識教育核心課程）（上海交通大学，復旦大学等）という名称で全学生を対象に開設する。②の例は北京大学「元培学院」，清華大学「新雅学院」，復旦大学「復旦学院」，浙江大学「竺可楨学院」，中山大学「博雅学院」などがあるが，復旦大学は全学生対象，それ以外は特定の学生を対象にした組織である。教養教育プログラムのほか，「書院」（原語同）[5]と称する学寮に居住させ，指導教員配置や多様なプログラムにより教養教育を行う。

　以下に個別大学の例として北京大学と復旦大学を取り上げる。

2.　北京大学の教養教育

2-1.　教養教育選択科目（全学生対象）

　北京大学では全学生対象の教養教育選択科目が2000年秋正式に開設された。現代学術および社会に必要な知識を5領域（A. 数学・自然科学，B. 社会科学，C. 哲学・心理学，D. 歴史学，E. 言語学および文学・芸術）に分類し，それぞれ科目を設置，提供している。

　科目の理念や実施形態として，①基礎を広げ，文理に通じる教養教育の理念を体現させること，②5領域で最低限の取得単位数を規定，③学

科ごとに厳格な選択範囲を指定，④教育内容は思想を啓発，（学修研究）方法を把握させ，独立思考・分析批判能力を養成することなどが説明されている。2008年まで300以上の科目が開設，1学期当たり150前後の科目数となっている。卒業単位に占める教養教育選択科目の割合は10%程度，共通科目（政治，語学，体育など）を合わせると全体の3分の1程度を占める。

　問題点としては，他の課程（共通科目，学科ごとの基礎課程など）との関係が不明瞭，教員が認識不足・非積極的なことがあげられ，また学生からは難度が低い，進度が遅い，負担が軽いなどの評価があり，このため「単位稼ぎ」科目になっているなどが指摘されている[6]。

2-2.　元培学院

（1）　経緯・概要

　「元培」は1910年代に学長を務めた蔡元培の名を取ったものである。1998年の創立100周年を期に世界一流大学への発展を目指す戦略の中で提案され，2001年に元培学院のもとになる元培実験クラスを開始，2007年に元培学院として整備された。「米国のモデル＋中国の伝統」による文理融合教育を理念としている。

　元培学院の学生募集は，文系理系の2分類で各100人を定員とし，一般選抜のほか，我が国AO入試に類似する独自事前選抜（原語・自主招生）（大学独自の筆記試験や書類審査，面接等）によって選抜する。総じて人気が高く，入試成績も他学院・学科に比べて高いとされる。

　卒業後の進路は，一般学生より大学院進学，海外留学の学生が多いとされ，2016年は卒業生182人のうち大学院進学87人（48%），海外留学81人（45%），就職14人（8%）であった。

（2）　教育課程

　入学後，学生はすべての学院・系の開設科目を選択履修することができる。各位の選択科目のほか，毎学期「元培基礎教養科目」（講義形式や小クラス討議形式。学内著名教授が担当）1科目履修が課される。1年半

後（3学期終了後）に専攻を選択（2〜5学期まで専攻選択は可能），専攻に編入後は，基本的に専攻の教育課程に従って履修する。

編入後も所属は元培学院のままで変わらない。

元培学院独自の提供科目はほとんどない。元培学院として学際的な専攻も開設しており，1）統合科学（原語・整合科学），2）政治・経済・哲学，3）古生物，4）外国語・外国史の4専攻がある。この専攻の授業もそれぞれ関連の学院・系で受講。独自の授業としては論文の書き方，研究倫理，クリティカルシンキングなどの科目が提供されている。すべて学院・系の教員が担当する。

元培学院には，1）学長指名指導教員（各専門分野から学長が指名），2）専攻指導教員（各専攻に1人），3）専任指導教員（退職教授が宿舎で指導），4）学外指導教員（社会の著名人を招聘）が配置される。

修業年限は弾力的で，学生の希望で3年での早期卒業または1〜2年の延長が認められる。

（3）　寄宿制書院

学生は「書院」と呼ばれる学寮に入る。学生は全員専攻編入後も居住し，ここに指導教員が配属される。また施設設備として図書館，討議室，音楽室，ダンスホール，創造創業センター，心理相談室，芸術画廊，公共休憩室などが整備され，定期的に幅広いテーマの講座が開設されるなど，居住だけでなく，広く教養教育の場として活用されている。留学生も混住し，交流もできる[7]。

3. 復旦大学の教養教育（復旦学院）

3-1. 経緯・概要

教養教育を行う教育組織として2005年復旦学院が設立された。北京大学の元培学院など他大学の教養教育組織と異なるのは，復旦学院が学部全学生を対象にしていることである。

2011年から学生募集単位を整理再編，大くくりにし，7大分類によって選抜している（一部専攻は従来のまま募集）。一般選抜のほか，独自事

前選抜によっても募集している。独自事前選抜は以前は募集定員の3〜4割を占めていたが，教育部の方針で2015年から2割程度に減少した。入学後の学業成績は独自事前選抜による学生のほうがよいとされる。

第1学年終了後に専攻を決定する。他分類または専攻募集の学生も分類・専攻を変更できる。20%の学生が希望し，実際は約10%（300人）が専攻を変更する。

復旦学院は2012年に組織改変を行い，教務処，学生募集事務室などを統合して学部全体を所管する組織（原語・本科生院）となった。

復旦学院における教養教育は，①教養教育コアカリキュラムと②寄宿制書院における諸活動によって行われている。

3-2.　教養教育コアカリキュラム

専攻決定前の復旦学院における教育の中心は教養教育コアカリキュラムである。文理融合の科目を提供し，「専門以外の人文・科学精神，国際的視野，社会的責任感を養う」とされる。

提供分野は従来の6分野（原語・模塊＝モジュール）であったが，2015年から7分野に拡大し，さらに第1学年のみの履修から4年間通じて履修可能にした。

7分野は，①文史古典・文化伝承，②哲学知恵・批判的思考，③文明対話・世界視野，④社会研究・現代中国，⑤科学探究・技術革新，⑥生態環境・生命関心，⑦芸術創作・審美体験からなる。④が2015年の追加分野となる。社会科学分野で批判的精神を養うとされる。

また新たな7分野の授業科目について，3つの特徴があげられている。

1) 従来の180科目を50の基本課程単元（ユニット）に再編。単元は学生の学習目標に対応して設置。単元ごとに授業を提供。1単元は複数科目から構成。

2) 1科目をチームで授業する。教員も複数学院から組織。シラバス・リーディングリストを共同作成。

3) 自主的学習を促進。100人規模の授業の一方，20人以下の小規模討

論クラスを課外に設置。これを大学院生のチューター（助教）が指導。

実施体制は，教養教育コアカリキュラム指導委員会（全学）―分野小委員会―単元教員の3層から構成する。

従来6分野1科目履修，合計12単位が必修単位であったが，2015年から学部・学科によって8－12単位に幅を持たせた。その他の共通科目（政治，語学，体育など）40単位を合わせると，卒業単位150のうちの30％以上が専門外の教養関連科目となる。

3-3.　寄宿制書院

中国の大学生は学内の寄宿舎に入ることが一般的であるが，復旦大学は学部生の寄宿舎を居住以外，教養教育につながる様々な学術的文化的活動を行う「書院」として整備した。

現在5つ書院があり，学部・学科が異なる学生を収容する。書院の組織管理は次の体制で行っている。

1）院長および指導教員（学部）を置く。指導教員は学生20人に1人を配置し，学修・学生管理を行う。

2）専任教員を各書院2～4名配置し，生活管理に当たる。

3）事務組織の学生処が書院全般を管理する。

書院は第2の教室とされ，「学生が自ら学術的興味と文化的素養を高め，自らコミュニケーション能力とリーダーシップを鍛錬し，自ら社会的責任と指導者としての資質を形成する」場とされる。

具体的な活動としては，講演会やシンポジウムの開催，ダンスや体育大会，詩文発表会，懇親パーティなどを行っている。各書院とも毎月書院デーを設け，また特定月を書院特別テーマ月間と指定してこうした活動を集中的に開催している[8]。

4.　教養教育の課題

中国ではこれまで見てきたように，従来の社会主義経済のもとで狭い

学科・専攻による専門教育中心の大学教育に対し，市場経済への移行という社会経済の変化とともに将来の変化に対応できる幅広い能力を持つ人材への要請が高まって見直される契機が生まれ，1990年代後半から教養教育への注目が集まった。そして2000年代に入って個別大学が独自の判断により教養教育の試みを展開するようになった。この実施20年足らずの教養教育が今後定着発展する見通しはあるのだろうか。教養教育の問題と今後の課題を整理してみたい。

4-1.　普及・拡大

（1）一般大学への普及

　教養教育を試行実践してきた大学は，北京大学，清華大学，復旦大学などを始めとするトップ層の伝統大学である。これらの大学では「専門性よりより幅広い視野を持った人材を育てたい」（北京大学）[9]という教育改革戦略をもって教養教育に取り組んできた。しかし，こうした大学はせいぜい数十大学に限られ，全国1,200を超える4年制大学のごく一部に過ぎない。大半の大学はいぜんとして旧態の専門教育を続けている[10]。

　その背景の一つにあるのは就職活動の厳しさである。社会主義計画経済時代の大学卒業者は国家計画に従って地方・職場を指定されて就職していた（「分配」）。この計画養成制度により授業料も免除され，無償制がとらえていた。それが市場経済によって計画養成が機能しなくなり，就職は企業と学生個人の市場調節，つまりは自由化されていった。この改革は1990年代に進められ，1997年には全大学ほとんどの学生が就職活動をするようになった。加えて1999年に政府はそれまで進学率5%前後で推移してきた高等教育の規模を拡大する政策に転じ，急速に拡大が進んで現在は同世代の進学率が40%台にまで高まった（石井　2000）。このため卒業者間の就職競争は激しく，2016年卒業者の就職率は91%と，10%近くが就職できない状況が続いている[11]。

　こうした状況で一般の学生や保護者，社会が大学に望むのは就職につ

ながる専門教育であり，ここに教養教育が入る余地はほとんどないとみられている。

(2) 学内への普及定着

　全学生を対象に教養教育を行う復旦学院のほか，教養教育のための教養教育組織を設けている大学の多くは既存の学部（学院）・学科（系）と並立している。この教養教育組織と既存の学部学科との協調が課題となっている。

　北京大学の元培学院はこの並立制から問題が生まれている。元培学院の学生は入学後1年半で既存の学部学科に編入するが，一般学生より専門基礎ができていないとの指摘があり，このため一部の学部学科では受け入れを拒否したり，編入試験を行っている。既存の学部学科の元培学院への抵抗感もあり，編入および編入後の教育（補講や元培学院の特性を踏まえた成績評価など）が必ずしも円滑にいっていない。

　また，教養教育組織とは別に全学生に対して行っている選択科目としての教養教育についても，質の維持管理などの問題から，履修量を減らす大学も出ている。

　上海交通大学は，教養教育組織を持たずに全学生に対し教養教育コアカリキュラムの選択履修を課している。講義のほか，少人数セミナーやチューター（大学院生 TA）の配置，Greatbooks の提示など積極的な取組を行ってきた。選択科目は2009年の開設以来2015年まで224科目を提供した。学生は21単位（卒業単位の10％）を要求されているが，質を重視して提供科目を限定，単位数を12単位へと削減する改革を検討している（2015年現在）[12]。

　北京大学でも全学生対象の「教養教育選択科目」を開設し，卒業単位の10％程度を課しているが，先に指摘したように，他課程との関係が不明瞭，教員の非積極性など，これも質との関連で単位数の再検討が必要とされた（2008年現在）（陳向明 2008）。

4-2. 教養教育に関する政策推進

　このような質の維持・管理は，普及・拡大とともに，中国の教養教育における大きな課題であり，このために教養教育の担当教員の配置あるいはFD，教員の意欲を引き出すインセンティブ（教授昇進の要件─上海交通大学の例）など教員問題の解決，また授業内容や学習評価，取得単位数などの基準設定など解決すべきことは少なくない。

　国公立大学の法人化（1998年高等教育法）によって権限を拡大したとはいえ，拡大・普及や質の維持管理をすべて独自の試みとして個別大学に委ねるだけでは解決は難しいのではないか。政府が一定程度関与し，ガイドライン作成さらには法令の制定，経費を含めた支援策も必要になってくるであろう。

　ところが，先に触れたとおり，「文化資質教育」を1990年代末に唱え，教養教育の環境を一度は整えたものの，その後教養教育に関連する施策は何ら打ち出されていない。どのような高等教育人材を育てるのかという議論の中で教養教育をどう位置づけるか，政府の構想力も改めて問われてくるであろう。

おわりに

　2015年に北京と上海で研究機関，大学を訪問調査した中で何人かの研究者が，教養教育でもっとも成功している例は復旦大学であろうと指摘した。教養教育のための教育組織が全学生を対象に設置されていること，教員間での議論・認識共有ができていること，カリキュラムやその評価，宿舎生活などが一体的に改革されていることなどがその理由に挙げられた。上記で指摘した課題の解決策の一つを復旦大学が見せてくれているということであろう。復旦学院という教養教育組織は我が国のかつての教養学部を想起させるが，それに加えて書院という学寮の要素もある。中国の教養教育が「欧米のモデル＋中華の伝統」とたびたび説明されたが，まだ始まったばかりに過ぎない。中国の挑戦が今後どのように展開するか，注目していきたい。

【注】

1）一般に35時間の授業を1単位とし，120単位から190単位程度まで各大学が定めており，教育部に報告する（中国教育科学研究院インタビュー，2015年9月7日）。

2）原語は「文化素質教育」。同時期，暗記中心の受験教育に対するアンチ思想からこどもの全面的な資質を伸ばし，とくに創造性や実践能力を重視する「資質教育」（原語・素質教育）が叫ばれ，1999年にこれを高等教育を含む全教育段階で全面推進する決定が政府によってなされた。文化資質教育はこうした流れのもと高等教育で推進すべき教育として提言された。1995年に国家教育委員会が52大学を拠点として試行を決定し，さらに1998年にこの文化資質教育をさらに強化する指導文書（「関於加強大学生文化素質教育的若干意見」）を発出，専門家からなる指導委員会を設置するとともに拠点校を32大学に絞って実施を促した。

3）もっとも文化資質教育についても明確な定義を政府がしているわけではなく，2であげた国家教育委員会文書でも「全学生に対し人文社会分野の教育を行うと同時に文系学生に自然科学教育を行い，大学生全体の文化的品位，審美情操，人文素養と科学的資質を向上させる」という記述があるだけである。

4）復旦大学「通識教育」http://www.fudan.edu.cn/2016/channels/view/48/ （2017年10月10日）。

5）「書院」は主に宋代以降に地方や私人が設立した学問講義と学術研究の教育機関であり，清末に近代学校制度ができるまで全国に存在した。朱熹の白鹿洞書院，張栻の岳麓書院などが有名（顧明遠著，大塚豊監訳『中国教育の文化的基盤』東信堂，2009年，第5章）。

6）北京大学教務部インタビュー（2015年9月7日）および陳向明（2008年）。

7）この項は北京大学元培学院HP（http://yuanpei.pku.edu.cn）（2015年8月10日），北京大学『2017招生簡章暨報考指南』2017年，40頁，および6による。

8）この節は，復旦大学復旦学院（副院長，教務処，学生募集事務室）インタビュー（2015年9月11日），および復旦大学『復旦大学通識教育核心課程七大模塊　新生学習手冊2015』，復旦大学復旦学院HP。
（http://www.fudan.edu.cn/2016/channels/view/48/,
http://www.fudan.edu.cn/entries/view/46/）（2017年10月13日）。

9）北京大学教務部インタビュー（2015年9月7日）。

10）中央教育科学研究院インタビュー（2015年9月7日）および教育部国家教育研究発展センターインタビュー（2015年9月8日）。

11）進学率は筆者の独自の算定による（石井「中国の全国統一入試」『東北大学高度教養教育・学生支援機構編『大学入試における共通試験』東北大学出版会2016年，187頁参照）。就職率は「中国大学生就業創業発展報告2016-2016」。

12）上海交迪大学教務処インタビュー（2015年9月10日）。

【参考文献】

石井光夫, 2004, 「中国」『諸外国の高等教育』文部科学省, pp.181-222.

大塚豊, 1996, 『現代中国高等教育の成立』, 玉川大学出版部, p.165.

唐徳海, 2003, 「中国高等学校課程設置百年」潘ら『中国高等教育百年』, 広東高等教育出版社, pp.165-179.

胡建華・陳玉祥, 2008, 「第10章　高等教育教学改革篇」中国高等教育学会『改革開放30年　中国高等教育発展経験専題研究』教育科学出版社, pp.386-436.

劉黎, 2008, 「第12章　高等学校文化素質教育的開展」, 別敦栄・楊徳広篇『中国高等教育改革与発展30年』, 上海機出版社, pp.159-172.

陳向明等, 2008, 『大学通識教育模式的探索―以北京大学元培計画為例』教育科学出版社, p.7.

石井光夫, 2000, 「7中国」, 本間政雄等編著『諸外国の教育改革』ぎょうせい.

第Ⅳ部

教養教育のニューフロンティア—日本

第17章　高度教養教育志向型「自己—社会」関連授業の設計
—「わからなさ」への対峙による知の再構成—

足立　佳菜（東北大学）

1．はじめに

　本稿は，大学教育における社会認識・自己形成学習関連領域の高度教養教育志向型授業設計の要件と課題について考察するものである。

　高度教養教育の「高度」の解釈には，少なくとも①高年次学生に対する教養教育，②質的に高度な教養教育という2つがある。本稿では扱う事例との関係上①の意味では用いず，②の意味で用いる。そして，質的高度性は新規性つまり「新たな」「新しい時代に求められる」といった言葉を冠して語られる動向と多分に重なり合うものとして捉えることとする。当然，旧きものにも質的高度さは存在する。しかし，現状の教育課題の克服を目指して提唱される「新たな」教育・学習の提唱は，旧来の思潮の単純な否定ではなく，それらが有していた良さや本質の継承を含む批判的再構築の作業であり，それは，現在の私たちに高次な概念理解と高度な技術革新を要求するものとなるはずだからである。なお，「教養教育」については，本稿においてはさしあたり，日本の大学において専門分野を問わず大学生一般に必要とされる教育を指すに止める。

　本稿が教養教育の新たな観点として着目するのが，価値判断や自己形成などの学習領域，言い換えれば教育と価値の距離の再構成という課題である。本論でも触れるように，「主体性」や「深い学び」を志向する近年の教育・学習観は，個々人の価値観形成や自己形成に資する教育の役割と責任を強く要請している。しかし，戦後日本の大学教育は「没価値性」（絹川2006，p.67）に陥るとともに，「教養教育を人間形成の観点から議論する視点は，弱い」（羽田　2016，p.47）とされる。大学における教育と学びにおいて，教育者・学習者が価値の問題とどのように向き合う

のかは，制度・理念・方法いずれにおいても再検討が必要となってきている。

　本稿では，価値との接近の課題が中心的にあらわれる領域として，道徳・倫理教育，市民性教育，社会認識教育等の領域に着目する。そして「他者との共生」という倫理的課題の考察と大学教育改革動向の考察から鍵概念として〈わからなさ〉というキーワードを引き出した後，「自己―社会」関連の学びを扱った大学教育授業事例の分析から授業設計における実践的課題の考察を行う。

2.「他者との共生」と教育目的としての〈わからなさ〉

　高度な／新たに求められる資質・能力の一つとして「〈他者〉との共生」（松下 1994）という倫理的課題がある。OECD が掲げるキー・コンピテンシー概念においても，「異質な集団における交流」は3領域の一つをなす。グローバル化による多様な文化交流機会の増大や価値多元化社会において，「他者と共に生きる力」は，意図的に獲得すべき能力，教育・学習課題に位置づけられている。

　他者との共生という課題を道徳教育の文脈から切り込み，「教育」「伝達」「知識」「理解」といった教育の基本概念の再構築を試みる松下（1994）は，この課題を次のように規定する。すなわち，「〈他者〉との共生」とは「既成の知識（中略）にゆらぎをもたらすその〈他者〉の呼びかけに呼応することを通じて知識の『自己組織化』を促すということ」（p.368），あるいは，「〈他者〉が意味や知識の他の可能性を開示していることを，その人間が立てるノイズの向こうに聞き取り，それを〈われわれ〉が選択した可能性とつきあわせ，比較対照し，適切性を問う問いを再帰的＝反省的（リフレクティブ）に自己適用することである」（p.369），と。

　この考察において松下は，共生する「他者」概念を3つに細分化する。これを単純化したのが表1である。松下は，〈われわれ〉と「準拠枠」を異にする存在としての他者を「異者」としてひとまず議論の対象から外す[1]。その上で，同じ準拠枠に住む他者でありながら，「共約不可能」な，

＜表1　松下（1994）における他者概念の整理＞

他者概念の区分	準拠枠	共約可能性
"他者"	〈われわれ〉と同じ	可能であることを前提とする
〈他者〉		不可能な場合も前提とする
異者	〈われわれ〉と異なる	不可能であることを前提とする

（松下1994を元に筆者作成。）

時に「ノイズ」を発する存在としての他者を「〈他者〉」として打ち立てる。この〈他者〉概念の提起には，従来型の他者観（松下は「"他者"」と表記）は，合理的で対等な交渉ができる共約可能性を多分に前提とした存在として他者を想定していることへの危惧がある。換言すれば楽観的他者観への問題提起ともいえよう。従来の楽観的他者観の下では，現実場面では多く生じるであろう共約不可能な他者（〈他者〉）との共生という課題には微力である。そればかりか，容易に「異者」の議論と同様の「無関心」や「棲み分け」論に安住するきらいがあり，共約不可能な〈他者〉を「同化」や「排除」の対象とみなしがちであることを指摘している。

　この新たな他者観とともに松下が提起するのが，「理解としての寛容」概念である。松下は，「他者との共生」という課題の要諦は「寛容」概念の再検討であるとしてこの考察を進めると同時に，「理解」の理解を踏まえて，教育目的としての「〈わからないこと〉をめざす教育」観を提唱する。これら①他者観，②寛容理解，③「わからなさ」に対する姿勢・位置づけを整理すると表2の通りとなる。

　松下は，「〈他者〉との共生」における寛容概念の考察において，「相互無関心」や「棲みわけ」の論理で回収される「寛容」を否定し，また，「〈他者〉の時として不愉快なノイズを忍耐強く我慢する」(p.368)という「特殊な心的態度」(p.372)とも異なる「寛容」を要請する。それが「理解としての寛容」である。「理解としての寛容」は，松下の定義によれば，「理解の深みの層をできるだけ遡行することによって自己の理解の根拠をますますゆるがせ，そうすることによって自己が〈他者〉に開かれ，〈他者〉を受容する余地を自己の内部につくりだすこと」である。道徳教育を主題とする文脈では，「準拠枠の理解を伴う道徳原理の深い理解を併せてそ

<表2　松下(1994)における他者観の違いによる「寛容」と「わからなさ」概念>

	(ノイズを発する他者への) 寛容	わからなさの位置づけ
従来型他者観	忍耐としての寛容 あるいは同化や排除(無関心・棲みわけ) の対象に転化	わかるための過程・材料・方法 ＝克服対象
新たな他者観	理解としての寛容	目的 (知の妥当性への適切な懐疑, 準拠枠を 俯瞰する過程, 自己変容の淵源)

(松下1994を元に筆者作成。)

れを伝達すると同時に,（普段は意識下に隠されている）その準拠枠を顕在化させて自覚し,それを〈他者〉の準拠枠と関係づける（比較対照する）ことによって,別の意味が成立する可能性を反省する機会を豊かに与えること」(p.372)と言い換えている。つまり,道徳原理＝「何をなすべきか」という価値内容を相対主義的に遠ざけるのではなく,（道徳原理自体を構成主義的概念で捉え直した上で）これを「伝達」することを教育の役割に据える。そして,「伝達」から生まれる「理解」という知的作業の学習を通して自己の価値世界と他者の価値世界の相違に気づき,自己の価値観を創り変える力に,他者との共生という課題に真に働く「寛容」の本質を見るのである。

　この「理解としての寛容」を可能にし,自己変容に導く淵源として位置づけられるのが「〈わからなさ〉」との出会いである。松下は,「他者との共生」という倫理的課題のもとで求められる「理解」を,「自ら信じている道徳原理の準拠枠への理解を深めることによって,それについてますますわからなくなること」,「自分で自分がわからなくなるほどに深い理解」と表現した (p.373)。容易には共約不可能な〈他者〉との共生,その共生のための「寛容」は,自己―自己の依拠する準拠枠を俯瞰的に把握する過程を必要とする。そのためには,自身が住まう準拠枠内における情報や知の妥当性に対する適切な懐疑が不可欠である。つまり,「わからなくなること」それ自体が,教育目的として要請されるのである。

　松下が「再帰的＝反省的」のルビに充てた reflective は, OECD (2005)がキー・コンピテンシーの前提となる力に挙げた「reflectiveness」(思慮

深さ）に通ずる。これは，昨今注目される「メタ認知」「批判的思考力」といった力も内包するものである（山内2008, p.212）。このreflectiveness（思慮）を「他者との共生」という倫理的課題を通してみるとき，これを引き出す出発点に位置するのが〈わからなさ〉への気づきである。〈わからなさ〉への気づきとは，すなわち，自身の抱く“当たり前”を自覚した際に生じる“問い”や“課題（意識）”との出会いとも言い換えられよう。松下は，この〈わからなさ〉を目指す教育を，「できるだけ切り詰められていない準拠枠に立脚した理解という意味で本来のあるいは高度な理解をめざす教育への転換」と位置づけている（松下1994, p.374）。他者との共生という新たな課題は，準拠枠を切り詰め意味から切り離された知識観とその内部で「わかる」ことを目指す従来の教育観を脱却したところにある「〈わからなさ〉そのものを目指す教育」によって，自己の再構成の契機を得るところに達成の糸口が見出されるのである。

3. 大学教育における新たな授業改革動向

　本章では，前章で示された教育課題と実践事例を結びつける前段階として，大学教育における授業改革動向をおさえる。その際，大学が接続する高校教育段階の動向も踏まえる。

3-1. 高校教育における倫理・現代社会の動向

　高校「公民科」の一科目である「倫理」では，2009（平成21）年3月学習指導要領改訂において，目標に「生命に対する畏敬の念」と「他者と共に生きる」という理念を追加（格上げ）した。『高等学校学習指導要領解説　公民科編』（平成21年12月）は，「『倫理』の学習の課題が，他者と切り離された自己ではなく，他者と共に生きる主体としての自己の確立にあることを一層明確にした」とする。「他者と共に生きる」という課題と共に，内省に止まりがちな倫理・道徳教育において，自己を取り巻く外界との関係性に目が向けられていることがわかる。

　本改訂において最も特徴的な変化は，“現代社会”の課題と“自己”

の課題の関連性に重点が置かれたことである。例えば，旧学習指導要領（平成11年版）においては，「内容」項目の第一項は「(1) 青年期の課題と人間としての在り方生き方」であったが，本改訂では「(1) 現代に生きる自己の課題」と題する項が新設された。本文自体は旧第1項の一部を継承するものではあるが，「自らの体験や悩みを振り返ることを通して，青年期の意義と課題を理解させ，豊かな自己形成に向けて，他者と共に生きる自己の生き方について考えさせる」という従来の文章に続けて，「とともに，自己の生き方が現代の倫理的課題と結び付いていることをとらえさせる。」との文が追加され，自己と現代社会との連関が強調されている。これに加え，従来は「現代の特質と倫理的課題」は，「概観し，問題意識をもたせる程度にとどめること」とされ，「先哲の基本的な考え方」を取り上げる際は「細かな事柄や高度な事項・事柄には深入りしないこと」とするなどの留意事項が付記されていたが，これらの記述が削除された。また，改訂版では「現代の諸課題と倫理」に「宗教，国際平和」が追加され，例示される宗教の中に「イスラム教」が追加されている。揺れる国際情勢の現代的動向を反映する姿勢が窺える。

　こうした現代的課題を積極的に扱いながら，改訂版においては，「論述したり討論したりするなどの活動を通して，自己の確立を促すよう留意すること」とされた。言語活動充実を推進する全体的動向を背景にしつつ，「倫理」においては，自己の倫理観・価値観の醸成，自己形成のプロセスとして他者との議論といった学習活動を位置づけている。教科書を見てみると，現代の倫理的課題がワーク課題として盛り込まれており，例えば，「倫理」の主要3教科書の「生命」の単元では，生・死の選択，遺伝情報解読による差別誘発問題，生殖のビジネス化など，容易には答えの出せない問いが提示されている[2]。

　以上のように，高校「倫理」では，自己と他者の相互関連性への着目と現代社会のリアルな課題との接近姿勢が強く示されるとともに，議論を促す問いの提示によって価値判断の機会が積極的に設けられている。

3-2. 大学教育と価値問題の接近

では，大学教育の文脈で価値の問題はどのような現状にあるのか。

日本の現実社会における「青年」はその社会的役割を変化させている。特に2016年に実施された選挙権年齢の引き下げは戦後日本の「青年」にとって歴史的変化であった。有権者という形で直接社会参画する権利を得たばかりの20歳前後の青年人口の約半数を抱え，社会への人材輩出を期待される高等教育機関が，「市民（性）教育」「シティズンシップ教育」に果たす責任は増してきている。

大学の社会的役割の一つである科学の世界も，価値問題との接近を迫られている。小林(2007)は「トランス・サイエンス」という課題に着目し，客観的な事実や真理を追究する「科学」と，「価値の領域」である「権力」や「政治」の領域の区別の瓦解を指摘した。そして両者の交錯領域が増大する現代社会における社会的意志決定問題について課題提起している。経済学の分野においても，T.Sedlacek（2009)が価値追究の学であった経済学が価値判断を排除してきた矛盾を指摘し，経済学が倫理性と不可分であることへの再自覚の必要性を説いている。

本稿では扱わないとした高年次学生に対する教養教育の議論も垣間見てみると，藤垣(2015)は，現代社会に求められる能力として「自らの専門分野を超えて往復する能力」を挙げる。そのうえで，「後期教養教育」（専門家のための教養教育）には，「自分とは異なる分野を専門とし，異なる価値観をもつ他者と出会うことによって，自ら相対化する力を養う」役割を求めている。専門分野の境界，学問と現実世界の境界，「専門的知性と市民的知性」の境界，これらを越境し往復する能力が求められているとともに，これを実現する方法として「他者」との出会いが主要素に据えられていることがわかる。

大学生を含む新たな時代を生きる人に求められる資質・能力の観点にも触れておく。松下(2010)は，1980年代以降各所で提唱されている教育目標としての能力観を「新しい能力」と総称しこれを精査した。中では，文部科学省「生きる力」「学士力」，OECD-PISA「リテラシー」，

OECD-DeSeCo「キー・コンピテンシー」,経済産業省「社会人基礎力」等々が取り上げられているが,これらを貫く能力概念を「認知的要素（知識やスキル）だけでなく,より人格の深部にあると考えられる非認知的要素（動機,特性,自己概念,態度,価値観など）をも含む」(p.35) ものであるとしている。「新しい能力」観が,認知的能力の深さと同時にパーソナリティ（人格）形成の力を意図的・明示的に捉えていこうとするものであることがわかる。

　以上のように,新たな時代を生きる人としての大学生,市民としての大学生,科学を追究する専門家（の卵）としての大学生,いずれの側面を取り上げても,価値観形成や自己形成に資する学びと現代社会とのリアルな接続,確かな社会認識の醸成が求められている。そもそもアイデンティティ形成の重要な発達段階にいる青年期の大学生に対する「人間教育」としての大学教育を再検討する視点からも,大学教育における"価値"の問題は等閑視できない現代的課題であるといえよう。

3-3. アクティブラーニングにおける授業構成諸要件

　近年の大学教育改革を語る上で欠かせない用語となったアクティブラーニング（以下,AL）においても,価値との接近や他者性への視点は重要な要素である。特に授業のあり方を検討する上では〈わからなさ〉を目指す教育の実現もこの AL の動向から示唆を得ることができる。

　AL とは,学習者中心主義の教育思潮を牽引する「一方向的な知識伝達型講義を聴くという（受動的）学習を乗り越える意味での,あらゆる能動的な学習のこと」であり「書く・話す・発表するなどの活動への関与と,そこで生じる認知プロセスの外化を伴う」ものである（溝上2014,p.7）。能動的学習活動の中で自分自身の考えを外化する上では,自分自身の価値判断が随所で行われることとなる。

　松下（2015）は,活動主義的な手法としての AL と区別する意図からそこで行なわれる学習の質・内容に着目し,「ディープ・アクティブラーニング」（以下,DAL）概念を提唱した。松下は端的にこう述べる。DAL

とは,「学生が他者と関わりながら, 対象世界を深く学び, これまでの知識や経験と結びつけると同時にこれからの人生につなげていけるような学習のこと」である, と(松下 2015, pi。傍点筆者)。この定義にも表れているように, AL(あるいは DAL)型授業では, その学びの過程に「他者」の存在が重要視される。溝上(2014)の整理する AL 型授業の技法リストにおいても, AL として戦略性の高い学生主導型授業では「ピア」や「チーム」「協同」「協調」の文字が並び, 学習者同士の相互交流による学習活動が大半を占めている(p.71)。この学習効果について溝上は「他者との相互作用の機会が多ければ多いほど, 自己形成はより深く, 複雑になる」(p.81)と, 自己形成に資する他者の意義に言及している。

　一方, AL 型授業において「問い」や「課題」も重要な要素である。AL型授業の代表格である PBL(ここでは problem-based learning)はその名の通り「問題」によって授業・カリキュラムが構成される。協同学習や協働学習にも他者と共有する「問い・課題」があり, これらの学習を通じて学習者は新たな「問い」を生成する。協調学習を推し進めてきた三宅(2016)が, 協調学習が求められる社会背景として,「世の中で, これまで以上に, 自分で疑問を持ち, 答えの検討をつけてその答えが正しいか確かめながら自分で判断して前に進める知識と技能が求められている」(p.14)と指摘していることからも, AL の発想と「問い」の不可分な関係性を窺い知ることができる。

　AL が教授学習パラダイムの転換を提唱するように, 当然ではあるが, 能力観や学習目的の変化は「授業」の変革を要請する。大学における AL型授業のモデルを提案するバークレー(2015)は,「学生の関与(student engagement)」の観点[3]からその授業要件を整理した。学生の「深い関与」を促す授業の条件は, ①適度にチャレンジングな課題設定, ②コミュニティーの感覚, ③ホリスティックな学びの3点である。①は, 簡単すぎず難しすぎないストレッチアサイメントを与える課題設定の重要性の指摘である。②は, 学習コミュニティーの構成員となる前提としての環境設計の課題を指す。③は,「認知領域と情意領域を統合しようとすること,

それだけでなく，可能で適切な場合は，運動的／精神運動的領域や道徳的領域も考慮すること」(p.86) とされる。換言すれば，学習内容の認識や思考の問題だけではなく，学習に臨む学習者の興味関心や心理的不安への配慮も授業設計の範疇として捉える発想といえる。

　こうした授業変革と同時に，AL の発想は授業を創りだす教育者の役割にも変化を期待するものである。AL 型授業は「講義」による知識教授を否定するものではなく（溝上 2014），また教育者の役割として授業設計責任者であることを放棄するものでもない。しかし，AL の発想が依拠する社会構成主義的授業設計においては，教育者の役割は「学習者の自己学習を制御する『学習活動の監督』から，学習者が最適に学ぶことのできる環境をデザインする『学習の支援者』へと変化」する（大島ら 2010）。その中で教育者は，「課題探究型の学習，協働的学びをデザインする」「学習促進者（ファシリテーター）」の役割が増大するとともに（小室 2017），学習の対象物である「世界」を学習者と同じ目線から見て学習者とともに「文化に参加」（佐伯 1995，p.112）する位置づけに転じることが期待されている。

　このように，昨今の大学教育改革で語られる AL の動向は，授業・教育技法に止まらず，教授・学習観，授業観，教育者観の転換を目指すものである。この大きな変動の中で，大学生を対象とした倫理・社会関連授業をどのように実践として実現可能か，次章にて考察していく。

4.　事例検討

　高度な／新たな教育課題として，“問い” や “他者” との出会い，それらを通して “わからなさ” とも出会うことが重要であることが理解された。しかし，「出会い」と柔らかに表現される事象はどのような教育・授業設計によって実現されるものであろうか。「出会い」の実現を図る実践的工夫の開発がなければ，ここに得られた知見も標語に終始するに止まる。そこで本章では，前章までに見出された課題をどのように一連の授業の中で実現していくことができるかを事例に基づき検討する。なお，

本稿の事例検討は，授業技法の効果検証ではなく，前章までに導かれた授業設計のヒントを構成要素に持つ授業開発事例から，その実践を成立させる上での設計上の要件と課題に目を向ける。

　事例は，共同研究者である鈴木学によって開発された授業実践である。本事例は第67回東北・北海道地区大学等共通教育研究会（2017年8月24日）にて報告された。ここでの報告および論稿（鈴木　2017a, 2017b）とともに，本稿執筆にあたり提供を受けた授業資料に基づき分析を行う。

4-1. 概要

　本事例は，日本の国立 F 大学において2017年度に学士課程学生向けに開講された「大学生のための現代社会」と題する授業である。科目区分は学部横断型の共通領域科目に位置づく。開講期間は半期（前期），実際の受講生は1年次学生を主とする3学類から成る25名であった。シラバス記載の授業コンセプトによれば，本授業は「知識だけでは簡単に答えは導けない現代社会の"問い"に対して，大学生同士で熟考・熟議しながら，一定程度自分なりの考えを構築できるようになることを目指」すとともに，授業では「大きな課題─今まであまり真剣に考えてきたことのないような，身近ではない課題を扱」い，「それら

＜表3　授業構成＞

1回		オリエンテーション
2回		ウォーミングアップ
(1S 事前課題「before レポート」)		
3回	第1 テーマ	科学技術×倫理①【講義中心】
4回		科学技術×倫理②【GW 中心】
5回		科学技術×倫理③【講義＋ GW】
6回		全体フィードバック 【各種質問への回答・問題提起】
(1S 事後課題「after レポート」) (2S 事前課題)		
7回	第2 テーマ	国家×共同体①【ディベート準備】
8回		国家×共同体②【ディベート】
9回		国家×共同体③【講義中心】
(2S 事後課題)		
10回		全体フィードバック 【after レポートの peer review】
(3S 事前課題)		
11回	第3 テーマ	戦争×平和①【知識構成型ジグソー法の準備】
12回		戦争×平和②【エキスパート活動】
13回		戦争×平和③【ジグソー活動】
14回		全体フィードバック 【発表＋ディスカッション】
(3S 事後課題)		
15回		まとめ・予備

（鈴木 2017b より。一部改変。）

を“自分ごと”として受け止められるように，他者の価値観を共有しながら，物事を判断する力を養ってい」くとされている。

　全15回の授業構成は表3の通りである。全15回の授業は3つのテーマによって大きく区切られ，各テーマは「過去（知識習得）・現在（課題理解）・未来（課題探究）」の3つの視点・学習活動で構成される。加えて，1テーマごとに「before レポート」（約800字）と「after レポート」（約1600～2000字）で授業を挟みこみ，授業前・中・後の3段階で学習の深化が図られることが本授業の構造的特徴である。

4-2. 抽出された鍵概念・授業要素との接点―授業評価とともに

　本節では，「他者」「問い」「わからなさ」といった鍵概念や，これらを授業実践として落とし込む際に必要となる AL 型授業における「認知プロセスの外化作業」「関与」「環境デザイン」「ファシリテーターとしての教師」といった要素と本事例の接点について考察する。その際，本授業受講生の授業評価の声を取り上げる。これは学習者自身の評価から本授業の成果の特徴を検討する意味であるが，あわせて本事例を本稿で取り上げる適正確認の意味を副次的に持つ。

　まず着目するのは「外化作業」と「他者」との出会いの実現である。本事例では，表3に見るように，テーマごとに【グループワーク】，【ディベート】，【ジグソー法】，【ディスカッション】【発表】などの活動が織り交ぜられており，協同／協働学習の機会を多数取り入れている。加えて，本事例は【レポート】の機会を多く設けていることが特徴であり，個々の思考の「外化作業」が定期的に促されている。第2テーマ後には，「after レポート」を【ピアレビュー】することによって，他者の思考や価値に直接触れる機会としても活用している。

　次に，「関与」の実現や「環境デザイン」に着目する。本授業では，前授業の意見・疑問・質問を次授業冒頭で取り上げ，個々の気づきをクラス全体で共有する【コメントペーパーのフィードバック】をルーティーンとしている。その際あわせて学生の「近況」を紹介するなどの工夫によ

り，クラスの雰囲気醸成を行っている。また，グループワーク等の活動においては「自己批評と相互批評」が蓄積されるワークシートを活用しており，授業者はこの効果を「受講生のリフレクションの促進，批判的に検討する／されることへの慣れ」(傍点筆者)を生むものと位置づけている(鈴木 2017a)。ここには，批判的思考力の発現を許容する集団・環境設計の意図が現れているといえよう。ある受講生は，授業最終レポートの中で次のように吐露している。「自分はこの授業の前まで，他人と政治の話をすることを避けていたように感じます。別に理由は大したことではなく，『なんかまじめで堅苦しい奴だと思われたくないから』，『きもいと思われたらいやだから』などとどうでもよくひたすら今更感にあふれたものでしたが。」と。学習活動の前提となる学習者の心理的バイアスへの配慮が，学習の初動において重要であることが窺える。

　加えて，「能動的学び」の仕掛けとして【before レポート】の存在に着目する。この「before レポート」は調査型レポートではなく授業テーマに関する自身の考えを記述させるものである。授業者はこれを，授業を受ける前の「現状理解・関心・既存知識」などを受講生自身が理解し，授業後の成長を実感させるツールとして位置づけている(鈴木 2017b)。これは診断的アセスメントの一形態であり，授業に問いを持って臨ませる動機づけの工夫，また自身の学習課題のモニタリング機能を高めメタ学習を促進する工夫としても意味づけることができよう。

　最後に，本授業で扱われる内容や「問い」の難易度の高さに着目する。本授業はレポート執筆頻度の多さとともにその難易度も特徴である。例えば，各テーマの「after レポート」では，日本における生命倫理の原則と立場を論じた上で個人として・社会全体としての望ましい方向性を論じる課題(第1テーマ)，日本の政治選択として国家優先路線と共同体構築路線のいずれをとるかを論じる課題(第2テーマ)，戦争という国際課題に対する日本の関わり方を考察する課題(第3テーマ)を問うている。難易度の高さの成因の一つは，「現実型」「未来型」課題であることにある。「倫理的処女地」(加藤 1997，p.231)である科学技術と倫理の課題を筆頭

に，評価の確定していない現在進行形の現実社会と結びながら，答えの
ない予測の世界に対する選択と判断が，学習者に高度な理解と思考を促
す基盤となっている。

　これらの特徴が組み合わされた本授業を，受講生自身はどのように評
価したのか。最終授業において受講生が記述した「次年度受講生に向け
たアドバイス」（表4）からは，以下の3点の特徴が見出される。

　一点目は，「大変さ」「厳しさ」に言及する学生が多いことである（直接
的表現は9件）。しかしそのどれもが苦労を逆説で表現し，「やりがい」「楽
しさ」「ためになった」「おもしろい」「力になった」「キャパシティ超増え
ます」と繋げている。これらから，バークレーの指摘する「関与」におけ
る「適切なチャレンジ課題」の一定程度の達成が窺える。

　二点目は，「自分（自身）」という主体性への言及が多いことである（直
接的表現は6件）。コメント4が簡潔な例であるが，学生自身が「自分自
身の考え」が求められている授業であることを認識しており，能動的・主
体的な学習が学習者自身の目標として取り込まれていることがわかる。

　三点目は，数としては少ないが，授業の受講を知的探究の場への「参

＜表4　受講生による「次年度受講生へのアドバイス」コメント＞

1. レポートはキツいけどやりがいや楽しさはナンバー1だと思いますよ ^^
2. 経験しておくべき授業かな。ただ興味ないと厳しいかも。
3. 自分の意見を発表するのが中心の授業です。2週間に1回800字以上のレポート課題があります。
4. 「自分自身で」考える良い機会になる。
5. レポートがとてもキツイですが，やりがいや楽しさもあるのでとってみてもよいと思います。
6. レポートはかなり多いですが，めちゃめちゃおもしろいです。
7. 初めて経験できること，考えることが沢山あって楽しい授業だった。
8. 自分以外の意見を自分の中に取り入れて，新たな考えを生み出すことができる授業です。
9. 正直しんどいが，この授業を通して現代社会に対しての知識が増えたり，考え方も変わったりするので，受ける価値はあると思います。
10. とてもためになる授業なのでぜひ自主的に参加してください。
11. ニュースは見ておこう。
12. 他の講義より成長しやすい。が，成長できるかは自分次第。
13. レポートがだいぶんどいですが，必ず力になります。〆切に食らいついて下さい。キャパシティ超増えます。
14. レポートは大変だが，とても身になるから授講（ママ）した方がいい！！
15. 大変だけどすごく楽しいです。大学生として考えなければいけないところを皆と鈴木先生と考えていけるいい時間です。
16. しっかり，じっくり考えてほしい。自分のように中身のない考えのままではいないでほしい。
17. 自分の考え，立場がないと授業中についていけない。課題，授業内容ともに本当にハードだけど，確実に自分の力にはなるし，考え方も格段に広がります。
18. 他人の意見はこれほど自分とはちがうのかと毎回驚きや発見ができる授業です。

（2017年7月20日コメントペーパー，提出全18名分）

加」と見る声の存在である。コメント10において授業の受講を「参加」と表現した例やコメント15の「皆と鈴木先生と考えていける」という表現に見られるように，授業者をも含みこんで「文化への参加」的授業空間が創造されたことが窺える。これに関連して受講生 A は，「授業で学んだこと」を最終レポートで次のように総括した。

> 　改めて感じた現代社会の複雑さである。高校までに学んできた「現代社会」は教科書の中に答えがあるという印象を持っていたが，実際はそんなに単純なものでないことがよくわかった。私たちの生きる社会は授業で扱った以外にも色々な問題があり，さらにそれらが複雑に絡み合っている。だからこそ簡単には答えを出せないものがほとんどである。しかし，そのような難しいことを大学生という立場から突き詰めていくのは新鮮でとても面白かった。ひとりひとり知識の量も興味のある分野も異なるので，自分だったら思いつかないような考えに触れることができた。さらにそこから次のものへ発想を膨らまして繋げていく…という作業はこれからの大学の授業でも，社会に出てからも必要になってくると思う。これからの将来を担う存在として，私たちの生きる社会としっかり向き合っていくべきだと感じた。　　　　　　　　　　　　　　（授業最終レポートより一部抜粋）

　この記述からは，リアルな現代社会という学習対象物が持つ"正解のなさ"の気づきや他者との意見交流の必要性の気づきと共に，これらの学びが授業「後」にも継続される必要性の自覚が見受けられる。このことは，〈わからなさ〉への対峙が「文化への参加」という生涯的学びへと転化する契機の一つに授業が成り得たことを示していよう。

4-3. 実践成立のための示唆と課題

　以上の事例に基づき，〈わからなさ〉との出会いを授業という枠組みの中で生み出す要件を考察する。要点は5つである。

　①　意見の異なる「他者」との出会いのための配慮としての環境設計
　高度な「わからなさ」への気づきを到達目標とする授業の成立要件には，その「わからなさ」に至るプロセスを他者と共に安心・安全に共有できる環境設計が不可欠である。

　②　「チャレンジングな課題設定」のための内容の高度さ≒未来型課題
　学習者の主体的学びを生み出す「チャレンジングな課題設定」は適切

な内容の高度さから生み出される。そして自己形成や社会認識教育関連領域の学習にとってその「高度さ」は，一つに，現実世界との結びつきの強さによる複雑性や未来型課題設定による不確実性から生み出される。

③　知識獲得と議論の組み合わせ

自身の既有知識を揺さぶる情報や知識に触れることで「わからなさ」や問いが生じる。ALの主張の中でも同様の指摘があるように，能動的学びの過程にも，知識理解のための講義パートが必要である。また，思考する中で生じる「わからなさ」を早急な解決・解消を望むでも放棄するでもなく，「対峙し続ける」ものとして捉えるためには，「わからなさ」の背景にある複雑さを多角的に認識することや，その複雑さの中に滞在し続けるレジリエンスが必要となる。このレジリエンスは，よりミニマムな課題解決の成功体験の蓄積によって鍛えられると考えられる。知識を活用し，他者と議論し「暫定解」を授業で創り出す経験は，「わからなさ」と対峙する力の醸成に資するのではないだろうか。

④　「わからなさ」への出会いを設計するためのレディネス把握

授業者によれば，本事例はもともと高年次学生を想定して授業計画を組んでいたが，1年次学生が主たる構成員となったことで計画の書き換えを余儀なくされたという。しかしこれにより，学生の既有知識（レディネス）把握の必要性により迫られる結果となり，beforeレポートの授業設計上の価値が相対的に高まることとなった。

学習者のレディネスを授業者がある程度把握することは，「ファシリテーター（促進者）」としての教育者の役割を実質化し，授業という限られた枠組みの中でわからなさとの出会いを建設的に生み出す上で不可欠であろう。そして適切なレディネス把握によって，学習者個々人と対象世界の結節点をより近づけることができ，学習によって生み出された「わからなさ」が自己形成の一助として働きやすくなるものと考える。

⑤　教育者の力量としての「わからなさへの耐性」

高度な教養教育は，授業技法の改善やカリキュラム改革に支えられる側面は多分にある。しかしこれらは，実際にその教育を実践する教育者

の教育力向上の課題と切り離すことはできない。〈わからなさ〉を生む授業という観点から教育者の力量で注目されることの一つは，教師自身の「わからなさを開示する恐れへの耐性」，言い換えれば教育者自身のレジリエンスあるいは「ネガティブ・ケイパビリティ」（小室2018予定）の獲得といえよう。教育者自身の知り得ている情報を一方向的教授によって教えるのではない学習形態の実現は，裏を返せば，教育者自身が知り得ない情報を学習者の前に提示するということでもある。本事例を授業者が研究会で報告した際，聴衆から「教員自身がわからないことを課題にする，扱うことはとても勇気のいる事だと思うのがどうだったか？」という質問が寄せられた。この質問の背景課題の一つには評価（単位認定）の問題があり，これ自体は別に検討が必要である。しかし一方でこの問いは，「わからないことを学生とともに考える」ことを教育者の立場で，授業という枠組みの中で実現する際の心理的負担・不安の素朴な発露であろう。そこには，教育者自身が教育者の役割認識を転換する困難さが潜んでいる。

5．おわりに

　小林（2007，p.265）は，大学の機能とは「社会的ニーズと専門性や古典とを媒介（intermediate）することを通じて，ディシプリンの持つ専門性あるいは古典を緩やかに改訂しつづける感受性の養成にある」とした。そしてこれの実行のためには「専門性の研鑽，伝統の継承と並んで，現代社会の動向に眼を凝らし，そこに生じている諸問題を把握する努力が求められる」とする。ここでは，専門性向上と現代社会の理解や課題との呼応が相互補完的な関係で捉えられている。高度教養教育の理念の提唱の下で目指されるのは，こうした専門性・普遍性の世界と現実の自己や現実社会を結びつける力の醸成であろう。

　そして，現在多方面で概念提唱が進む新たな時代に求められる資質・能力の育成を実践として生み出すためには，理論的に導かれ分節的に整理された教育観・学習観・授業設計要件等を，再度（新たに？）特定の文

脈に落とし，一まとまりの授業現実として成立させる工夫が必要である。〈わからなさ〉という学びの出発点と，〈教える〉ことの共存関係を現実に創り出すことは容易ではない。この共存を生み出すことが，高度教養教育志向型授業設計における最大の課題であり目標である。

【注】

1) ただし，枠組み相対主義の前提を放棄すれば，「異者」との共生の課題が「〈他者〉」との共生の課題と重なることも示唆している（p.367）。
2) 実教出版倫理301，清水書院倫理302，東京書籍倫理306参照。
3) 「関与」概念は明確な定義がまだ定まっていないとしつつ，バークレーは「ある連続体上で経験され，動機づけとアクティブラーニングの間の相乗的な相互作用から生み出されるプロセスとプロダクト（産物）である」と定義している（p.65）。

【参考文献】

大島律子・大島純，2010，「テクノロジー利用による学びの支援」，佐伯胖監修『「学び」の認知科学事典』大修館書店.

エリザベス・F・バークレー，2015，「関与の条件—大学授業への学生の関与を理解し促すということ—」松下佳代編著『ディープ・アクティブラーニング 大学授業を深化させるために』勁草書房.

加藤尚武，1997，『現代倫理学入門』講談社.

絹川正吉，2006，『大学教育の思想—学士課程教育のデザイン—』東信堂.

小林傳司，2007，『トランス・サイエンスの時代—科学技術と社会をつなぐ—』NTT出版.

小室弘毅，2017，「これからの教師の役割とは？—ファシリテーターとしての教師—」井藤元編『ワークで学ぶ教職概論』ナカニシヤ出版.

小室弘毅，2018予定，「アクティブ・ラーニングに教師はいらない？—ヒドゥン・カリキュラムとしての教師の身体—」井藤元・尾崎博美編著『ワークで学ぶ教育課程論』ナカニシヤ出版.

佐伯胖，1995，『「わかる」ということの意味［新版］』岩波書店.

鈴木学，2017a，「学際融合教育科目としての教養教育実践開発—学習動機の自覚化促進と学問観の形成に向けて—」報告，第67回東北・北海道地区大学等高等共通教育研究会報告（2017年8月24日於東北大学）.

鈴木学，2017b，「学際融合教育科目としての教養教育実践開発—学習動機の自覚化促

進と学問観の形成に向けて―」『第67回東北・北海道地区大学等高等共通教育研究会研究集録』（2018年1月）.

羽田貴史, 2016, 「大学における教養教育の過去・現在・未来」『東北大学高度教養教育・学生支援機構紀要』第2号.

藤垣裕子, 2015, 「技術知と社会知の統合―専門家のための教養教育としての STS―」山脇直司編『科学・技術と社会倫理―その統合的思考を探る―』東京大学出版会.

松下佳代編著, 2010, 『〈新しい能力〉は教育を変えるか―学力・リテラシー・コンピテンシー―』ミネルヴァ書房.

松下佳代編著, 2015, 『ディープ・アクティブラーニング 大学授業を深化させるために』勁草書房.

松下良平, 1994, 「〈他者〉との共生のための道徳教育―伝達と寛容の二元論を超えて―」森田尚人・藤田英典・黒崎勲・片桐芳雄・佐藤学編『教育学年報3　教育の中の政治』世織書房.

溝上慎一, 2014, 『アクティブラーニングと教授学習パラダイムの転換』東信堂.

三宅なほみ・東京大学 CoREF・河合塾, 2016, 『協調学習とは―対話を通して理解を深めるアクティブラーニング型授業―』北大路書房.

山内紀幸, 2008, 「グローバル社会における学力―コンテンツからコンピテンシーへ―」, 田中智志編著『グローバルな学びへ―協同と刷新の教育―』東信堂.

OECD, 2005, *The Definition and Selection of KEY COMPETENCIES Executive Summary*, http://www.oecd.org/pisa/35070367.pdf

SEDLACEK, Tomas, 2009, Ekonomie dobra a zla, Nakladatelství 65.pole.（=2015, 村井章子訳, 『善と悪の経済学』東洋経済新報社.）

第18章　高度教養教育実践の一形態としての高年次学生参画型学習支援

(空行)

（著者）

（見出し）

鈴木　学（福島大学）

1. はじめに

1-1. 本稿における「高度教養教育」を捉える視点

　現代社会は「VUCA[1]」と称され，不安定で不確実性が高く，複雑かつ曖昧な事象と対峙し続けなければならない時代とされる（Fadle, Bialik, & Trilling, 2015）。技術革新が著しく進行する時代において，これまで「正しい」とされてきたことが必ずしもそうとはいえない風潮が醸成されつつある。変動的な要素が増え続ける中で，それらと柔軟に向き合っていくことが必要とされる社会構造へと確実に変化してきている現状と言えよう。

　このような社会変動の過程で，社会が求める人材像も多様かつ複雑なものへと変化し，各分野で示される資質・能力も高度化してきている（本田, 2005：松下, 2010：松尾, 2015：国立教育政策研究所, 2016など）。最近ではキーコンピテンシーを提唱したOECDがその後継にあたる「OECD Education 2030」として「Learning Compass」という新しいフレームワークを構築しつつある。これは，① Knowledge, ② Skills, ③ Attitudes & Values の3領域から構成されているが，特にこれまでの資質・能力の議論ではそれほど焦点化されてこなかった態度・価値といった「人格特性」に対する比重が増した点が特徴と言える。さらに，現時点における資質・能力概念を包括した研究として，松下（2016）は国内外で様々に議論されている資質・能力概念を①〈育成すべき資質・能力に包摂される個人の属性〉として知識（knowing）・能力（doing）・資質（being）の3次元，②〈資質・能力を育てる関係性〉として対象世界・他者・自己との関係の3軸に整理し，それに③省察性を加えた資質・能力の「3・3・1モ

313

デル」を提唱している。

　資質・能力概念の台頭によって，各種教育機関で展開される教育実践は「コンテンツ」を中心とした教育から「コンピテンシー」を基盤とした教育へと変容を見せつつある。さらに今後は「OECD Education 2030」に見られるように，「バリュー」の側面も無視できない状況にあることは明白であろう。具体的な方向性としては，「3・3・1モデル」で示されるような多次元・多軸の資質・能力の育成を目指した教育実践開発が急務となっている。殊，高等教育の文脈にこの議論を落とし込むのであれば，従来のカリキュラムの枠組み（教養教育と専門教育の区別など）とは異なる視点から検討する必要があるだろう。そこで本稿では上記の資質・能力概念を前提に，これらを志向する新しい教育の方向性として「高度教養教育」を意味付け，論じることとする。

1-2.　学習者中心主義に立脚した実践への着眼

　昨今の高等教育の潮流として，「教育パラダイム」から「学習パラダイム」への転換があることは言うまでもない（Barr & Tagg, 1995）。資質・能力の変化の影響だけでなく，日本の高等教育もユニバーサル段階に入ったことで量的拡大から質的充実へと政策的な関心が移り，「学士力」などの「学習成果」に対する質保証の議論が活発に行われてきた（川嶋,2009）。「高度教養教育」を検討する上でも，学習者中心の考え方は欠かすことができない。しかしながら，「大学教育における学習者中心主義は，スローガンとしてはたやすいが，そのことが意味するものは，大学全体の構造的変化である（中略）教員が担っていた機能が，キャンパス全体において再統合を必要とする」（大学教育学会第35回大会趣旨文, 2013）と課題提起されているように，パラダイム転換に伴う新しい大学教育の実質化は容易ならざるものがある。実際に，正課内教育においてはアクティブラーニングなど，学生の主体的学習を促す授業実践の開発・研究が盛んである一方で，より広い次元で前述の課題意識に応える実践の蓄積と研究の成果はそれほど多くはない。「高度教養教育」の実質化を目指

す際，「機能の再統合」は避けて通れない論点であるが，それを検討するための材料は必ずしも充分ではない現状である。

　そこで本稿では，正課内教育という枠組み以外の実践に焦点を当てて，「機能の再統合」に資する要素を見出してみたい。具体的には，学習者中心の大学教育実践の萌芽として，筆者が開発に関わった東北大学高度教養教育・学生支援機構学習支援センター（以下，CLS）の実践を取り上げる。CLS では高年次学生参画型の学習支援実践を展開しているが，このような学生が新しい大学教育のアクターとして「機能の再統合」の一端を担う存在になりうるのではないかという仮説のもと，「高度教養教育」の実質化に向けた諸要素の抽出を試みたい。

2. CLS の学習支援実践

2-1. 概要

　CLS では Student Learning Adviser（以下，SLA）と呼ばれる学生の学習支援スタッフ（学部学生から博士課程後期学生まで）を約50名雇用し，主に学部1・2年生を主たる対象として，「ともそだち」をキーフレーズに4領域のサポートを展開している。それは①個別対応型支援，②企画発信型支援，③授業連携型支援，④自主ゼミ支援で，それぞれ①②は課題解決型の学習（Project-Based Learning），①③は教科・科目型の学習（Subject-Based Learning），④は学生同士の学び合いに対応した支援形態であ

図1　CLS 学習支援概念図

写真1　活動拠点風景

る（図1）。ピア・チュータリングの方法を用いた，理系科目，英会話，ライティングの支援を軸に，年間約3000人の学生を支援している。

　CLSの活動拠点は主に学部1・2年次を対象とした全学教育が実施されるキャンパスにあり，学生のフリースペースと，SLAの活動スペース（質問対応カウンターも付随），そしてCLSオフィスが一体となった「SLAラウンジ」と呼ばれる中規模のラーニング・コモンズである（写真1）。本学はキャンパスが分散し，学部1・2年生が先輩学生と日常的に学習機会を共にしにくい環境にあることから，多種多様な先輩との学習でのつながり・協働性を生み出す機会として本学習支援は企図された経緯がある。

2-2.　実践を支える仕組み

　学習支援アクターであるSLAは教員の補佐役ではなく，自律的な支援主体である点に特徴がある。しかし一方で，元来学習者である学生にその役割を担わせることへの懸念も存在する。本実践では学習支援の質を保証する上で，専任スタッフ（教職員）によって組織マネジメントがなされている点がポイントである。教育学を専門とする専任スタッフは組織マネジメントの一環でSLAの採用・育成（研修）にも注力している。

　具体的には，学習支援活動における「振り返り（省察）」をSLAに促す枠組みの構築が挙げられる（図2左：足立・鈴木, 2016）。OJTを基盤とし Off-JT を組み合わせながら育成の効果を高める仕掛けを示したのが図2である（図2右, ：足立, 2017a）。まず，「実践」においてはSLAに4

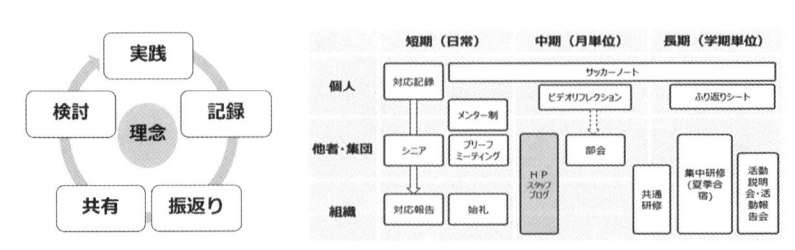

図2　「振り返り」の循環構造と段階別の各種育成ツール

つの観点（①学生自身の質問【問い】，② SLA が見立てた学生の課題【課題】，③対応の意図・方針【意図】，④実際の手順・流れ【事実】）を意識させる。次に，実践を可視化するために「記録」を徹底し，それにもとづいて専任スタッフとの対話による「振返り」を繰り返す。そして，各専門部会[2]において SLA 同士で情報・知見を「共有」し，学習支援の質を高めるための具体的な改善策を「検討」するサイクルを構築している。さらに，ここでは詳述することはしないが，このサイクルを補完する仕掛けとして，主体（個人，他者・集団，組織）と時期（短期，中期，長期）を掛け合わせて，各段階に適した様々な機会を設けている。

2-3. 学習支援から派生する取組み

CLS では SLA の知見を活かしながら，年次報告書や CLS 活用ガイド兼学習支援ブック「ともそだち本」を発行するなどし，「学びの転換」を促す情報発信も行っている。特に「ともそだち本」では，専門部会毎に企画するページにおいて，科目特性に応じた学習のポイント（わからなさと対策）などを提供している。そこでの記述は，学内の教育活動を研究的に分析する際の材料としても活用されている（須藤・串本, 2017）。他にも，学内の教育改善に資する学習支援データの提供方法として，2017年度より学生からの質問内容と SLA からの内容補足を加えた資料を学内限定で HP 上に公開している。

このように，文脈に応じた具体的な授業改善策を検討するためのエビデンスとして学習支援情報の活用も促され始めている。高年次学生参画型学習支援は教育改善活動（FD）との連動も視野に入れることが可能な取組みであると言える。

3. 学生へのインパクト

3-1. 学生の「わからなさ」の傾向

一般的に学習支援イメージの大部分を占めるのは「リメディアル」であることは想像に難くない。さらに，支援主体が教員ではなく学生の場

合は，質保証の観点からも支援の範囲を限定するのが一般的であろう。しかしながら，そのイメージは学習支援を適切に捉えているのだろうか。ここでは，SLA の学習支援を利用する学生の「わからなさ」に言及し，SLA が支援対象の学生に及ぼす効果を検討するための材料を得たい。

　主に理系科目を中心とした個別対応型支援における質問対応記録の記述を分析すると，学生が SLA を利用する背景には，①授業についていけない，②自身の不理解の充足，③イメージがつかめない，④自身の課題解釈に対する不安，⑤自身の解答の確認，⑥発展的な内容に関する知的好奇心の存在を確認することができる。

　まず①②に関しては，リメディアルとしての学習支援になる。しかし一口にリメディアルと言っても，①は高校までの未履修やカリキュラムのミスマッチといった高大接続の構造的問題に起因するのに対し，②は単純に自身の理解不足（これまでの学習内容の未定着）を解消するための補習といった違いがある。次に，③④⑤は授業の高度化によって引き起こされる状況である。特に理系科目は高校で扱った内容からより応用的な内容を扱うことになることから，例え学生が基礎的な知識を身に付けていたとしても，新しい内容を適切に理解するのは容易ではない。それ故，③のように学習内容の全体像やその内容を扱うことへのモチベーション（なぜ，何のためにこの手続きを行うのかなど）に関する疑問が生じやすい。同様に，④⑤も諸々不確実性の高い中で学習を進めなければならない学生が有する不安と言える。そして⑥に関しては，それほど多くはないが授業の枠を超えて先取りで専門の学習を進めたい学生に見られる傾向である。

　このように，CLS による学習支援の実践から見えてくる学生像と支援実態は決して一義的なものではない。「学習」を支援するということは「個に応じる」という要素が色濃い。ユニバーサル段階における学生の「わからなさ」は十人十色であり，この点が学習目標を設定し，達成に向けて設計される「教育」の枠組みとは異なる学習支援固有の特徴であろう。この傾向は，「教育から学習」への転換に対応するためには，学習者

の多様なニーズ（自覚的・無自覚的両方を含む）に柔軟に対応可能な人的・物的環境の整備が必要不可欠であることを示している。

3-2. 学習における「協働」機会の創出

足立（2017b）は学生にとっての SLA の存在意義として，①気軽さなどを発揮するピアとしての役割，②わかりやすさ学問的見地が求められる指導者／相対的熟達者としての役割，③理解を促進するための対話者としての役割，④経験値や俯瞰的視点，ロールモデルを提供する上級生としての役割の4点を示している。つまり，SLA は学習支援を利用する学生に応じて，他者として，同じ学生として，先輩として，多側面で影響を与え得る存在であると言える。

日本の教育現場は同質性の高い同年齢集団で教育活動が展開されやすく，この傾向は大学であってもそれほど変わりはない。系統的な専門教育を重視し教育の効率性も考慮した場合，この状況であることにも意味は見出せる。だからこそ，「高度教養教育」の文脈では，その前提として新しい資質・能力観の育成に向けて，自身とは異なる価値と遭遇する機会を意図的に仕組む必要が出てくる。CLS が提供する SLA のような「（多様な意味での）異者」との学習機会は，同質性の高い集団での学習に慣れた学生にとっては新しい協働的な学習機会のひとつである。

加えて，SLA と学生との間に創出される関係性は，主に授業において教員と受講生の間に構築される関係性とは大きく異なり，Brown ら（1989）が提唱する「認知的徒弟制[3]」の概念と親和性が高いものと考えられる。教員と受講生が「個と集団」の関係にならざるを得ないのに対し，SLA と学生は「個と個」の関係を前提に，協働的でかつ双方向的な関わりを構築しやすい。その関係性において展開される具体的な学習支援は，まさに「認知的徒弟制」における Modeling, Coaching, Scaffolding（& fading）, Articulation, Reflection, Exploration にほぼ集約される。もちろん SLA の学習支援はこのプロセスを一から順序立てて行うことは少ないが，学生の状況に応じて，多様にある関わり方の中から SLA 自身が適

切な関与の段階を選択して学習支援を実施する点は極めて特徴的である。この背景にはSLAが単なる学習支援者ではなく，上記のような幅広いロールを担える存在（学生が自身の必要とする関与を期待できる存在）であることが挙げられるだろう。

4. SLAへのインパクト

4-1. SLAの活動前後における変化の特徴

　学習支援を担う側であるSLAの学生にとって，この学習支援活動はどのような意味を持つのだろうか。まず，SLAとして活動する学生に見られる特徴を確認しておきたい。

　SLAは学習支援活動を経験することで①「教育スキル」の認識を拡げて，②自己省察を促進させ，③同僚SLAと学び合う機会に意味を見出し，④活動に対して仕事としての責任感を抱くようになる傾向が確認されている（鈴木，2017a）。もともと自己成長に関わる活動動機を核に，支援する学生に対する貢献意欲や，活動を通して得られる自己満足感への期待を持って学習支援に従事する学生が多いが，活動後に見られる変化を一言で示すならば，「学修する個人」としての成長だけでなく「コミュニティの構成員」としての成長にも意味を見出せるようになるということが重要である。

　SLAにこのような変化を促す背景には，既出の育成の仕組みが影響を及ぼしていると考えられる。特に3層（個人，他者・集団，組織）からなる「振り返り」の枠組みによる効果は小さくないだろう。第1層は「個人」を基盤として，日常的にSLA自身が実践した学習支援を記録したり，ビデオリフレクションを実施したりする【内省】。第2層は「他者・集団」で情報を共有し，実践した学習支援の妥当性を検証すること，具体的には同じシフトで活動する他分野のSLAとのブリーフミーティングや各専門部会における勉強会といった多人数間での振り返りである【検証】。そして第3層は「組織」によって第1・2層における知見をSLA全体の課題として問い直すことで全員のノウハウ・ティップスとして還元される

【批判的検討・意味付け】。このように意味の異なる「振り返り」機会の組み合わせが，SLA の成長を担保する仕掛けと言えよう。

4-2. 「振り返り」にもとづく学びの相対化

「振り返り」の仕掛けを実質的に機能させるためには，自分より高次の（年齢，専門，認知などあらゆる次元において）経験値を有する存在と関わり合わせる実践的な工夫が必要である。具体的には，新規 SLA に対しては活動歴 1 年以上の先輩 SLA を「メンター」として指導的に関わらせたり，専門部会においては中堅の SLA を「部会長」に据えてとりまとめ役を担わせたり，さらには活動経験が長くかつ学習支援に対する理解も深い SLA を「シニア」に位置付け，SLA 育成の役割を明示化するとともに，それを実質化する仕掛け（ピアレビューシート等）の開発も担わせている（東北大学高度教養教育・学生支援機構学習支援センター，2017）。加えて，学習支援の現場に常駐している専任スタッフも SLA と文脈を共有し，学習支援の専門性を持つという点において，教員とは異なり身近でかつ高次の経験値を有する存在と言える。

「シニア」まで経験した SLA の自己認識の変容を分析した結果，①初任期は自己優位の段階—問題・回答の「解説者」として学習支援者像，②中堅期は他者優位の段階—相手への配慮を有した「援助者」としての学習支援者像，③熟達期は経験の相対化の段階—物事をメタに把握し，状況に応じた最善を模索する学習支援者像が導かれている（鈴木，2017b）。これら変化のターニングポイントには，日常的な学習支援活動での失敗・成功体験だけでなく，経験に応じて変化する SLA の役割などが挙げられている。自身の立ち位置の変化に伴い，これまでの自身の経験に異なる意味を持たせられるようになる過程は，SLA にとって自身の学びを相対化させる経験に他ならない。後輩 SLA として吸収する立場から，同僚 SLA と学習支援に対する価値を共有・検討する経験を経て，先輩 SLA として発信する立場へと遷移する「振り返り」にもとづく一連のプロセスによって，SLA は自身の学びを深化・拡張させていくと考えら

れる。

5.　おわりに

　以上，CLS における SLA の実践から確認できることは，高度教養教育実践を設計する上で検討に値する要素が含まれているということである。本稿では学習者中心の実践として，主に学習支援を受ける学生とSLA として活動する学生の「学び」に着目してきたわけだが，ここで明らかになったことは高年次学生参画型学習支援には①「協働性」にもとづく学びと，②「振り返り」にもとづく学びが創出される可能性が高いということである。当然ながら学生を学習支援に関わらせれば無条件に両者の学びを担保できるわけではない。あくまで教育パラダイムの転換に伴って検討される方向性と学生をアクターとする実践には親和性があるというだけであり，実践上の様々な工夫なくしてはこの可能性も花開くことはない。

　しかしながら，これまで正課内教育においては「学習者」という存在でしかなかった学生が，正課外の活動においては大学教育の質的向上に寄与する役割を果たし得るかもしれない点は興味深い。先の「3・3・1モデル」に対応させるのであれば，高年次学生参画型学習支援は，「資質・能力を育てる関係性」を「協働性」の創出によって有機的に紡ぎ，「振り返り」の定着によって「省察性」の向上に資する取組みとも言える。正課内教育の現状—特に授業の枠組みでは，「育成すべき資質・能力に包摂される個人の属性」に焦点を当てた教育は比較的設計しやすいと考えられるが，コンテンツとしても物理的にも制限がかからざるを得ない単独の授業において，「関係性」と「省察性」も含みこんで設計することは容易ではない。正課外の活動としてある意味で"ゆるやかに"構造化された高年次学生参画型学習支援は，正課内教育だけでは徹底させることが困難な領域において補完的な役割を担えるのかもしれない。

　最後に，現時点での課題意識を記して終わりにしたい。現実的には，専門教育段階においては，研究室での教育が「関係性」や「省察性」まで

を網羅した人材育成の仕組みとして機能していると解釈できる。その際，「当事者性（別な言葉を借りれば所属意識）」と「継続性」がキーワードであると考えられ，この継続的な学習動機をいかに学生に持たせることができるかということが新しい大学教育を検討する上で不可欠であるように思う。考察の域は出ないが，語弊を恐れず書くのであれば，この部分が従来の専門教育にはある程度存在し，教養教育にはなかった機能であろう。その意味において，高度教養教育実践がこのような機能を志向するべきかの是非をここで問うことはしないが，少なくとも「当事者性」というキーワードをいかにして具現化するかを検討することは今後不可避の論点であると考える。その一方策として本稿で示した内容に意義を見出すことはできるかもしれない。正課外において高年次学生参画型学習支援のような長い時間軸の中で"ゆるやかに"構造化された取組みを，正課内を中心としたコンテンツ・コンピテンシーベースの教育と相補的に展開させることで，「高度教養教育」の実質化に向けた糸口が見えてくるのではないだろうか。

【注】

1）Volatility（変動性），Uncertainty（不確実性），Complexity（複雑性），Ambiguity（曖昧性）の頭文字をとった略語。もともと1990年代後半に軍事用語として用いられ，昨今ではビジネス用語としても浸透しているキーワードである。

2）CLS では SLA の専門分野に応じて，同科目を担当するメンバーで「部会」を設置している。物理，数学，化学，ライティング，英語，企画の6部会で構成されている（2017年度段階）。

3）段階を踏んで学びが進化する徒弟制の概念である。具体的には ⅰ）Modeling：教育者が学習者に自身の技能を観察させる，ⅱ）Coaching：教育者は学習者に実際に学んだ技能を使わせ，様子を観察しながらフィードバックを行う，ⅲ）Scaffolding（& fading）：学習者の活動が実行困難な場合，教育者はその難易度にあわせて足場づくり（一時的な支援）を行い，上達に伴い少しずつ支援を減らしていく，ⅳ）Articulation：学習者の学びを定着させるために，教育者は技能や思考を言語化させるように促す，ⅴ）Reflection：教育者は学習者の活動に対して省察を促す，ⅵ）Exploration：教育者は学習者が今後の課題を主体的に探せるように考

えさせるといった学習促進のプロセスである。

【参考文献】

足立佳菜, 2017a, 「学習支援者育成過程におけるピアリフレクションの取り組み」第67回東北・北海道地区大学等高等・共通教育研究会第3分科会発表資料.

足立佳菜, 2017b, 「学習支援と協働学習―東北大学 Student Learning Adviser の事例を踏まえて―」『東北大学 高度教養教育・学生支援機構 紀要』第3号, pp.27-40.

足立佳菜・鈴木学, 2016, 「学習支援者のための『振り返り』観点とプロセスの創出―東北大学学習支援センターの SLA 実践を事例として―」『大学教育学会誌』第38巻（第1号）, pp.127-136.

Barr, R. B., & Tagg, J. 1995, "From teaching to learning-A new paradigm for undergraduate education," *Change,* 12（6）, page13-page25.

Brown, J.S., Collins, A., & Duguid, P., 1989, "Situated Cognition and the Culture of Learning," *Educational Researcher,* 18（1）, page32-page42.

大学教育学会, 2013, 「大学教育学会第35回（2013年）案内 趣旨」『大学教育学会ニュースレター』N0.92.

Fadel, C., Bialik, M., & Trilling, B., 2015, *Four-dimensional education: The competencies learners need to succeed.* Boston, MA: The Center for Curriculum Redesign.

本田由紀, 2005, 『多元化する「能力」と日本社会―ハイパー・メリトクラシー化のなかで―』NTT 出版.

川嶋太津夫, 2009, 「アウトカム重視の高等教育改革の国際的動向―『学士力』提案の意義と背景―」『比較教育学研究』第38号, pp.114-131.

国立教育政策研究所（編）, 2016, 『資質・能力〔理論編〕』東洋館出版社.

松尾知明, 2015, 『21世紀型スキルとは何か―コンピテンシーに基づく教育改革の国際比較―』明石書房.

松下佳代（編）, 2010, 『〈新しい能力〉は教育を変えるか―学力・リテラシー・コンピテンシー』ミネルヴァ書房.

松下佳代, 2016, 「資質・能力の新たな枠組み―『3・3・1モデル』の提案―」『京都大学高等教育研究』第22号, pp.139-149.

須藤彰三・串本剛, 2017, 「学生による授業評価アンケートと小テストの成績の相関―中間・期末テスト及び成績評価も加えた授業改善の鍵―」『東北大学 高度教養教育・学生支援機構 紀要』第3号, pp.369-377.

鈴木学, 2017a, 「学生チューターの活動モチベーション傾向分析」『大学教育学会誌』第39巻（第1号）, pp.115-124.

鈴木学, 2017b, 「学習支援に従事する学生の変容過程に関する研究」『福島大学総合教育研究センター紀要』第23号, pp.17-24.

東北大学 高度教養教育・学生支援機構 学習支援センター（編）, 2017, 『学習支援セ
　　ンター（SLAサポート）年次活動報告書—2017年度—』.

第19章　学習支援と教養の形成

溝上智恵子(筑波大学)

1.　はじめに

　今，日本の高等教育分野では，新たな教養教育の構築とともに，学生の能動的学習の推進が重要な政策課題となっている。この2つの流れが交錯する時，日本の高等教育，中でも学士課程教育はどのように変容するのだろうか。本章では，新たな教養の形成という視点から，能動的学習を推進するための学習支援の現状と課題を検討する。なお，様々な学習支援方策がある中，本章では能動的学習を推進する場として世界的に取組みが進められているラーニング・コモンズやアクティブ・ラーニング・スペースを対象に，日本や北米地域の動向と課題を考察する。

2.　日本における高等教育政策動向：学習支援の視点から

　日本の大学が新しい教養教育の構築を目指す契機となったのは，中央教育審議会が2002年に公表した『新しい時代における教養教育の在り方について』(答申)であろう。この答申は，社会が複雑かつ急速な変化を遂げる中，大学には「幅広い視野から物事を捉え，高い倫理性に裏打ちされた的確な判断を下すことができる人材の育成」が求められているとした。今後，学士課程では「教養教育と専門基礎教育とを中心に行うことが基本」となると予測し，各大学に教養教育の再構築を求めた[1]。新たに構築される教養教育には「専門分野の枠を超えて共通に求められる知識や思考法などの知的な技法の獲得や，人間としての在り方や生き方に関する深い洞察，現実を正しく理解する力の涵養など」が含まれた。

　日本学術会議も2010年に『21世紀の教養と教養教育』と題する提言を行い，21世紀に期待される教養を「現代世界が経験している諸変化の特

性を理解し，突きつけられている問題や課題について考え探求し，それらの問題や課題の解明・解決に取り組んでいくことのできる知性・智恵・実践的能力」として捉え，学問知，技法知，実践知と公共性の活性化とその担い手となる市民としての市民的教養の育成を大学に求めた[2]。いずれも教養には学問分野を横断するような知識の獲得のみならず，「知的な技法」や「技法知」といった言葉に代表されるように学び方の獲得も含まれていることに注視したい。

そこでこうした教養を涵養するためには，大学も従来型の知識を一方向的に教授する教育・学習法ではなく，新しい教育・学習法が求められることになった。すなわち，知識の伝達・注入から学習者中心の知識の創出や主体的な学習や能動的な学習への転換である。例えば，2012年の中央教育審議会答申『新たな未来を築くための大学教育の質的転換に向けて～生涯学び続け，主体的に考える力を育成する大学へ～』は，能動的学習，アクティブ・ラーニングを重要な学習法の1つとし[3]，アクティブ・ラーニングを次のように定義した。

　　教員による一方向的な講義形式の教育とは異なり，学修者の能動的な学修への参加を取り入れた教授・学習法の総称。学修者が能動的に学修することによって，認知的，倫理的，社会的能力，教養，知識，経験を含めた汎用的能力の育成を図る。発見学習，問題解決学習，体験学習，調査学習等が含まれるが，教室内でのグループ・ディスカッション，ディベート，グループ・ワーク等も有効なアクティブ・ラーニングの方法である[4]。

その後，2013年6月に閣議決定された教育振興基本計画（第2期）でも，学生が主体的に問題を発見し，解を見出していく能動的学習等の導入による教育の質的転換が求められ，主な取り組みとして「学生の主体的な学修のベースとなる図書館の機能強化，ICTを活用した双方向型の授業・自修支援や教学システムの整備など」，学習環境整備への支援も連動さ

せながら促進することが謳われた[5]。同様の指摘は，同年5月の教育再生実行会議（「これからの大学教育等の在り方について（第3次提言）」）[6]においても取り上げられた。

そして科学技術・学術審議会学術分科会学術情報委員会が『学修環境充実のための学術情報基盤の整備について（審議のまとめ）』を2013年に発表し，こうした一連の能動的学習の推進が大学教育の質的転換の鍵となるとして，学生の学習環境のさらなる充実を訴えた[7]。この審議のまとめでは，コンテンツ，学習空間，人的支援の3つの要素から学習環境の整備充実を主張する中，学習空間の中心にラーニング・コモンズという能動的学習のための空間を置いている。

2014年には国立大学図書館協会教育学習支援検討特別委員会実践事例普遍化小委員会も「大学図書館が主体となって提供する新たな教育・学習支援サービスの1つとして，ラーニング・コモンズの在り方」の検討を始め，まさにラーニング・コモンズのブームが到来した。

文部科学省が毎年実施している調査「大学における教育内容等の改革状況について」においても，履修指導や学習支援制度等の取組として，ライティング・センター等とならんで「ラーニング・コモンズの整備・活用」が調査項目に含まれている。しかしこの調査ではラーニング・コモンズを「大学図書館等における，学生が学修のために集うことのできる共有スペース。グループ活動エリア，プレゼンテーションエリア，PC利用エリア等，個人の自習環境に加え，グループワークにも適した学習環境」と定義している[8]。つまり，この調査では能動的学習の場となるラーニング・コモンズでは物理的空間の提供のみが想定されており，前述の『学修環境充実のための学術情報基盤の整備について（審議のまとめ）』で言及されているようなコンテンツや人的支援を含めた学習支援環境という意識が推進役の文部科学省においても弱いと言える。もしくは日本の学習支援にはコンテンツ，学習空間，人的支援の3つの要素をいかに連動させるのかという点が十分検討されていない点に課題があると言えるのかもしれない。

　本章ではアクティブ・ラーニングと能動的学習を同義のものとして論じていくが，もちろん能動的学習が教養教育のためだけにある学習法ではないし，能動的学習の高等教育への導入は，日本に限られた話でもない。とはいえ，日本では政策的に能動的学習の推進が目指されているのであれば，まずは学習支援環境の現状がどのようになっているのかを見てみよう。

3.　学習支援の現状

　前述の中央教育審議会答申『新たな未来を築くための大学教育の質的転換に向けて』以降，さまざまな場で能動的学習のための学習環境充実方策を論じられ，その中心に大学図書館の強化やラーニング・コモンズが置かれている。

　このような能動的学習推進政策を反映して，文部科学省の『学術情報基盤実態調査』に2012年度からアクティブ・ラーニング・スペースが調査項目として追加された。その折，アクティブ・ラーニング・スペースとは「複数の学生が集まって，様々な情報資源を用いて学習を進めることができるスペース」と定義された[9]。つまり能動的学習には，複数の学生による討論や作業のみが想定されていた。そして第1回目の調査時（2012年度）に，大学図書館に設置されていたアクティブ・ラーニング・スペース数は226大学で全大学の15.1％だった[10]。

　翌2013年度に同実態調査はアクティブ・ラーニング・スペースの定義を下記のように修正した。

　　複数の学生が集まって，電子情報も印刷物も含めた様々な情報資源から得られる情報を用いて議論を進めていく学習スタイルを可能にするために提供されるスペースである。その際，コンピュータ設備や印刷物を提供するだけでなく，それらを使った学生の自学自習を支援する人的サービスも提供する[11]。

　この段階で，ようやく学生の正課外の学習支援も含めた人的サービスが能動的学習に必要な要素として位置付けられるようになった。図1はアクティブ・ラーニング・スペースを設置した大学数の推移を示している。2009年以前に設置されていた大学は，わずか89大学（国立大学12，公立大学3，私立大学74）に過ぎなかったが，その後，毎年設置する大学が増加し，2016年には計453大学で全大学の58.2%（国立大学79〈91.9%〉，公立大学27〈30.7%〉，私立大学347〈57.5%〉）に設置されるようになった[12]。大学施設の耐震工事という背景もあり，国立大学では9割を超える大学にアクティブ・ラーニング・スペースが設置されている。このうち，大学図書館外にアクティブ・ラーニング・スペースが設置されている大学は18.9%（国立大学5.6%，公立大学21.1%，私立大学22.3%）である。現況を見ると，国立大学では大学図書館が中心になって学習支援環境が構築されてきたと言え，公私立大学とはやや異なる傾向にあると言えるだろう。

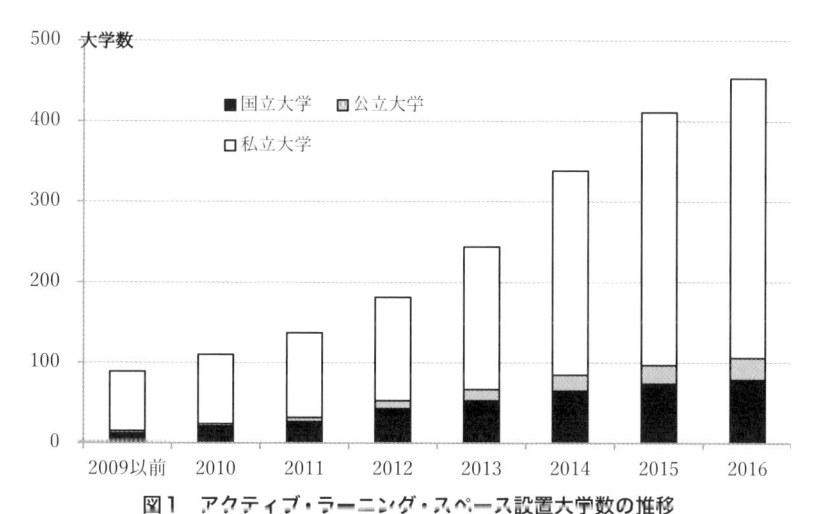

図1　アクティブ・ラーニング・スペース設置大学数の推移

出典：文部科学省「学術情報基盤実態調査結果報告」（平成26〜28年度）を基に筆者作成

　2014年度以降，アクティブ・ラーニング・スペースの定義修正を受け
る形で，提供施設やサービスの内容も調査項目に含まれるようになった。
表1はアクティブ・ラーニング・スペースで提供されている施設やサー
ビスの内容を設置者別に示したものである。最も多く提供されているの
がグループ学習スペース（97.3%）で，次いでプレゼンテーションスペー
ス（73.0%），可動式什器（71.8%）の順となっている。一方提供が少ない
サービスは，サイレントスペース（12.8%），リフレッシュスペース
（28.5%），授業関連図書の提供（32.4%）である。

**表1　アクティブ・ラーニング・スペースにおける提供施設・サービス内容
（2016年度）**

（複数回答，N=453，単位：%）

提供施設・サービス	総計	国立大学	公立大学	私立大学
グループ学習スペース	97.3	97.6	100.0	97.0
プレゼンテーションスペース	73.0	79.0	68.6	71.6
可動式什器	71.8	89.5	60.0	67.7
共用スペース	63.9	70.2	75.3	61.2
端末の貸出	60.8	58.1	45.7	62.8
学習・研究サポート	54.1	47.6	48.6	56.4
授業関連図書の提供	32.4	34.7	28.6	32.1
リフレッシュスペース	28.5	40.3	31.4	24.9
その他	22.0	26.6	11.4	21.5
サイレントスペース	12.8	12.1	14.3	12.9

構成比はアクティブ・ラーニング・スペース設置館453館（国立大学79，公立大学27，私立
大学347）を基に算定
出典：文部科学省「学術情報基盤実態調査（平成28年度）」を元に筆者作成

　なお，表1の「学習・研究サポート」には，「図書館利用・文献検索サポー
ト」「分野別学習相談」「ITサポート」「ライティングサポート」「その他」
が含まれており，このうち1つのサービスでも提供している大学数を数
えても，54.1%（320大学）にすぎない。また，学生の様々な学習スタイ
ルにあわせて，自学自習を推進するには，静かな学習環境の構築も不可
欠なはずだが，サイレントスペースを提供している大学は1割強にすぎ
ず，グループ学習関連の施設やサービスの提供がアクティブ・ラーニン

グ・スペースの中心になっている。日本の大学では能動的学習は，初期のアクティブ・ラーニング・スペースの定義のように「複数の学生が集まって，様々な情報資源を用いて学習を進める」と捉える傾向が現在も強いことや，アクティブ・ラーニング・スペースが大学図書館を中心に設置されていることから，静かな図書館ではサイレントスペースは不要だと考えられていることを示していると言えるだろう。

　次に，アクティブ・ラーニング・スペースが設置されたおよそ半数の大学で提供されている「学習・研究サポート」（54.1%）の内訳を示したのが表2である。最も多いサービスが「図書館利用・文献検索サポート」（251大学）で「ITサポート」，「分野別学習相談」，「ライティングサポート」の順となっている。アクティブ・ラーニング・スペースが大学図書館内に設置されていることもあり，図書館利用支援が圧倒的に多い一方で，他部署との連携が必要な「ITサポート」や「ライティングサポート」は少ない。

表2　学習・研究サポートの内訳（2016年度）

（複数回答，N=320，単位：大学数）

	計	国立大学	公立大学	私立大学
図書館利用・文献検索サポート	251	50	14	187
ITサポート	140	27	7	106
分野別学習相談	131	37	10	84
ライティングサポート	95	24	6	65
その他	50	11	1	38

出典：文部科学省「学術情報基盤実態調査（平成28年度）」を元に筆者作成

　このように大学図書館を中心にした学習支援環境の整備は，北米地域から始まったとされる。同地域ではどのように整備されてきたのかを見てみよう。

4. 北米地域における学習支援

　1990年代初めに，北米地域に創設され始めた学習支援環境は，今日，世界各地の高等教育機関に普及している。その1つであるラーニング・コモンズは，北米地域では，今や高等教育機関に限定されず，初等・中等教育機関にも設置されるようになった。そもそも北米地域の大学図書館には，第2次世界大戦後の学生数の増加に対応して，学士課程の学生用学習空間ともいえる学習図書館（undergraduate library）を整備してきた前史がある。しかし大学の財政状況の悪化等を踏まえ，この学習図書館のあり方が問われるようになった1980年代に，情報通信技術が発展し，情報のデジタル化やネットワーク化がすすみ，大学生が学習に必要な情報を入手する手段や，それらを利用した学習方法にも大きな変化が生じた。

　ドナルド・ビーグル（Donald Beagle）によれば，1980年代にインフォメーション・コモンズという言葉が使われ始め，ミシガン州ジャクソン・コミュニティ・カレッジが，別々に管理されていたコンピュータラボ，図書館のオンラインサービス，教室のメディアサービスを，学習に必要なサービスとして統合したのが，インフォメーション・コモンズ実現にむけた契機だったという[13]。ただし，実際に大学図書館等に設置され始めたのは，1990年代に入ってからで，その後2005年開催の大学・研究図書館協会（Association of College & Research Libraries: ACRL）第12回全国会議は，「インフォメーション・コモンズからラーニング・コモンズへ」と題され，より学生の学習支援を強調するとともに，大学図書館単独のサービスではなく他部署との連携や人的支援を要素とする「ラーニング・コモンズ」を，「インフォメーション・コモンズ」の発展型とする見方を提案した。

　こうして発展してきたラーニング・コモンズの具体的例として，カナダのブリティッシュコロンビア大学（University of British Columbia）のラーニング・センター（The Irving K. Barber Learning Centre）をあげることができる。ブリティッシュコロンビア大学では1999年7月から学生の学習スペースを充実させることを目指して，大学学習センター構想の検

討が始まった。デジタル・コンテンツへのアクセスと学生の学習スペースの提供という観点を重視して，それまでの「図書館」という呼称に代わって「ラーニング・センター」と命名した施設を学内に誕生させた。この施設内には，グループ学習室や個々の学生の学習スタイルに対応した学習空間が多様な形式で設置されるとともに，ライティング支援のほか，数学，物理や統計といった特定科目のチューターリングも提供されている。こうした点は，北米地域のラーニング・コモンズの典型的構成と言える。

　これらのサービスは，一定の研修を受講した学生スタッフによって運営されるほか，ヘルプデスクも常設されて，簡易なレファレンス・サービスとともに，ICT 支援サービスも提供されている。なお，現在のブリティッシュコロンビア大学のラーニング・センターには，カウンセリングのブースも常設されており，学生に対する学習支援が，単なる科目の補習やチューターリング，あるいは ICT 機器の技術支援のみならず，大学における学び方といった点も含めた学習支援になっている。

　この学び方支援をさらに発展させたのが，同じくカナダのブリティッシュコロンビア州にあるサイモン・フレーザー大学（Simon Fraser University）である。1965 年に設立されたサイモン・フレーザー大学は，3万人の学生と6500人の教職員を擁する公立総合大学で，2009年の訪問時には，いくつかのグループ学習室を備えるなどごくありふれた機能をもつラーニング・コモンズにすぎなかった。

　ところがその後，ライティング支援やチュートリアル支援に加えて，復帰プログラム（Back-on-Track Programme）という画期的な学習支援プログラムを提供するようになった。これは GPA が基準以下の学生を対象に，学習のためのカウンセリング等を行い，通常の学習コースに戻すという支援プログラムである。従来，北米の大学では，GPA が低い学生は退学せざるを得なかったが，サイモン・フレーザー大学は学生に復帰の機会を与えるという教育方針に転換し，この支援プログラムをラーニング・コモンズが他部署と連携しながら実施している。

　さらに，ブリティッシュコロンビア大学と同様，サイモン・フレーザー大学でも大学院生版ラーニング・コモンズであるリサーチ・コモンズが展開されている。これはラーニング・コモンズを利用してきた学生が大学院へ進学し，大学院生向けの学習支援を希望したため設置したもので，修士論文作成のための研究計画のたて方や，自分のデータを元に統計ソフトの使い方を学生は学ぶことができる。日本では研究室や教員が指導する内容と重複する部分をリサーチ・コモンズが提供している。

　学習支援環境という観点からみると，カナダのラーニング・コモンズが新たな段階に突入したと言えるだろう。

5.　まとめ：教養の形成と学習支援環境

　ユニバーサル化された大学において教養教育が論じられる時，知識やICT技術の獲得に加えて，生涯学習の観点から「学び方」そのものの獲得もまた広義の意味での教養の概念に含まれてくる。例えば，能動的学習という学習スタイルの獲得も，まさに「学び方」の変容であり，新しい学び方の獲得が学生と教員に求められている。そして，従来の「学び方」とは違う「学び方」を獲得するためには，それに適した学習支援環境の提供が必要となる。この時，グループ学習室やICT機器の設置などの物理的学習空間の提供のみならず，デジタル化された情報へのアクセスを含むコンテンツや，ICT支援，ライティング支援やチュートアル支援などを含む人的支援の提供を含めた学習支援環境の構築であることを再確認しておきたい。

　またユニバーサル化と「学び方」の問題を別の視点から見ると，初等教育や中等教育とは異なる学びを要求される大学では，その求められている学びにうまく適応できない学生が必ず出現する。こうした学生を大学には不適応として切り捨てるのではなく，「学び方」を指導するという考えの転換が現在必要とされているのではないだろうか。ここに，正課や非正課という枠組みを超えた新しい教養の概念の形成が見られると言えるだろうし，その新しい教養を獲得するための学習支援環境の構築もま

た大学には不可欠となる。

　今後，このような新しい教養を学生が獲得したのか否か，あるいは大学の提供する学習支援環境が新しい教養の形成に貢献できているのかといった点の検証も必要になる。残念ながら，ラーニング・コモンズの利用者と非利用者の間にどのような違いがあるのかはまだ十分検証されていないので，この点が課題の1つである。さらに，学習支援環境には人的サービスも含まれ，多くの大学では学生スタッフの活用が進んでいる。しかし，日本ではこの学生スタッフに対する研修プログラムについて十分組織的な対応ができていない。この点を課題の2つ目としてあげることができるだろう。

　いずれにせよ大学において能動的学習を推進していくためには，それに適した学習支援環境の構築が不可欠であり，かつその環境の検証を常に実施していくことが望まれる。

【注】

1）中央教育審議会, 2002,『新しい時代における教養教育の在り方について』(答申). http://www.mext.go.jp/b_menu/shingi/chukyo/chukyo0/toushin/020203/020203a.htm.
2）日本学術会議, 2010, 『21世紀の教養と教養教育』(提言), p.17.
3）中央教育審議会, 2012, 『新たな未来を築くための大学教育の質的転換に向けて〜生涯学び続け，主体的に考える力を育成する大学へ〜』(答申), p.9.
4）文部科学省, 2012, 「用語集」『新たな未来を築くための大学教育の質的転換に向けて〜生涯学び続け，主体的に考える力を育成する大学へ〜』(答申), p.37. http://www.mext.go.jp/component/b_menu/shingi/toushin/__icsFiles/afield-file/2012/10/04/1325048_3.pdf.
5）文部科学省, 2013, 「教育振興基本計画」, pp.45-46. http://www.mext.go.jp/a_menu/keikaku/detail/__icsFiles/afieldfile/2013/06/14/1336379_02_1.pdf.
6）教育再生実行会議, 2013, 「これからの大学教育等の在り方について」(第3次提言), p.6. http://www.kantei.go.jp/jp/singi/kyouikusaisei/pdf/dai3_1.pdf.
7）科学技術・学術審議会学術分科会学術情報委員会, 2013, 『学修環境充実のための学術情報基盤の整備について』(審議のまとめ).
8）文部科学省, 2016,「平成26年度の大学における教育内容等の改革状況について」,

p.Ⅴ.
http://www.mext.go.jp/a_menu/koutou/daigaku/04052801/__icsFiles/afieldfile/2017/09/
06/1380019_1.pdf.

9）文部科学省, 2013,「平成24年度学術情報基盤実態調査の結果報告について」p.10.
http://www.mext.go.jp/component/b_menu/other/__icsFiles/afieldfile/2013/03/27/
1332199_2.pdf.

10）文部科学省, 2013,「大学図書館編」「学術情報基盤実態調査（平成24年度）」
http://www.e-stat.go.jp/SG1/estat/List.do?bid=000001047236&cycode=0.

11）文部科学省, n.d.「用語の解説」『学術情報基盤実態調査』. http://www.mext.go.jp/
b_menu/toukei/chousa01/jouhoukiban/yougo/1266773.htm.

12）ちなみに2016年12月公表の文部科学省「平成26年度の大学における教育内容等
の改革状況について」によれば, 2013年度におけるラーニング・コモンズの整備・
活用状況は, 国立大学77, 公立大学46, 私立大学302の計425大学（55.6%）で（15頁),
アクティブ・ラーニング・スペースの整備状況（国立大学65, 公立大学20, 私立
大学253計338大学, 本章図1参照）よりも多くなっている. http://www.mext.go.jp/
a_menu/koutou/daigaku/04052801/__icsFiles/afieldfile/2017/09/06/1380019_1.pdf.

13）BEAGL, Donald, 2006, *The information commons handbook,* New York, Neal-Schuman
Pub., p.14.

第 V 部

教養教育と学習成果の測定

第20章　教育の質保証と学習成果の関係[1]

山田　礼子（同志社大学）

1．はじめに

　現在，世界の多くの国々において知識基盤社会を構築すべく，社会システムの変革，高等教育や人材育成システムの変革を目指して既存のシステムを再構築し，政策も科学技術を支える高等教育や産業への進展を重点的に進めることが共通している。教育の質を保証するという課題は学習成果志向政策へのシフトとも関連している。その契機となったのは，2008年の中央教育審議会答申『学士課程教育の構築に向けて』の公表であった。それ以来，各大学が自らの教育理念と目標に基づき，学生の成長を実現する学習の場として学士課程を充実させることが強く求められてきた。その後の中教審の議論を通じても一貫して学士課程の充実は重要な論点として位置づけられ，2012年の同答申『新たな未来を築くための学士課程教育の質的転換に向けて～生涯学び続け，主体的に考える力を育成する大学へ～』においては，より学習成果が意識された内容となっていた。

　2016年3月の学校教育法施行規則に伴い，学位プログラムを単位として，学位授与・卒業認定に関する方針（ディプロマ・ポリシー DP），教育課程編成の方針（カリキュラム・ポリシー CP），入学者選抜の方針（アドミッション・ポリシー AP）の3つのポリシーを見直し，2017年3月末までに公表することが各大学に求められた。これらの方針の明確化とりわけ DP の明確化は，学習成果に対する世界の趨勢と共通点が見いだせる。換言すれば，まさに教育の質保証と学習成果志向の政策の流れの一環と捉えられる。本稿では，教育の質保証と学習成果の関係性について，日本の動向を検討し，次に学習成果の測定に関する動向について米国を中

心に検討することを目的とする。

2.　教育の質保証と学習成果の可視化

　教育の質保証の契機となったのは，前述した2008年中教審答申であったが，その後の中教審の議論を通じても一貫して学士課程の充実は重要な論点として位置づけられ，2012年の同答申『新たな未来を築くための学士課程教育の質的転換に向けて～生涯学び続け，主体的に考える力を育成する大学へ～』では，より学習成果を意識した内容となっている。

　日本においては，高等教育のユニバーサル化が進行し，大学の入学者選抜が従来のような入学者の質保証の機能を保持することは難しくなってきている。したがって，多様化した学力・学習目的をもった学生への大学の教育力が期待され，その結果としての高等教育の質保証を出口管理によって達成することが強く求められているといえる。GPA 制度の活用による卒業判定や，大学全体，各学部等での人材目標の明確化などがそうした具体的方策の一例であるが，これらに加えて，より具体的な学習成果を評価する，つまりアセスメントを実施すること，具体的に学習時間の把握といった学生調査やアセスメント・テスト（学習到達度調査）あるいはルーブリック等，具体的な測定手法を用いて学習成果の可視化を実質化し，そうした結果を改善につなげていくことが「教育の質保証」と捉えられる。

　近年の日本では認証評価機関による評価や FD の義務化，シラバス，GPA 制度，登録単位数の上限設定を定める CAP 制の導入，21世紀にふさわしいカリキュラムの構築等様々な教育改革が推進されてきた。同時に，教育課程や教育手法の改善，質保証の取組の推進についての提言がなされ，より具体的な学士課程共通の学習成果に関する参考指針として，実際に，各専攻分野を通じて培う「学士力」が提示されたのが2008年の答申であった。『学士課程答申』では，「学士課程教育」は，グローバル化した社会での国際的通用性を意識し，学位授与という大学の教育機能にもとづいた「学位を与える課程（プログラム中心への再整理）」として，

整理がなされ，学部・学科ごとの組織中心を越えて，学位授与にふさわしい教育課程の確立が急務であるとされた。また，「教育の課程の修了に係る知識・能力の証明」である学位の本質に鑑みて，国際的にはもとより国内においても，到達目標や獲得すべき「学習成果」を示すことが質の保証の具体策として位置づけられたのもこれまでにないこととして受けとめられたことは記憶に新しい。

2012年答申では，グローバル化や少子高齢化等の社会の急激な変化が，社会の活力の低下，経済状況の厳しさの拡大，産業構造の変化など様々な形で日本社会に大きな影響を与えていることを前提とし，現在は社会および個人にとって将来の予測が困難な時代と位置づけている。予測困難な時代に立ち向かい，時代を生き抜く力を学生が確実に身に付けるための大学教育改革が，学生の人生と日本の未来を確固たるものにするための根幹であり，そのために，学士課程教育の質的転換をすすめることが不可欠であるとの共通認識が本答申の基底であった。

2008年，2012年答申やその後の各大学の動きとして，到達目標や獲得すべき「ラーニング・アウトカム（以下学習成果）」を示すことが質保証の具体策として位置づけられたのもこれまでにないことであったが，21世紀の知識基盤社会にむけての人材の養成という目標に向けて学士課程教育を充実し，具体的な成果が求められているのは日本だけの現象ではなく，ほとんどの先進諸国および開発国の高等教育政策の共通性であり，教養教育や一般教育も，こうした政策方向性のもとに現在構築されているのが，世界の動向といえよう。

日本に先立って，国家による質保証の枠組みを構築しているイギリス，スコットランドの例にならって，国家による高等教育の資格枠組みの整備の導入の可能性を指摘する声もある。「質保証の一環として」，日本ではかつてないほど高等教育機関に対して研究の成果のみならず教育の成果すなわち学生の学習成果が求められるようになってきているが，こうした動きは日本だけのことではなく，ほとんどの先進諸国の高等教育機関，さらには開発国の高等教育機関が21世紀の知識基盤社会にむけての

人材の養成という目標に向けて学習成果を明確にし，可視化する方向に
むけて同様の動きを進めているといっても過言ではない。

　学習成果の可視化には，大学が学習成果をどう定義し，設定するか，
定義された学習成果達成に向けて具体的にどのような取り組み（正課内
外を含む）を実施するか，学習成果達成の測定をいかに行うか，そしてそ
の結果をどう活用するかが相互に関連していると考えられる。ただし，
学習成果の定義については，各大学のミッションや分野にも深く関連し
ていることから，ジェネリックな学習成果および専門的な学習成果を一
律的に定義することは容易ではないとも考えられる。

　学習成果の可視化を進めていくためには，学習成果の評価方法を開発，
そして定着していくことが不可欠となる。学習成果の評価方法について，
バンタ（2004）は，成果に対する直接評価の一種である科目試験やレポー
ト，プロジェクト，卒業試験，卒業研究や卒業論文あるいは標準試験（テ
スト）による検証と学生の学習行動，生活行動，自己認識，大学の教育プ
ログラムへの満足度等成果にいたるまでの過程を評価する学生調査に代
表される間接評価に分類できるとしている。直接評価には，教員が単位
を認定するための基準として多用している学期末試験やレポート，プロ
ジェクトの評価，ポートフォリオ，卒業研究や卒業論文，大学によって
は実施されている卒業試験もこの範疇に当てはまる。学習結果のパ
フォーマンスレベルの目安を数段階に分けて記述して，学習の達成度を
判断する基準を示す教育評価法として定着しているルーブリックも直接
評価の一種と位置付けられ，ひとつあるいは複数の直接評価結果を反映
したものが GPA という指標となる。学生の学習行動，生活行動，自己認
識，大学の教育プログラムへの満足度等成果にいたるまでの過程を評価
する学生調査は間接評価に分類されるとしている。

　学習成果の直接指標（直接評価）と間接指標（間接評価）には関連性が
あるのか，すなわち直接指標のあらわす学習成果が高い学生ほど間接指
標のあらわす学習成果も高いのか，という問いは測定・評価の根源的な
問いでもある。両者の対比は，〈直接指標 vs 間接指標〉以外にも，〈テス

ト vs サーベイ〉〈客観的指標 vs 主観的指標〉〈テストされた知識 vs 自己申告による知識〉といった形で議論されてきた。しかし，「直接評価」と「間接評価」はどちらが優れているのかという二項対立で捉えるのではなく，組み合わせて活用することで，教育評価の精緻化が進展すると考えられる。直接評価は学習成果を直接に測定し，評価することに適しているが，学生の学びのプロセスや行動を把握するうえでの限界性を伴っている。なぜなら，試験結果にもとづき，学習時間や予習，復習を十分に行ったと推定し，成果と結び付けたとしても，試験対策やあるいは標準試験（テスト）対策としての問題集への対処により高得点をあげるケースも少なくなく，こうしたケースでは，学習の過程（以下プロセス）と成果の関係性が弱いことになる。そこで，直接評価では測定できないプロセスを検証するため，学習行動，生活行動，学生の自己認識，教育プログラムへの満足度等成果に至るまでのプロセスの把握が可能な間接評価が存在する。間接評価の代表例が「学生調査」である。次に，世界における高等教育の質保証が進展するなかで，米国における学習成果志向政策とどのように学習成果の測定が開発されてきたのかを検討する。

3．米国における学習成果志向政策とスペリングス・レポート

　米国での学習成果志向政策の契機となったのは，2006年9月に公表されたアメリカ教育省長官マーガレット・スペリングスによるスペリングス・レポートであった。スペリングス・レポートは，アクセス，アフォーダビリティ，アカウンタビリティという3つのキーワードを掲げ，高等教育システムの改革を推し進めることを企図していた。アクセスは，高等教育機会の拡大を意味しており，アフォーダビリティは，高等教育のコストに関係した概念である。そしてアカウンタビリティが，情報公開，そして拡大する高等教育予算に対して学生の学習成果を目に見える形で示すことの前提となる概念を意味している[7]。

　米国では情報公開を Transparency （以下透明性）という言葉で表現しており，透明性には誰にもわかりやすい内容で示すという意味がある。

情報公開を，学生，高校生，保護者，そして社会全般が理解できる内容で，かつ高等教育機関ごとに比較できるように示すことを求めたのが先述したスペリングス・レポートであった。

　この報告書に応える形で，2007年には公立の4年制大学が参加している Voluntary System of Accountability（VSA）と呼ばれるプログラムとその一部となるカレッジ・ポートレート（The College Portrait）と呼ばれるデータベースが構築された[3]。米国州立大学協議会（American Association of State Colleges and Universities 以下 AASCU）と米国州立大学・土地付与大学協議会（the Association of Public and Land-grant Universities 以下 APLU）の学長，学部長等の関係者がデータベースの開発と構築に関わり，現在は上記の2つの協議会がデータベースを運営している。データベースの主たる機能は，①高校生が大学選択をしやすいツールを提供，②透明性のある，比較可能で，理解しやすい情報を掲載，③公共へのアカウンタビリティに対応，④効果的な教育実践を把握し高めるための教育成果を測定といった4点にまとめられる。

　4つの機能に基づき集積されている情報は大きく3つに分類される。第1は学生や保護者にとっての基本的な情報であり，・在学生情報，・卒業率やリテンション率，授業料や奨学金情報，入試情報，取得学位，学位プログラム，生活コストや生活環境，キャンパスの安全状況，卒業後の進路，カーネギー分類による機関情報から構成されている。第2は，学生の経験の状況調査や満足度など意識調査結果をまとめたレポートから成り立っている項目だが，共通の調査として National Survey of Student Engagement（以下 NSSE）もしくは UCLA の Cooperative Institutional Research Program（CIRP）[4]が共通の学生調査として利用されていることが多い。第3は，学生の学習成果に関しての情報である。この学生の学習成果の情報の透明性にはスペリングス・レポートからの強い圧力が反映されている。スペリングス・レポートでは，大学の4年間の学習成果の指標として標準テストの導入と標準テストによる測定結果を公表することが高等教育機関のアカウンタビリティであるとし，強く大学に学習成

果の公表を求めた。その結果として，スペリングス・レポートの公表以降，アメリカの高等教育機関では，より具体的かつ明確な成果を示すことがアカウンタビリティとされ，地区別基準協会も個別の機関に対して学習成果を何らかの指標を用いて明示することを要求するようになっている。カレッジ・ポートレートの参加大学はこの学習成果にCLA（Collegiate Learning Assessment）と呼ばれる標準試験を共通のフォーマットとして用いて，その結果を公表している。

　スペリングス・レポートは地域アクレディテーション団体の方向性にも大きな影響を及ぼした。そもそも，米国では，連邦政府が高等教育機関の設置認可，学位に係る水準，予算配分等の事項の権限を有しているわけではなく，州政府がそれらの権限を有し，かつ学生の入学，在籍，履修，卒業・終了に係る基準においては，大学機関の自律性も保証されてきた。それゆえ，各大学あるいは地域毎の独自性，すなわち管轄地域にある大学の歴史と直面している問題や状況の差異そのものが，各地域基準協会が実施するアクレディテーションの個性として機能してきたともいえる。スペリングス・レポートの公表以前までは，地域基準協会は質保証については，学習成果や財政面の健全性や効率性に関するエビデンスを示すことは不可欠であるものの，大学毎に多様な方法や指標でエビデンスを示すことができれば良いと解釈としていた。

　しかし，スペリングス・レポートにより，学習成果や機関の達成度は「透明性」「アカウンタビリティ」という基準で括られ，より機関ごとの比較を意識した形での情報公開が求められるようになったため，地域基準協会の多くが，管轄地域にある大学機関に対して明確な学習成果の提示を要求している。学習成果志向政策の高まりにより，様々な学習成果の測定（以下アセスメント）や学習成果に関する枠組みの開発の促進へとつながった。アセスメントは重層的な意味を伴っている。最も一般的に受け止められるアセスメントの対象は学生の学習成果であろう。しかし，そうした学習成果の源となるカリキュラムやプログラムもアセスメントの対象になりうるし，あるいはカリキュラムやプログラムを提供してい

る学科，学部そして機関そのものも考え方によってはアセスメントの対
象の範囲となる可能性がある。

4．米国における学習成果測定開発の動向

4-1．標準試験開発

　長い年月をかけて多様な学習成果の評価方法あるいは測定方法の開発
が進捗している米国では，直接評価と間接評価を総称してアセスメント
と呼称し，教員，教室内というマイクロレベル，学科やプログラムを包
含するミドルレベル，そして大学機関といったマクロレベルという段階
毎でのアセスメントが展開されている。マクロレベルで実施したアセス
メント結果は，通常，カリキュラムの欠点を発見し，授業等の教育改善
へとつなげるためのデータとしてあるいは第三者評価機関やパフォーマ
ンス・ファンディングの評価への客観的なデータを伴った説明資料とし
て利用されている。前者は，内的アカウンタビリティとして捉えられ，
アセスメントに内部質保証としての機能が伴っていること，後者は，ア
セスメントが外的アカウンタビリティとしての機能を果たしうることを
示唆している。学科やプログラムレベルでのアセスメントも内部質保証
としての機能を果たしているとみなせよう。

　学習成果を評価する直接評価のなかでも，「標準試験」の種類の多様性
および先進的な開発においては，アメリカは世界の中でも群を抜いてい
ると評価できる。その起源は1900年代にまでさかのぼることができる[5]。
特に，1979年以降の第四期におけるアセスメントの開発には外的アカウ
ンタビリティという概念が深く関連している。

　米国の標準試験の多くは，一般教育の成果測定や文章力や批判的思考
力（クリティカル・シンキング）の測定を意図して開発されている（Banta
& Palomba 1999: 98-99）。測定研究の蓄積も多いが，特に多くの学生に適
用されることを目的として開発されたテストに，教授内容とその結果と
して学生が習得した能力やスキルが偏りなく反映されているかという妥
当性の検証に関する研究の蓄積が豊富である。しかし，標準試験の信頼

性と妥当性を巡る議論が活発に行われ，とりわけ妥当性についての方向性は一定ではない。

　一般教育の成果測定として開発された CAAP（Collegiate Assessment of Academic Proficiency）の妥当性については，テスト理論を用いて得点の等化が複数回検証されてから汎用化されるようになっている。CAAP や MAPP（Measure of Academic Proficiency and Progress）[6] は，多肢選択方式であることから，等化によって妥当性を高めることができると理論的には考えられるが，カレッジ・ポートレートデータベース上に結果が掲載されている CLA は，一般教育の成果測定のために開発された CAAP や MAPP とは異なり，大学で学んだ成果全般を標準的に測定し，大学間での比較を可能にするような測定ツールとして開発された標準試験である。また，多肢選択ではなく，「クリティカル・シンキング」「分析的理由づけ」「問題解決」「文章表現」を包摂した包括的な能力を測定することを目的として，「make-an-argument task」「break-an-argument task」という実生活を想定した場面において，問題解決や理由付けのスキルや力を提示するような設定がなされている。CLA は，こうした外的アカウンタビリティに応えるために，学生個人の学習成果を測定し学生に対してフィードバックするという視座ではなく，内部質保証のための学習成果を測定するという視座にもとづいて開発された標準試験である。したがって，1年次と4年次での付加価値の測定を成果の尺度として重視していることから，他の機関との比較にもしばしば用いられる。採点方法も機械的ではなく，記述に基づいて採点を人が行うという方式が採用されている。テスト理論による得点の等化を CLA に適応することは容易ではないだけでなく，妥当性の問題がクリアされていないという批判や大学間での比較の信頼性に関する論争は収斂していないが，年々 CLA を利用する大学も増加しており，大規模な学生数と継続的参加により，CLA の妥当性と信頼性に関する研究が積み重ねられ，改善も期待されている。

　このように米国では，一般教育やクリティカル・シンキング等を測定

する直接評価の開発が理論にもとづいて実施されていることから，一般教育の成果として掲げられている能力・スキルを学習成果として測定することは多種多様に開発されてきた標準試験で可能という論理に結びついている。間接評価である学生調査においても同様で，標準的な学生調査が開発され，多くの高等教育機関で利用されていることから，相互比較できるだけの量的データと理論的支柱となる研究が蓄積され，結果としてアセスメントとしても普及することになる。

4-2. AAC&U とバリュープロジェクト

最近では，AAC&U（全米カレッジ・大学協会 = Association of American Colleges & Universities）が開発したバリュー・ルーブリックを導入する大学も増加している。AAC&U は1915年に設立された協会であり，州立，私立，コミュニティ・カレッジ，研究大学，総合大学を問わず現在約1300の機関が加盟している。

その活動内容は多岐にわたるが，主として liberal education の質，活力，公的評価を高めることを目指した活動を行っている。liberal education について Liberal Education and America's Promise（LEAP）という取り組みが進捗している。liberal education において学士課程の学生が身につけるべき能力（Essential Learning Outcomes）が示されている。LEAP を実践する方策として7つの "Principles of Excellence"（1. 上を目指し，卓越したものを生み出す。2. 学生に指針を与える。3. 調査手法と革新を生み出す技を教える。4. 大問題に関与させる。5. 知識と選択し行動することを結びつける。6. 市民として，異文化を理解し，倫理的に学習する。7. 複雑な問題に対して学んだことを応用できる能力を評価する。）が示されている。さらに，実践により学生がどのレベルまで到達したかを測定するためのルーブリックとして，バリュー・ルーブリック（VALUE:Valid Assessment of Learning in Undergraduate Education rubrics）も開発されている。バリュープロジェクトは，16領域における ELP（Essential Learning Outcomes）と DQP（Degree Qualifications Profile）を設定し，4年制および2

年制を卒業する際に身につけておくべき能力・スキル水準を明確にした。共同で開発されたルーブリックは，「探求と分析」「批判的思考」「創造的思考」「文章コミュニケーション」「口頭コミュニケーション」「読解」「量的リテラシー」「情報リテラシー」「チームワーク」「問題解決」「市民参加」「異文化間知識と能力」「倫理的推論と行動」「グローバル学習」「生涯学習の基盤とスキル」「統合的学習」という16領域にわたっている。これらは，教養教育によって身につけられるべき能力として抽出され，ベンチマーク (1)，マイルストーン (2・3)，キャップストーン (4)というレベルに尺度化されており，各数字は対応する学年をおおよそ示している。

4-3. バリュープロジェクトの有効性の検証

　AACU は，2017年2月にこれまで2年間にわたって収集してきた VALUE プロジェクトの結果を *On Solid Ground* という名称の報告書に公表した。本プロジェクトは，近年は the State Higher Education Executive Officers association（SHEEO），the Multi-State Collaborative to Advance Quality Student Learning（MSC），the Minnesota Collaborative，the Great Lakes Colleges Association（GLCA）Collaborative と連携して，参加している機関のうち，92機関がウェブにアップされている21189にも上る学生の成果物をルーブリックの有効性や妥当性を検証するために提出し，様々な分野から288人に上る特別に評価研修を受けた高等教育の専門家0〜4までの尺度で評価する作業を行った。また，正確を期するために，その3分の1の成果物に対して2度の評価が実施されている。

　主な内容は，学習成果の直接評価に関する有効性に関してから成り立っている。先ほどの16領域の中から，「文章コミュニケーション」「批判的思考」「量的リテラシー」という3つの領域に関する結果を公表している。報告書にまとめられている結果を紹介すると，「文章コミュニケーション」については，過去数10年と比べても学生の文章コミュニケーション能力の向上が確認された。ただし，文章に関する様々な内容やレベルでの宿題が重要であり，その継続が課題となる。

　「批判的思考」分野においては，学生は問題を説明することと問題に関するエビデンスデータを示すことに強みを示している。しかし，こうした問題を説明することから，意味のある結論を導きだすことや意味のある内容にその問題を関連づけることには困難を示している，という結果が得られた。

　「量的リテラシー」においては，計算と解釈には強みを示しているが，推論と応用においては弱い結果となっている。今回の検証により，90単位を取得した4年制大学の学生が45単位を習得した2年制短期大学の学生よりも全般的に例えば，カリキュラム全般を通じてのライティング，上級学年でのライティング集中科目，上級学年の専門分野を通じての批判的に思考することを企図して組み立てられているプログラム等を通じて核となる学習成果を獲得していることや学習成果の獲得につながるような宿題等を学生に課すことの重要性の確認が知見として得られている。

　本検証結果はあくまでも本プロジェクトに参加している大学から提出された資料やデータにもとづいており，一般化することはできないという限界性が存在しているが，標準化されたテストとは異なる直接評価として，有効に学生の学習成果を測定できるという結論が2年間にわたるプロジェクトの結果として示されているといえるだろう。

5．おわりに

　現在，様々な学習成果の評価・測定方法が存在しており，多くの大学が複数の学習成果の評価・測定方法を導入している。しかしながら，どの学習成果の評価・測定方法が何を適切に測定し，学生が科目や分野あるいはプログラムを通じて獲得した学習成果であるか，どうかを的確に評価していると確信をもってそうした評価・測定方法を実施している大学は決して多くはないのではないか。

　学習成果の評価・測定は複雑性を伴い留意すべき事項もある。直接評価の代表である標準試験の開発に早期から取り組んできた米国における

評価・測定を巡る議論は活発であり，学会や専門ジャーナルにおいても様々な立場からの研究と検証が提示されてきた。間接評価・指標に対する批判や有効性を巡る議論そしてそれに対しての議論や検証も多くなされている。しかしながら，どれかひとつの評価・測定方法が効果的であるという結論に収斂されているわけではない。一方で，近年は，学士課程段階でのジェネリックな学習成果を測定する方法としては，標準的な直接評価として定着している標準試験等と標準型学生調査であるNSSEやCIRP等との組み合わせ型が多くなっている。また，ルーブリックを活用している大学も年々増加しており，その有効性の検証も進みつつある。今回紹介したAAC&Uの報告は，初めてのルーブリックを測定法として進めてきたVALUEプロジェクトの検証でもあり，米国においてルーブリック評価を通じて，「文章コミュニケーション」「批判的思考」「量的リテラシー」という3つの領域において学習成果が向上していることが示された。

　日本においては2017年度より前述のとおり3つのポリシーの公表が義務付けられたが，特に学位授与の方針は，「学生の学習成果の目標ともなるもの」とされ，学習成果をどう捉え，どう測定していくかが重要な課題となるだけでなく，第3期の認証評価を視野にいれると各大学にとって，いかに学習成果を設定，測定し，質保証に活用していくかが求められている。学習成果の設定，測定，そしてその結果を教育改善へと活かすことが重要となるが，学習成果の測定方法の有効性や妥当性についての検証も実施していくことが，継続的な教育の質保証へとつながるといえるだろう。その際，日本の多くの高等教育機関においては，直接評価と間接評価を明確に定義し，区分したうえで，学習成果の測定として利用しているという状況にはまだ至っていないと見受けられる。今後は，複数のアセスメントを導入する際には，コストとの兼ね合いも視野にいれて，直接評価と間接評価を組み合わせて効果的に活用するといった方向性を模索することが求められよう。

【注】

1) 本稿は大学基準協会発行の『学習成果ハンドブック』(2018年発行予定) に寄稿している筆者の第一章草稿を加筆・修正したものである。

2) 特に学位授与の方針は,「学生の学習成果の目標ともなるもの」とされ, 学習成果をどう捉え, どう測定していくかが重要な課題となるだけでなく, 第3期の認証評価を視野にいれると各大学にとって, いかに学習成果を設定, 測定し, 質保証に活用していくかが求められているといえる。

3) カレッジ・ポートレートと呼称される共通のフォーマットによるウェブ上のレポートは, 学士課程教育段階の基本的で比較可能なデータを, 学生, 高校生, 保護者を含む社会全般に提供するために開発された。

4) NSSE は, ジョージ・クー博士達が中心となって開発し, 現在インディアナ大学ブルーミントン校の中等後教育研究センターが運営管理している学生調査である。学生の経験や学習時間, 満足度などの項目から成り立っている間接評価として多くの高等教育機関で利用され, 結果を教育改善のために活かしてきた信頼性, 妥当性の高い調査である。
CIRP は UCLA のアレクサンダー・アスティン博士が中心となって1966年から開発してきた。現在は UCLA の高等教育研究所 (HERI) が運営管理している学生調査である。新入生調査 (TFS) と上級生調査 (CSS) から成り立っていて, NSSE 同様多くの高等教育機関が標準調査として利用している。

5) シェイベルソンは標準試験が開発された時期を4期に区分している。第一期は1900年から33年, 第二期1933年から47年, 第三期1948年から1978年, 第四期1979年から2010年現在としている。第一期には, ミズーリ大学の実験校において「代数」,「綴り」,「読解」,「文章構成」に関する標準試験が開発され, 尺度や統計的手法による測定が開始されたとしている。第二期には, 現在の一般教育の成果測定用の標準試験の基盤となる試験や大学院入学用標準試験が開発され, 現在の GRE のもととなる標準試験が開発された。第三期には ETS (Educational Testing Service) や ACT に代表されるテストの開発と測定に関わるテスト会社が増加した時期である。1979年から現在までの第四期は, 外部によるアカウンタビリティの要求の高まりの時期と位置づけている (Shavelson 2000)。

6) MAPP も一般教育の成果測定のために開発されたテストであるが, MAPP は現在名称変更されて, ETS Proficiency Profile と呼ばれている。
http://www.aacc.nche.edu/newsevents/Events/convention2/virtualtotebag/Documents/ets1.pdf

【参考文献】

AAC&U, 2011. T*he Leap: Vision for Learning, Outcomes, Practices, Impact, and Employers' Views, Liberal Education & America's Promise,* Washington D.C.

AAC&U, 2017. *On Solid Ground: Value Report 2017.* http://www.aacu.org/sites/default/files/files/FINALFORPUBLICATIONRELEASEON-SOLIDGROUND.pdf. Accessed on August 18, 2017.

Banta, T.W.,（Ed.）2004. *Hallmarks of Effective Outcomes Assessment,* San Francisco, Calif: Jossey-Bass, A Wiley Company.

Banta, T.W. & Palomba, C. A., 1999. *Assessment Essentials,* San Francisco, Calif: Jossey-Bass. A Wiley Company.

中央教育審議会答申, 2008.『学士課程教育の構築に向けて』.

中央教育審議会答申, 2012.『新たな未来を築くための学士課程教育の質的転換に向けて～生涯学び続け, 主体的に考える力を育成する大学へ～』.

Shavelson R, J., 2010. *Measuring College Learning Responsibly: Accountability in a New Era.* San Francisco, Calif: Stanford University Press.

U.S. Department of Education, 2006. *A Test of Leadership: Charting the Future of American Higher Education,* Report of the Commission Appointed by Secretary of Education Margaret Spellings, Washington, D.C.: U.S. Department of Education. https://www2.ed.gov/about/bdscomm/lisAt/hiedfuture/reports/pre-pub-report.pdf　Accessed on August 18, 2017.

山田礼子, 2012.『学士課程教育の質保証へむけて―学生調査と初年次教育からみえてきたもの』東信堂.

山田礼子, 2016.「共通教育における直接評価と間接評価における相関関係―成果と課題―」『大学教育学会誌』第38巻第1号, pp.42-48.

第21章　高度教養教育の評価
—高年次共通科目と卒業研究に見る可能性—

串本　　剛 (東北大学)

1．はじめに

1-1．高度教養教育

　本章における教養教育という概念の本質は，そこで目指される学修成果が学生の卒業後の進路を問わない，という点にある。したがって対概念は専門職教育であって，専門教育ではない。専門教育とは，学生の専攻に係る科目による教育であり，目的ではなく方法に規定される概念なので，「専門教育を通じた教養教育」も矛盾のない表現となる。なお，ここでは専門教育の対概念を，共通教育(学生の専攻とは異なる科目による教育)と呼ぶ[1]。

　これらの定義を前提とした場合，高度教養教育は，高度な「学生の進路を問わない学修成果」を志向する教育と言える。教養教育の学修成果を高度化する選択肢のひとつは，既存の教養教育の改善である。日本の学士課程では，教養教育という名称を冠しているかは別として，「幅広く深い教養及び総合的な判断力を培い，豊かな人間性を涵養する」(大学設置基準第19条2項) ための教育が行われており，その内容や方法を高度化すれば，より豊かな学修成果が獲得されるものと仮定できる。

　もう一つの選択肢は，より高度な学生に教養教育を施すことである。「高度な学生」があくまでも各大学，あるいは学位プログラムにおいて相対的に定義されるとすれば，それは端的に言うと高年次の学生である。高年次になって知識や技能がある程度身についている学生を対象とすることで，教養教育の学修成果を高度化するという発想である。本章が念頭に置く高度教養教育とは，後者の，つまり高年次学生を対象とした教養教育である[2]。

1-2. 評価の可能性

　では，高度教養教育を評価するには，どのような方法が考えられるだろうか。串本（2007）が論じるように，教育評価には根拠となる情報を把握することが必要となり，使用する根拠情報の種類によって，評価を自律型，応需型，標準化型，成果準拠型に類型化することができる。

　教養教育の本質が志向する学修成果にあるとすれば，評価のあり方としてまず議論すべきは成果準拠型ということになる。そして高年次の学生が対象であることを「高度」の含意と考えると，高度教養教育の評価にとって不可欠な論点は，高年次における進路を問わない学修成果を如何に把握するか，である。

　そこで本章では，共通教育における高度教養教育の場として高年次共通科目に，専門教育におけるそれとして卒業研究に注目し，今日の我が国において，そもそもそれらを履修する機会がどの程度あるのかを，網羅的な実証データを用いて明らかにする。その上で最後に，高度教養教育の評価に関する今後の課題を挙げ，結論としたい。

2. 高年次共通科目[3]

2-1. 背景

　高年次共通科目の必要性，ないし可能性は，戦後改革の当初から認識されていた。旧制大学と大学予科を含む旧制高校の統合に伴いカリキュラムのあり方が検討された際，一般教育（一般教育科目による教育）と専門教育がそれぞれ低年次と高年次に分断されないモデルを，文部科学省（1948，海後・寺崎1969収録）や大学基準協会（1951）が提案している。

　1970年代になると，大学紛争の反省や高等教育のマス化への対応からカリキュラムの再編が取りざたされ（大学教育学会25年史編纂委員会編2004），その中でくさび型カリキュラムという用語が使われるようになる（堀地1973，国立大学一般教育担当部局協議会1978）。「くさび」で思い浮かぶ形状からは，高年次で行なわれている専門教育を低年次に下ろしていくイメージが想起されるが，その用語が強調したのは，どちらか

といえば高年次における共通科目の履修の必要性であった。

　さらに1990年代に入ると，大学設置基準の大綱化が旧一般教育科目の配置に関する議論を再燃させる。国立大学協会（1995）の調査では，「多くの大学が，4年間の一貫教育に配慮し，教養教育と専門教育の有機的連関を目指している。この目的で，初年次で専門教育が開講され，教養科目は高学年次で選択できる制度がとられている」（p.75）と述べられており，実際95大学中9つの大学がくさび型という言葉を用いて調査に回答している。

　以上のように，新制大学が発足した当時から継続的に論点になってきたものの，高年次共通科目が広く設置されるには至らなかった[4]。その主たる理由はおそらく教員組織に関係しており，大学基準協会（1951）においても指摘された問題が，一般教育科目がなくなり教養部が廃止された後も尾を引いていると考えられる。高年次の学生にこそ共通科目を履修させるべきだとする教育論の理想が，共通科目と専門科目で授業担当者や教育課程編成の責任者が異なるという組織論に阻まれてきた歴史と見ることもできる。

　しかしこうした事情は，近年，学位プログラムという発想が広がることで，変わってきている可能性がある。中央教育審議会（2005）の答申で，「現在，大学は学部・学科や研究科といった組織に着目した整理がなされている。今後は，教育の充実の観点から，学部・大学院を通じて，学士・修士・博士・専門職学位といった学位を与える課程（プログラム）中心の考え方に再整理していく必要がある」（p.27）と述べられたのを端緒に，最近では3つのポリシーの単位として学位プログラムが位置付けられるに至っている（中央教育審議会大学分科会大学部会 2016）。もはや組織論が一方的にカリキュラムを拘束するのではなく，両者の相互作用が想定できる状況になっていてもおかしくない。

2-2. 科目設置状況

　高年次共通科目がどれだけ設置されているかを把握するために、まず調査の対象として、『全国大学一覧』（文教協会 2016）に基づき2016年度に学生募集をしていた750大学5,070学科のリストを作成した。次に学科名を学校基本調査報告書（文部科学省 2016）の巻末付録である学科系統分類表に照らし合わせ、学科系統別の学科数を整理した。表1は、設置形態ごとに系統別学科数の比率をまとめたものである。

　これらの学科について、学生用の修学案内[5]やウェブサイト上の情報を使って履修要件を調査し、高年次（4年制課程なら3〜4年次、6年制課程なら5〜6年次）に配当されている必修の共通科目と授業科目名を記録した。必修か否かの判断は授業科目レベルで行ったので、同じ授業科目名で複数の担当教員が開講している場合や、授業題目の異なる同一の授業科目が開講されている場合は、すべての学生が同様の履修経験をしているとは限らない。他方で、授業科目の群に必修の単位数が設定されている場合（いわゆる「選択必修」）は、授業の共通科目とは見なしていない。なお、共通科目とは、専門教育（あるいはその授業科目が属する学科の科目区分）以外の科目区分に含まれている授業科目である、ということを意味しており、科目設置の主体が当該学科の属する学部の時もあれば、そうでないこともある。

表1　学科系統別の学科比率（2016年度）　%

	n	人文	社会	理学	工学	農学	保健	家政	教育	芸術	ほか
国立	1027	6.2	10.6	15.2	31.1	9.8	12.7	0.5	10.0	1.4	2.5
公立	374	12.3	19.8	4.8	18.4	6.4	24.6	1.6	2.7	5.3	4.0
私立	3667	20.7	25.0	4.2	14.7	2.3	14.9	4.1	6.1	4.2	3.8
全体	5068	17.2	21.7	6.5	18.3	4.2	15.1	3.2	6.6	3.7	3.6

注：学科数 n は専門分野不明の2学科を除く。国立の「ほか」には、商船の2学科が含まれている。

表2　必修高年次共通科目の設置がある学科とその割合

	全体	人文	社会	理学	工学	農学	保健	家政	教育	芸術	ほか
学科数	541	86	97	23	125	18	92	26	44	8	22
比率%	12.0	10.9	9.9	8.0	15.2	9.7	13.8	17.4	14.9	5.2	14.0

　調査の結果，高年次における必修共通科目の有無を確認できたのは
4,490学科で，そのうち必修の授業科目が設置されていたのは12.0%に
あたる541学科だった。学科系統別の設置率は表2の通りで，家政系や
工学系，教育系などで若干高くなっている。

2-3.　授業科目の種類

　541学科が設置する必修高年次共通科目には，様々な種類の授業科目
が混在している。これを授業科目の名称に基づいて，下記の5群に分類し，
学科系統ごとの設置率を表3に整理した。「全体」列の比率を足し合わせ
ると12.0%を超えるが，これはひとつの学科が複数の授業科目を設置し
ていることがあるからである。

① 　就職関連：キャリア教育やインターンシップ科目など
　　　例　山口大学（2017）理学部「キャリア教育」
② 　知識関連：宗教や建学の精神関係，他分野履修など
　　　例　白梅学園大学（2016）こども学部「現代ヒューマニズム論」
③ 　職業関連：専門職倫理関係の授業科目や「医療経済学」など
　　　例　埼玉県立大学（2017）保健医療福祉学部「IPW演習・実習」
④ 　語学関連：資格試験対策を含む英語科目など（専門英語を除く）
　　　例　東京海洋大学（2017）海洋科学部「TOEIC演習」
⑤ 　技能関連：研究や演習，汎用的スキル養成など
　　　例　富山県立大学（2016）工学部「プレゼンテーション演習」

　もっとも設置率が高いのは就職関連の授業科目である。この群には，
キャリア教育に類する名称で必ずしも就職を意識した内容ではない授業
科目も含まれている可能性がある。とはいえ，学科系統を問わず一定数
の授業科目が設置されており，全体で186学科に確認された。
　次に多かったのは，授業科目の名称が何らかの知識領域を示唆する群
である。大綱化前の一般教育では，幅広い分野の授業科目の履修が促さ

れていたが，今日でも似た発想の下，高年次で学生の専攻とは異なる分野の授業科目を履修させる例がある。また宗教や建学の精神に関わる授業科目も含まれるため，私立大学での設置率が高くなっている。

　知識領域を示唆する科目名でも，職業上不可欠と思われる内容に関わる場合は，職業関連の群に仕分けした。この群の授業科目は，その性格上，技術者倫理を学ばせる工学系や，チームワーク医療を推奨する保健系の学科に多く設置されている。

　職業関連と同程度の98学科で設置が確認されたのは，語学関連の授業科目である。高年次に英語を必修科目で配置する学科が理系を中心に幾つかあり，それに加えTOEIC対策と思しき授業科目も散見される。なお，この群には，専門教育以外の科目区分に含まれる授業科目でも，明らかに専門のための英語科目とわかるような場合，例えば「医療英語」などは入っていない。

　最後の科目群は，上記4群には当てはまらない授業科目で構成されている。具体的な授業科目名としては，「ゼミナール」「卒業研究」「問題解決技法」などがあり，扱われる知識そのものよりも，それらを手段として研究や学修に必要な技能を身につけることが目指されているものと考えられるため，科目群を「技能関連」と命名した。技能関連科目は，工学系やほか系の学科に多く見られる。

表3　必修高年次共通科目の群別設置率　　%

	全体	人文 790	社会 983	理学 286	工学 823	農学 186	保健 667	家政 149	教育 296	芸術 153	ほか 157
就職	4.1	3.2	5.0	2.1	5.2	4.3	2.1	6.0	5.7	4.6	5.1
知識	3.6	5.6	2.8	1.0	1.6	0.5	3.6	10.1	7.8	2.0	3.8
職業	2.4	0.1	0.5	1.0	6.9	0.5	5.5	0.7	0.7	0.0	0.6
語学	2.2	1.4	1.6	3.8	3.9	3.8	1.9	0.0	1.0	0.0	3.2
技能	1.7	1.4	1.3	0.7	2.8	0.5	1.9	2.0	1.7	0.7	3.2

3. 卒業研究

3-1. 歴史

　高年次共通科目と同様，高度教養教育を評価する根拠情報としての学修成果を把握する機会として，専門教育における卒業研究を考えることができる。本稿において卒業研究とは，学士課程の集大成として位置付けられる卒業年次の学修経験のうち，その成果が試験以外の方法—例えば論文，発表，実演など–で評価されるものを指す。授業科目（course）の形態をとり単位が与えられるものもあれば，単位とは関係なく成果物の合格が卒業要件になっていることもある。本項では，日本の現状を見る前に，東北大学を事例にその歴史を概観しておきたい[6]。

　後に分離独立して北海道帝国大学となった農科大学（1907［明治40］年〜）を除き，大学令（1918［大正7］年）以前に設置されたのは，理科大学（1911［明治44］年〜）と医科大学（1915［大正4］年〜）である。当時の根拠法令は帝国大学令（1886［明治19］年）であるが，第3条に「分科大学ノ学科ヲ卒ヘ定規ノ試験ヲ経タルモノニハ卒業証書ヲ授与ス」と定められているだけで，学修の集大成に関する規定はない。両分科大学では科目ごとの試験を実施し，理科大学では科目成績の平均として学年成績も算出していたが（大正2年理科大学規程 第9条），卒業に際し特別な試験があるわけではなかった。

　変化が現れるのは大学令制定と，その翌年の帝国大学令改正の後である。大学令第10条では「学部ニ三年以上在学シ一定ノ試験ヲ受ケ之ニ合格シタル者ハ学士ト称スルコトヲ得」と規定されており，以降，学士試験という用語が登場する。改正帝国大学令により分科大学は学部に改められ，同じ年に東北大学では工学部が設置された。工学部には科目試験と論文試験からなる学士試験が設けられ，論文試験は研究業績の考査によって行われると定められている（大正8年工学部規程 第17条）。理学部では学科がなくなり学科目が主要・普通・特殊に区分され，主要科目における科目ごとの試験が学士試験と位置付けられた。また研究論文の提出により学士試験に代えることができたようである（大正8年理学部

規程 第17条）。医学部では，第1種10科目と第2種8科目で学士試験（合否判定のみ）が実施されることになっており，論文等による代替は定められていない。

　1922［大正11］年に設置された法文学部では，多少事情が違い，学士試験は科目試験と卒業試験に別れ，卒業試験は筆記と論文のどちらかを選ぶことができた。なお当時は，学士試験で受験した科目により文学士か法学士の称号を得ることができる仕組みであったが，1933［昭和8］年からは学士の種類によって詳しい規定が設けられ，科目試験の合格が文学士，法学士，経済学士のいずれでも求められる一方，論文試験の合格は文学士のみの要件となっている。

　この後，1949［昭和24］年には，法文学部から分立した文学部，法学部，経済学部と，理学部，医学部，工学部，農学部，教育学部の全8学部で新制大学としての東北大学が発足した。1958［昭和33］年発行の「東北大学一覧」に掲載された各学部規程によれば，法学部と医学部を除く6学部において卒業研究と呼べる学修経験への言及があるが，教育課程上の位置付けは多様である（表4）。

　卒業研究が授業科目として設置されているのは，教育学部3学科のうち2学科，理学部9学科のうち7学科，工学部および農学部である。文学部では単位割当のない卒業要件であり，経済学部では要卒単位の代用手段とされている。旧制大学の時代からあった学部でも，当時の位置付けがほぼ踏襲されている例（文学部，法学部，医学部）と，そうでない例（経済学部，理学部，工学部）が混在している。

　本項で概観した歴史からは，1918年の大学令を機に学士試験が取り入れられ，学士試験の一選択肢であった研究や論文作成が，新制大学発足後に授業科目として教育課程の一端を担うようになったと結論できる。その後の展開にも興味を惹かれるが，それを詳らかにすることは他稿に譲り，次項では網羅的調査の結果を使って，現代日本における授業科目としての卒業研究について論じる。

表4　新制大学発足時の卒業研究（東北大学）

文学部	卒業論文の合格が卒業要件だが，単位割当はない
教育学部	教育科学科と特殊教育学科では卒業論文（10単位）が必修
法学部	定めなし
経済学部	要卒単位のうち12単位分を論文試験によって代用可
理学部	数学科：定めなし，物理学科：物理学研究実験（10単位）が選択必修，化学科：特別問題研究実験（10単位）が必修，地学科地学第一：課題研究（4年次10単位）が必修，同第二：課題研究（14単位）が必修，地学科地理学：課題研究（4年次10単位）が必修，生物学科：課題研究（8単位）が必修，天文及地球物理学科第一：天文学研究（4年次8単位）が必修，同第二：定めなし
医学部	定めなし
工学部	各学科で4年次に課している研修科目（2~9単位必修）が，卒業研究に相当すると考えられる
農学部	全4学科で卒業論文（6単位）が必修

3-2.　日本の現状[7]

　卒業研究の実態調査は，科目設置状況を中心に幾つか行われている（生駒2017や読売新聞教育部2016）が，量的な情報としては単位数に関しても把握したいと考え，次のような調査を実施した[8]。

　調査対象は，『全国大学一覧』（文教協会2015）にある昼間部で学生募集を停止していない2,206学部で，調査期間は2016年の1月から2月である。まずは6名の学生アルバイトに，卒業研究に係る授業科目（以下，卒研科目）の設置について「設置なし」「必修科目であり」「選択科目であり」「必修科目か選択科目か不明」「設置の有無が不明」のいずれであるか確認すること，科目設置がある場合にはその（最終年次における）単位数を記録することを依頼した。予め作業要領を作成し，作業中に変更が生じた場合にはメーリングリストを使ってその変更を共有した。

　学科等によって卒研科目の位置付けが異なる場合，入学定員の大きい学科等の状況を記録した。ただし，医歯薬系などでは同じ学部の中に課程年数が異なる学科があるため，その場合は学部を分けることで適宜調査対象を加えながら，最終的に2,320学部のデータを収集した。ウェブ調査で科目設置の状況がわからなかった学部の一部については，先行研究の結果に基づきデータを補完した。

　調査結果は，課程年数ごとに専門分野別にまとめ表5に示している。4

表5　卒業研究の授業科目設置状況と単位数

学部数		設置状況				平均
		必修	選択	必／選	なし	単位数
4年制課程	2,129	68.6%	17.4%	3.1%	10.9%	5.0
文科系	1,501	63.7%	21.9%	3.3%	11.1%	5.0
理科系	310	92.3%	4.8%	1.6%	1.3%	6.1
保健系	318	68.6%	8.2%	3.5%	19.0%	3.4
6年制課程	191	38.2%	3.1%	0.0%	58.6%	6.5
医歯系	108	0.0%	0.0%	0.0%	100.0%	-
薬学系	69	92.8%	2.9%	0.0%	4.3%	6.5
獣医系	14	64.3%	28.6%	0.0%	7.1%	7.6

年制課程の専門分野は前出の学科系統分類表に基づき，大分類「保健」が保健系，「理学」「工学」「農学」が理科系，「その他」を含む残りの6領域を文科系としている。

　4年制課程全体では，卒研科目を必修としているのが1,461学部，選択としているのが370学部，科目の存在は確認できるものの必修か選択かがわからないのが66学部で，科目が設置されていない（設置有無が判断できなかった若干の学部を含む）のが232学部であった。6年制課程では設置率が低く，設置しているのは必修と選択の場合を合わせて191学部のうち79学部に過ぎない。

　専門分野別にみると，4年制課程では理科系学部で必修率が高く，文科系学部では選択率が高い。また4年次の割当単位数の平均は，理科系で多く文科系で少ない。6年制課程では，医学部歯学部には卒研科目は全くないが，薬剤師養成課程では必修率が非常に高い。獣医学系の学部では，設置率が9割を超え，平均単位数も7.6と比較的多くなっている。

　考察すべき知見のひとつは，「日本の大学では，医師および歯科医師を養成する課程を除き，大部分の学士課程で学修を集大成する機会となる授業科目を設置している」ということである。肝腎なのは「機会を提供している」に過ぎない点で，必修科目の割合を考慮すると，大学生の「大部分」が学修の総仕上げを行っているとは言い切れない。仮に選択科目として設置している場合には学生が殆ど履修しないと考えると，学修

を集大成している大学生の割合については，「過半数」程度の表現に留めるべきかもしれない。

　もうひとつは，「卒研科目に割り当てられている単位数は，必要とする学修量に比して少なすぎる」ということだ。国立教育政策研究所（2016）の調査によれば，4年生が卒業研究のために費やしている時間は，週平均で16時間ほどになる。4年制課程に在籍する学生が4年次を通して卒業研究に取り組むとすれば，設置基準上の原則授業期間35週とのかけ算では560時間を要することになり，単純計算で12単位あまりが妥当ということになる。これに比較して，4年制課程5.0，6年制課程6.5という平均の割当単位数は，いかにも少ないと言わざるを得ない。

4．おわりに
4-1．結論
　ここまで本章では，専門分野を超えて学士課程での学修を集大成する機会である高年次共通科目と卒研科目が，今日の日本においてどの程度提供されているのかを明らかにしてきた。

　高年次共通科目は，10%強の学科において設置されており，専門分野別の設置率は，芸術系の5.2%から，家政系の17.4%まで開きがあった。科目の種類に目を向けると，キャリア教育やインターンシップなどの就職関連の授業科目設置率が4.1%で最も高く，学生の進路を問わない学修成果として，研究をする力に代表される知的な技能を涵養しようとする授業科目（技能関連）の設置率は，1.7%と最も低かった[9]。

　他方で，4年制課程における卒研科目の設置率は約90%で，必修率は必ずしも十分に高いとは言えず，平均単位数も実際の学修量を考えるとかなり少ないものの，高年次共通科目に比べれば格段に普及していた。6年制課程での設置率は40%強と低いが，専門職養成に特化していることを勘案すれば，卒研科目を高度教養教育（高年次の学生を対象とした学生の進路を問わない学修成果を志向する教育）の機会として期待することは，あながち夢物語ではない。

4-2. これからの研究課題

とはいえ，高度教養教育の評価を論じるには，授業科目の設置率だけでは事足りないことは自明である。第一に，4年制課程の卒研科目において，本当に「学生の進路を問わない学修成果」が志向されているのかを確かめなくてはならない。本稿では，学士課程教育を取り巻く現状を根拠に，卒研科目がそうした性格を有することを暗黙の前提としている。しかしその前提自体の是非を問うためには，卒研科目の成績評価方法などを仔細に検討することが求められる。

第二に，高度教養教育の可能性を見定める上で，国際比較研究も視野に入れる必要がある。例えば米国では，卒業年次の学生を対象とした Senior Capstone Experiences（SCE）と呼ばれる実践が広がっており，そこでは批判的思考力の育成や，統合・応用学修が目指されている[10]。日本での実践を相対化するためにも，諸外国の動向を把握することは有意義である。

【注】

1) 教養教育の定義については，杉谷編（2011）や絹川（2015）など，各所で論じられている．教養教育とは，大学設置基準の大綱化以前に学部専門教育に対置された一般教育の後継であると広く認識されている一方で，専門職養成を目的としないのであれば，学士課程教育は専攻を問わず教養教育であるとみなす立場もある（例えば，日本学術会議 2010）.

2) 2017年10月現在，高度教養教育という表現の使用が確認できるのは，大阪大学（2011年〜），上智大学（2013年〜），東北大学（2014年〜），香川大学（2017年〜）の4大学のみである.

3) 本節は串本（2017b）に基づき文章化したものである.

4) 戦後日本における教養教育の変遷については，吉田（2013）が詳しく論じている.

5) 修学案内の収集にあたっては，まずウェブ調査（2016年8月）を実施し，入手できなかった1573学部に対して郵送で提供依頼を行った（同9月）．最終的に冊子体で2,502学科，電子データで1988学科，計4490学科分の情報を捕捉できた（捕捉率88.6%）.

6) 以下の内容は明治44年から昭和18年までの「東北帝国大学一覧」および昭和18~23年までの「東北大学一覧」にある，各学部の規定やその説明文書による．な

お他大学の状況については，羽田 (2009) に若干の論及がある．

7) 本項は串本 (2016) に基づき文章化したものである．

8) 日本の卒業研究に関しては，事例を用いた質的な研究も散見される（上田・鮫島 2010，朝日新聞 2012，末武 2012，湯本ほか 2012，谷村 2013，相馬 2014 など）．

9) 知的技能の育成が専門教育科目を通してでも可能であることを考えれば，意外な結果とは言えない．高年次共通科目に独自の役割としては，専門外の知識を得る機会や異分野の学生が集まり共に学ぶ機会を期待する方が適当なのかもしれない．

10) SCE に関しては，Young（2017）などを手掛かりに串本 (2017a) で紹介している．

【参考文献】

相馬伸一，2014，「卒業研究評価ルーブリックの開発：学士課程における学修成果の可視化のために」『広島修大論集』55（1），pp. 15-30.

朝日新聞，2012，「朝日新聞×河合塾共同調査「ひらく 日本の大学」2012 年度調査結果報告：龍谷大学」http://www.asahi.com/edu/hiraku2012/initiatives/ryukoku.html.

文教協会，2015，『平成 27 年度 全国大学一覧』.

文教協会，2016，『平成 28 年度 全国大学一覧』.

中央教育審議会，2005，「我が国の高等教育の将来像」.

中央教育審議会大学分科会大学部会，2016，「「卒業認定・学位授与の方針」（ディプロマ・ポリシー），「教育課程編成・実施の方針」（カリキュラム・ポリシー）及び「入学者受け入れの方針」（アドミッション・ポリシー）の策定及び運用に関するガイドライン」，p.4.

大学基準協会，1951，『大学に於ける一般教育』，pp.52-54.

大学教育学会 25 年史編纂委員会編，2004，『あたらしい教養教育をめざして』東信堂，p.19.

羽田貴史，2009，「第 1 章 日本における高等教育の質保証の歴史と課題」，羽田貴史・米澤彰純・杉本和弘編著『高等教育質保証の国際比較』東信堂，pp.28-29.

堀地武，1973，「後期一般教育科目について：くさび型カリキュラムおよび一般教育責任体制との関連」『香川大学一般教育研究』3，pp.45-61.

生駒大壱，2017，『大学の真の実力 情報公開 BOOK（蛍雪時代特別編集）』旺文社.

海後宗臣・寺﨑昌男，1969，『大学教育』東京大学出版会，p.418.

絹川正吉，2015，『「大学の死」，そして復活』東信堂.

国立大学一般教育担当部局協議会 一般教育責任体制調査検討特別委員会，1978，『国立大学　一般教育責任体制に関する調査検討報告書 その 3：総括』，p.203.

国立大学協会 教養教育に関する特別委員会，1995，『教養教育の改善に関する調査報告書：アンケート調査のまとめ及び資料』.

国立教育政策研究所, 2016, 「平成26 (2014) 年度「大学生の学習状況に関する調査」
　　基礎集計表」.

串本剛, 2007, 「学士課程教育の自己評価とその効果 − 教育成果を根拠とした評価の
　　採否と有効性 − 」『高等教育研究』10, pp. 234-255.

串本剛, 2016, 「卒業研究の研究：割当単位数に注目して」大学教育学会第38回大会,
　　立命館大学 (茨木市, 6月12日).

串本剛, 2017a, 「卒業研究の研究 その2：米国における Capstone Experiences との異同」
　　大学教育学会第39回大会, 広島大学 (東広島市, 6月11日).

串本剛, 2017b, 「日本の学士課程における学位プログラムの現在：くさび型カリキュ
　　ラムの理想と現実」日本教育学会, 桜美林大学 (町田市, 8月25日).

文部科学省, 2016, 『学校基本調査報告書 (高等教育機関) 平成28年度』.

東京海洋大学, 2017, 「TOEIC 演習」, https://www.kaiyodaiglobal.com/toeic/class/2017/.

日本学術会議 日本の展望委員会 知の分科会, 2010, 「提言 21世紀の教養と教養教育」.

埼玉県立大学, 2017, 「IPW (専門職連携教育)」 https://www.spu.ac.jp/academics/ipe/.

白梅学園大学, 2016, 「現代ヒューマニズム論」シラバス, http://portal.shiraume.ac.jp/
　　public/web/Syllabus/WebSyllabusSansho/UI/WSL_SyllabusSansho.aspx?P1=U0X-
　　00501&P2=2016&P3=20180331.

末武義崇, 2012, 「複数の学習・教育目標と関連付けた卒業研究の成績評価」『工学教育』
　　60 (5), pp. 56-60.

杉谷祐美子編, 2011, 『大学の学び：教育内容と方法』玉川大学出版部.

谷村英洋, 2013, 「文学部での学びと成長：卒業論文に着目して」『大学教育学会誌』
　　35 (1), pp. 135-143.

富山県立大学, 2016, 「プレゼンテーション演習」シラバス, http://www.pu-toyama.ac.
　　jp/EE/okugawa/class/PresentationExercise/PresentationExercise.htm.

上田和夫・鮫島俊哉, 2010, 「卒業研究評価法の比較」『芸術工学研究』13, pp. 57-61.

山口大学, 2017, 「キャリア教育」シラバス, https://www.kyoumu.jimu.yamaguchi-u.ac.
　　jp/portal/Public/Syllabus/DetailMain.aspx?lct_year=2017&lct_cd=1001050005&je_
　　cd=1.

読売新聞教育部, 2016, 『大学の実力 2017』中央公論新社.

吉田文, 2013, 『大学と教養教育』岩波書店.

Young, Dallin G., 2017, "Reporting institutional support of a critical transition: Senior cap-
　　stone experiences." *2017 ACPA Annual Convention,* Columbus: OH.

湯本敦史・村上雅人・松村一成・野田和彦・弓野健太郎, 2012, 「卒業論文研究におけ
　　るルーブリックの導入検討」『平成24年度 工学教育研究講演会講演論文集』, pp.
　　520-521.

＊ウェブサイトの最終確認日は, 全て2017年10月31日

おわりに

羽田　貴史(東北大学)

　1991年の大学設置基準の大綱化によって，自由に大学教育課程を編成できるようになったと喧伝されたが，4半世紀たって，そう論じた人々は，言説を改める気はないだろうか．大綱化によってくさび型カリキュラムも促進されたが，1年次から専門教育が開始され，狭い専門への抱え込みが促進されただけともいえる．教養教育と専門教育とが入り混じったカリキュラムが編成された結果，科目配置を変更することは，専門教育カリキュラムの変更に波及し，多数の学部を持つ総合大学では，学部の利害が絡み，カリキュラム改訂は極めて困難になった．前期・後期の区分であれば，まだ改訂は可能であったともいえる．くさび型をモデルとして推奨されてきたが，現実化してみれば，思わぬ弊害が発生する．

　問題はそればかりではなく，教養部が解体され，教養教育それ自体を固有に追求する教員集団が消滅した結果，教養教育論は，専門分野の視点から見て教養と考えるものの寄せ集めとなった．日本の大学教育論議の欠陥は，世界を認識する全体構造を視野に入れて自分の専門を位置づけ，論じるのではなく，わが専門ありきからスタートすることである．部分的専門知の中にも真理はあり，教養と見なすべきものはあるから，それ自体は否定されない．否定し止揚しうるのは，部分的専門知を超えた全体知の視点からのみであるが，部分的専門知に執着する教員研究者がそうした視点を持たなければ，感知不能である．はやりのコンピテンシー論は，知識の内容や構造を問わずに使われるので，「専門を通じて教養が育成される」というテーゼを無批判に再生する．

　さらに驚くべきことは，「教養教育」という用語すら追放対象になっているらしい．IDE大学協会は，大学教育に識見と関心のある人々の集う

アリーナであり，大学教育論に欠かせない資源ではあるが，その全国的会合で，高等教育政策にも影響を与える研究者が，教養教育という言葉に反発し，共通教育という言葉を使うべきだと主張するのを聞き，驚いたことがあるのはつい最近のことである。「教養教育」という言葉の価値志向性に抵抗感を持ち，「共通教育」というニュートラルな概念が良いらしい。まっとうな価値観を持つ人間を育てなかったら，大学は教育機関と言えるのだろうか。

　それもこれも，歴史的根拠がある。ヨーロッパは，世界を把握し，人間の行動すべき在り方を含めて思考する自然哲学構築の苦闘を経て，専門分化する科学に席を譲った。しかし，専門分化してさえ，学問には，その苦闘の歴史が刻印されている。19世紀後半から20世紀前半までのヨーロッパの大学は，フンボルトモデルの普及と受容の時代でもあった。フンボルトモデルとは，あらゆる形式の知（ヴィッセンシャフト）を教員・学生を問わず，ともに追求することで，教養ある人格を育成することである。にもかかわらず，20世紀は専門分化がとどめなく進展し，その懸念から，専門分化を克服する一般教育に注目し，新たな大学を創設する運動が展開する。イギリスにおける代表的大学人A.D.リンゼイは，オルテガ，ハーバード・レポートに影響を受けつつ，民主主義の価値と正義に対する確固とした信念のもと，専門化に対する危惧を示し，「われわれは専門化・技術的知識と全体像・一般的理解との間の正しい均衡を回復するよう努めなければならない」（安原義仁「リンゼイと大学改革」『イギリス・デモクラシーの擁護者　A・D・リンゼイ－その人と思想』1998年）と主張する。

　しかし，専門分化した段階で近代科学を摂取した日本の学者世界は，分化した姿を常態と見なして150年に至り，リンゼイたりうる大学人は，南原繁世代が最後かもしれない。経路依存性といえばそれまでだが，人は，自分の思考と行動を制約する要因を理解してのみ制約を離れて思考し行動できる。してみれば，求められる教養教育の初発は，大学人自身が自己のよって立つ基盤を知ることかもしれない。本書がその契機にな

れば幸いである。

　最後に，共同研究に参加して頂いた諸氏に感謝するとともに，締め切りを守らない研究者を励まして刊行まで苦労された鎌田佳子さんにお詫びとお礼を申し上げたい。

執筆者一覧（掲載順）

羽田　貴史（東北大学高度教養教育・学生支援機構教授, 研究代表者）

山田　礼子（同志社大学社会学部長・教授）

今野　文子（東北大学高度教養教育・学生支援機構元講師, マレーシア在住）

丸山　和昭（名古屋大学高等教育研究センター准教授）

森田　康夫（東北大学名誉教授）

藤本　敏彦（東北大学高度教養教育・学生支援機構准教授）

関内　　隆（東北大学高度教養教育・学生支援機構特任教授）

芳賀　　満（東北大学高度教養教育・学生支援機構教授）

猪股　歳之（東北大学高度教養教育・学生支援機構准教授）

吉田　香奈（広島大学教育本部准教授）

中島　夏子（東北工業大学教職課程センター准教授）

溝上　智恵子（筑波大学図書館情報メディア系教授）

田中　正弘（筑波大学大学研究センター准教授）

杉本　和弘（東北大学高度教養教育・学生支援機構教授）

石井　光夫（東北大学高度教養教育・学生支援機構教授）

足立　佳菜（東北大学高度教養教育・学生支援機構助手）

鈴木　　学（福島大学総合教育研究センター特任准教授）

串本　　剛（東北大学高度教養教育・学生支援機構准教授）

グローバル社会における
高度教養教育を求めて

Inquiry High Quality Liberal Education
in the Global Society

© Takashi HATA, 2018

2018年3月27日　初版第1刷発行

編　者　　羽田　貴史
発行者　　久道　茂
発行所　　東北大学出版会
　　　　　〒980-8577　仙台市青葉区片平2-1-1
　　　　　TEL : 022-214-2777　FAX : 022-214-2778
　　　　　http://www.tups.jp　E-mail : info@tups.jp
印　刷　　今野印刷株式会社
　　　　　〒984-0011　仙台市若林区六丁の目西町2-10
　　　　　TEL . 022-288-6123

ISBN978-4-86163-307-2　C3037